Le roman
des châteaux de France

**

La liste des ouvrages du même auteur figure en fin de volume

Juliette Benzoni

Le roman des châteaux de France

**

PERRIN
www.editions.perrin.fr

ISBN : 978-2-262-03660-7

Préface

Que serait la France sans ses fiers châteaux qui constellent notre territoire d'un patrimoine historique et architectural que le monde entier nous envie et que les touristes viennent visiter en masse ? Austères ruines qui défient le temps, forteresses patinées par les siècles, manoirs et gentilhommières aristocratiques qui ont résisté à la folie des guerres et des révolutions, les châteaux français sont les vivants témoins d'un glorieux passé et, s'ouvrant toujours davantage aux visiteurs, ils ne demandent qu'à raconter leur histoire. Sillonnant la France des châteaux au gré des tournages pour la télévision de « Secrets d'Histoire », j'ai pu mesurer l'incroyable richesse patrimoniale qu'ils représentent et, par-delà leur rôle essentiel de conservatoire du beau et des savoir-faire artistiques, ils rendent toute sa saveur à la grande Histoire dont ils ont été, souvent, le cadre grandiose. Derrière les lambris et les stucs dorés, les plafonds à caissons, ou les épais murs de tuffeau et les voûtes peintes, il y a la vie trépidante et souvent aventureuse de hauts personnages qui ont écrit des pages du roman national.

Certes, l'histoire est devenue le parent pauvre de l'enseignement, délaissée au profit des sciences dites exactes, mais jamais l'appétence du public n'a été aussi grande pour le récit des grandes heures du passé. Les paroles de l'archiduc Otto de Habsbourg sont restées gravées dans ma mémoire : « Quand les langues se taisent, les pierres parlent encore. » Les châteaux de France sont nos meilleurs livres d'histoire. Ils maintiennent d'autant plus vivante la flamme du souvenir qu'ils sont avant tout des constructions humaines. Des êtres de chair et de sang y ont vécu, aimé, souffert, pleuré, prié, et œuvré sans relâche à leur embellissement tandis qu'ils défendaient un monde ancien, avec ses valeurs familiales et son code d'honneur qui, dit-on, serait englouti aujourd'hui. C'est aussi ce qui fait l'attrait singulier des châteaux, lieux magiques d'une mémoire préservée et réceptacles de toutes les passions humaines : la soif de pouvoir, le désir de plaire, l'art de la conquête, la course à la fortune et la domination. Avec en prime un grain de folie qui autorisait toutes les audaces et les constructions les plus démesurées. Derrière l'histoire de tous ces châteaux, il y a des bâtisseurs au destin hors du commun que Juliette Benzoni nous fait revivre avec talent. De sa plume alerte et précise, elle se glisse dans le sillage des rois, princes, seigneurs ou écrivains qui ont nourri des rêves de grandeur et de gloire, et fait construire leur château souvent pour défendre leur territoire, parfois par amour, mais toujours pour s'ancrer dans l'Histoire. À chacun de ces châteaux s'attache une histoire unique, flamboyante, romanesque, et c'est ce qui explique que ces palais d'autrefois continuent d'être habités, sinon hantés. Il fallait toute la maîtrise de cette écrivaine prolifique qui a rendu à l'Histoire toute sa saveur par ses milliers de romans, pour nous entraîner de Vaux-le-Vicomte à Chambord, de Lunéville à Amboise, de Dampierre à Chenonceau, de l'Élysée à Eu et d'Uzès à Chantilly… Entrez dans la folle aventure de l'Histoire, le roman vrai des châteaux de France qui s'éveillent par la magie du verbe.

Stéphane BERN

Ayant commencé le précédent volume de ce *Roman des châteaux de France* par les aventures de l'Élysée, demeure rive droite et un peu folle des chefs de l'État, il m'est apparu que ce second tome se devait de débuter par le palais rive gauche et un peu fou de ceux qui, en général, ne sont pas souvent d'accord avec les premiers. Voilà pourquoi ce livre s'ouvre sur...

LE LUXEMBOURG

Des dames un peu folles et des messieurs pas si sages !

On dit que l'heure incommode
Qui ferme le Luxembourg
Ouvre, suivant la méthode,
Le jardin du tendre amour

Chanson satirique du XVIIIe siècle

Deux ans après que le couteau de Ravaillac l'eut débarrassée d'un époux qu'elle n'aimait pas et jugeait incommode, Marie de Médicis, régente de France durant la minorité de son fils aîné le jeune roi Louis XIII, s'avise qu'elle n'a jamais aimé le Louvre et même qu'elle le déteste. Les fossés puent à longueur d'année en dépit des sommes énormes qu'elle a dépensées pour en faire un véritable palais royal tel qu'on le conçoit sur les bords de l'Arno. Fort riche... et c'est la raison pour laquelle elle a été épousée, elle n'a jamais réussi à pardonner au vieux palais capétien la première et détestable impression qu'elle en a eue le jour où elle effectuait sa « joyeuse entrée » dans la bonne ville de Paris : peintures sales, tentures déchirées ou tapisseries montrant la trame, et meubles tout juste bons pour le rebut.

Cela choqua son sens personnel de l'esthétique au point qu'elle a cru, alors, à une mauvaise plaisanterie de ce petit homme vif, pétillant mais rustre et parfumé à l'ail qu'elle venait d'épouser à la hussarde, à Lyon, quelques jours plus tôt. Et qui n'était même pas là tandis qu'elle parcourait, décontenancée, les salles lugubres fleurant le moisi et les relents de douves jamais curées. Henri IV avait préféré à celle de sa jeune épouse la compagnie plus excitante de sa belle maîtresse Henriette d'Entragues, marquise de Verneuil, qui d'ailleurs ne se priva pas d'empoisonner la vie conjugale de la Florentine avant de finir par tomber d'accord avec elle sur l'urgence qu'il y avait à se débarrasser d'Henri IV.

Donc Marie de Médicis était veuve et avait décidé de se trouver une demeure à son idée. Elle choisit la rive gauche et l'agréable quartier, fait de jardins et de vastes hôtels, qui s'étendait sur les pentes de la montagne Sainte-Geneviève. Il y a là le bel hôtel du duc de Luxembourg construit un siècle plus tôt pour Harlay de Sancy – aujourd'hui le Petit-Luxembourg. La reine mère achète l'hôtel et s'en sert d'abord pour y installer ses enfants quand ils sont malades. Mais la demeure devient rapidement trop petite. En outre, Louis XIII, deux ans après, atteint sa majorité royale et va épouser l'infante Ana – nous disons Anne (d'Autriche). L'idée de céder bientôt le grand appartement du Louvre décide Marie de Médicis : elle va faire construire un palais qu'elle veut copié sur le modèle du palais Pitti à Florence où elle a été élevée.

Bien sûr, elle pourrait achever les Tuileries que sa tante Catherine de Médicis a commencé de construire sans les terminer, mais elle entend avoir une maison qui ne soit qu'à elle. Après avoir songé à faire venir un architecte de Florence, elle confie l'ouvrage à Salomon de Brosse qui s'inspirera à peine du Pitti.

On a rasé des maisons, une partie du Petit-Luxembourg et, le 2 avril 1615, Marie de Médicis pose la première pierre et enfouit trois médailles d'or dans les fondations. Il faudra quinze ans de plus pour achever l'ouvrage mais, dès 1625, la reine mère s'installe au premier étage de l'aile ouest du palais qui porte le nom de palais Médicis. Pour la reine, tout au moins, car les Parisiens s'obstineront à l'appeler palais du Luxembourg.

C'est dans la chambre de Marie de Médicis que se déroule, le 16 novembre 1630, la comédie burlesque dont l'histoire a conservé la mémoire sous le nom de journée des Dupes et d'où Richelieu qui se croyait perdu, exilé, vaincu par la grosse reine haineuse sort plus fort que jamais. Six ans plus tard, ayant conspiré contre son fils en faveur de son second fils Gaston d'Orléans, Marie de Médicis quitte son beau palais neuf pour n'y plus revenir. Emprisonnée à Blois d'où elle s'évade, elle ira mourir misérablement à Cologne en 1642. Et Claude Le Petit, le fameux « Poète Crotté », de dédier quelques vers au palais déserté :

Quand j'admire solidement
Cet admirable bâtiment
Qui semble au Louvre faire niche
Je dis : « Est-il possible enfin
Que celle qui t'a fait si riche
Soit morte à Cologne de faim ? »

Un an après la mort de la reine mère, il ne reste plus aucun protagoniste de la journée des Dupes. Louis XIII et Richelieu ont disparu à quelques semaines de distance. Le palais du Luxembourg échoit à Gaston d'Orléans, l'éternel conspirateur, qui n'en fera rien, puis à sa veuve, Marguerite de Lorraine, qui s'y installe après sa mort pour y vivre une douzaine d'années et y mourir.

À qui le grand palais pseudo-italien ? Mais à la fille aînée de Gaston, Mlle de Montpensier, que l'on surnomme la Grande Mademoiselle depuis ses exploits de la Fronde et l'assurance avec laquelle elle fit alors tirer les canons de la Bastille sur son cousin Louis XIV. Mademoiselle, qui occupait déjà une bonne partie du palais, est sans doute la femme la plus riche de France : principauté de Dombes, principauté de La Roche-sur-Yon, duchés de Montpensier, de Châtellerault et de Saint-Fargeau « avec plusieurs belles terres portant titres de marquisats, comtés, vicomtés et baronnies, quelques rentes sur le roi et sur plusieurs particuliers, le tout faisant trois cent trente mille livres de rentes ». C'est aussi la plus folle. Est-ce qu'à trente-six ans elle ne s'est pas mis en tête d'épouser le cadet d'une vieille famille du Périgord, Antonin Nompar de Caumont, marquis de Lauzun, de sept ans son cadet, de petite noblesse et même pas beau ? Voire ! Petit, le nez rouge, le cheveu rare, Lauzun est loin d'être beau... mais il est pire car il a un esprit d'enfer, une bravoure de paladin ; toutes les femmes en raffolent. Il ne compte plus ses maîtresses et, dans les mains habiles de ce lutin passionné, la pauvre Mademoiselle n'est que pâte molle.

Il s'en faut d'un cheveu que Lauzun n'épouse la richissime héritière en 1670. Au dernier moment, Louis XIV retire son autorisation, et Lauzun, qui prend fort mal la chose, fera de telles sottises qu'il s'en ira rejoindre au donjon de Pignerol, en Piémont, le surintendant Fouquet. Il y restera dix ans et longtemps au secret.

Pour Mademoiselle, la fin de son rêve d'amour et l'arrestation de son chevalier ont été autant de crève-cœur ? Elle a pleuré, supplié. Rien n'y a fait, en dépit de l'affection que le roi lui a montrée. Alors, dans son Luxembourg, elle attend, elle espère, elle cherche tous les moyens d'obtenir la libération de celui qu'elle ne peut oublier. Elle y parvient en 1680... après avoir promis de léguer par testament sa principauté de Dombes et son comté d'Eu au jeune duc du Maine, fils bâtard de Louis XIV et de Mme de Montespan.

En mars 1682, Mademoiselle et Lauzun se retrouvent. Il a quarante-neuf ans, elle en a cinquante-cinq. Il songe toujours à se faire épouser et elle ne demande pas mieux. Le mariage a lieu et Mademoiselle entre en enfer. Le Luxembourg et le château d'Eu seront témoins de scènes affreuses. Lauzun se conduit en maître et en maître grossier. Il trompe sa femme avec n'importe qui, exige d'être traité en prince et la traite en esclave. Si bien qu'elle finit par lui taper dessus, et lui, naturellement, ne se laissera pas faire. Après deux ans de cette existence, la rupture est consommée et le sera officiellement au Luxembourg. Le palais va retrouver sa paix et Mademoiselle y attendra la mort qui la prendra le 23 mars 1693. À la dernière heure, elle refusera de recevoir Lauzun, peut-être repentant... et qui prit un deuil de prince.

Après un court passage aux mains de la duchesse de Guise, demi-sœur de Mademoiselle, le palais revient à Louis XIV qui en fait don à Monsieur, son frère, le duc Philippe d'Orléans. Celui-ci a un fils, Philippe lui aussi, né de son union baroque avec la princesse Palatine et qui, à la mort du vieux roi, deviendra le Régent.

Parvenu au pouvoir, celui-ci cède aux instances de sa fille aînée, Marie-Louise-Élisabeth, veuve du duc de Berry, et qui a vingt ans tout juste. La jeune et ravissante duchesse souhaite habiter le Luxembourg comme elle souhaite d'ailleurs tout ce qui peut indiquer au monde qu'elle est la reine du moment. Et comme elle règne avant tout sur un père ébloui, elle n'a aucune peine à obtenir satisfaction.

Le Régent est un prince intelligent, cultivé, bon diplomate, humain aussi, et il eût sans doute fait un excellent roi de France mais, tenu à l'écart, méprisé dès son enfance et venu au pouvoir uniquement par le jeu des circonstances, il a depuis longtemps pris le goût du vin et de la débauche, surtout la passion des femmes qui l'ont consolé de bien des avanies. Malheureusement, sa fille a les mêmes goûts que lui et le Luxembourg va vivre des scènes telles que, de mémoire de palais royal, on n'en a jamais vu même à l'Élysée au temps où il était transformé en mauvais lieu.

Mme de Berry aime les fêtes autant que son père mais les fêtes d'un genre particulier où, et c'est le moins qu'on puisse dire, l'étiquette n'a guère sa place. Elle aime aussi les beaux hommes. Ceux de sa garde et les plus beaux gentilshommes de son père lui conviennent parfaitement et elle en fait grande consommation. Autant le dire tout de suite : père et fille deviennent compagnons de débauche. On boit sec, on mange – disons même on bâfre ! –, on joue à des petits jeux rien moins qu'innocents et on assiste à des séances de lanterne magique illustrant les œuvres de l'Arétin dont un gentilhomme fait, tout haut, le commentaire. Enfin, pour terminer, on éteint les chandelles. On se demande bien pourquoi, d'ailleurs, car les grandes lumières ne gênent guère les dames : elles assistent, en général, au souper dans le plus simple appareil ou bien couvertes, à peine, d'une légère mousseline qui ne cache pas grand-chose.

À ce train, la duchesse de Berry, qui possède un formidable appétit en toute chose, grossit, grossit au point que, dans le peuple, on ne l'appelle plus que la « princesse Joufflotte ». Elle souffre de l'estomac et de nombreuses incommodités mais ne s'arrête pas de manger pour autant. On dirait même que plus elle est malade et plus elle dévore. Au palais du Luxembourg, c'est, au naturel, « la grande bouffe » dans toute son horreur navrante et l'on en vient rapidement au résultat final. Le 21 juillet 1719, la duchesse de Berry meurt, à vingt-quatre ans.

Naguère encore, le peuple chantait :

La Messaline de Berry
L'œil en feu, l'air plein d'arrogance
Dit en faisant charivari
Qu'elle est la première de France.
Elle prend ma foi tout le train
D'être la première putain.

La mort fit taire sarcasmes et chansons, et le calme revint au Luxembourg tandis qu'un profond chagrin s'emparait du Régent.

C'est le comte de Provence, frère cadet du roi Louis XVI, qui ouvre, pour l'ancien palais de Marie de Médicis, l'ère des hommes – et non seulement des hommes mais des politiques – quand, en 1775, il obtient du roi qu'on lui abandonne en apanage le Luxembourg.

Le roi vient d'être sacré à Reims et, bien que marié depuis cinq ans à l'éblouissante Marie-Antoinette, il n'a pas encore réussi à lui faire le moindre enfant, faute d'avoir consommé tout à fait son mariage. Le bon Louis XVI souffre d'un « petit empêchement intime ». Mais, pour le moment, son héritier direct c'est Monsieur son frère, autrement dit le comte de Provence. Et un héritier qui espère bien succéder au roi dans les plus brefs délais. Il fait, pour cela, tous les efforts.

Les menées sourdes, les complots larvés ont déjà commencé. Exactement depuis que Monsieur s'est avisé qu'entre lui et la couronne si follement convoitée il n'y avait que son frère aîné. Mais, en cette année 1775, Monsieur se contente de laisser passer l'état de grâce du sacre et entreprend de s'installer noblement dans son rôle d'héritier présomptif.

Et d'abord dans une demeure digne de sa grandeur... Le Luxembourg où débuta la dynastie des femmes lui paraît tout à fait indiqué pour jouer ce rôle. Hélas, le vieux palais, s'il garde de la splendeur, a beaucoup souffert de la solitude. Le temps des dames s'y est achevé en 1742 – trente-trois ans plus tôt – avec la mort de la reine Louise d'Espagne, veuve de Philippe V, mais née princesse d'Orléans, qui s'y était installée depuis son veuvage. Durant ces trente-trois années : personne.

Or, Monsieur tient à une résidence somptueuse, à la mesure de ses ambitions qui justement n'en ont pas. Il exige des réparations, une remise en état royale. Le devis est astronomique et le roi qui a déjà une femme qui lui coûte cher n'a aucune envie, et pas davantage les moyens, de subvenir au luxe d'un frère qu'il n'aime guère. Non sans raisons.

Monsieur décide pourtant de trouver de l'argent et, pour ce faire, se mue en promoteur immobilier. Grâce à Dieu, le domaine est très vaste et les jardins immenses. Monsieur va en prélever un morceau de quelque « 13 400 » toises vers l'ouest – la toise équivaut à environ deux mètres – et le vendra. Il en tire une forte somme qui lui permet de payer ses travaux et même d'installer pour la comtesse de Balbi, sa favorite, un superbe hôtel rue Madame.

En fait, ce n'est pas lui qui profitera de ses somptueuses installations. Les travaux sont d'une telle envergure qu'ils ne seront pas achevés quand la Révolution éclate. En attendant, le prince s'installe au Petit-Luxembourg dans le bel appartement du premier étage où nos actuels sénateurs ont leur restaurant.

Il ne s'y trouve pas si mal et c'est avec quelque peine que, les événements devenant inquiétants, il se décide à l'abandonner pour les chemins hasardeux de l'émigration.

Dans la nuit du 20 juin 1791, tandis que Louis XVI, Marie-Antoinette et leurs enfants fuient les Tuileries dans une berline jaune aussi peu discrète que possible, Monsieur quitte le Luxembourg en compagnie de son ami d'Avaray et dans un simple « vis-à-vis ». Madame, car il y a une « Madame », bonne Savoyarde laide, moustachue mais admirable cuisinière, qui sera sans doute la moins connue de toutes les reines de France, Madame donc est déjà partie dans une autre voiture en compagnie de Mme de Gourbillon, sa favorite. Le sort en est jeté mais, tandis que la famille royale se fait arrêter à Varennes, Monsieur atteint Bruxelles sans encombre. Il ne reverra le Luxembourg que bien des années après, lorsqu'il sera devenu le roi Louis XVIII.

Pendant son absence, le palais va connaître un destin bizarre. En 1793, la Convention, qui a rempli toutes les prisons de Paris, manque de place. On ne suffit plus à la demande et comme cette grande bâtisse de Luxembourg est vide de tout occupant on va s'en servir. Et voilà le palais, rebaptisé « Maison nationale de Sûreté », transformé en prison.

On avait bien pensé y installer Louis XVI après le sac des Tuileries mais la Commune de Paris s'y était opposée : d'abord, c'était trop royal, et ensuite, c'était trop difficile à garder. Ceux qui inaugurent la « Maison nationale de Sûreté », le 2 juin 1793, ce sont vingt-deux députés girondins. On en est encore à garder quelques égards envers ces premiers représentants de la nation que l'on met en cage. On leur ajoute les Anglais résidant en France puis tous ceux que l'on ne sait plus où mettre. Les chiffres sont éloquents. Les détenus, en un peu plus de un an, vont passer de 22 à 818. On relève, parmi ces malheureux, les plus grands noms de France : toute la famille de Noailles d'abord, ou peu s'en faut : le vieux maréchal, sa femme, sa fille la duchesse d'Ayen et sa petite-fille, la vicomtesse de Noailles, le duc de Lévis, le président de Nicolaï, le comte de Mirepoix et bien d'autres. On relève ensuite les noms de ceux qui, la veille encore, les envoyaient à l'échafaud : Danton, Hébert, Camille Desmoulins, Fabre d'Églantine qui ne chantait plus *Il pleut, bergère*, Hérault de Séchelles.

Après le 9 Thermidor, changement à vue ! Plus de prisonniers ! Des artistes. Et, singulièrement, David qui va trouver dans les vastes pièces toute la place nécessaire pour peindre son gigantesque *Enlèvement des Sabines*. Mais il en a tout juste le temps : le Directoire s'installe...

Il aménage d'abord sa salle des séances, puis l'un de ses directeurs, Barras, bien entendu. Les quatre autres s'empileront au Petit-Luxembourg, et cela jusqu'à ce que Bonaparte mette tout le monde d'accord en emménageant lui-même et en attendant d'y établir, après le traité de Campo-Formio, le Sénat.

C'est là – il y a pris logis le 11 novembre 1799 – que, peu de temps après, il reçoit un soir l'homme qui en France le gêne le plus, le chef chouan Georges Cadoudal.

Bonaparte avait envoyé en Bretagne le général Hédouville pour tenter de traiter avec celui qui fut sans doute l'homme le plus incorruptible de son temps. Il y a là une puissance et Bonaparte aimerait bien s'attacher cette puissance, cette loyauté.

On peut imaginer la scène. Le Premier Consul a sans doute regardé avec un mélange d'admiration et de colère ce Breton blond au cou de taureau, puissant et même corpulent, cet homme contre qui luttent depuis tant d'années les armées de la République. Mais l'entretien a été faussé à la base car, le matin même, Cadoudal a appris le guet-apens où vient de tomber un autre chouan, le marquis de Frotté, fusillé aussitôt par les troupes du Consul. Et Cadoudal a peine à croire que ce guerrier blême, aux longs cheveux noirs, à l'œil fulgurant veuille vraiment la paix.

Et quelle paix d'ailleurs ? Bonaparte dit que le temps n'est plus aux luttes intestines, que tous les Français doivent se serrer les coudes pour rendre à la France son rang de grande nation et sa puissance. Mais c'est justement sur la France qu'ils ne sont pas d'accord. Pour Cadoudal, la France c'est celle du roi légitime en exil, c'est celle de Louis XVIII. Pour Bonaparte, qui sent déjà pousser les lauriers d'or de la couronne impériale, la France c'est lui-même... Dialogue de sourds sans doute mais de sourds capables d'entendre les symphonies de la gloire. Unis, ces deux hommes pourraient être invincibles. Cette idée différente qu'ils ont de leur pays les sépare à jamais...

Garanti par la parole donnée, le chef chouan quittera Paris pour gagner l'Angleterre sans être inquiété. Il en reviendra en 1803 pour prendre sa part du complot de Pichegru et Moreau mais, cette fois, il n'en sortira pas vivant. Arrêté en plein Paris par l'inspecteur Buffet,

Georges Cadoudal montera à l'échafaud, dressé, comme au temps des rois, sur la place de Grève, le 24 juin 1804, alors que son ancien interlocuteur du Luxembourg devenait empereur. Et l'on aurait aimé que l'avènement de Napoléon Ier n'ait pas eu lieu dans un bain de sang. Après celui du duc d'Enghien, celui de Cadoudal… et de onze de ses compagnons en même temps. Depuis la Terreur, on n'avait pas vu couler tant de sang sur un échafaud.

Devenu Sénat, le palais du Luxembourg le reste tant que dure l'Empire, mais les Bourbons, de retour, préférèrent en faire la Chambre des pairs. Une Chambre que l'on inaugura presque avec le procès du maréchal Ney, prince de la Moskova, où l'on put voir d'anciens frères d'armes de l'accusé voter la mort pour garder leurs terres et leurs fortunes. Quand Louis Philippe devint roi, on y jugea les ministres de Charles X, puis le prince Louis Napoléon débarqué, en 1840, pour tenter de soulever le pays. Cela lui valut l'incarcération à Ham.

Autre procès retentissant vers la fin du règne du Roi-Bourgeois : celui du duc de Praslin accusé d'avoir assassiné sa femme de trente coups de poignard pour les beaux yeux de la gouvernante de ses enfants[1]. Le duc, pour éviter la honte de l'échafaud, s'empoisonna dans sa prison du Luxembourg. D'aucuns prétendent que ce ne fut qu'un simulacre et que le duc put s'enfuir pour vivre une pénitence d'ermite dans les forêts encore à demi sauvages du Cotentin.

Quand, enfin, le prince Louis Napoléon prit le nom d'empereur, Napoléon III, la Chambre des pairs redevint le Sénat et ne cessa plus de l'être.

HORAIRES D'OUVERTURE

Un samedi par mois	10 h 30 ou 14 h 30

1. Voir Vaux-le-Vicomte (tome 1).

ANCY-LE-FRANC

Un palais sur l'Armançon

> *Nous allons, quand le beau temps nous y invite, faire des voyages au long cours pour connaître la grandeur de nos états...*
>
> M. de COULANGES

« Elle remonte aux Croisades ! » C'est ce que l'on a coutume de dire, en France, lorsqu'il s'agit de l'ancienneté d'une famille noble. Bien rares sont celles qui peuvent se vanter de plonger aussi loin dans la nuit des temps et plus rares encore celles qui se sont illustrées avant l'époque de référence et dont les racines se sont accrochées au plus profond de la terre de France. Pourtant, si l'on regarde vers le Dauphiné, vingt-cinq ans environ avant que Pierre l'Ermite ne prêche la première croisade, on rencontre Sibaud, premier ancêtre connu de l'illustre maison de Clermont-Tonnerre.

Il ne s'appelle encore que Clermont et cela tout simplement parce qu'il habite, sur un clair mont, un rude château dont il reste encore une tour, à quelques kilomètres de Grenoble. Quand viendra l'habitude de porter, sur le bouclier, un signe distinctif, le fils de Sibaud fera peindre une montagne et un soleil sur son écu.

Pour que changent les armes de la famille – elles portent deux clefs d'argent sur champ de gueules –, il y faudra un pape. C'est Calixte II qui, pour remercier Sibaud II de lui avoir permis de rentrer chez lui à Rome, en 1120, après en avoir chassé l'antipape, lui permettra d'utiliser pour ses armoiries les clefs de saint Pierre. En même temps, il lui donne une devise qui restera : *Si omnes ego non*, « Si tous te renient, moi je ne te renierai pas » ; la parole même de l'apôtre qu'il a, en vérité, si mal tenue !

Mais, pour que Clermont le Dauphinois rejoigne Tonnerre la Bourguignonne, il faudra une femme... et pas loin de quatre siècles. L'union se fera quand, dans les débuts du règne de François Ier, Bernardin de Clermont épousera la fille du comte de Tonnerre, Anne Husson. Mais il faudra attendre le règne de Charles IX pour qu'un simple tiret s'installe entre les deux noms.

François Ier n'est plus qu'à un an de la mort quand, en 1546, Antoine III de Clermont décide de construire, en pays bourguignon et non loin de Tonnerre, une demeure capable de rivaliser avec les plus beaux châteaux du Val de Loire. La mode est à l'Italie. En outre, Antoine a épousé la sœur d'une dame dont personne, au cours des siècles, n'a jamais songé à contester le goût raffiné. Françoise de Poitiers est, en effet, la sœur de Diane, favorite de celui qui va être incessamment le roi Henri II et dont le monogramme va s'inscrire sur trois joyaux de la Renaissance : Fontainebleau, Chenonceau et Anet. Et l'on peut imaginer sans peine que Diane a pu donner quelques conseils à son beau-frère...

Le château qui s'érige peu à peu sur les rives de l'Armançon est un chef-d'œuvre, une merveille dans le goût italien de l'époque. L'architecte bolonais Serlio en a fait les plans et a veillé à la construction, mais c'est le Primatice qui assurera la décoration intérieure. Antoine III n'en verra pas la fin qui se situe en 1622, mais les constructeurs successifs ont si bien respecté les plans de Serlio et du Primatice que, selon l'avis d'un contemporain, « on dirait presque qu'il a été tout fait en un jour tant il rend de contentement à l'œil... ».

C'est Charles-Henri, petit-fils d'Antoine, qui célébrera l'achèvement. Son père, Henri, fils d'Antoine, a été tué au siège de La Rochelle, et, s'il fut le premier duc de Clermont-Tonnerre, il ne régnera jamais sur Ancy, le fondateur n'ayant quitté ce monde que cinq ans après lui.

Des rois viendront admirer tour à tour l'immense domaine et le superbe château : Henri III, d'abord, à son retour de Pologne et, dans la salle des Gardes, son séjour est commémoré par un décor de fleurs de lys encadrant les armes de France. Henri IV y vint aussi mais dans des circonstances moins aimables : il s'agissait pour le roi de porter secours à son féal Henri assiégé par les énergumènes de la Ligue. Le soleil qui brilla ce jour-là sur Ancy fut celui de la délivrance.

Fête à nouveau pour le roi Louis XIII auquel Charles-Henri offrit un grand dîner au retour d'un voyage à Metz. Fête aussi pour Louis XIV, le 12 juin 1674. Le roi vient de mener en Franche-Comté une campagne victorieuse et il convient d'accueillir le vainqueur selon son mérite. François de Clermont-Tonnerre, sans tomber dans les excès de Fouquet, donnera là une fête qui ne fera aucun bien à des finances déjà en triste état...

Que l'on ne s'y trompe pas ! François n'a rien d'un gaspilleur. Seulement c'est un homme au cœur généreux. Il subventionne totalement l'hôpital de Tonnerre et s'est engagé envers un couvent de minimes qui ne vit guère que de lui. Le moins que l'on puisse dire est que la venue du roi, si elle est honorifique en diable, tombe plutôt mal. D'autant plus mal que, revenant de guerre, Louis XIV est accompagné du ministre adéquat : Louvois.

Grand ministre s'il en fut, Louvois n'en était pas moins un homme détestable, pourvu d'un caractère emporté, bilieux et singulièrement envieux. À peine eut-il posé les yeux sur Ancy-le-Franc qu'il se sentit saisi par l'envie irrépressible de le posséder. Son œil scrutateur eut tôt fait de déceler les difficultés financières que rencontrait alors son hôte et, séance tenante, il offrit d'acheter château et domaine.

Choqué – on le serait à moins ! – par l'offre de cet invité qui songe d'abord à s'approprier la demeure de son hôte, François de Clermont-Tonnerre refuse : il n'en est pas là, Dieu soit loué ! Louvois s'incline mais ne renonce pas. Il a la patience des fauves quand il désire quelque chose, ou quelqu'un. Il attendra, voilà tout !

Il attendra dix ans. Cinq ans après la visite royale, François meurt en 1679. Son fils, Jacques, ne lui survivra que de trois années. Quand celui-ci meurt, en 1682, son fils, François, a vu s'accroître les difficultés de famille en dépit d'un beau mariage avec Mlle de Crèvecœur. Le crève-cœur sera pour lui : en 1684, Louvois, qui n'a rien fait pour que le roi ait l'idée d'aider cette noble famille, devient maître et seigneur d'Ancy-le-Franc.

Il n'en profitera guère : tout juste un peu plus de six ans, et quand, en 1691, il meurt à Versailles dans des conditions demeurées assez suspectes pour que l'on parle d'empoisonnement, sa veuve s'en va régner à Ancy-le-Franc, avec beaucoup d'éclat mais assez débonnairement si l'on en croit la lettre que M. de Coulanges écrit à cette époque à Mme de Sévigné :

« Il y a un mois que je me promène dans les états de Mme de Louvois ; en vérité ce sont des états au pied de la lettre et c'en sont de plaisants, en comparaison de ceux de Mantoue, de Parme et de Modène. Dès qu'il fait beau, nous sommes à Ancy-le-Franc ; dès qu'il fait vilain, nous revenons à Tonnerre : nous tenons partout cour plénière et partout, Dieu merci, nous sommes adorés. Nous allons, quand le beau temps nous y invite, faire des voyages au long cours pour connaître la grandeur de nos états ; et quand la curiosité nous porte à demander le nom de ce premier village : — À qui est-il ? on nous répond : — C'est à Madame. — À qui est celui qui est le plus éloigné ? — C'est à Madame. — Mais là-bas, là-bas, un autre que je vois ? — C'est à Madame. »

Et ainsi de suite. On croit suivre la promenade du Chat botté étalant les biens du marquis de Carabas. Peu sensible à tant d'étalage, Mme de Sévigné répondit, avec quelque humeur :

« Comment est-il possible que les seigneurs de tels royaumes aient pu se résoudre à s'en défaire ? Hélas ! C'est que, depuis très longtemps, l'hôpital était attaché à cette maison seigneuriale de Tonnerre ; en voilà la seule et véritable raison, raison où il n'y a pas un mot à répondre, raison qui ferme la bouche, raison enfin qui fait sortir le loup du bois et qui fait que tout est à Mme de Louvois... »

Ancy-le-Franc restera aux Louvois jusqu'à la Restauration.

Pendant ce temps, les Clermont-Tonnerre, privés de leur cher domaine, se consolèrent en se couvrant de gloire ou en priant Dieu mais en gardant pleine conscience de leur rang. C'est, au hasard, l'évêque de Noyon, François, qui prie Dieu en ces termes : « Seigneur ayez pitié de Ma Grandeur ! » C'est Gaspard, vaillant capitaine, qui commandait l'aile gauche à Fontenoy sous le maréchal de Saxe, que dix batailles feront maréchal de France et dont la valeur est telle qu'au sacre de Louis XVI il portera devant le roi l'épée fleurdelisée de Connétable. La mort l'emportera en 1781 avant que n'éclate la Révolution. Cette Révolution qui n'épargnera pas les siens.

Son petit-fils, Stanislas, séduit par les idées nouvelles qui convenaient à son naturel généreux, sera député de la Noblesse aux États généraux et des premiers à proposer l'abolition des privilèges. Les nouveaux maîtres ne lui en sauront aucun gré. Il tentera, alors, désespérément d'arracher la famille royale à un sort qu'il sent redoutable. Le 10 août 1792, après l'envahissement des Tuileries et le massacre des Suisses, Stanislas sera tué par la populace dans les bras de sa ravissante épouse Delphine de Sorans...

Guère plus enviable est le sort de son oncle Gaspard, gouverneur du Dauphiné. Lors d'une émeute à Grenoble, Gaspard sera sauvé une première fois par un certain sergent Bernadotte qui, plus tard, fera quelque peu parler de lui, mais il n'échappera pas à son destin. Ayant refusé l'émigration, il mourra dans la plaine des Brotteaux, à Lyon, sous la mitraille ordonnée par un certain Fouché, futur duc d'Otrante.

Son fils, Aynard, servira vaillamment Napoléon... et l'irrésistible Pauline Borghèse, dont il sera chambellan. Ce qui était alors tout un programme... Bien d'autres encore s'illustreront sur tous les champs de bataille, sans trop se soucier du souverain, avec en vue un seul but : la France.

À la Restauration, le dernier marquis de Louvois mourait sans enfants et son héritier se trouva ruiné. Ancy-le-Franc fut mis en vente et manqua de peu la pioche des démolisseurs... grâce à Gaspard-Louis de Clermont-Tonnerre qui avait épousé la plus riche de la famille : Cécile de Clermont-Montoison. En 1845, Ancy-le-Franc réintégrait le sein d'une famille qu'il n'aurait jamais dû quitter. Ce fut, à nouveau, une grande et belle fête où se pressèrent les nombreux porteurs d'un nom devenu, au cours des siècles, illustre entre tous.

Les lois de succession ont fait passer Ancy-le-Franc à la princesse de Mérode mais pareil domaine exige des fortunes qui ne sont plus de notre temps appauvri.

Aujourd'hui, le château a été transformé en hôtel.

ANET

La demeure de Diane

Tout ce qu'il vous arrive de toucher, déesse, vous le rendez beau...

THÉOCRITE

Du merveilleux château voulu et construit par Diane de Poitiers, dame de Brézé, grande sénéchale de Normandie et favorite inexpugnable du roi Henri II, il ne reste qu'un reflet : une aile, un portail, une chapelle... mais si beaux, si parfaits dans leur splendeur bien française en dépit des Italiens qui y travaillèrent que l'on s'aperçoit à peine de ce qui manque.

Quand, le 29 mars 1515, Diane de Saint-Vallier de Poitiers épouse à Paris, dans la chapelle de l'hôtel de Bourbon, Louis de Brézé, grand sénéchal de Normandie, elle a seize ans. Il en a cinquante-six. Elle est d'une rayonnante beauté blonde, une beauté de statue qui l'accompagnera jusqu'à sa mort. Il est laid, bossu, « de vilaine figure », mais il est de sang royal quoique de lignée bâtarde : sa mère, Charlotte de France, était fille légitimée de Charles VII et d'Agnès Sorel.

N'importe quelle jeune fille rechignerait à pareille union mais pas Diane. De tempérament peu ardent, d'aucuns ont même dit frigide en dépit de la folle passion qu'elle sut inspirer à son royal amant, la fille du turbulent seigneur de Saint-Vallier et autres lieux prise avant toutes choses le rang social, la hauteur du nom, l'éclat de la fortune et de la position mondaine.

De ce côté-là, elle est comblée. Son époux est fort riche et fort grand seigneur. À leur mariage assiste François Ier qui n'est roi que depuis deux mois et qui, à l'automne, verra luire le soleil de Marignan. De la nouvelle Mme de Brézé qui ne fut jamais – contrairement à la légende tissée par Victor Hugo autour du sauvetage de son père – la maîtresse du Roi-Chevalier, celui-ci a dit : « Belle à la voir, honnête à la hanter... » Il s'en tiendra là et lui accordera toujours grande estime.

La cérémonie terminée, le couple disparate, mais qui sera toujours très uni, s'installe quelque temps à Anet qui appartient à Louis de Brézé. Il y a là un vieux château, fort médiéval, fort rébarbatif et auréolé d'une tragique histoire : la belle Charlotte de France, mère de Louis, qui fut surprise en compagnie d'un jeune écuyer par son époux, Jacques de Brézé, et en mourut, aimait à séjourner dans ce vieux castel.

On devine que, dans ces conditions, la jeunesse de Louis manqua de gaieté. Il lui en restera toujours quelque chose et, tant qu'il vivra, Diane s'accommodera des vieilles pierres et des fantômes d'Anet. Quand son époux meurt, en 1531, elle lui fait construire un tombeau somptueux dans la cathédrale de Rouen et proclame qu'elle portera un deuil éternel. Désormais, le noir et le blanc seront ses couleurs. Mais jamais deuil ne fut plus somptueux !

C'est en 1547, quand meurt François Ier, que Mme de Brézé décide de construire à Anet un château à son goût. Henri II est roi, elle est duchesse de Valentinois et elle règne sur la cour infiniment plus que la reine Catherine de Médicis. Aussi les meilleurs artistes sont-ils à son service. On peut même dire à sa dévotion. Philibert Delorme est l'architecte d'Anet, Benvenuto Cellini et Jean Goujon en sont les sculpteurs. Léonard Limosin crée pour la chapelle, dont Jean Cousin dessine les vitraux, d'incomparables émaux. Les plus beaux meubles, les plus beaux tissus, les plus beaux joyaux... jusqu'à ceux de la Couronne que Catherine de Médicis devra, à la mort du roi, réclamer pour son fils. Rien ne manque à Anet, rien ne manque à Diane qui possède en outre Chenonceau.

À la mort d'Henri II, tué d'un coup de lance dans l'œil au tournoi des Tournelles, Diane devra rendre Chenonceau qu'on lui échange contre Chaumont mais gardera Anet. C'est là qu'elle meurt, le 25 avril 1566, âgée de soixante-six ans et quatre mois, « aussi belle de face, aussi fraîche comme en l'âge de trente ans ». En fait, Diane de Poitiers ne constituerait pas, de nos jours, un cas exceptionnel : elle avait simplement découvert les vertus de la diététique, du sport et des douches froides quotidiennes. Choses tout à fait inhabituelles au XVIe siècle.

Par la fille de Diane de Poitiers, Louise de Brézé, le domaine passe dans la maison de Lorraine, branche d'Aumale. Le fils de Louise, Charles II de Lorraine, duc d'Aumale, n'avait pas – et sa femme encore moins que lui – les talents d'hôte et le génie des réceptions qui avaient été ceux de sa grand-mère. Le pauvre Sully devait s'en apercevoir à ses dépens. Reçu à Anet, il a donné du souper un récit plein de couleurs : « Le repas fut si maigre, si mal apprêté, les viandes si dures, le pain et le vin si mauvais et le linge si sale et si moite que je pus à peine manger. »

Grâce au ciel, les choses s'arrangent quand Anet passe de la maison de Lorraine à la maison de Vendôme ! Les fils de Gabrielle d'Estrée et d'Henri IV sont gens de meilleure compagnie. De leur mère, ils tiennent le goût du faste et de leur père celui de la bonne chère. Mais c'est quand Louis-Joseph de Vendôme, petit-fils du Vert-Galant, devient châtelain qu'Anet retrouve un faste digne de ses origines.

Vaillant soldat, grand chef de guerre, le maréchal de Vendôme n'en est pas moins un personnage étrange. Lui et son frère, le chevalier de Vendôme, se virent décorés du surnom bizarre de « pourceaux d'Épicure ». Ils étaient, selon Saint-Simon, de « mœurs infâmes », pratiquant « les vices qui ont fait, en tous temps, la honte de l'humanité ». Cependant, Anet n'eut qu'à se louer de leur présence. Le maréchal transforma les appartements, leur donnant des dimensions plus agréables à vivre, les jardins furent superbement aménagés ; les plans d'eau augmentés d'un canal qui existe toujours. À son crédit aussi le large vestibule au carrelage noir et blanc et le bel escalier où court une rampe en fer forgé à son chiffre.

Pendant un quart de siècle – le temps d'une de ces accablantes disgrâces dont Louis XIV avait le secret – le maréchal de Vendôme tint à Anet une cour qui, pour être moins immense que celle de Versailles, n'était tout de même pas sans éclat. Artistes et écrivains – Lulli et La Fontaine, entre autres – y côtoyaient un monde de grands seigneurs et de bons vivants et faisaient de ce château de l'exil un endroit bien agréable.

Le menu que le maréchal offrit un soir au Grand Dauphin est demeuré célèbre : « Trente potages, soixante moyennes entrées, cent trente-deux mets chauds, soixante plats d'entremets froids, soixante-douze plats de rôts, soit trois cent trente-quatre pièces de gibier pour la majeure partie. » Pour le dessert, « trente-deux jattes d'oranges, cinquante salades diverses, cent corbeilles de fruits crus, quatre-vingt-quatorze de fruits secs, cent six compotes et cinq cents soucoupes de fruits glacés... ». Le tout pour une quarantaine de personnes ! On imagine la panique aux cuisines pour servir pareil monument.

Tout cela avalé, on n'alla pas faire la sieste mais « courre le cerf » et, le soir venu, on repassa à table après la belle représentation de l'*Acis et Galatée* de Lulli.

Général des galères, gouverneur de Provence, gouverneur de Catalogne après avoir pris Barcelone, le maréchal de Vendôme n'acheva pas à Anet son existence quasi fabuleuse. Retombé en demi-disgrâce après son échec d'Oudenarde, il mit son épée au service du petit-fils de Louis XIV, devenu le roi Philippe V d'Espagne, remporta pour lui la victoire de Villaviciosa. Proclamé prince du sang le 23 mars 1712, il mourait à Vinaroz trois mois plus tard. C'est à l'Escurial qu'il faut chercher le tombeau du plus étrange des châtelains d'Anet.

Au milieu de tout cela, le maréchal avait trouvé le temps de se marier avec Marie-Anne de Bourbon-Condé mais pas celui de lui faire des enfants. Ce fut elle qui hérita d'Anet qui passa ensuite à sa mère puis à sa sœur, la fameuse duchesse du Maine.

Avec elle, une nouvelle lignée royale et bâtarde fait son entrée à Anet. Le duc du Maine est fils de Louis XIV et de Mme de Montespan. En fait, des Vendôme aux Maine cela ne sort guère de la famille.

Minuscule, brillante, bruyante, méchante et spirituelle, ennemie mortelle du Régent, toujours entre deux conspirations, la duchesse du Maine s'éprend d'Anet presque autant que de son château de Sceaux. Elle y séjourne souvent, traînant après elle toute une cour d'artistes et de beaux esprits au premier rang desquels brillent Voltaire et son amie Émilie du Châtelet.

Ses fils vendront Anet à Louis XV, et Louis XVI le revendra au duc de Penthièvre, fils du comte de Toulouse... et petit-fils de Louis XIV et de la Montespan. Celui-là a une belle-fille, la princesse de Lamballe, qui, elle aussi, se prendra au charme du château de Diane.

Un charme qui n'a plus de longues années à vivre. La Révolution respecte le château mais pas les banquiers qui l'acquièrent aussitôt après : ils vendent boiseries et sculptures, grattent l'or des boiseries. On aimerait connaître, pour les maudire, le nom de ces vandales ! Heureusement, le Louvre a pu sauver les pièces les plus importantes. Il était temps : la démolition du château était décidée. Il en reste tout de même assez pour que les propriétaires suivants aient à cœur d'essayer de le faire revivre. Ce à quoi ils ont assez bien réussi.

Depuis 1998, Jean de Yturbe et son épouse Alexandra ont fait d'importantes restaurations.

Horaires d'ouverture

Du 1er avril au 31 octobre	14 h-18 h (fermé le mardi)
Du 1er novembre au 30 novembre et du 1er février au 31 mars	14 h-17 h (le week-end)

http://www.chateaudanet.com/

ANJONY

Une vendetta de deux siècles

La vengeance est un plat qui se mange froid.

Dicton populaire

Dressé sur un promontoire rocheux dominant la vallée de la Doire, ce haut donjon quadrangulaire flanqué de tours rondes est, sans doute, de tous les châteaux d'Auvergne, celui dont la silhouette nous est la plus familière. Séduits par son aspect essentiellement romantique et altier, cinéastes et metteurs en scène de télévision l'ont souvent pris pour cadre de films ou de dramatiques. Mais sans jamais songer, Dieu sait pourquoi, à raconter son histoire à lui, une histoire qui n'est cependant pas sans intérêt.

Au Moyen Âge, le plateau de lave au bout duquel il s'érige ne portait pas moins de cinq châteaux : le Fortanier, la tour de Chalier, Bezaudun où vit le jour le troubadour Raimon Vidal, Tournemire près du village portant le même nom et enfin Anjony dont il faut bien dire qu'il fut l'intrus. Mais voyons les choses d'un peu plus près.

En l'an 1439, le roi Charles VII, enfin en pleine possession d'un pouvoir qui lui a longtemps échappé, accorde à son féal sujet, Louis d'Anjony, permission d'élever un château sur une terre qui naguère encore appartenait à la famille de Tournemire, l'une des plus pointilleuses et des plus à cheval sur les principes qui soient. De là va naître l'une de ces histoires de vengeance à continuels rebondissements qui sont si fort en honneur en Corse mais qui, sur la douce terre de France, sont plutôt l'exception.

Pourtant, un siècle plus tôt, les relations entre les Tournemire et les Anjony se trouvaient excellentes. Bien sûr, les derniers n'avaient guère de sang bleu : c'était une famille de riches bourgeois d'Aurillac qui avait fait fortune dans le commerce des peaux. Les Tournemire, eux, prouvaient leur filiation noble depuis le Xe siècle mais, il faut bien le dire, ils étaient plus riches de titres que d'écus... Ces écus, ils en avaient trouvé chez les Anjony qui leur en avaient prêté volontiers puis qui, devant l'impossibilité où se trouvaient leurs débiteurs de les restituer, avaient acheté petit à petit plusieurs de leurs terres. Mais, encore une fois, les relations étaient parfaites.

En 1375, Bernard d'Anjony est admis à l'honneur d'épouser Marguerite de Tournemire à un moment où le château familial de la jeune fille – il en reste quelques traces entre l'église de Tournemire et le château d'Anjony – est le théâtre d'une curieuse histoire.

Depuis quelques années, l'Auvergne était mise en coupe réglée par un chef de Grande Compagnie nommé Aymerigot Marchés, surnommé le Roi des Pillards. C'était un véritable forban ne connaissant aucun sentiment humain. Ce joyeux personnage avait établi son quartier général au château de La Roche-Vendeix près de La Bourboule (où l'on prétend que son trésor est toujours enfoui).

Or, parti pour quelque opération fructueuse, Marchés avait confié son repaire à un sien oncle. C'était l'époque où, pour le roi Charles V, le connétable Du Guesclin traquait les Grandes Compagnies. Au retour de son expédition, Aymerigot Marchés s'aperçoit avec fureur que l'oncle a laissé reprendre son château et que lui-même risque de se faire arrêter. Il n'ignore pas qu'il n'y a plus en France de pouvoir établi qui soit encore disposé à lui faire grâce. Mais écoutons Froissart :

« Aymerigot Marchés à part soi était tout triste et pensif et ne savait lequel chemin tenir. En ses plus grandes tribulations, il s'avisa qu'il avait en Auvergne un sien cousin germain écuyer et gentilhomme lequel on nommait Tournemire, et qu'il irait devers lui et lui remontrerait toutes ses besognes et prendrait conseil de lui. Il s'en vint, lui et son page, chez ce Tournemire et entra au châtel. »

Hélas, Tournemire, dont la conscience n'est pas des plus claires car il a quelque peu pillé et volé lui aussi, reçoit très mal cet hôte que le diable lui envoie : « Pour la cause de vous, Monseigneur de Berry me hait et me traite à mort ; mais je ferai ma paix par vous car je vous y rendrai mort ou vif... » Qui fut dit fut fait. Aymerigot qui espérait bon gîte et bonne table se retrouva en noire prison puis livré aux gens du duc de Berry qui le conduisirent à Paris où il connut un sort tragique : « On lui trancha la tête puis fut écartelé et chacun des quartiers mis et levé aux quatre souveraines portes de Paris... »

On ne sait comment le nouveau beau-frère trouva l'aventure. Sans doute applaudit-il, même s'il n'approuvait pas réellement, car le Tournemire de l'époque était peu facile à vivre. Mais le mariage n'en marcha pas moins bien qu'un autre.

Les choses se gâtent entre Anjony et Tournemire quand le premier prétend faire ériger son château à quelques pas de la forteresse un brin ruinée de ses alliés... qui n'ont pratiquement plus de terre.

Entre 1439, date de l'autorisation de construire, et 1465, Rigaud de Tournemire regarde s'élever le château et remâche sa fureur impuissante. Mais à peine a-t-on fêté l'inauguration qu'il décide d'entrer en campagne. À sa façon, qui n'est pas des plus élégantes.

Il commence, au soir de la Saint-Jean, par envoyer ses hommes molester les chambrières de Mme d'Anjony et leurs amoureux qui dansent pacifiquement autour du grand feu. Cela fait, on s'en va briser, à l'église, le banc seigneurial de Mme d'Anjony qui est veuve et qui ne peut payer son voisin de la même monnaie. On en profite pour lui signifier, à elle et à sa famille, qu'il leur est parfaitement interdit de mettre les pieds à l'église.

Si elle n'a plus de mari, Mme d'Anjony a un jeune fils et surtout un intendant aussi irascible que peuvent l'être les Tournemire. L'histoire de l'église n'a pas amusé du tout Simon de Durban qui décide de contre-attaquer. C'est ainsi que, le dimanche suivant, en dépit de la défense des Tournemire, Simon veut obliger le recteur à lire tout haut certain monitoire de l'évêque dans lequel Louis d'Anjony est qualifié de « seigneur de Tournemire ». Mais le malheureux prêtre est littéralement terrorisé par l'adversaire qui lui a fait interdire de prononcer les mots fatidiques. Entrons à présent dans l'église de Tournemire et écoutons ce qui s'y dit... ou plutôt s'y hurle :

« Vous faites mal, monsieur le recteur, que ne lisez tout ce qui est escrit dans la lettre », clame Durban. « Je n'en ferai rien », grelotte le recteur. C'est alors au tour d'Aymeri de Tournemire, fils bâtard de Rigaud : « Lis ladite lettre si tu l'oses ! » lance-t-il à Simon qui riposte : « Ce n'est point mon affaire. Je ne suis pas recteur ! » Alors Aymeri : « S'il y avait vilain pelletier d'Aurillac qui fût si hardi de se faire intituler et nommer seigneur de Tournemire, il lui coûterait la vie. Je le tuerais ! » Et, pour faire bonne mesure, de se mettre à jurer et à blasphémer très vilainement. Cette fois Durban est furieux : « Tu as menti, bâtard, fils de p... Monsieur mon maître n'est pas vilain pelletier et s'appellera seigneur de Tournemire en dépit que tu en aies. » Et là-dessus on s'entre-tue joyeusement. Aymeri de Tournemire meurt éventré. Simon de Durban sera grièvement blessé mais guérira... pour se faire assassiner par un autre Tournemire.

Trois quarts de siècle passent. Dans leur château de plus en plus délabré, les Tournemire ne désarment pas. En 1523, Claude d'Anjony, qui est prêtre, est assassiné par un autre bâtard de Tournemire. On l'enterre dans le chœur de l'église, ce qui ne fait pas l'affaire de son meurtrier. De nuit, celui-ci s'en va déterrer le cadavre et va le jeter devant la porte du château d'Anjony où on le découvre au matin, à demi dévoré par les bêtes sauvages. Du pur Grand Guignol !

Hélas, de tels actes ne relèvent pas la maison de Tournemire qui s'écroule de plus en plus à mesure que grandit la fortune de son ennemi. Les d'Anjony ont su garder la faveur royale qui leur avait permis la construction du château, cause de tout le mal. Ils portent l'éclat de leur maison plus haut encore quand, en 1557, Michel d'Anjony épouse une authentique descendante des comtes de Foix, Germaine. Ce mariage ouvre devant eux l'accès de la cour et ils s'éloignent de plus en plus de ces seigneurs auvergnats intraitables qui, cependant, ne désarment pas.

Des escarmouches, des embuscades plus ou moins réussies ; la haine, en dépit du temps qui passe, est toujours là. Alors, en 1623, on décide d'en finir. Cette fois, ce sera un combat à visage découvert, un combat public : les Tournemire contre les Anjony. Et le combat a lieu en face de la noblesse du pays. Ce sont les Anjony qui ont le dessous, mais les derniers mâles Tournemire vont mourir, l'un après l'autre, des suites de leurs blessures...

C'en est fini de la longue vendetta. C'est une femme à présent qui est l'héritière de la famille de Tournemire : Gabrielle de Pesteils. Avec elle, le cercle se referme. Jadis un mariage avait uni les familles rivales. Un autre va les unir de nouveau : en 1645, Michel II d'Anjony épouse Gabrielle dont le roi fera, un an plus tard, une marquise de Mardogne en titrant son époux.

Anjony, auquel leurs descendants ont adjoint, au XVIIIe siècle, une demeure plus aimable, n'en conserve pas moins sa splendeur intacte, les belles fresques de ses salles intérieures et sa fierté de vieux guerrier féodal. Sa beauté préservée vient sans doute de ce qu'il appartient toujours à la même famille : les marquis de Léotoing d'Anjony.

HORAIRES D'OUVERTURE

Février, mars, octobre et novembre	14 h-17 h
Avril, mai, juin et septembre	14 h-18 h
Juillet et août	11 h et 11 h 30 (sauf le dimanche) et 14 h-18 h 30

http://www.anjony.com/

ANSOUIS

Hautes dames, grands messieurs...

Chantons la gloire de nos pères
Qui dans l'Histoire
Ont fait leur trou

Frédéric MISTRAL

Au commencement était Ansouis.

Depuis l'an mil et même auparavant, un château se dresse au sommet de la colline aux cigales, un château qui n'a jamais failli, jamais dévié et qui s'est transmis d'âge en âge sans autres maîtres que les descendants de son fondateur.

Ils furent d'abord comtes de Provence et de Forcalquier, puis comtes de Sabran au moment où, en 1160, Garsande, comtesse souveraine de Forcalquier, épouse Raymond de Sabran, connétable de Toulouse où il tient le premier rang après le comte souverain. Ce sont eux qui donnent à Ansouis son premier aspect de forteresse féodale et, certes, de plus hauts seigneurs ne sauraient se voir en pays provençal, pas même ceux des Baux qui cependant prétendent descendre du roi mage Balthazar...

Les Sabran s'unissent à nouveau aux comtes de Provence quand, en 1193, la fille de Raymond et de Garsande, qui porte même prénom que sa mère, épouse Alphonse II. De ses flancs vont sortir quatre reines et faire des Sabran les ancêtres de tous les monarques d'Europe.

Quatre filles également belles, également sages : Marguerite qui épouse Saint Louis, autrement dit le roi de France Louis IX ; Éléonore, la seconde, qui devient la femme d'Henri III d'Angleterre ; Sancie, qui épouse en 1244 Richard de Cornouailles, roi des Romains et empereur germanique ; enfin Béatrix, unie à Charles Ier, roi de Naples. Quatre reines ! il semblerait que ceux d'Ansouis ne sauraient monter plus haut. Pourtant ils y arrivent avec Elzéar de Sabran qui sera canonisé.

Ce n'est pas un prénom inhabituel chez les Sabran que ce prénom qui sent la Bible : tous les aînés de la famille l'ont porté jusqu'à nos jours : l'actuel duc de Sabran-Pontevès s'appelle Elzéar, et sa sœur, qui est Son Altesse royale Mme la duchesse d'Orléans, se prénomme Gersende comme la lointaine aïeule. Mais revenons à l'extrême fin du XIIIe siècle et à cet Elzéar qui portera auréole.

Il n'a que quatorze ans quand, en 1299, il épouse Delphine de Signe qui en a seize. Delphine n'a pas seulement un nom digne d'une princesse de légende, elle en a la beauté. Pourtant – et cela Elzéar l'ignore – elle s'est vouée à Dieu. Mariée donc par simple obéissance à la loi d'un père, elle entend n'être épouse que de nom. Et, au soir des noces, quand les portes de la chambre nuptiale jonchée de fleurs se sont refermées, Delphine apprend à cet époux, qu'elle aime cependant et qui l'aime, qu'elle a fait vœu de virginité. Et Elzéar y souscrit. Pendant vingt-quatre ans, dans la chambre la plus austère d'Ansouis, ils vont vivre côte à côte sans jamais faillir à cet étrange contrat qu'ils ont passé.

Pas d'enfants mais que de bienfaits ! Tandis que Delphine consacre sa vie à la charité, Elzéar fonde à Ansouis une sorte de crédit agricole : une banque où les paysans peuvent se procurer semence, argent et secours en tout genre. À ce train, leur réputation grandit, grandit... Chose étrange, c'est Elzéar qui va le plus loin dans la sainteté. Il est si grand, si haut, si pur que Dieu lui accorde le don de miracle : d'un baiser il aurait guéri un lépreux... Les sacs de grains, une année de disette, se seraient multipliés dans les greniers d'Ansouis et, au jour de sa mort, les cloches du village se seraient animées sans le secours de quiconque...

Car c'est lui qui meurt le premier, en 1323, pleuré par Delphine qui se retire sur l'heure à Cabrières-d'Aigues d'où il lui était possible d'apercevoir Ansouis puis – c'était encore trop de douceur accordée à une vie qu'elle voulait entièrement dépouillée – à Apt pour y vivre, elle, comtesse de Sabran et si haute dame, de la charité publique. Elle aura tout de même la joie, avant de mourir à soixante-dix-sept ans, trente-deux ans après Elzéar, d'apprendre la canonisation de son époux bien-aimé. Elle-même, dit Arnaud Chaffanjon, le sera par la rumeur publique en attendant que l'Église la béatifie.

Heureusement pour la descendance des Sabran, Elzéar n'était pas fils unique, et la famille, au cours des siècles, a poursuivi son ascension éclatante. Une ascension qui n'est pas toujours marquée, tant s'en faut, du signe de la sainteté : c'est ainsi que, dans les débuts du XVIIIe siècle, une comtesse de Sabran devient la maîtresse du Régent. Mais chose étrange, cela ne choque personne. Même pas le sévère et sourcilleux Saint-Simon qui, pour elle, devient lyrique : « Il n'y avait rien de plus beau qu'elle, de plus touchant, du plus grand air et du plus noble. »

Mais voilà un homme, Joseph de Sabran, qui fut d'ailleurs l'époux de la trop jolie comtesse. C'est un marin celui-là. Et quel marin ! Au combat de Lagos, en août 1759, il couvre avec son *Centaure* la retraite de l'escadre française. Et comme il n'a plus de boulets à mettre dans ses canons, il y entasse, pour pouvoir tirer encore, son argenterie et tout ce qu'il peut trouver. On assure que confituriers et aiguières firent autant de dégâts que l'habituelle mitraille.

À cinquante ans, Joseph est amiral. Louis XV est si fier de lui qu'il le présente à la cour en ces termes qui rappellent leur parenté :

— Le comte de Sabran à qui nous avons l'honneur d'appartenir.

Ses prouesses sont telles qu'à soixante-dix ans, devenu veuf, il éveille une véritable passion chez une ravissante fille de vingt-deux ans : Éléonore Dejean de Manville. Il l'épouse, lui fait deux enfants, une fille et un fils... et meurt de cet exploit-là après trois ans de mariage.

Trois ans encore de vertueuse solitude et la jolie veuve se retrouve victime des pièges de l'amour. Elle rencontre un assez mauvais sujet, charmant naturellement, poète, plein d'esprit et expert aux jeux de l'amour, le chevalier de

Boufflers. Malheureusement, aucun mariage n'est possible ! Boufflers est chevalier de Malte et, comme il n'a aucune fortune, il ne peut se permettre de renoncer, en se mariant, à ses bénéfices ecclésiastiques. Une vie étrange commence alors, faite de périodes passionnées, coupées de longues absences, Boufflers est souvent au loin et plus encore lorsqu'il devient gouverneur du Sénégal. D'où une épaisse correspondance qui est l'un des trésors d'Ansouis. Une correspondance pleine de charme et parfois même éblouissante :

« Ce n'est pas tes manières de Huron, ton air distrait et bourru, tes saillies piquantes, ton grand appétit et ton profond sommeil quand on veut causer avec toi qui m'ont fait t'aimer à la folie. C'est un certain je-ne-sais-quoi qui met nos cœurs à l'unisson... » Elle est sûre de son amour et, en cela, a tout à fait raison. Sage comme on ne l'est guère lorsque l'on aime, Éléonore conclut :

« La meilleure manière de te conserver est de te donner la clef des champs. » Heureux temps où un homme pouvait aimer et se laisser aimer sans contraintes et sans exigences ! Boufflers finira par être « de l'Académie »... et par épouser Mme de Sabran après vingt ans du plus bel amour parce qu'il savait n'être pas ennuyeux.

On le sait déjà, Éléonore, au temps où elle était comtesse de Sabran, avait une fille, Delphine. Si ravissante que Boufflers l'avait surnommée « la reine des roses ». « Une tête de Greuze avec la pureté d'un profil grec », disait-on d'elle à Versailles où son apparition avait eu le plus grand succès.

Tôt mariée, par amour, à Armand de Custine, fils du général-marquis de Custine qui, ancien héros de Yorktown et ami de La Fayette, avait jugé de son devoir de continuer à servir la France, même devenue révolutionnaire. Cela ne lui porta pas chance. Accusé d'on ne savait trop quelle brumeuse trahison, le général fut guillotiné en août 1793, pratiquement sous les yeux d'une belle-fille qui lui était fort attachée et qui avait remué ciel et terre pour tenter de le sauver. On était loin du temps où, coquette et changeant d'amour continuellement, Delphine écrivait à son frère Elzéar, son plus intime confident :

« Fais-moi une petite chanson sur mon amour-papillon. Je serais tentée de poser cette question à tout le monde : connaissez-vous le moyen de fixer un papillon ? »

Elle avait trop de grâce... et c'est ce qui la sauva quand, à son tour, elle fut incarcérée à la prison des Carmes. Un brave homme de Conventionnel, un maçon nommé Jérôme, s'éprit passionnément de la reine des roses. Et chaque jour, au risque de sa vie, il entrait chez Fouquier-Tinville pour remettre en dessous de la pile de dossiers celui de Mme de Custine. Elle sut ce dévouement, aima – elle que Chateaubriand devait aimer – cet homme simple et l'aida à fuir en Louisiane où Jérôme fit une assez jolie fortune.

Le frère Elzéar, celui qui faisait de petites chansons, devint duc et pair et fit entrer par mariage le nom de Pontevès dans la famille.

Quant à Ansouis qui, au fil des âges, avait pris sa figure actuelle, il souffrit beaucoup de la Révolution. Lorsque le duc de Sabran-Pontevès, père de la duchesse d'Orléans, y revint en 1936, il y avait tout à refaire. En compagnie de son épouse, née Roselyne de Vallombrosa et descendante du maréchal Lannes, il entreprit de ressusciter l'admirable demeure, y consacra sa vie et réussit à en faire, ainsi que du village, un ensemble tel qu'il en existe peu en France par l'accord des bâtiments et de la nature.

En octobre 2007, la famille de Sabran vend le château pour 4,7 millions d'euros à M. Rousset-Rouvière.

HORAIRES D'OUVERTURE

Du 1er avril à la Toussaint	visites guidées à 14 h 30, 15 h 30 et 16 h 30 (fermé le mardi)
Juillet et août	visite supplémentaire le mardi à 14 h

http://www.chateauansouis.fr/

AVAUGES

Julie de Lespinasse

> *J'allais vous revoir. Il faut mourir.*
> *Quelle affreuse destinée !...*
>
> Marquis de Mora

Le 9 novembre 1732, dans la maison du sieur Basiliac, chirurgien de la maréchaussée, place de la Douane à Lyon, une dame inconnue donne discrètement le jour à une petite fille. Le lendemain, on porte l'enfant dans l'église Saint-Paul : « Le 10 novembre 1732 a été baptisée Julie-Jeanne-Éléonore de Lespinasse, née hier, fille légitime de Claude Lespinasse, bourgeois de Lyon, et de dame Julie Navarre son épouse. Le parrain, sieur Louis Basiliac chirurgien-juré de Lyon, la marraine dame Julie Lechot représentée par dame Madeleine Ganivet épouse dudit sieur Basiliac. Le père n'a signé pour être absent et deux témoins ont suppléé avec le parrain et la marraine... »

Hormis les noms du parrain et de la marraine, tout est faux dans cet acte. Le bourgeois de Lyon et sa femme n'existent pas et la mère de l'enfant s'appelle en réalité Julie-Claude, comtesse d'Albon ; sa résidence habituelle est le vieux château d'Avauges, sur la route de Lyon à Tarare. Quant au père, c'est tout simplement le comte Gaspard de Vichy qu'une romance un peu trop tendre a lié à la jolie Mme d'Albon...

Celle-ci tient de sa mère le joli titre de princesse d'Yvetot qui vous a un petit air d'opérette, et elle est de grande famille. Les d'Albon qui, dès le XIIe siècle, donnaient des gouverneurs au Dauphiné ont produit entre autres le fameux maréchal de Saint-André, un des héros des guerres de Religion.

À seize ans, Julie-Claude Hilaire d'Albon épouse son cousin, Claude d'Albon, réunissant ainsi en un seul couple les deux branches de la famille, celle des comtes de Saint-Marcel et celle des marquis de Saint-Forgeux, ce qui assure une fort belle fortune.

Les premières années du mariage sont, sinon heureuses, du moins exemptes de drames. Quatre enfants naissent dont deux seulement survivront : une fille Camille-Diane et un fils Camille-Alix qui assurera la continuité du nom. Chose étrange, c'est à partir de la naissance de ce garçon que tout commence à aller mal au château d'Avauges.

On ne sait trop ce qui s'est passé, car la famille a laissé tomber un voile pudique sur cette histoire. Tout ce qui en a transpiré, c'est que les torts furent du côté du mari et qu'ils furent graves car la garde des enfants fut octroyée à la mère et lui fut conservée sans que le comte émît la moindre contestation. Il quitta Avauges, s'en alla habiter Roanne où il vécut « dans l'ombre et la retraite, ignoré, silencieux et ne tenant, semble-t-il, aucune place dans l'existence des siens ».

Julie-Claude, au contraire, continua d'habiter Avauges et se retrouva à trente ans jeune, belle, riche et libre. Gaspard de Vichy vint combler la solitude d'un cœur qui ne demandait qu'à aimer, et la petite Julie fut le fruit de cet amour. À noter que ce nom de Lespinasse qu'on lui a donné est celui d'une terre de la famille d'Albon.

Contrairement à ce qui se passait le plus souvent, Julie-Claude n'abandonne pas sa petite fille. Elle l'emmène avec elle et l'installe à Avauges où elle sera élevée sous ses yeux.

Quelques mots du château à présent. Avauges, c'est alors, avec ses tours, ses fossés, ses remparts, une forteresse médiévale qui sera « rhabillée » au XIXe siècle. Le joli château Louis XV qui lui est accolé ne sera construit que quelques années après l'arrivée de la petite Julie. L'enfant se plaira dans cette maison austère mais dotée d'une situation charmante, dans l'aimable vallée de la Turdine. À l'horizon, s'étend l'admirable panorama des monts du Forez.

En cette seigneuriale demeure, Julie va passer les belles années de l'enfance. Elle a, comme compagnon de jeux, le jeune Camille d'Albon auquel l'unira toujours une tendre amitié. Diane, la fille aînée de Julie-Claude, est beaucoup plus âgée. C'est une jeune fille à l'établissement de laquelle on va bientôt songer. Et, de fait, l'année 1739 va marquer douloureusement Julie et sa mère. Il y a d'abord le départ de Camille pour l'armée, passage obligatoire pour un jeune gentilhomme de son rang. Et puis il y a le mariage de Diane. Et qui Diane épouse-t-elle le 18 novembre 1739, au château d'Avauges ? Mais tout simplement Gaspard de Vichy, l'amant de sa mère, le père de Julie de Lespinasse. Vichy avait réussi à se faire aimer de la jeune Diane et le mariage eut lieu envers et contre les larmes de Mme d'Albon qui resta seule dans le grand château avec sa petite Julie.

Seule et singulièrement inquiète car sa santé n'est pas des meilleures. Que deviendra Julie si elle vient à mourir ? Elle n'a pas pu la légitimer comme elle le souhaitait à cause de la levée de boucliers suscitée par Gaspard de Vichy, inquiet sur le sort de la part d'héritage de sa femme. Alors ? Le couvent ? Mais Julie, si jeune qu'elle soit, s'y refuse. Elle a en elle trop de vie, trop d'amour d'une certaine liberté pour accepter le cloître. Tout ce que pourra faire sa mère qui, à cette époque surtout, lui donne tout ce qu'elle peut donner de tendresse, sera de lui constituer une modeste rente. En outre, elle lui remet la clef d'un petit bureau dans lequel elle conserve une somme d'argent à son intention. Mais Julie, fière et délicate, n'aura rien de plus pressé, l'heure de sa mère venue, que de remettre cette clef à son frère Camille.

Cette heure tragique, elle sonne le 6 avril 1748. Julie a presque seize ans. Son chagrin est immense et touche ses demi-frère et sœur. Au point que Diane lui propose de venir habiter chez elle, au château de Champrond, à la limite du Mâconnais et du Lyonnais. On dit que l'adolescente « accepta avec beaucoup de joie », mais pouvait-elle réellement en éprouver à l'heure où elle quittait, pour toujours, la chère maison de son enfance ? D'ailleurs, à Champrond, Julie ne sera pas longtemps heureuse...

Les Vichy ne tardèrent pas à s'apercevoir de sa culture, de son intelligence, et de cette grâce qui devait lui attirer tant de cœurs et de hautes protections. Mais ils n'y virent qu'une occasion à exploiter. L'idée leur vint de faire de Julie l'institutrice non rétribuée de leurs enfants. Il y eut des scènes pénibles, au point que Julie en arriva à reprendre le projet que sa mère avait formé pour elle : l'entrée au couvent. Elle avait même écrit à Camille d'Albon pour lui demander de payer sa dot de religieuse, quand soudain tout changea. Simplement parce qu'une voiture couverte de poussière venait de pénétrer dans le parc de Champrond... Cette voiture transportait la marquise du Deffand, sœur cadette de Gaspard de Vichy.

Chacun sait que, parmi les beaux esprits du XVIIIe siècle, il en est peu de plus célèbres que Mme du Deffand, l'amie de Walpole et des Choiseul, la femme dont on se répétait les mots d'esprit et dont on s'arrachait les lettres, celle qui mieux que personne s'entendait à réunir autour de sa bergère tout ce que Paris comptait de fin et de bien-disant. C'est chez elle que Voltaire rencontrera Mme du Châtelet[1].

Des amants, Mme du Deffand en a eu, depuis le Régent jusqu'au président Hénault avec lequel elle forme une sorte de vieux couple libre qui n'est plus lié que par l'affection et les jeux de l'esprit. Tout de suite, Julie lui plaît et l'intéresse. Elle a besoin d'une lectrice car sa vue commence à baisser. Elle a avec la jeune fille de longs entretiens et, après avoir quitté Champrond, lui écrit à plusieurs reprises car Julie n'est pas encore décidée à venir vivre à Paris où elle craint de ne pas être à sa place. Mais la vie qu'elle mène chez les Vichy est de si peu d'attraits que finalement elle se décide... à partir pour Lyon où elle va vivre quelque temps dans un couvent. C'est là que Mme du Deffand viendra elle-même la raisonner et la convaincre de venir habi-

1. Voir Cirey.

ter chez elle, en dépit de la violente opposition des Vichy qui se sont mis à craindre pour un autre héritage. Et, dans la seconde quinzaine d'avril 1754, la diligence de Lyon dépose à Paris une jeune fille de vingt-deux ans « un peu provinciale dans sa mise, un peu émue, un peu effarouchée... ». Voilà Julie chez Mme du Deffand, qui en fait est sa tante puisqu'elle est la sœur de son père.

Julie va s'y transformer singulièrement. Dans les premiers temps de leur cohabitation, la marquise a trouvé plaisir à faire de sa lectrice une vraie Parisienne et à cultiver ses talents à la fois artistiques et littéraires. Chez elle fréquente la fleur de l'intelligence : Diderot, d'Alembert qui, dès le premier regard, va tomber pour toujours sous le charme de Julie, le président Hénault, la maréchale de Luxembourg et beaucoup d'autres. Tous s'intéressent à Julie, apprécient sa conversation... et prendront l'habitude de venir la voir en cachette, car la cécité qui s'empare de Mme du Deffand la rend parfois d'un commerce difficile. On se réunit un moment dans la chambre de Julie avant de passer au salon...

Le manège dure jusqu'à ce jour affreux d'avril 1764 où Mme du Deffand, montant chez sa nièce, tombe sur l'une de ces réunions clandestines. Furieuse, elle chasse Julie sans vouloir entendre la moindre explication. Voici la jeune femme à la rue.

Pas pour longtemps. Elle a su se faire tant d'amis que l'on s'occupe d'elle activement. La maréchale de Luxembourg meuble pour elle le logis qu'elle a trouvé rue Saint-Dominique, à deux pas de chez Mme du Deffand ; Mme Geoffrin lui constitue une pension et d'Alembert s'institue son mentor habituel. C'est lui qui veille sur elle et qui la soigne lorsqu'elle contracte une variole dont elle restera malheureusement marquée. En retour, Julie se fait garde-malade quand le mal atteint son ami. Mieux, elle l'installe chez elle, dans deux petites chambres qu'elle possède à l'étage supérieur, afin qu'il connaisse la douceur d'une sorte de foyer. Mais, en dépit de ce que Paris croira, ils ne seront pas amants, car Mlle de Lespinasse aime ailleurs.

L'élu est un grand d'Espagne, le jeune marquis de Mora, fils de l'ambassadeur Fuentès. Il est beaucoup plus jeune que Julie mais durant six années, tous deux vont connaître une passion que n'entravent pas les fréquents voyages du jeune homme en Espagne. Des voyages au cours desquels il espère amener les siens à consentir à son mariage avec Julie. Espoir sans cesse déçu : les Fuentès-Pignatelli ne veulent même pas entendre évoquer l'idée d'un mariage avec une bâtarde, fût-elle la femme la plus spirituelle d'Europe et la reine des encyclopédistes. Julie, d'ailleurs, bien qu'elle aime, refuse le mariage :

— La nature a mis entre nous une distance immense. Ce ne serait ni sage ni bon de la contrarier sur ce point.

Mais Mora ne veut rien entendre et s'épuise en courses perpétuelles. Sa santé se détériore, minée par des hémorragies que l'on traite... en lui faisant subir forces saignées. Avant qu'il ne reparte une fois encore pour l'Espagne, on l'a saigné jusqu'à neuf reprises.

Là-bas, il va endurer mille morts, sentant sa vie lui échapper. Finalement, il reprendra la route pour revenir vers Julie, à laquelle il écrit un dernier billet déchirant : « J'allais vous revoir, il faut mourir. Quelle affreuse destinée ! Mais vous m'avez aimé et vous me faites encore éprouver un sentiment bien doux. Je meurs pour vous... » Et il meurt en effet, le 27 mai 1774...

Ce jour-là, dans le petit salon d'une loge d'opéra, Julie devenait la maîtresse du comte de Guibert qu'elle avait rencontré six mois plus tôt, à Bezons, dans la belle maison du financier Watelet, et dont elle était tombée follement, éperdument amoureuse, ravalant l'ancien amour à une simple et fraternelle tendresse.

François de Guibert était un jeune militaire de vingt-neuf ans dont Paris tout entier vantait les mérites parce qu'il venait de publier un *Essai général de tactique* dont on disait qu'il frisait le génie...

La nouvelle de la mort de Mora frappa Julie comme la foudre, l'accablant à la fois de douleur et de remords. Le premier cri qui lui échappa fut qu'elle avait tué l'homme qui l'aimait, et rien ne pourra jamais la délivrer de cette affreuse certitude. Au terme de nuits sans sommeil et de journées passées à sangloter, elle tenta même de s'empoisonner. D'Alembert la sauva de justesse mais le chagrin ne s'apaisa pas :

— Je sens que j'ai manqué à l'homme le plus vertueux et le plus sensible ; je sais que j'ai manqué à la vertu ; en un mot que j'ai manqué à moi-même et que j'ai perdu ma propre estime. Jugez si j'ai le droit de prétendre à la vôtre, dit-elle à Guibert.

Mais peut-être Julie eût-elle moins souffert du trépas de Mora si l'amour de Guibert avait été de même qualité que celui du jeune Espagnol : vite inquiet d'avoir suscité une telle passion chez une femme beaucoup plus âgée que lui, le beau colonel ne tarda pas à trouver excessif ce chagrin qui s'adressait à un autre... et se chercha des consolations. Julie souffrit le martyre.

— J'ai mal à l'âme ! disait-elle douloureusement.

Mais on ne peut revenir en arrière et le destin de Guibert le poussait vers le mariage avec une fille de dix-sept ans, riche et ravissante, Louise de Courcelles. Pauvre Julie ! Enfermée chez elle sous l'œil de d'Alembert impuissant et navré, elle traînera des jours lamentables, refusant de se nourrir, de sortir, l'esprit rivé à cet homme qui lui échappe et auquel elle écrira ce qui est peut-être la plus belle lettre d'amour qui soit :

« De tous les instants de ma vie. Mon ami, je souffre, je vous aime et je vous attends... »

À ce régime, la santé de Julie qui n'a jamais été fameuse s'affaiblit, se mine. Qu'importe d'ailleurs : elle n'a plus envie de vivre et bientôt elle ne quitte plus son lit. Inquiet, Guibert lui écrit des lettres implorantes :

« Vivez, vivez ! Je ne suis pas digne du mal que je vous fais... »

Pour l'y aider il vient la voir souvent, très souvent, mais des crises nerveuses que seul l'opium peut alléger viennent se greffer sur l'épuisement. Une convulsion plus violente que les autres laisse la pauvre femme défigurée, la bouche tordue. Alors, pour qu'il ne la voie pas dans cet état, elle interdira sa porte à l'homme tant aimé.

Le mardi 21 mai 1776, Julie de Lespinasse s'éteint dans les bras de son ami d'Alembert après avoir écrit une dernière lettre d'amour :

« Mon ami, je vous aime. C'est un calmant qui engourdit la douleur... »

À deux heures du matin, le cœur d'une femme exquise s'arrêtait pour toujours...

Le château d'Avauges agrandi, reconstruit, embelli, appartient encore à la noble famille d'Albon. Il n'est pas ouvert à la visite.

LA BASTIE D'URFÉ

« L'Astrée »
et celle qui l'inspira...

L'hymen est trop souvent un écueil pour l'amour...

J.-F. REGNARD

Le charmant château que voilà ! Et quelle grâce lui apporte la double loggia à l'italienne qui idéalise son aile droite, et en fait l'un des plus jolis bâtiments de la Renaissance, non seulement dans cette région du Forez mais dans toute la France ! La campagne qui l'entoure est fort belle et les bords du Lignon bien dignes d'être chantés. Ce que n'a pas manqué de faire le plus célèbre des maîtres du château, Honoré d'Urfé, qui fut chevalier de Malte avant de troquer par amour l'épée pour la plume.

De cette plume sortit *L'Astrée,* le « best-seller » du XVIIe siècle et sans doute le plus gros roman jamais écrit. Cinq volumes de mille pages chacun pour chanter les amours du berger Céladon et de la bergère Astrée, les dédains de celle-ci et le désespoir du pauvre Céladon qui décide de se jeter dans le cher Lignon. Un Lignon bien aimable et habité par des nymphes encore plus aimables qui se hâtent de sauver le désespéré ; il vivra mille aventures avant de voir, finalement, sa flamme couronnée par la cruelle Astrée...

Le sujet peut paraître mince, vu du XXe siècle. Pourtant, le roman accomplit une sorte de révolution. La société de l'époque apprécie les raffinements sentimentaux de la fameuse Carte du Tendre, le morceau de bravoure de l'œuvre, l'analyse du cœur et, surtout, l'art du « bien dire » qui allaient enthousiasmer les amateurs de belles lettres, servir de tremplin à la gloire de l'hôtel de Rambouillet, donner naissance aux précieuses et susciter vocations et imitateurs : par exemple Mlle de Scudéry. Sans compter les innombrables « bergeries » qui firent florès jusqu'au coup de canon de la Révolution.

Mais revenons à l'auteur et à sa famille. Celle-ci, que l'on disait originaire de Souabe et qui porta tout d'abord le nom de Wulphe, vint aux environs de l'an 1130 s'établir en Forez et y francisa son nom en d'Ulphé qui, au XVe siècle, était devenu d'Urfé.

Dès cette époque il y eut un petit manoir sur les bords du Lignon, mais la famille habitait alors une sourcilleuse forteresse plantée sur un pic à quelques kilomètres de là. Une forteresse dont il reste deux tours ruinées que leur forme étrange a fait nommer les « Cornes d'Urfé »...

C'était un château qui semblait fait tout exprès pour servir de logis au diable, tant les légendes et les fantômes qui hantent ces vieilles pierres sont abominables. Il y a d'abord dame Hermantrude qui, ayant mis au monde « douze enfants d'une seule ventrée » – le doux Honoré n'avait pas encore affiné le langage – eut peur qu'une telle abondance la fît accuser d'adultère. En foi de quoi, elle résolut de ne garder que le fils aîné et s'en alla noyer les autres à la rivière comme une simple portée de chatons.

Autre massacre en 1418. Les serviteurs de Jean d'Urfé, ayant appris qu'il gardait au château une grosse somme d'or destinée à l'achat d'une terre, résolurent de s'en emparer et, pour ce faire, l'assassinèrent avec sa femme et tous les enfants qui se trouvaient là. Deux seulement échappèrent au carnage : l'aîné parce qu'il se trouvait à Paris et le plus jeune parce que c'était le plus joli et le plus souriant des bébés. Les dagues sanglantes restèrent en suspens devant le berceau. Les uns voulaient aller jusqu'au bout, craignant qu'il ne souhaitât plus tard se venger. Les autres plaidaient pour tant de gentillesse, ajoutant qu'il restait encore l'aîné qui était, lui, hors de portée. Quelqu'un alors propose une solution : on va présenter au bébé une pomme et une pièce d'or. S'il choisit la pomme c'est qu'il sera un homme bon et sage, mais s'il choisit l'or... Heureusement pour lui, le bébé posa sa menotte sur la pomme et eut la vie sauve.

Mais ni lui ni son frère n'eurent envie de vivre dans ce château dégouttant de sang – il reste, paraît-il, sur un mur, la trace d'une main sanglante – et ils prirent le parti de s'installer à La Bastie, le petit manoir des bords du Lignon où la famille entreprit de se reconstruire.

C'est vers 1535 que Claude d'Urfé transforme le petit château, l'orne de pilastres et de colonnettes cannelées, érige la double galerie et, au rez-de-chaussée, une curieuse « salle de fraîcheur » en forme de grotte dont le sol, les parois sont entièrement garnis de cailloux et de coquillages multicolores, et qui est l'unique exemplaire du XVIe siècle subsistant en France.

Il faut dire que Claude d'Urfé était un fort grand seigneur et un habile diplomate qui occupa à plusieurs reprises le poste d'ambassadeur en Italie, principalement auprès des papes Paul III et Jules II. À son retour, le roi Henri II le nomma gouverneur du Dauphin et des Enfants de France. Il est le grand-père de notre écrivain.

Celui-ci naît en 1567 à Marseille où sa mère, Renée de Savoie-Tende, est venue rendre visite à son frère Honoré de Savoie, gouverneur de Provence. Mais le jeune Honoré n'est que le cadet et devra servir l'Église d'une façon ou d'une autre – ce sera Malte, une bonne manière de conjuguer la piété et le goût de la guerre. Mais on ne fera que l'y inscrire. Après de bonnes études au collège de Tournon, le jeune Honoré se bat quelque temps dans les rangs de la Ligue puis revient s'installer au château familial où vit son frère aîné Anne.

Anne d'Urfé est poète. Au cours d'un voyage en Italie, en 1577, il a écrit un long poème, *Diane*, en l'honneur de la belle Diane de Châteaumorand qu'il épousera d'ailleurs à son retour en dépit du jeune âge de celle-ci : treize ans...

Diane est extraordinairement belle. C'est une longue fille blonde, secrète et altière, qui ne témoigne à son époux qu'une politesse de façade. Et cela pour une bonne raison : elle n'a jamais été sa femme selon la chair car le pauvre poète est incapable d'accomplir ses devoirs conjugaux, du moins avec elle. Peut-être parce que cette superbe statue le glace, peut-être pour une raison plus profonde.

Honoré, lui, tombe amoureux du premier coup d'œil et il semble bien que son amour soit très vite payé de retour. Entre les deux jeunes gens éclate une véritable passion, qui ne saurait s'accommoder du secret. Diane, en femme de décision, entend épouser celui qu'elle aime et, en 1599, elle demande la dissolution de son mariage pour non-consommation tandis qu'Honoré se fait relever de ses vœux chez les chevaliers de Malte. Le 15 février 1600, les deux amoureux sont enfin l'un à l'autre. Anne d'Urfé, profondément blessé, s'est retiré du monde et est entré en religion.

Tout à son bonheur, Honoré commence à rédiger son grand roman, qu'il veut un monument à la gloire et à la beauté de celle qu'il aime. Mais, bientôt, il va pouvoir constater qu'entre l'amour et le mariage existe une certaine différence. À être trop chantée, trop vantée, trop adorée, la belle Diane est devenue proprement insupportable. Altière, acariâtre, jalouse, elle se voulait toujours plus proche de cette déesse Diane à laquelle on l'avait trop souvent comparée. Passionnée de chasse, elle s'y adonnait avec une sorte de rage, passant à cheval le temps qu'elle ne partageait pas avec ses chiens, une meute de lévriers qui la suivait partout, jusque dans sa chambre. L'image sans doute était belle mais l'exercice de l'équitation ne valait rien aux enfants qu'elle portait régulièrement chaque année et qui, non moins régulièrement, mouraient dès leur entrée dans le monde. Honoré, lui, vivait avec Astrée, son Astrée qui, à mesure que passait le temps, s'éloignait de plus en plus de son modèle.

Lui-même finit par prendre du champ, voyagea, laissant sa femme au logis et, finalement, choisit de s'installer, avec son écritoire, son secrétaire Baro et ses rêves, dans un petit château savoyard qu'il tenait de sa mère et qui se trouvait près de Virieu. Il n'en répondit pas moins à l'appel de Louis XIII et du duc de Savoie lors de l'affaire de la Valteline, « leva un régiment et partit pour la guerre », mais, malade, il meurt en route, à Villefranche-sur-Mer... en dictant une paraphrase en prose du Stabat Mater...

C'est en 1724 que s'éteint la maison d'Urfé, avec le dernier marquis, lequel vivait surtout à Versailles, quand il n'occupait pas son poste de gouverneur du Limousin. Il laissait une fort belle fortune et une femme qui allait en faire l'usage le plus étrange.

Née Jeanne de Pontcarré, cette Mme d'Urfé que Cazotte avait surnommée la « Doyenne des Médées » à cause de sa passion immodérée pour les sciences occultes, avait même installé, dans son hôtel du quai des Théatins (actuel quai Voltaire), un véritable laboratoire d'alchimie dans lequel elle se livrait à la recherche de la pierre philosophale comme tout un chacun, mais surtout à celle de l'eau d'immortalité. En outre, elle souhaitait trouver le moyen de devenir un homme parce que « toute force vient de l'homme, principe initial dont la femme n'est qu'une parcelle ».

Avec de pareilles idées, cette dame déjà mûre et fortunée possédait tout ce qu'il fallait pour tenter un aigrefin. Chez le duc de Choiseul, elle tomba sur Casanova.

« Si j'avais pu la désabuser, écrira-t-il dans ses *Mémoires*, je crois que j'aurais essayé mais je fus, dès le premier jour, persuadé que son infatuation était incurable. Aussi crus-je n'avoir rien de mieux à faire que seconder sa folie et d'en profiter. »

On n'est pas plus franc ni plus cynique ! Avec l'aide de quelques comparses, l'aventurier persuada sa victime qu'elle pouvait renaître sous l'aspect d'un enfant qu'elle mettrait elle-même au monde. S'ensuivirent quelques scènes délirantes au terme desquelles Mme d'Urfé, désenchantée, devint mélancolique et se tourna vers l'ombre d'Honoré d'Urfé à laquelle elle écrivit force lettres pour la prier de « l'honorer de ses conseils et de ne pas permettre que celle qui a l'honneur de porter son nom soit trompée et prenne le noir pour le blanc... »

Malheureusement, elle ne mit jamais les pieds à La Bastie, laissée à l'abandon après la vente de sa magnifique bibliothèque qui contenait, entre autres, la seule rédaction en français de l'interrogatoire de Jeanne d'Arc et quatre mille six cents volumes. Le château était presque en ruine quand la « Diana », Société d'histoire et d'archéologie du Forez, en fit l'acquisition en 1909.

Depuis, le château a été remis en état, remeublé, et les magnifiques jardins renaissent. Il n'y manque plus que le berger Céladon et sa superbe Astrée...

HORAIRES D'OUVERTURE

Du 1er avril au 30 septembre	10 h-19 h
Du 1er octobre au 30 novembre	10 h-13 h et 14 h-17 h
Du 1er décembre au 15 mars	10 h-13 h et 14 h-17 h (uniquement le week-end)
Du 16 mars au 31 mars	10 h-13 h et 14 h-17 h

Fermé les 24, 25 et 31 décembre et le 1er janvier.

http://www.loire.fr/jcms/ci_528104/bienvenue-au-chateau

LES BAUX-DE-PROVENCE

L'aventure d'un troubadour vaniteux

Adieu maintenant joie et plaisir
Vair, petit-gris, zibeline !

Peyre VIDAL

L'ancienne cité ruinée qui s'accroche à son promontoire des Alpilles semble couler ses pierres effondrées d'un formidable château qu'elle prolonge et exalte. Le site est grandiose, superbe et justement célèbre. C'est un amoncellement de pierres blanches, de formidables rochers crémeux que le soleil incendie et à l'assaut duquel monte la végétation odorante des garrigues. Le château couronne un éperon redoutable comme le rostre d'un ancien vaisseau de guerre. Éventré par le temps et les hommes, il garde assez de puissance pour laisser deviner que ceux dont il fut jadis le repaire ne furent point de petits sires.

« Race d'aiglons, jamais vassale ! » Ainsi s'exprime Mistral au sujet des seigneurs des Baux et, de fait, ils furent, à travers les siècles, tout juste un peu moins grands que les comtes de Provence et de Toulouse avec qui ils contractèrent unions et, en résumé, que les rois de France.

La légende fait état d'une origine fabuleuse. La maison des Baux descendrait du roi mage Balthazar qu'aurait attiré, comme les Saintes-Maries, la côte méditerranéenne du Septentrion. De là leur devise qui, à première vue, peut paraître étrange : « Au hasard Balthazar ! », et leurs armes, une énorme étoile à seize rais d'argent faisant aussi référence à l'étoile de la Nativité... Légende, sans doute, mais combien poétique et belle !

Une chose est certaine : au Xe siècle, une famille féodale, apparentée aux familles vicomtales de Marseille et Avignon, assure sa domination sur la Basse-Durance et prend pour patronyme le nom du rocher – Baou – où elle vient d'élever un formidable château, le plus beau, le plus fort de tous ceux déjà possédés. Et sa puissance s'étend au loin sur ce que l'on a appelé les « terres baussenques » au point d'amener, bien entendu, une guerre. Par le mariage de Raimond des Baux avec Étiennette de Provence, Les Baux revendiquent une part de l'héritage du comté de Provence que Gerberge, mère d'Étiennette et comtesse de Provence et Gévaudan, avait laissé tout entier à son autre fille, Douce, mariée au comte de Barcelone, Raimond-Béranger. Une guerre de succession qui va durer plus d'un siècle et que nous ne suivrons pas afin de pouvoir nous intéresser à la cour, extrêmement brillante, qu'entretenaient autour d'eux les seigneurs des Baux, cour où la « gaie science » des troubadours avait si grand droit de cité que les poètes en étaient les meilleurs ornements. En ce XIIe siècle qui vit le début de la fameuse guerre avec Barcelone, les châtelaines des Baux tenaient volontiers cours d'amour.

C'est ainsi qu'en l'an de grâce 1164 Les Baux virent arriver un jeune homme d'une vingtaine d'années, tout vêtu de neuf et portant son luth en travers des épaules. Il venait de Toulouse et se nommait Peyre Vidal, l'un des plus grands troubadours de tous les temps. Mais, cette grande réputation, il ne se l'est pas encore acquise. Pour l'instant, ce n'est encore qu'un garçon brun et maigre au nez un peu long mais pourvu d'un visage aimable et d'un sourire que Peyre lui-même juge, sans modestie excessive, de nature à lui valoir les succès féminins les plus flatteurs. Il est vrai que, dans cette voie de la séduction, il vient de remporter une sorte de victoire à la Pyrrhus aussi flatteuse pour sa vanité que douloureuse pour sa personne.

En effet, un an plus tôt, Peyre Vidal, fils d'un pelletier de Toulouse, s'est vu hissé, à la suite d'un de ces concours de poésie dont la cité des violettes s'est fait une spécialité, au rang de chanteur préféré de la comtesse de Toulouse, fille du roi de France Louis VI et épouse du comte Raymond V. Les beautés et vertus de la comtesse ayant été le thème choisi pour le concours, Peyre, une fois installé au palais, n'avait vu aucune raison de ne pas continuer à chanter les charmes d'une dame qui, pour avoir atteint la quarantaine, n'en était pas moins toujours fort aimable. Il avait donc composé pour elle une pièce de vers, peut-être un peu libres et dont l'un d'entre eux surtout avait souverainement déplu au comte Raymond :

« Noble dame, je crois voir Dieu quand je contemple votre beau corps. »

Le résultat ne s'est pas fait attendre. Le comte a commencé par casser le luth sur le dos de l'insolent puis l'a fait empoigner par ses gardes et traîner dans une cave où le bourreau, un Sarrasin fort noir et fort désobligeant, lui a percé la langue avec un long clou non sans lui raboter le nez au passage. Après quoi on l'a jeté au cachot. À dire vrai, il n'y est pas resté longtemps. Le comte, remis de sa colère, l'en a fait tirer au bout de quelques jours en lui faisant conseiller d'aller se faire pendre ailleurs. Conseil que notre troubadour s'est hâté de suivre, encouragé en cela par la bourse que la sensible comtesse lui a fait porter discrètement, accompagnée de quelques lignes : « Adieu, mon troubadour bien-aimé. Puisse le ciel te conduire à une terre plus hospitalière, loin de moi, hélas loin de moi ! »

Sans hésiter, notre troubadour a tourné la tête de son cheval vers la Provence afin de gagner Les Baux dont on disait merveilles. Tant de la beauté de la comtesse Azalaïs que de la sagesse du comte Barrai, grand politique mais aussi poète et même versé dans les sciences occultes.

Aux Baux, notre troubadour reçoit le meilleur accueil et constate rapidement que la comtesse Azalaïs possède tout ce qu'il faut pour être sa grande inspiratrice. C'est, en effet, l'une des plus jolies femmes de son temps et elle n'a que vingt ans. De ce jour, Peyre Vidal se consacre uniquement au doux soin de chanter cette beauté. On peut le voir, assis aux pieds de la châtelaine sur quelque carreau de velours et composant ballades et rondeaux, sirventès et lais d'amour, heureux d'un sourire ou d'un mot de remerciement.

Mais, vaniteux comme un paon, il en vient, peu à peu, à chercher une signification différente à ces sourires, une intention à la douceur de la main qui parfois se pose sur son épaule. Emporté par une imagination débordante et aussi par les doux sentiments que lui inspire la jeune femme, il finit par se persuader que sa flamme est payée de retour. Et de rêver de quelque grande catastrophe qui les laisserait seuls, sous le regard des étoiles, la comtesse et lui.

Or, un jour, le comte Barrai annonce son départ pour le lendemain : il doit se rendre à Beaucaire pour juger un procès. Ce n'est pas une catastrophe mais ce peut être une occasion. Et Peyre d'observer avec un petit sourire les adieux des époux, des adieux cependant fort tendres mais, quand la vanité aveugle, on ne voit que ce que l'on veut bien voir et Peyre ne voit que simple hypocrisie féminine.

Et, vers minuit, le voilà qui pénètre dans la chambre de la comtesse. Le cœur lui bat bien un peu fort mais ce n'est que d'impatience pour des instants divins. Sous ses rideaux de pourpre, Azalaïs dort à poings fermés et dort seule. Ses femmes couchent hors de sa chambre pour laisser toute liberté à des époux fort amoureux l'un de l'autre. Mais ce soir, le comte est absent et Peyre voit dans cette solitude un encouragement. Et il se penche sur la belle endormie, et il l'embrasse doucement puis avec plus d'ardeur... Hélas, ce qu'il déchaîne, ce ne sont pas des soupirs amoureux, ce sont des cris indignés, des appels au secours !

La suite de son outrecuidance, Peyre Vidal la connaît le lendemain : la comtesse, furieuse et indignée, réclame tout simplement sa tête. Et, chose étrange, c'est le mari qui, ayant appris l'histoire, va faire tout au monde pour la calmer. Selon le comte, le pauvre garçon n'a péché que par amour et qui donc songerait à demander une tête coupable d'avoir trop aimé ? Azalaïs consent à se calmer mais exige au moins le départ immédiat de l'insolent. Il fallut donc partir.

Compatissant, Barrai des Baux remit à ce troubadour, dont il aimait et appréciait le talent, une somme d'argent pour son voyage. Un voyage qui allait se poursuivre durant des années et jusqu'en Terre sainte où Peyre Vidal eut l'honneur de participer sans le vouloir à la troisième croisade.

Après de rocambolesques aventures, le troubadour, devenu célèbre, rentra en France dans les bagages de Philippe Auguste qui, à Marseille, lui rendit sa liberté. C'est alors qu'il revit Les Baux où en apparence rien n'avait changé sinon les visages qui avaient vieilli. Barrai l'accueillit avec amitié après sa longue pénitence et Azalaïs eut pour lui de nouveaux sourires. Du coup, il se retrouva amoureux et se remit à versifier pour elle :

Je serai plus gai que le plus gai des oiseaux
S'il lui plaît de me donner par amour un nouveau baiser.

En avait-il donc obtenu déjà un ? Cette fois, Peyre n'attendit pas le drame et prit le parti de s'en aller de lui-même.

Lorsque les princes d'Anjou succèdent en Provence à ceux de Barcelone, les seigneurs des Baux les suivent à la conquête du royaume de Naples où ils bâtissent une nouvelle fortune mais, lors des troubles suscités par le retour de la reine Jeanne, ils reprennent leur rôle d'agitateurs. Pas pour leur bien. Avant que la famille ne s'éteigne en 1426, Les Baux connaîtront la domination des routiers et singulièrement de l'un des plus féroces, Arnaud de Cervole, dit l'Archiprêtre. Réunie à la Couronne, la seigneurie se révolta contre Louis XI qui fit démanteler le château. C'est lui, de compte à demi avec Louis XIII – Les Baux s'étaient joints à la conspiration de Gaston d'Orléans –, qui est responsable de l'état si magnifiquement romantique de l'ancien nid d'aiglons.

Une fois bien certain que la turbulente cité du Roi mage ne serait plus jamais à craindre, Louis XIII en fit don aux princes de Monaco en 1642. Ainsi, c'est aujourd'hui Son

Altesse Sérénissime le prince Albert qui porte le titre de Marquis de la cité renaissante où, chaque nuit de Noël, les bergers de Provence viennent en cérémonie porter l'agneau vivant aux pieds de l'Enfant-Dieu.

HORAIRES D'OUVERTURE

Le château est ouvert tous les jours, toute l'année.

Printemps	9 h-19 h 15
Été	9 h-20 h 15
Automne	9 h 30-18 h
Hiver	10 h-17 h

http://chateau-baux-provence.com/fr/home

BEAUGENCY

Aliénor répudiée

Reine d'Angleterre par la colère de Dieu !

ALIÉNOR D'AQUITAINE

Jusqu'à ce triste jour de printemps venteux et gris – le 21 mars 1152 – où il entre dans l'Histoire par la mauvaise porte, le château de Beaugency, l'un des superbes donjons qui dominent encore le Val de Loire, n'a été qu'une maison forte comme les autres avec une histoire plutôt simple : bâti par les sires de Beaugency plus ou moins vassaux du chapitre d'Amiens, un point c'est tout ! Autant dire qu'il était terre d'Église, ce qui le désignait, au fond, pour que s'y tienne, ce fameux jour, la grande réunion d'évêques dont la décision allait peser si lourd sur l'histoire du royaume de France.

Tandis que les prélats discutent dans l'église attenante, une femme, une reine, attend, dans la salle haute auprès d'un grand feu où elle essaie de se réchauffer, que ces hommes de Dieu qui n'en sont pas moins hommes lui disent si elle est encore digne de porter la couronne de France.

Cette femme se nomme Aliénor, duchesse d'Aquitaine, comtesse de Poitou et de bien d'autres terres encore, Aliénor, reine de France par son mariage avec Louis VII depuis quinze années. Aliénor qui au fond et bien sincèrement ne sait plus très bien ce qu'elle souhaite le plus : garder ce beau titre de reine de France qui lui plaît encore ou bien recouvrer sa liberté de duchesse souveraine. Une liberté assortie de la satisfaction intime d'être délivrée d'un époux en qui elle n'a jamais vu autre chose qu'un moine couronné...

Elle l'a aimé pourtant quand, jeune duchesse de quinze ans, elle l'a épousé à Bordeaux. C'était alors un grand garçon blond, timide et doux, qui l'avait adorée au premier regard, adorée au point d'en oublier qu'il se voulait d'abord au service de Dieu. Quelques jours après le mariage, la mort de son père en faisait le roi Louis VII et, sur sa jolie tête brune, Aliénor posait fièrement la plus belle couronne de la Chrétienté.

Au palais de la Cité à Paris, et dans les autres demeures royales, Aliénor, soutenue par un amour dévot, sut faire éclore une agréable vie de cour. Elle avait amené avec elle toute une troupe de jolies filles, de galants seigneurs et, surtout, des troubadours. Les cours d'amour tinrent leurs joyeuses séances dans le vieux palais capétien un peu austère jusque-là. En outre, la reine lança de nouvelles modes.

Les femmes, jusqu'alors, s'habillaient de vastes draperies qui ne représentaient guère qu'une déviation de l'antique toge romaine. Mais, depuis quelques années, les marchands avaient rapporté d'Orient, à la suite des croisades, de nouveaux tissus et de nouvelles façons de se parer. Aliénor adopta rapidement toutes ces nouveautés et les améliora. Finies les robes-sacs et les draperies de consul romain ! Un beau matin, la reine apparut vêtue d'une robe dont le tissu soyeux épousait son corps jusqu'aux hanches et s'évasait jusqu'à terre. Une longue fente sur le côté laissait voir une jupe de dessous et, à la hauteur des hanches, une large ceinture se nouait mollement pour laisser retomber de longs pans jusque sur les pieds. Les manches s'élargissaient à partir du coude pour découvrir une gaine de tissu précieux qui épousait l'avant-bras... Naturellement, la nouvelle mode fit fureur.

Pour celles qui étaient bien faites, c'était une mode merveilleuse mais, pour celles qui l'étaient moins, ce pouvait être une catastrophe si la reine ne s'était penchée sur le problème. On mettait sous la robe une sorte de brassière longue fortement serrée et qui maintenait un peu les chairs éprises d'indépendance. En résumé, Aliénor venait de faire de Paris la capitale définitive de la mode !

Cela aurait pu durer des dizaines et des dizaines d'années mais, un beau jour, à l'appel du futur saint Bernard, un moine inspiré, qui, des hauteurs de Vézelay, prêchait la croisade, le roi décida de prendre la croix et de s'en aller en Terre sainte délivrer le tombeau du Christ. Aliénor apprit qu'elle serait du voyage. Son imagination, très vive, lui montra la croisade sous les couleurs flatteuses d'une aventure grisante.

Le début du voyage – une marche épuisante à travers l'Europe plus ou moins ravagée jusqu'à Byzance la fabuleuse – prit d'abord des allures de cauchemar. Mais à Byzance, on crut entrer en Paradis : l'or s'étalait sur toutes choses et sur toutes personnes. Aliénor allait y séduire l'empereur Manuel, un Grec beau et gras, fourbe et astucieux, qui fit tous ses efforts pour garder la reine de France par-devers lui.

Peut-être Aliénor se fût-elle laissé séduire s'il n'y avait eu la perspective d'Antioche. Antioche, but secret mais réel de son voyage, car Raymond de Poitiers, son jeune oncle, y régnait. Or, depuis l'enfance, Aliénor adorait Raymond qui était sans doute l'un des hommes les plus séduisants de son temps. Et l'on se remit en marche.

Le voyage fut encore plus rude. Cent fois, on pensa mourir dans l'étouffante traversée des déserts et des monts de Cilicie, harcelés par les Turcs qui tendirent une embuscade meurtrière. Mais enfin il y eut Antioche, enfin il y eut Raymond... Les jardins sur l'Oronte, les forêts d'oliviers, les eaux claires, les palais aux ombres si fraîches, la grâce aimable d'une vie à l'orientale... et les yeux de Raymond. Que de joies !

De son côté, le prince d'Antioche avait gardé le souvenir d'une fillette charmante. Il retrouvait une femme extrêmement séduisante. Et ce qui devait se produire se produisit : l'amour éclata entre l'oncle et la nièce de façon si évidente qu'il fit scandale. Une terrible scène – la première depuis leur mariage – opposa Louis à son épouse, mais force resta au roi qui enleva pratiquement Aliénor pour l'obliger à gagner Jérusalem où il entendait accomplir son vœu.

Cela fait, on revint vers l'Europe en passant par Rome où le pape Eugène IV, averti de l'esclandre d'Antioche, attendait le couple. Au roi, il dit : « Seul celui qui pardonne peut espérer le pardon. » À la reine, il dit : « Le sincère regret d'une faute parvient toujours à l'effacer. » La paix fut alors signée et, le soir même, Louis rejoignait Aliénor dans sa chambre.

Mais le fossé était creusé. La naissance d'une seconde fille – Aliénor en avait déjà une – n'arrangea rien car certains, dont le chroniqueur Guillaume de Tyr, mirent sa légitimité en doute : « On ne saurait reconnaître comme légitime une lignée issue de cette femme débauchée. » Le roi dut se battre contre une cabale qui allait s'amplifiant. Il aurait peut-être gagné si la mort de Suger, le grand ministre que la reine détestait cependant, n'était venue sonner le glas de l'union royale. Au retour d'un voyage en Aquitaine, le couple s'arrêta à Beaugency.

À présent, le soir est tombé. Alors pénètrent auprès de la reine l'archevêque de Sens et un autre prélat accompagnés de deux barons dont le plus important est Guy de Garlande, l'un des rares familiers de Louis VII. Ils viennent annoncer à Aliénor que sa répudiation vient d'être prononcée, qu'elle n'est plus reine de France.

« Ils en prirent la charge à grand regret, dit un chroniqueur, car bien savaient que la chose serait fort déplaisante à la pauvre reine, laquelle incontinent qu'elle en fut par eux avertie, tomba évanouie d'une chaise où elle était assise et fut plus de deux heures sans parler. Et, quand elle fut revenue, commença, de ses clairs yeux, regarder ceux qui lui avaient dit la dure nouvelle. »

Le choc est-il si rude ou bien Aliénor joue-t-elle un peu la comédie ? Un peu seulement, car il ne peut être agréable à son orgueil d'apprendre que tous ces prêtres et barons l'ont jugée, condamnée et rejetée, elle dont les armes portent l'aigle...

Elle ne restera pas là une minute de plus. Sans souci de la nuit, elle quitte Beaugency avec sa suite pour gagner sa ville de Poitiers où elle ne perd pas son temps : quelques semaines plus tard, elle épousera Henri Plantagenêt, comte d'Anjou, son voisin, qui a dix ans de moins qu'elle. Mariage de coup de foudre qui, deux ans plus tard, sera mariage politique lorsque Henri deviendra roi d'Angleterre. Mariage qui ne fut heureux qu'un temps. Bien plus tard, trompée, malmenée, emprisonnée, celle que l'on surnomme l'Aigle des deux royaumes prendra l'habitude de signer ses lettres : « reine d'Angleterre par la colère de Dieu... ». Avec elle, un grand tiers de la France devenait anglais pour trois cents ans, semant ainsi les premières graines d'une guerre qui allait durer cent ans[1].

Celle à qui il allait être donné de commencer à effacer les suites désastreuses du mini-concile de Beaugency se nommait Jeanne d'Arc. En 1429, le 16 juin, la Pucelle, accompagnée du « duc d'Alençon et toute la compagnie, à heure de midi, vint mettre le siège devant la place de Beaugency ». Le grand nettoyage était commencé.

Trois jours plus tard, l'étendard aux fleurs de lys chassait les léopards d'Angleterre installés là depuis pas mal de temps. Beaugency faisait retour au domaine royal.

En 1442, Charles VII en faisait don à Jean d'Orléans, comte de Dunois, le fameux bâtard et l'un des meilleurs compagnons de Jeanne d'Arc. C'est lui qui fit construire le petit château attenant au donjon. Comte de Longueville, il légua Beaugency à ses descendants qui le possédaient encore au Grand Siècle mais qui n'y vinrent guère sinon jamais.

Retourné à nouveau au domaine royal, Beaugency en ressortit en 1663 pour être ajouté à l'apanage de Monsieur, frère de Louis XIV, qui n'y mit jamais les pieds. Les grosses pierres, les gros barreaux, les salles froides et les oubliettes étaient autant d'objets d'horreur pour l'aimable mais délicat Monsieur.

C'est la famille d'Orléans qui, finalement, rendit le vénérable château à la ville de Beaugency, laquelle s'efforce de le conserver en bon état et y réussit fort bien.

---

1. Voir Fontevraud.

HORAIRES D'OUVERTURE

Du 15 avril au 15 septembre	10 h-12 h et 14 h-18 h
Du 16 septembre au 14 avril	10 h-12 h et 14 h-17 h

Fermé le 1er mai, les 24, 25 et 31 décembre et le 1er janvier.

BELVOIR

Un duc de Lorraine bigame...

Amour, amour, quand tu nous tiens
On peut bien dire : Adieu prudence.

LA FONTAINE

Il n'était rien au monde que le duc Charles IV de Lorraine aimât mieux que les femmes. Toutes les femmes, à condition qu'elles fussent jolies et n'eussent aucun droit légitime sur lui. Il est vrai que la duchesse Nicole, son épouse, n'avait pour toute beauté que des mains admirables... D'ailleurs, s'intéresse-t-on vraiment à sa femme quand elle vous est cousine germaine et que le mariage a été conclu afin d'éviter à la Lorraine une guerre de succession, les droits des deux cousins se trouvant à égalité ?

En cette année 1626, il y a cinq ans que Charles et Nicole sont mariés. Il a vingt-deux ans, elle en a dix-huit et si, dans les premiers temps, le trop jeune âge de l'épouse donnait à l'époux de belles excuses pour gambader en d'autres plates-bandes, les années en s'écoulant n'ont rien changé à un comportement résolument volage.

Tout de même, cette année-là, il eût été sage que le jeune duc oubliât un peu les belles dames pour se consacrer aux affaires de la Lorraine. En effet, sa politique anti-française lui vaut de gros ennuis avec le cardinal de Richelieu. C'est-à-dire avec le roi Louis XIII, l'un n'allant jamais sans l'autre sur le terrain du gouvernement.

Afin de ramener Charles IV à la raison, les troupes royales sont entrées en Lorraine. Elles ont pris Pont-à-

Mousson, Saint-Mihiel et s'avancent vers Nancy où la duchesse Nicole désespère de venir à bout de l'invasion. Nicole seule, hélas, car, pour Charles, l'entrée des Français est le cadet de ses soucis. Il est parti pour Besançon afin d'y vérifier si la beauté d'une jeune Comtoise, Béatrice de Cusance, est à la hauteur de sa réputation.

Il n'est pas déçu : la jeune fille est l'un de ces chefs-d'œuvre de la nature comme on en rencontre peu par siècle. À peine arrivé, le duc s'est fait présenter Béatrice et sa mère, la comtesse de Berghes, et il a subi le plus violent des coups de foudre. Un coup de foudre entièrement partagé d'ailleurs car Charles est loin d'être laid.

Mais, cette tempête sentimentale, Mme de Berghes ne la partage pas et même la désapprouve. Le duc est marié et, selon son éthique personnelle, sa fille commettrait un grave péché en écoutant ses prières d'amour. Béatrice, qui est d'esprit pratique, a beau alléguer que la duchesse est de santé fragile et qu'il n'est pas impossible que son époux se retrouve veuf, la comtesse ne veut rien entendre. Sa fille ne doit en aucun cas espérer devenir duchesse de Lorraine. Et pour tenter d'éteindre ce début d'incendie, elle décide de quitter Besançon et de ramener Béatrice dans la forteresse familiale de Belvoir.

Belvoir, c'est alors un puissant château fort, construit au XIIIe siècle par les sires du même nom sur un promontoire des montagnes du Doubs. Depuis cette époque, le château a été démantelé par Louis XIV mais le village, ravissant, a conservé ses anciennes halles et demeures.

Béatrice aime Belvoir qui est entré dans sa famille par le jeu des alliances mais c'est en pleurant que, cette fois, elle y retourne. Des larmes qui vont bien vite se tarir. Quelques jours plus tard, Charles s'en vient tout bonnement demander l'hospitalité, cette hospitalité comtoise dont la générosité est célèbre. Furieuse mais esclave des traditions, Mme de Berghes est bien obligée de sacrifier auxdites traditions.

Les jours qui suivent sont enchanteurs. Les jeunes gens ne se quittent pas. Ils chassent et dansent ensemble. Béatrice est sûre de Charles : ne lui a-t-il pas juré de faire d'elle sa duchesse dès que Rome aura répondu, favorablement il va de soi, à la demande d'annulation de mariage qu'il lui a fait tenir ? Mais cette euphorie ne convainc toujours pas Mme de Berghes. Tant que le duc est marié, il n'a aucun motif de demeurer chez elle. Et puisqu'il semble tenir à y rester, c'est elle qui part, emmenant bien entendu sa fille : elle a des affaires à traiter à Bruxelles. Charles IV s'incline, provisoirement. Dès qu'il aura reçu son annulation, il ira lui-même chercher sa fiancée. Et tout le monde se sépare.

Mais la fameuse annulation se fait attendre. Pour tromper son impatience, le duc s'en va guerroyer en Allemagne et, naturellement, il ne peut s'empêcher de courtiser quelques belles. Il le fait avec si peu de discrétion que le bruit de ses folies atteint Bruxelles... et Béatrice de Cusance. On évoque surtout certaine aventure avec les chanoinesses de Remiremont, une histoire proprement scandaleuse. Du coup, la jeune fille, se croyant trahie, se décide à accepter le mari que lui propose sa mère : le prince de Cantecroix, un homme âgé, sans doute, mais d'une richesse fabuleuse et, par sa mère, petit-fils de l'empereur Rodolphe. Voilà Béatrice Altesse Sérénissime et installée à Bruxelles dans le magnifique palais Granvelle, demeure de son époux.

C'est là qu'un soir de bal masqué, Charles IV va la retrouver. Le bruit du mariage est arrivé jusqu'à Nancy où il a rendu le jeune duc à moitié fou de rage. Sautant à cheval avec une petite escorte, il a gagné aussitôt Bruxelles et, au palais Granvelle, il tombe en pleine fête.

Quand il s'incline devant elle pour lui demander une danse, Béatrice n'a aucune peine à le reconnaître en dépit du masque et comprend qu'elle n'est pas guérie de lui. Cependant, les yeux vigilants de Mme de Berghes ont aussi reconnu le prince. Il y a fort longtemps que la comtesse s'attend à ce genre de visite et elle s'est promis que son gendre ne jouerait pas le rôle ridicule d'un mari bafoué. Alors, un avis discret, quelques ordres et, dès que les flambeaux du bal sont éteints, le prince de Cantecroix fait avancer ses équipages et emmène sa femme, très mécontente et très lasse, en Franche-Comté. Retour à Besançon, mais aussi à Belvoir.

Naturellement, ce départ brusqué et trop clair excite la colère de Charles. On veut l'évincer mais il ne se laissera pas faire, et comme, justement, la Franche-Comté est en guerre contre le roi de France, il décide d'aller combattre pour elle et de se rapprocher ainsi de Béatrice. Il se bat comme un lion, délivre Dole assiégée puis, encore tout fumant de la bataille, s'en vient à Besançon jeter les drapeaux pris à l'ennemi aux pieds de sa bien-aimée.

L'hommage est royal mais un peu trop voyant. En fait, il cause un scandale dont Béatrice elle-même est consciente. Aussi laisse-t-elle entendre à son amoureux qu'il a dépassé les bornes : certes, elle l'aime, mais elle n'entend pas déshonorer le nom qu'elle porte. Et c'est de son propre chef qu'elle quitte la place et part pour Belvoir.

Deux ans plus tard, la princesse est veuve. Son époux est mort de la peste à Bruxelles. La savoir libre plonge Charles dans une vive exaltation : il s'empresse de demander à sa femme de consentir à l'annulation. La duchesse Nicole refuse : elle aime son mari en dépit de tout et veut le garder. Alors commence une sorte de guerre assez sordide. Charles met en œuvre tous les moyens, légaux ou non, pour se libérer. Il écarte Nicole du gouvernement puis intente un procès à son confesseur qu'il fait brûler comme cabaliste, laissant entendre que sa femme, baptisée par un sorcier, n'est pas chrétienne, donc que le mariage est nul. Bien sûr tout cela ne sert à rien. Alors, en plein délire, il écrit à Nicole la lettre suivante : « Vous voudrez bien considérer, Madame, que vous êtes morte et qu'en conséquence, rien ne m'empêche plus de me remarier... »

On devine comment la duchesse reçut cette lettre. Elle en pleura durant de longues heures dans les bras de sa dame d'honneur, Louise de Preny ; puis elle appela Rome au secours tandis que Charles arrivait à convaincre Béatrice de l'épouser. Il se disait libre en effet, grâce à son médecin Forget qui était un habile faussaire. Celui-ci, à l'aide d'un incroyable tour de passe-passe, réussit à convaincre un prêtre de procéder au mariage de son maître.

La cérémonie eut lieu à Belvoir, à la lumière des chandelles et dans le plus grand secret : Béatrice en effet était enceinte d'un enfant, qui d'ailleurs ne devait pas vivre. Mais, aussitôt la bénédiction achevée, on ne se cacha plus et on vécut ensemble au vu et au su de tous. Le résultat ne se fit pas attendre : le 23 avril 1642, le pape fulminait contre le couple une bulle d'excommunication majeure qu'il était difficile de traiter par le mépris, car elle déliait les sujets de Charles de toute obéissance envers leur duc...

Là-dessus, un tribunal de douze seigneurs et de douze prêtres se réunit et contraignit les coupables à se séparer. Ils ne pouvaient résider à moins d'une demi-lieue l'un de l'autre. Béatrice regagne Belvoir mais continue de rencontrer Charles secrètement. Pourtant, ce coup de semonce marque la fin du grand amour. En dépit de la naissance de deux enfants, le couple se détache, se sépare... Charles recommence à se disperser en amourettes, Béatrice, par vengeance, en fait autant. Des scènes violentes éclatent, de ces scènes cruelles comme savent s'en faire ceux qui se sont follement aimés et qui n'arrivent pas tout à fait à se passer l'un de l'autre.

En 1657, le décor change avec la mort de la duchesse Nicole. À cette époque, Charles, qui a eu maille à partir avec les Espagnols, est prisonnier à Tolède. Béatrice attend fiévreusement son retour, elle compte sur cette couronne ducale qu'on lui a si longtemps fait espérer.

Hélas, quand Charles revient, il la lui refuse brutalement. D'ailleurs, il est fiancé à Mlle du Ludre. Béatrice en appelle à l'Europe entière, réclame la protection de l'Empereur, jure qu'elle fera don de ses biens à l'Église. Mais les forces commencent à lui manquer. Au printemps 1663, elle retourne à Belvoir pour y attendre la mort. Charles, harcelé par ses enfants qui craignent de voir l'énorme héritage leur échapper, consent enfin au mariage... mais uniquement parce que Béatrice est mourante.

Le 20 mai 1663, l'archevêque de Besançon bénit cette étrange union et, durant quinze jours, Béatrice goûtera le plaisir dérisoire de se savoir duchesse de Lorraine. Quinze jours à la suite desquels, et en face de la mort, elle renoncera publiquement à tous les honneurs terrestres. Et c'est sur une planche, sous la robe de bure des clarisses, qu'elle s'éteindra avec une grandeur en tout point digne d'une vraie souveraine.

Charles lui accorda quelques larmes puis se hâta d'épouser Louise d'Aspremont. Il avait alors soixante et un ans. La mariée en avait quinze.

Belvoir appartient par la suite à la princesse de Marsan puis à l'évêque de Besançon puis à M. Pierre Jouffroy, célèbre peintre de la région. Il est aujourd'hui encore la propriété de ses descendants.

HORAIRES D'OUVERTURE

Juillet et août	10 h-11 h 30 et 14 h-17 h 30

De Pâques à la Toussaint (non incluse), ouverture les dimanches et jours fériés, aux mêmes horaires.

http://www.chateau-belvoir.com/

BIDACHE

Corisande ou l'orgueil jusqu'au crime

Voix de l'orgueil : un cri puissant comme un cor
Des étoiles de sang sur des cuirasses d'or.

Paul VERLAINE

Encore impressionnant en dépit de sa ruine, ou peut-être justement parce qu'il n'est plus qu'un imposant vestige des temps révolus, le château de Bidache, qui fut témoin de la gloire et de la fortune des Gramont, domine la Bidouze de ses murailles romantiques. Il n'est plus que l'ombre, l'évocation de la superbe demeure qu'il fut jadis, mais, si l'apparat des détails a disparu, la noblesse et l'orgueil sont restés intacts. Il est Gramont depuis toujours et le restera jusqu'à la consommation des siècles. Tout au moins tant qu'il restera pierre sur pierre de la grosse tour ronde, de l'ancien logis Renaissance et des pavillons laissés par le XVIIe siècle.

La maison de Gramont descend des anciens rois de Navarre. Elle est connue depuis son ancêtre Garcie, seigneur d'Agramont, qui vivait au début du Xe siècle, et elle demeure haute de nos jours sous la conduite de son chef d'armes, le duc de Gramont. Mais, autant le dire, les premiers Gramont ne furent guère plus que des brigands, de ces nobles rapaces qui considéraient que tout ce qui passait à leur portée leur appartenait. Leur tour féodale n'était qu'un repaire et malheur à qui, pèlerin ou marchand, passait à portée de son ombre. Le chroniqueur Mathieu Paris parle sans équivoque d'un certain Guilhem de Gramont – entre autres ! – qui opérait fructueusement aux temps médiévaux : « Il est à déplorer que les pèlerins, les marchands, les gens du pays eux-mêmes ne puissent passer de ce côté sans être dépouillés et même égorgés par ce brigand de nuit ». En fait, le bruit et la fureur occupent la majeure partie des siècles où la fortune d'une famille se bâtissait à la pointe de la lance ou de l'épée. Les démêlés des Gramont avec leurs voisins les Beaumont amenèrent même, au XVe siècle, la fin de l'ancien royaume de Navarre. Inutile de préciser qu'avec les voisins d'Espagne les relations n'étaient pas meilleures et cela valut à Bidache de subir, en 1523, un premier incendie où périrent tous les défenseurs que les assaillants n'avaient pas encore passés au fil de l'épée avec les gens du village. La grosse tour fut à peu près tout ce qui résista au cataclysme. Mais une femme allait arranger cela...

Riche héritière et, partant, très recherchée, Diane d'Andoins n'a guère que treize ans quand, le 16 août 1567, elle est donnée en mariage à Philibert de Gramont qui est nettement plus âgé qu'elle. Donnée est bien le terme qui convient, du moins l'époux l'interprétera ainsi car il n'attendra guère que quelques mois avant d'exiger de cette enfant l'accomplissement des devoirs conjugaux.

Diane qui est extrêmement belle – et c'est la seule excuse du mari – se souviendra toujours de cette nuit du 21 novembre 1568, vécue à Bidache et où elle allait apprendre que l'amour physique peut être, sinon le pire des maux, du moins la pire des corvées. De cette pénible expérience, elle gardera une certaine froideur envers les jeux de l'amour. Jamais, en tout cas, son époux n'aura accès à son cœur. Mme de Gramont accomplit sans se plaindre et sans faiblir ce qu'elle considère comme son devoir. Deux enfants naîtront de cette union, une fille, Catherine, qui n'occupera guère sa mère, et un fils, Antonin, né au mois d'août 1570 et auquel elle portera une tendresse exclusive mais souvent aveugle. Cette tendresse poussera Mme de Gramont à assister son fils jusque dans le crime. Mais nous n'en sommes pas là...

Durant dix années encore, jusqu'à ce siège de La Fère où un boulet emportera le bras et la vie de son époux,

Diane de Gramont mènera une vie exemplaire mais sans joies véritables, sinon d'esprit. En 1579, à Bordeaux, elle a fait la connaissance de Michel de Montaigne qui lui devient, et restera, un ami cher.

Devenue veuve, la belle comtesse partage son temps entre Bidache où elle fait construire un superbe logis, son château natal d'Hagetmau, en Chalosse, où elle aime à se retrouver, et la cour de Pau ou de Nérac où l'attire continuellement son amie Catherine de Navarre, fille de Jeanne d'Albret et sœur du futur Henri IV, qui est aussi la marraine de sa fille. C'est à cette époque qu'elle change de prénom.

Un roman, *Amadis des Gaules*, fait alors fureur. Il raconte les amours courtoises d'Amadis et de la belle Oriane, et la comtesse Diane lit et relit ces aventures chevaleresques qui parlent à son goût de la gloire. Elle rêve si bien que l'envie lui vient de changer de personnage. Elle se sent l'âme d'une princesse lointaine et, pour mieux s'en persuader, elle abandonne son joli nom de Diane pour celui de Corisande qu'elle ne cessera plus de porter devant l'Histoire.

Car, à présent, l'Histoire la guette. Depuis l'enfance, elle connaît le jeune prince Henri de Navarre qui est sensiblement du même âge. Elle a suivi de loin les péripéties de son mariage avec Marguerite de Valois, les horreurs de la Saint-Barthélemy et enfin la lutte incessante qui oppose celui qui est maintenant le roi de Navarre à son beau-frère le roi de France Henri III.

Jusqu'ici, il n'y a eu entre eux qu'une amitié admirative de la part d'Henri. Or, le 5 mai 1582, alors que Corisande séjourne à Pau où elle est l'invitée de Catherine de Navarre, Henri arrive inopinément. Il est dans une période de dépression, las, fatigué, malade même. Naturellement, il est l'objet de tous les soins. Des soins si attentifs qu'il a le temps de s'apercevoir de la beauté épanouie de Corisande et d'en tomber amoureux : « Il apprécie surtout les blondes mousseuses et les jouvencelles à peine écloses, écrit l'un de ses biographes, mais la somptueuse robe de velours rouge que Madame sœur du Roi a fait broder de semences de perles pour son amie met en valeur l'éclatante blancheur du visage et des mains de la comtesse. » Henri donc est amoureux, mais il attendra jusqu'au 20 juin 1583 pour qu'à Hagetmau Corisande tombe dans ses bras.

Ce sont d'étranges amours car jamais on ne vit amants si dissemblables : il est vif et gai, elle a un caractère emporté ; il est négligé de sa personne, elle est la femme la plus raffinée du monde. Pourtant, durant huit années, ces deux êtres, même éloignés l'un de l'autre, ne cesseront jamais d'être unis, en dépit même des continuelles infidélités d'Henri qui ne peut voir passer un jupon sans courir après. Mais Corisande c'est plus qu'une maîtresse, c'est une amie sûre. C'est aussi une femme qui ne désespère pas de se faire épouser. Henri n'a-t-il pas signé, de son sang, une de ces promesses de mariage comme il en sèmera trop ? Alors, quand vient pour lui le temps de conquérir ce royaume de France dont il a hérité, elle va l'aider de tout son pouvoir, allant même jusqu'à vendre ses joyaux.

Elle aura sa récompense. La victoire acquise, Henri, le 5 novembre 1587, viendra jeter à ses pieds les drapeaux qu'il a pris à l'ennemi. Elle espère une demande en mariage. Hélas, sa beauté s'est alourdie et l'amour du roi n'est plus que reconnaissance et tendresse. Il faudra bien s'en contenter. Et le temps passe qui est celui de la gloire, sans doute, mais aussi des désenchantements.

Vint le temps du drame. Un drame si noir qu'il semble sortir du répertoire de l'ancien boulevard du Crime. Un drame auquel malheureusement celle qui n'est plus tout à fait Corisande se trouve mêlée… En 1601, Antonin de Gramont a épousé une jeune Gasconne de haute lignée, Louise de Roquelaure, dont il a eu un fils, Antoine, qui sera un jour maréchal de France. Et, en apparence, le ménage marche assez bien. Mais peut-être seulement en apparence.

Un jour de mars 1610, Antonin, rentrant de la chasse plus tôt que prévu, surprend Louise en conversation trop tendre avec son écuyer, Marsilien de Gramont, un sien cousin « qu'il aimait uniquement ». La réaction du mari est immédiate : il embroche proprement le séducteur. Pendant ce temps, Louise a réussi à s'enfuir et à trouver refuge dans un couvent voisin. Hélas, l'asile ne lui servira de rien ; Antonin a tôt fait de la retrouver, de l'arracher au couvent et de la ramener à Bidache. Là, il la fait jeter dans un cachot puis décide d'instruire le procès des coupables.

Pour ce faire, il réunit un tribunal composé des principaux personnages du village, autrement dit de gens qui lui sont tout acquis. Et là une véritable scène d'horreur se joue : le cadavre de Marsilien, exhumé, est présenté aux juges et condamné à avoir la tête tranchée. Ce qui est aussitôt fait. Reste Louise ! Elle aussi est condamnée mais Antonin n'ose pas procéder tout de suite à son exécution. Le père de la jeune femme est, en effet, gouverneur de Gascogne et fort bien en cour.

De fait, M. de Roquelaure, qui refuse farouchement le jugement un peu hâtif, en appelle à Marie de Médicis. Un ordre est aussitôt transmis au mari trop vindicatif de « ne rien tenter contre la vie de Louise ». Cet ordre, Antonin le reçoit avec une visible impatience et accueille tout juste poliment le conseiller de Gourgues qui le lui porte. Mais enfin, il s'incline. Du moins en apparence, et part pour Paris après avoir donné des ordres que sa mère est plus ou moins chargée de faire exécuter.

Ce que furent ces ordres, on ne l'a jamais su exactement mais, le 9 novembre suivant, on apprenait la mort de Louise à la dépouille mortelle de laquelle Corisande refusa la sépulture des Gramont. On dit que la jeune femme fut précipitée au fond d'une oubliette et s'y brisa les os.

Cette tragédie n'empêcha pas les Gramont de gravir jusqu'au plus haut les degrés de la fortune et de la gloire. En 1649, Bidache recevait – et avec quel éclat ! – le cardinal Mazarin en route vers les négociations du mariage royal et lui offrait une chambre « toute tendue de dentelle des Indes avec un lit en bois de Chine décoré de marqueteries d'ébène, d'argent et de vermeil ». Les autres pièces du château étant à l'avenant.

Il ne reste rien de ces merveilles. En 1793, devenu bien national, Bidache fut transformé en hôpital de campagne sous la direction d'un gestionnaire prévaricateur. Sur le point d'être arrêté, l'homme mit le feu aux quatre coins du château avant d'aller se jeter dans la Bidouze.

BIRON

Les indomptables

Quand Biron voulut danser
Ses souliers fit apporter
Sa chemise de Venise
Son pourpoint fait au point
Son chapeau tout rond
Vous danserez Biron !

Chanson du XVIe siècle

De sa butte artificielle, le château de Biron domine avec arrogance tout le pays entre Dordogne et Lot. Il est si puissant et si vaste qu'il ressemblerait plutôt à quelque village fortifié, n'était la hauteur de ses grands toits qui semblent menacer le ciel. La cour intérieure ne s'y nomme pas simplement cour, mais bien « place d'Armes » comme pour une ville. On est ici chez des guerriers et cela se sent.

Qu'importe si, en approchant, l'on constate que plusieurs siècles ont laissé la marque de leurs styles différents ! Le tout a de la grandeur et c'est ce qui, en définitive, a toujours compté pour ses maîtres qui furent essentiellement hommes de guerre, les femmes ne jouant là que le rôle, noble sans doute mais un peu effacé, de reproductrices chargées de transmettre le nom. Rares furent les cas où l'on consentit aux dames les grâces nécessaires à l'agrément de la vie.

Il faut, en effet, se plonger dans les pages austères de l'Armorial pour s'apercevoir que ces hauts barons ont eu des femmes, des mères bien entendu et qu'ils ne sont pas sortis tout casqués, tout armés de la cuisse de Jupiter ou de quelque opération du Saint-Esprit. Aucune histoire du château ne signale une quelconque dame intéressante. Mais puisque château d'hommes il y a, venons-en donc à l'histoire de ces grands messieurs.

C'est au XIIe siècle que les Gontaut, qui remontent à peu près à Hugues Capet et qui sont originaires de l'Agenois, s'installent à Biron qui est seigneurie d'importance car elle est l'une des quatre fameuses baronnies du Périgord. Ils vont y rester jusqu'au XXe siècle. Ce sont déjà de hauts seigneurs qui tiennent grandes charges à la cour des ducs d'Aquitaine.

Mais, au début du XIIIe siècle, la croisade contre les Albigeois fait rage. Simon de Montfort qui mène la horde des barons du nord vient mettre le siège devant Biron et même s'en empare (en 1211). Après avoir passé au fil de l'épée ce qu'il y a trouvé de vivant, Montfort y installe l'un de ses lieutenants, Martin d'Algaïs, puis continue son chemin. Ce n'est pas une bonne idée : demeuré seul à Biron, Algaïs pense que le château lui conviendrait et, dans l'espoir de se l'assurer, abandonne le parti chrétien pour rejoindre ses anciens ennemis. Mal lui en prend. Montfort revient, s'empare à nouveau du château que, cette fois, il détruit presque entièrement puis, se faisant livrer le traître, le condamne à mort. Il le fait « attacher à la queue d'un cheval qui le traîna à travers les rangs de l'armée, puis le fit pendre, tout rompu, à un gibet suivant ses mérites ».

La tempête passée, les Gontaut rentrent chez eux et entreprennent de remettre de l'ordre. Ils y réussissent suffisamment pour qu'au XVe siècle on puisse rencontrer l'un des premiers grands hommes de la famille, Pons de Gontaut-Biron, qui fit connaître aux Italiens les exploits de la *furia francese*. Le fait se passe à la bataille de Fornoue.

Le jeune Pons, en effet, a suivi le roi Charles VIII lorsqu'il descendit en Italie pour reconquérir ce qu'il estimait être « son » royaume de Naples. La chose faite, le roi et son entourage s'amollissaient quelque peu dans les délices de Capoue quand la nouvelle leur parvint d'une vaste coalition qui prétendait barrer le chemin du retour. Le roi repart aussitôt, laissant une partie de son armée à Gilbert de Montpensier. Mais c'est à Pons de Gontaut qu'il confie le commandement des dix mille hommes qui lui restent. Et l'on remonte vers le nord...

Le 5 juin 1495, dès l'aube, le jeune homme déferle avec l'armée sur les quelque quarante mille hommes stationnés dans la plaine de Fornoue, sur le Taro, et qui n'attendaient pas cet ouragan de fer. Resté maître du champ de bataille tandis que le roi se dirige sur Novare pour y secourir le duc d'Orléans, Pons entra du même coup dans l'Histoire. Il repose dans la chapelle du château, sous un somptueux tombeau auprès de son frère, l'évêque Armand... Il fut le grand-père du premier des maréchaux de Biron.

En effet, son fils Jean, gouverneur de Saint-Quentin, se fit tuer pour son roi sans avoir eu le temps d'atteindre à de si grandes hauteurs. Mais arrêtons-nous un instant auprès d'Armand de Gontaut, dit le Boiteux, page de la reine de Navarre puis gouverneur de Saint-Denis, maréchal de France et qui trouva, devant Épernay, une mort glorieuse dont Brantôme, pour qui il était le plus vieux et le plus grand capitaine de la France, a laissé l'écho : « Il vint à avoir la tête emportée d'une canonnade, mort très heureuse si l'on veut croire César que la mort la plus inopinée est la meilleure. »

Son fils, Charles-Armand, devait lui aussi mourir sans tête mais d'une manière tout à fait différente. Un grand soldat, certes, mais point sans défauts comme le rapporte L'Estoile : « Grand guerrier, plus vaillant que son épée, hasardeux jusqu'au bout, en ses entreprises heureux, conduites toutefois plus par témérité que par prudence. Cupide de vaine gloire, ambitieux démesurément, fier et hautain avec une superbe intolérable qui lui causa enfin ruine et malheur. » Cet orgueil fut sa perte.

Alors qu'il avait admirablement servi Henri IV à la bataille d'Ivry et à la bataille d'Arques, au siège de Rouen et de Paris, Biron se laissa emporter par son ambition quand bien même il n'avait plus rien à désirer, sinon peut-être devenir roi à la place de son maître. Amiral de France en 1592 puis maréchal de France en 1594, gouverneur de Bourgogne l'année suivante et enfin duc et pair trois ans plus tard, Biron était parvenu au plus haut de l'échelle sociale. Estimant sans doute que le roi n'avait pas encore fait assez pour lui, il se laissa aller à conspirer avec l'Espagne et la Savoie.

Il était trop grand sire pour que la chose demeurât ignorée. Convoqué au Louvre et interrogé d'homme à homme par Henri IV qui refusait encore de croire à la culpabilité d'un de ses plus vieux compagnons, il refusa d'avouer. Cela lui eût sans doute valu son pardon... Alors, arrêté, enfermé à la Bastille, il fut condamné à mort et le roi refusa la grâce en disant : « Ledit maréchal après tant de bienfaits reçus de lui ayant si misérablement attenté à sa vie et à son État, c'eût été plutôt cruauté que clémence de lui laisser la vie. »

Bien sûr, Biron ne l'entendait pas de la même oreille et protesta jusqu'au bout de l'ingratitude d'un roi qui lui devait à peu près tout. La seule grâce qu'accorda Henri IV fut que l'échafaud tendu de drap noir serait élevé dans la cour de la Bastille et non en place de Grève qui faisait horreur au condamné : « En grève ? Voilà une belle récompense de mes services de mourir ignominieusement devant le monde ! » On dit que, à l'instant de mourir, il ordonna au bourreau : « Boute ! boute et dépêche-moi promptement... »

Henri IV avait trop de grandeur pour s'emparer des dépouilles du mort. Il se contenta de supprimer le duché qui redevint marquisat jusqu'à ce qu'en 1723 Louis XV l'érigeât de nouveau en faveur de Charles-Armand de Gontaut qui devint doyen des maréchaux de France.

Le fils de celui-ci, qui fut également maréchal tant la vaillance était ancrée au cœur de cette famille, fit aux Parisiens un bien joli cadeau en faisant élever l'hôtel de Biron que nous connaissons sous le nom de musée Rodin.

Mais voici encore un Biron, et non des moindres. C'est le neveu du précédent. Il se nomme Armand-Louis de Gontaut, duc de Lauzun puis duc de Biron. Il va hériter du château et de l'hôtel parisien. Il va hériter aussi d'une fabuleuse réputation de bourreau des cœurs. Enfin voilà les robes qui pénètrent dans notre histoire de guerres !

Lauzun, car c'est sous ce nom qu'il est le plus connu, est grand, bien fait et porte fièrement une tête que l'on déclare fort belle. Il collectionne les aventures féminines et souvent frise le scandale. Cela ne l'empêche pas d'être lui aussi un grand soldat. Ami de La Fayette, il s'en alla combattre pour l'indépendance des États-Unis à la tête d'un régiment qui était une sorte de Légion étrangère et, naturellement, se couvrit de gloire. Mais, quand il s'agit de lui, il est impossible de passer sous silence un petit mystère : fut-il oui ou non l'amant de Marie-Antoinette ?

On sait que la jeune reine n'eut pas toujours à se louer de l'assiduité de son époux. On sait aussi qu'elle aimait à s'entourer de jolies femmes un peu folles et d'hommes jeunes, nobles et beaux. Lauzun fut de ceux-là. Il fut même de ceux qui furent admis à l'honneur de distraire la reine quand, souffrant de la rougeole, elle dut garder la chambre.

Durant l'été de 1775, la faveur du jeune homme atteignit un sommet. La reine l'appelait continuellement auprès d'elle. On sait qu'un jour Marie-Antoinette ayant admiré la plume de héron blanc que son ami portait à sa coiffure d'uniforme, Lauzun la lui offrit, et que, le soir même, la plume apparaissait sur la tête de la reine. Mais écoutons Mme Campan : « Son orgueil [à Lauzun] exagéra le prix de la faveur qui lui avait été accordée. Peu après le présent de la plume du héron, il sollicita une audience ; la Reine la lui accorde comme elle l'eût fait pour tout autre courtisan d'un rang aussi élevé. J'étais dans la chambre voisine de celle où il fut reçu ; peu de temps après son arrivée, la Reine ouvrit la porte et dit d'une voix haute et courroucée : — Sortez Monsieur ! Monsieur de Lauzun s'inclina profondément et disparut. La Reine était fort agitée. Elle me dit : — Jamais cet homme ne rentrera chez moi… »

Dans ses *Mémoires*, qui ne sont peut-être pas tout à fait de lui, Lauzun n'hésite pas à laisser entendre que Marie-Antoinette eut pour lui plus que des bontés. Toujours est-il qu'à dater de cette époque la disgrâce de Lauzun fut aussi profonde que sa faveur avait été éclatante. Il est vrai que Fersen n'était plus loin.

Ayant conçu quelque aigreur, Lauzun, député du Quercy aux États généraux, se rallia à la Révolution, devint général de l'armée du Rhin puis commanda contre les Vendéens qu'il battit à Parthenay. Accusé cependant de trahison, il fut arrêté, emprisonné et condamné à mort. Il monta à l'échafaud de la place de la Révolution avec le même sourire qu'il arborait dans les salons de Trianon. Sa femme, née Amélie de Boufflers – il avait tout de même trouvé le temps de se marier mais pas celui d'avoir des enfants –, le suivit sous le couteau fatal au printemps suivant... Un mot encore sur le château. Le dernier Biron qui l'habita, marquis et célèbre collectionneur qui résidait surtout en Suisse, le vendit au lendemain de la Première Guerre mondiale.

En 1978, le département acquiert le château en vue de le restaurer.

HORAIRES D'OUVERTURE

Du 1er avril au 30 octobre	10 h-18 h
Du 1er novembre au 31 mars	10 h-18 h (fermé le lundi et le vendredi)

BLANDY-LES-TOURS

Le mariage de Marie de Clèves

Mais elle était du monde où les plus belles
[choses
Ont le pire destin
Et, rose, elle a vécu ce que vivent les roses
L'espace d'un matin.

François de MALHERBE

À une petite lieue du fastueux Vaux-le-Vicomte, Blandy semble rêver au bord d'un vallon et de la plaine de Brie qu'il domine. Se souvient-il encore de la fête funèbre et de ce joli roman qui faillit détruire la vie du futur Henri III ? L'ombre de Marie certainement l'habite encore...

C'est au Louvre que tout commence, un soir de mai 1572, chez Catherine de Médicis. Une scène pénible y oppose la reine mère à son fils favori, le jeune Henri, duc d'Anjou. Pénible pour les deux partis : pour Catherine qui sait ce que l'on va lui demander et surtout ce qu'elle va devoir refuser ; pour Henri quand il comprendra que la raison d'État exige qu'il sacrifie son cœur.

Le destin s'est mis en route l'année précédente au cours d'un bal au Louvre. Un bal où brillaient les trois sœurs de Clèves : Henriette, duchesse de Nevers, Catherine, duchesse de Guise, et enfin Marie, la plus jeune, dont c'est la première apparition. Une apparition qui a frappé au cœur le jeune duc d'Anjou.

Jamais, de mémoire d'homme, on ne vit fille aussi blonde, aussi douce et aussi lumineuse : le visage d'un ange et le corps d'une nymphe. Et tout de suite, l'amour a éclaté entre les deux jeunes gens. Henri, en effet, a tout pour séduire une femme : grand et mince, le cheveu noir et le regard de feu, il a l'élégance célèbre des Médicis, les plus belles mains du monde, vingt ans et l'auréole de ses récentes victoires sur les protestants. Il possède en outre la vaillance d'un paladin et, l'épée à la main, il est sans doute la meilleure lame du royaume.

Ce bal pourrait être celui du Prince charmant et de la belle princesse. Malheureusement, Marie de Clèves est fiancée. Et à qui : à Henri de Condé, qui est le chef des huguenots après Henri de Navarre, un homme intraitable, un guerrier pour qui une promesse est une promesse.

Mais quand on est amoureux, quand on se sait aimé, il n'est point d'obstacle dont on ne pense pouvoir se rendre maître. Et c'est pourquoi, en ce soir de mai, Henri d'Anjou est venu se jeter aux pieds de sa mère en la suppliant de faire rompre les fiançailles de Marie, de lui donner Marie.

Catherine a écouté en silence la prière de son fils préféré ; elle lui a souri comme l'on fait pour un enfant capricieux. Enfin, comprenant qu'Henri est sérieux, qu'il ne s'agit pas d'un caprice passager, elle s'est expliquée. Oui, le bonheur de son fils lui est cher mais la paix qui vient d'être conclue avec les protestants est fragile, précaire. Offenser le prince de Condé ce serait tout remettre en question et peut-être jeter à nouveau le royaume dans les horreurs de la guerre civile...

— Les huguenots seront un jour vos sujets, mon fils, puisque votre frère, le roi Charles IX, n'a pas d'héritier. Vous ne pouvez briser le mariage de Condé sans avoir à en supporter plus tard les plus graves conséquences. Il faut que Marie de Clèves épouse Condé.

Longtemps Henri a prié, supplié : l'idée que sa douce Marie puisse être donnée à cet homme petit et laid, paillard de surcroît et que l'on dit joyeux compagnon pour ses amis mais difficile à vivre, lui est insupportable. Il perd son temps. Jamais Catherine n'a permis que son cœur l'emporte sur la politique. Si Henri veut régner un jour, il doit dès à présent agir en roi.

Fou de rage, alors, le jeune homme s'est enfui en claquant les portes et en criant qu'il tuera Condé mais Catherine ne s'est pas troublée pour autant. Tous deux savent bien que c'est impossible.

Trois mois plus tard, le 10 août, alors que Paris, bouillonnant comme un chaudron de sorcière, s'apprête à célébrer les noces de sa princesse, Marguerite de Valois, avec le jeune roi Henri de Navarre, au milieu d'un grand concours de catholiques et de protestants qui menacent à chaque instant de s'entre-tuer, une étrange cérémonie s'apprête au château de Blandy-les-Tours, non loin de Melun.

Le château, déjà, n'est pas bien gai. C'est une antique forteresse jadis construite par les vicomtes de Melun, passée aux Tancarville et que, durant la guerre de Cent Ans, le roi Charles V a fait puissamment fortifier sans pour autant l'enlever aux Tancarville. Par la suite, le château est passé aux d'Harcourt, aux Longueville mais sans que son aspect vienne à changer. C'est toujours un château médiéval pourvu d'un donjon de trente-cinq mètres de haut et, pour l'heure, c'est l'un des plus sûrs bastions du protestantisme car sa propriétaire d'alors, Jacqueline de Rohan, grand-mère du prince de Condé, est une vieille huguenote à peu près aussi farouche que Calvin lui-même. Elle a tenu à ce que le mariage de son petit-fils ait lieu chez elle et il n'est pas du tout question d'en faire une fête. D'ailleurs, tous les assistants sont vêtus de noir ou peu s'en faut. Ce deuil quasi général est dû à la disparition toute récente de la reine de Navarre, Jeanne d'Albret, qui vient de mourir si subitement que l'on parle d'empoisonnement au moyen d'une paire de gants. Les protestants, persuadés que Catherine de Médicis est l'auteur de cette mort, ont pris un deuil ostensible et s'y tiennent en manière de protestation pour le mariage de leur chef.

Le marié lui aussi est tout en noir, comme son témoin le jeune roi de Navarre, fils de Jeanne d'Albret, et qui assiste à la cérémonie avec une mine lugubre qui lui est aussi peu naturelle que possible mais que chacun regarde avec révérence.

L'autre pôle d'attraction, tant que la mariée n'a pas fait son entrée, est une vieille dame : la duchesse douairière de Ferrare, Renée de France, fille de feu le roi Louis XII et veuve du duc Hercule II de Ferrare. C'est une princesse austère, catholique mais dont les sympathies huguenotes sont si connues qu'elle a fini par faire autorité dans la religion. On sait qu'elle a toujours protégé le poète Clément Marot et que, dans son château de Montargis, les protestants ont droit de cité.

Enfin, annoncée par les trompettes d'argent, voici la mariée. Plus belle et plus pâle ne se peut voir. Entre les perles de sa coiffure et l'épaisse fraise de dentelles qui encadre son visage, Marie offre une image transparente, presque désincarnée, qui effraie sa sœur, Henriette de Nevers, présente au mariage. Elle tient ses paupières obstinément baissées, ne regarde rien, ne voit rien mais chacun peut remarquer nettement le tremblement de ses lèvres décolorées.

Lentement elle se dirige vers le fauteuil où siège la duchesse de Ferrare à qui elle fait une profonde révérence puis salue le roi de Navarre qui la regarde avec une sympathie navrée. Henri aime les jolies femmes. Il aime les voir gaies, et le désespoir visible de celle-ci le désole car il n'en augure rien de bon pour le bonheur de son cousin Condé.

Lorsque enfin Marie a pris place auprès de son fiancé, certains peuvent entendre la remarque de Renée de France bien que la princesse ait baissé la voix : « Il est encore plus laid auprès d'elle. »

C'est vrai qu'il n'est pas beau. Petit et maigre, ses épaules doivent tout au rembourrage du pourpoint. Il a un long visage aux yeux globuleux et, bien qu'il n'ait que vingt ans, ses cheveux s'éclaircissent déjà. Rien de comparable avec le prince dont Marie garde l'image au fond du cœur. Pourtant, elle non plus n'a pas le droit de refuser. Elle est un gage de paix, comme le sera dans quelques jours Marguerite de Valois, et un gage de paix ne saurait se dérober. Mais chacun peut remarquer qu'elle manque de s'évanouir à l'instant où le pasteur joint sa main à celle de son époux.

Pourtant, la cérémonie religieuse n'est pas le moment le plus cruel pour la pauvre fiancée. Bien plus rude est l'épreuve qui l'attend le soir venu, quand on l'enferme dans le grand lit à courtines de soie avec un homme qui lui déplaît.

Selon certains récits, Marie, à cet instant affreux, aurait supplié Henri de Condé de lui permettre de dormir seule cette première nuit, alléguant un état de fatigue extrême. Hélas, les guerres incessantes dans lesquelles Condé a passé toute sa jeunesse ne sont pas une bonne école de délicatesse. Follement, éperdument amoureux de cette beauté blonde dont il sait bien qu'elle en aime un autre – un autre qu'il déteste d'autant plus –, le mari ne veut rien entendre. On dit que, saisissant l'un des coussins du lit il l'envoya sur la chandelle qui éclairait l'alcôve en criant : « Ainsi, vous ne verrez plus que je suis laid. » Après quoi, il se comporta purement et simplement comme le pire des soudards.

Durant les jours qui suivent le mariage, Condé ne quitte pas sa femme d'une semelle et les murs de Blandy commencent à prendre pour la pauvre Marie des allures de prison. Jour et nuit, son époux l'accable des marques d'une passion qui semble intarissable et la jeune femme en vient à oublier qu'elle a rêvé d'amour si l'amour n'est rien d'autre que ce calvaire.

Aussi est-ce avec un grand soulagement qu'elle accueille, le 16 août, l'invitation qu'on lui fait d'avoir à se préparer pour assister au mariage d'Henri de Navarre, son témoin, et de Marguerite de Valois : la nouvelle princesse de Condé doit en effet y tenir la traîne de la mariée.

À vrai dire, cette mariée-là est aussi pâle que celle de Blandy-les-Tours. Malgré la chaleur accablante, la nouvelle reine de Navarre est blanche comme une morte sous son écrasant manteau d'hermine. Marguerite n'aime pas plus Henri de Navarre que Marie n'aime Condé, et celle-ci, du fond de son cœur généreux, prend sa part du morne accablement de sa cousine. D'autant que, quelques minutes avant la cérémonie, elle a rencontré le regard du duc d'Anjou, superbe à son habitude. Et elle y a lu le désir de tuer quand ce regard s'est tourné vers Condé. Et, de fait, c'est bien à la mort de Condé que songe le prince tandis que la cérémonie déroule son faste royal. Tout autour de l'estrade où elle a lieu, le peuple de Paris gronde comme un chien qui va mordre.

Quelques jours plus tard, le grondement se change en hurlements. Dans la nuit du 24 août, aux petites heures du matin, le tocsin de Saint-Germain-l'Auxerrois appelle les hommes de la Ligue au massacre. C'est la Saint-Barthélemy qui commence.

Dans l'appartement qu'on leur a attribué au Louvre, Marie et Condé ont entendu la cloche et les premiers cris, les premiers coups de feu. Marie s'est jetée à genoux devant son crucifix et prie tandis qu'Henri de Condé tente vainement de forcer la porte fermée du dehors.

Soudain cette porte s'ouvre laissant paraître le capitaine des gardes du roi. Il vient chercher le prince de Condé. Charles IX l'attend. Attend-il aussi la princesse ? Non, la princesse n'a rien à craindre. De cela Condé est bien persuadé : ce n'est pas à elle qu'on en veut mais bien à lui, le mari. Et aussi sans doute à Henri de Navarre qu'il rencontre dans l'antichambre royale.

Le roi, lui, est dans son cabinet des armes. Il y est en proie à l'une de ces « colères vertes » qui en font un fauve dangereux. Une arquebuse à une main, l'œil fou, il bondit sur les deux princes, les entraîne vers une fenêtre d'où l'on découvre les tours de la Bastille... et les cadavres qui jonchent déjà les quais de la Seine :

— Mort, messe ou Bastille ? s'écrie-t-il.

C'est Condé qui répond. Il est brave et c'est en brave qu'il affronte la fureur du roi :

— Dieu ne permette point, mon roi et mon seigneur, que je choisisse le premier. Des deux autres soit à votre discrétion que Dieu veuille modérer par sa providence.

Un instant, il peut lire sa mort dans l'œil injecté de sang mais la reine entre et obtient, à force de larmes, la grâce des deux huguenots. Quand on ramène Condé chez lui, il y retrouve Marie évanouie.

Dès le lendemain, un ancien ministre protestant, converti par les arquebusades, entreprend de chapitrer Condé qui n'a aucune envie de mourir et qui met à écouter le bonhomme une apparente bonne volonté. Bien plus, le 3 octobre, il écrit au pape pour faire sa soumission et demander une nouvelle bénédiction de son mariage. Henri d'Anjou pense mourir de fureur mais, cette fois, il ne peut plus rien : le cardinal de Bourbon bénit à nouveau le mariage de Marie, à Saint-Germain-des-Prés. Après quoi la jeune femme regagne Blandy : Condé doit partir pour la guerre où il combattra aux côtés du roi. L'espoir renaît chez Anjou. La guerre a de ces hasards...

En attendant, il écrit à Marie des volumes de lettres passionnées qu'il lui fait tenir par sa sœur Henriette. La jeune femme lit ces lettres avec un bonheur teinté de mélancolie et d'un certain sentiment de culpabilité. Son cœur est toujours à Anjou mais son époux est en danger et elle s'interdit de répondre. Le jeune prince est navré.

« Jugez, écrit-il à la duchesse de Nevers, si je mérite telles façons de ma dame qui, quoi qu'elle en dise, a sur moi toute puissance quand elle l'emploiera. »

Il prie en vain. La mort ne veut pas de Condé. En outre, lui-même se trouve soudain obligé de s'éloigner : la Diète polonaise l'a élu roi et voilà le pauvre amoureux obligé de gagner Varsovie. Il ne le fait pas sans protester : la seule couronne qui l'intéresse, c'est celle de France et la santé de Charles IX ne s'arrange pas. Doit-il y renoncer pour aller vivre chez les sauvages ?

Sur ce point Catherine de Médicis lui donne tous apaisements. Si la santé du roi achevait de se détruire, elle enverrait immédiatement un courrier en Pologne. La couronne de France n'échappera pas à Henri.

Tout d'abord, Condé doit accompagner le nouveau roi jusqu'en Pologne, mais Charles IX déteste son jeune frère et n'a aucune envie de lui donner un mari à garder. Condé est aussitôt nommé gouverneur de Picardie et doit rejoindre Amiens. Il faudra que Marie l'y rejoigne, pour une brève visite, sans doute, mais dont elle revient enceinte.

Pendant ce temps, à Varsovie, Henri s'efforce de régner sur un peuple dont il ne comprend pas la langue, ni d'ailleurs les mœurs. Pour se délasser, il rime inlassablement, en compagnie du poète Philippe Desportes qu'il a emmené, des vers en l'honneur de la princesse de Condé. Des vers – c'est surtout Desportes qui les écrit – qu'Henri recopie d'une plume trempée dans son propre sang.

Mais enfin, la nouvelle tant espérée arrive. Charles IX est mort le 31 mai dans son château de Vincennes. Le roi de France à présent, suivant la loi de primogéniture, s'appelle Henri III... si toutefois il arrive à fausser compagnie aux Polonais qui le surveillent de près. Il parvient à s'enfuir avec une poignée de compagnons.

Pour Henri le temps du bonheur est presque arrivé. Il entend bien demander et obtenir du pape l'annulation du mariage forcé de Marie. Elle sera reine de France et lui sera un homme heureux.

Il en est tellement certain qu'il ne se presse pas pour rentrer. Le France, aux mains de sa mère, est en bonnes mains. Alors il s'accorde le loisir d'un voyage d'agrément, visite Vienne puis Venise qui lui réserve un inoubliable accueil.

Hélas, quand il regagne enfin Paris, dans les premiers jours du mois de novembre, c'est pour y apprendre la plus affreuse des nouvelles : quelques jours plus tôt, le 30 octobre, la princesse de Condé est morte en donnant le jour à une petite fille nommée Catherine.

Le désespoir du roi fut terrible, tellement qu'un moment on craignit pour sa raison. Le corps de Marie avait été ramené de Blandy à Saint-Germain-des-Prés et, durant des années, le roi ne put supporter d'entrer dans cette église. Une dernière fois, la muse de Philippe Desportes chanta, mais avec des sanglots dans la voix :

Que je meure en moi-même afin qu'en toi je vive
Que j'abhorre le monde et que, par ton secours,
La prison soit brisée où mon âme est captive...

Jamais Henri III ne devait guérir de cette blessure. De ce jour, ses amitiés furent exclusivement masculines. Ou presque. Car enfin il se maria. Mais celle qu'il choisira, Louise de Vaudémont, une parente pauvre de la maison de Lorraine, devra son choix uniquement à une certaine ressemblance avec Marie de Clèves.

Quant au château de Blandy, passé au début du XVIIe siècle à une branche de la maison d'Orléans, il se retrouva en 1707 propriété du maréchal de Villars qui décida de le transformer en ferme. Dans cette intention, il fit découronner les tours. En 1992, le Conseil général de Seine-et-Marne acquiert le château, il fait l'objet depuis cette date d'un projet complet de restauration.

HORAIRES D'OUVERTURE

Du 1er avril au 31 octobre	10 h-12 h 30 et 13 h 30-18 h
Du 1er novembre au 31 mars	10 h-12 h 30 et 13 h 30-17 h

Fermé le mardi.

Fermé le 1er mai, le 25 décembre et le 1er janvier.

http://www.seine-et-marne.fr/blandy-les-tours

BLOIS

Histoires d'amour, histoires de mort...

Le temps a laissé son manteau de vent, de froidure et de pluie.

Charles d'ORLÉANS

Toujours, depuis la nuit des temps, il y eut à Blois un château. Il y a apparemment des lieux qui sont faits pour cela !

Pourtant, si grands, si puissants qu'aient été les premiers bâtisseurs – comtes de Blois jusqu'au XIIe siècle, comtes de Châtillon jusqu'au XIVe siècle – ils n'ont guère laissé trace profonde en dehors d'une seule salle, admirable : celle des États généraux. La véritable empreinte qui marque Blois est celle des ducs d'Orléans, cette royale branche cadette qui, par deux fois, accéda au trône de France sans que ses descendants réussissent à s'y maintenir.

C'est en 1391 que Guy de Châtillon vend le comté de Blois au frère de Charles VI le Fol. Louis d'Orléans, aimable, galant, séduisant, fort aimé des dames et quelque peu sorcier, n'a guère de peine à le payer : Marguerite de Namur, épouse de Châtillon, est folle de lui et l'argent que va encaisser son mari, c'est elle qui en donne la plus grosse part. Quelques nuits d'amour la récompenseront de ce beau geste mais elle ne devra s'attendre à aucune fidélité : Louis d'Orléans est déjà l'amant d'Ysabeau de Bavière, celle que l'on ose à peine nommer reine de France tant elle déshonore la fonction.

Ce n'est pourtant pas que Louis soit mal marié : Valentine Visconti, fille du duc de Milan, qu'il a épousée, est belle, savante et sage. De plus, elle l'aime mais elle perd à la fois son amour et son temps car homme plus volage que le duc ne se peut trouver. Des bras d'Ysabeau, il passe, après ceux de Mariette d'Enghien, directement dans les griffes de la mort : le 23 novembre, dans la rue Barbette, à Paris, et alors qu'il vient de visiter Ysabeau, il est abattu par les tueurs que mène son ennemi mortel, Jean sans Peur, duc de Bourgogne, qui est aussi son cousin.

Jean le remplace dans le lit de la reine et, comme Paris est aussi à sa dévotion, la veuve douloureuse – car elle n'a pas cessé d'aimer – ne pourra se faire rendre justice. C'est à Blois qu'elle va enfermer sa peine et peindre sur les murs sa devise désenchantée : « Plus ne m'est rien, rien ne m'est plus. » C'est là aussi qu'elle meurt, cette Valentine inconsolée, un an après son époux.

Cependant, elle a un fils qui déjà est poète et qui, à sa couronne ducale, préfère les ombrages de Blois si propices à l'inspiration. Hélas, fait prisonnier à la désastreuse bataille d'Azincourt, en 1415, Charles d'Orléans restera vingt-cinq années sans revoir son cher Val de Loire. Et pendant ce temps, l'Anglais, au mépris de toutes les lois de la guerre et de la chevalerie qui interdisent de s'en prendre aux biens d'un prisonnier, s'en viendra mettre le siège devant Blois puis devant Orléans même, la ville ducale, d'où Jeanne d'Arc enfin le délogera après un bref séjour au château préféré de Charles.

Quand celui-ci retrouve ses terres et ses châteaux, Jeanne est morte depuis neuf ans. Mais le prince a tant rimé dans sa geôle anglaise et de si tendre façon que ses harmonieux soupirs ont traversé les siècles :

Le temps a laissé son manteau
De vent de froidure et de pluie
Et s'est vêtu de broderie
De soleil riant, clair et beau.

Aucune anthologie de poésie française ne saurait oublier Charles d'Orléans et c'est toujours un régal que le relire. Plus encore peut-être en parcourant les jardins de son château.

C'est à Blois que le prince-poète s'installe à son retour de captivité, qu'il épouse Marie de Clèves, fille d'un prince allemand, qu'il vit enfin de douces années avant que la mort ne le prenne en 1465. Son fils, qui sera le roi Louis XII, n'a pas encore treize ans...

En attendant d'être roi, le jeune Louis se contente d'être un prince des plus agités. Louis XI, ce maître ès politique moderne, lui a fait épouser par force sa fille cadette Jeanne, douce et sainte créature – elle sera d'ailleurs canonisée ! – mais boiteuse et laide, en pensant que « les enfants qu'ils auront ne leur coûteront guère à nourrir ». Le mariage, en effet, reste blanc. Du moins Louis XII le prétend quand il oblige la malheureuse Jeanne à un crucifiant procès en nullité afin de retrouver sa liberté et d'épouser la veuve de son prédécesseur Charles VIII : la duchesse Anne de Bretagne.

Le fils de Louis XI est, en effet, mort prématurément, assommé par un linteau de porte basse. Mais le cousin d'Orléans est épris de sa reine et n'aura de cesse de l'avoir faite sienne quand il coiffera enfin la couronne de France. Le tout grâce à la complicité du pape, Alexandre VI Borgia, et de son fils, l'inquiétant César.

Pour se distraire, Louis XII entreprend de reconstruire le château de Blois selon son goût. Il réussira tout juste à entamer l'aile qui porte son nom. Encore est-ce François Ier qui en fera la plus grande partie.

François n'est pas le fils de Louis XII mais son cousin, un cousin pauvre. En dépit d'efforts réitérés, Louis n'a pas réussi à tirer un fils viable des entrailles de sa Bretonne. Pis encore : le 9 janvier 1514, Anne trépasse laissant à son époux un chagrin qui paraît inconsolable. François, qui n'est encore que duc de Valois, va s'en apercevoir quand, le 18 mai, dans la chapelle fraîchement repeinte de Blois, il épouse Claude de France, la fille aînée du roi.

Ce sont les noces les plus lugubres qui se puissent voir car tout le monde y est en noir. La mariée d'abord qui pleure sa mère, le roi qui affiche un deuil spectaculaire et pleure comme à des funérailles, le marié, enfin, qui, renonçant à ses vêtements toujours éclatants, s'est drapé dans une robe de damas noir.

Tout ce deuil n'empêchera pas Louis XII d'épouser à grand renfort de trompettes et de cymbales une jouvencelle de seize ans, Marie d'Angleterre... tout juste cinq mois après ces tristes noces. Mais, cette fois, il ne fut plus du tout question de s'habiller de noir !

François Ier ne résidera guère à Blois où il fera cependant élever l'aile qui porte son nom et qui confère au château sa véritable splendeur. La raison en est toute simple : Claude, sa femme, aime beaucoup le château qui est sa maison à elle, et François, bien qu'il la trompe abondamment, l'aime beaucoup. Il préfère qu'elle se sente vraiment chez elle.

Quand elle meurt à Blois, en 1524, il la pleure sincèrement, déclarant que, s'il « pouvait la racheter de sa vie, il la lui baillerait de bon cœur, n'ayant jamais imaginé que le lien de mariage fût si dur et si difficile à rompre ». Cela ne lui fera pas aimer Blois davantage et, pour sa part, il lui préfère de beaucoup Fontainebleau et Chambord, ses chefs-d'œuvre.

Un temps, Blois demeure domaine royal. C'est là qu'en 1588 Henri III, harcelé par les Guise alliés de l'Espagne, trublions qui soufflent le feu et la tempête, réunit les États généraux pour tenter de faire entendre raison à son peuple, un peuple qui adore littéralement les Guise. C'est là qu'à bout de patience et de diplomatie il décide de faire « exécuter » le Balafré, autrement dit Henri de Guise, chef de la Sainte Ligue et héros des catholiques.

C'est le 23 septembre que le roi frappe. Il a convoqué Guise pour un Conseil à six heures du matin, en précisant bien qu'il désire quitter Blois aussitôt pour se rendre à Notre-Dame-de-Cléry où repose Louis XI, ce maître en politique.

Méfiants, les amis du duc ont vainement tenté de le mettre en garde contre cette convocation trop matinale. Des bruits ont transpiré : le roi serait prêt à tout pour se débarrasser de l'agitateur... La marquise de Noirmoutiers, maîtresse de Guise, tente en vain de le retenir. Mais le duc n'est qu'orgueil et vanité : « Il n'oserait ! » répond-il avec une outrecuidance qui serait grotesque si elle n'était tragique. Et il ne renonce même pas à passer cette nuit chez sa maîtresse. Celle-ci, née Charlotte de Beaune-Semblançay, est l'une des plus jolies femmes de la cour. Elle est aussi l'un des membres les plus brillants du fameux Escadron volant de Catherine de Médicis et, en principe, elle devrait se taire. Mais cette fois, elle est amoureuse et fera tout son possible pour garder son amant auprès d'elle. Peine perdue ! Henri, qui a très faim d'amour cette nuit-là, n'accepte même pas de se reposer et, quand vient l'heure du rendez-vous, il a à peine dormi.

Cette fin de nuit est glaciale. La neige est épaisse et Guise néglige même de mettre un manteau. Dans le fameux escalier de François Ier, les Quarante-Cinq, cette garde personnelle que le roi s'est donnée, est de faction. Elle se refermera sur Henri de Guise et l'abattra dans la salle du Conseil et la chambre du roi. C'est au pied du lit royal que le duc expire peu après. Dans sa poche, une note de sa main : « Pour entretenir la guerre en France, il faut sept cent mille livres. » Le tout à destination de l'Espagne...

Il était plus que temps ! Henri III sait qu'il est à présent en danger, que la turbulente duchesse de Montpensier, sœur du Balafré, et son frère Mayenne vont exiger sa mort – la duchesse le fera assassiner peu après par Jacques Clément – mais du moins les Espagnols n'entreront pas en France et le royaume sera sauvé.

Les rois suivants ne viendront pas souvent à Blois. Henri IV ne l'aime guère et Louis XIII pas beaucoup plus. C'est là qu'il assigne à résidence sa mère, l'impossible Marie de Médicis, qui a conspiré contre lui et qui, d'ailleurs, s'évade du château par une belle nuit au moyen d'une échelle de corde, exercice périlleux que son tour de taille n'arrange pas.

C'est le frère de Louis XIII, Gaston d'Orléans, le conspirateur perpétuel, qui récupère le comté, le château et qui y installe sa cour. Une cour un peu terne, un peu ennuyeuse mais que Louis XIV, en route pour Saint-Jean-de-Luz où l'attend l'Infante, visitera un soir. L'esprit du jeune roi est alors tout plein de l'image de la brune Marie Mancini et il ne remarque même pas, parmi les demoiselles d'honneur de sa tante, une jeune fille blonde, blanche, timide, douce et boiteuse dont le nom, quand on la lui présente, ne le frappe pas le moins du monde. Elle s'appelle pourtant Louise de La Vallière. Mais le temps n'est pas encore venu...

Après la mort de Gaston d'Orléans, c'est le silence de l'abandon, la décrépitude lente. Il faudra attendre 1843 pour que l'on se soucie enfin de relever ce qui n'allait pas tarder à devenir une fort belle ruine. De nos jours, la ville de Blois en est devenue propriétaire pour son plus grand bien car, outre un entretien soigneux, la ville a doté son beau château d'un admirable musée.

HORAIRES D'OUVERTURE

Du 2 janvier au 31 mars	9 h-12 h 30 et 13 h 30-17 h 30
Du 1er avril au 30 juin	9 h-18 h 30
Du 1er juillet au 31 août	9 h-19 h
Du 1er septembre au 30 septembre	9 h-18 h 30
Du 1er octobre au 7 novembre	9 h-18 h
Du 8 novembre au 31 décembre	9 h-12 h 30 et 13 h 30-17 h 30

Fermé le 1er janvier et le 25 décembre.

http://www.chateaudeblois.fr/

BOURBON-L'ARCHAMBAULT

Le sang des rois...

> *Cet heureux temps n'est plus. Tout est changé de face.*
>
> RACINE

Altières et encore imposantes, les tours ruinées du château se découpent sur la douceur du ciel bourbonnais. Bien sûr, elles ne sont plus que l'ombre de la puissante forteresse qui était là jadis, mais leur cri muet, venu de la nuit des temps, proclame toujours haut et fort ce que fut cette race qui donna tant de rois à la France. Chef de nom et d'armes de la famille, Bourbon en sera peut-être plus évocateur que Moulins, en ruine lui aussi, et même que Montluçon – le seul qui soit encore en état, mais il fut moins habité – puisque, hélas, il ne reste rien de Chantelle, le magnifique, le plus aimé, le préféré, qui témoignait si hautement de la puissance et de la splendeur des ducs de Bourbon.

De tout temps le site a été connu, fréquenté. Par les Romains d'abord qui, toujours férus d'hydrothérapie, découvrirent l'influence bienfaisante de ses eaux thermales sur leurs rhumatismes et le firent savoir assez pour que, dans la suite des siècles, les plus illustres articulations se fussent confiées aux soins de ses piscines.

La première maison de Bourbon s'éteint en 1218 avec Archambault VIII qui édifie le premier château. La seconde s'achève avec une fille, Béatrix, qui, en 1272, épouse Robert de Clermont, sixième fils de Saint Louis ; celui-ci sera reconnu sire de Bourbon en 1283. Ils seront la tige de tous les rois qui, depuis Henri IV, ont régné sur la France, et des actuels prétendants au trône.

Grand mariage donc, mariage brillant mais qui ne sera guère heureux. À vingt-quatre ans, Robert de Clermont, passionné de joutes et de tournois, recevra à la tête un coup de masse d'armes qui le rendra fou. Mais fou par intermittence, ce qui lui permettra de rendre tout de même au royaume quelques services.

Son fils, Louis Ier, grand chambrier de France sous Philippe le Bel, sera créé duc et pair par Charles IV. C'est lui qui reconstruit entièrement l'ancien château sous la forme qu'on lui voit encore de nos jours, mais combien diminuée puisqu'il ne reste que trois tours sur les vingt-quatre que Louis fit édifier. En souvenir de son grand-père, le saint roi, il fait aussi élever une Sainte Chapelle qui sera considérée comme une merveille, mais ne résistera pas à la Révolution. Vaillant soldat au demeurant qui s'illustre aux batailles de Furnes, de Courtrai et de Mons-en-Puelle avant d'écraser la bourgeoisie flamande à Cassel. Dans la maison de Bourbon, la chevalerie joue un grand rôle...

On s'en aperçoit avec Louis II, son fils, qui acceptera de rester l'otage des Anglais à la place du roi Jean II. À son retour, pour récompenser les seigneurs vassaux qui l'ont bien servi et ont veillé sur le duché durant son absence, il crée à Bourbon l'ordre de l'Espérance. L'insigne en est une ceinture brodée d'or ayant pour fermoir un écu d'or portant une bande de perles et sur lequel est gravé le mot « allen » – tous, en anglais... Les ceintures seront remises après une messe solennelle dite dans la Sainte Chapelle ; le duc explique alors la signification de cet ordre nouveau :

— Cela veut dire que tous nobles qui l'ont et le portent doivent être tous comme frères et vivre et mourir l'un avec l'autre en tous leurs besoins...

La cérémonie impressionnera vivement son fils qui, à son tour et comme son aïeul, ne rêvera que tournois et chevalerie. Il en rêve même à tel point qu'un beau jour il fait publier à travers l'Europe un singulier cartel, dans lequel il entraîne quatorze chevaliers de sa suite et deux écuyers. Par ce cartel, Jean défie au combat à pied, mais à outrance, un même nombre de chevaliers et d'écuyers, et donne à ses éventuels adversaires deux ans pour se présenter devant les tours de Bourbon. En attendant, le duc s'engage, pour lui et pour ses compagnons, à porter tous les dimanches un fer de prisonnier suspendu à la jambe gauche par une chaîne d'or, ou d'argent pour les écuyers... Hélas, le combat devant être à outrance, c'est-à-dire sans quartier, les adversaires éventuels ne montrèrent aucun empressement à se présenter... et durant deux années Jean Ier et sa troupe s'en iront mélancoliquement à la messe en traînant leurs fers après eux.

Le duc Jean eut cependant l'occasion, à Azincourt, de démontrer qu'il était véritable et vaillant chevalier. Malheureusement, fait prisonnier durant la bataille, il fut emmené à Londres en captivité et jamais ne revit les tours de Bourbon-l'Archambault. Il mourut outre-Manche, triste et désenchanté, après dix-huit ans de captivité.

Son petit-fils, Jean II, qui prit les armes contre Louis XI avec la Ligue du Bien public dévouée au Téméraire, étant mort sans enfants en 1488, c'est son frère Pierre sire de Beaujeu qui lui succède... et qui, lui, a épousé la fille de ce même Louis XI, Anne, « la moins folle femme de France », régente durant la minorité du jeune roi Charles VIII.

Devenue duchesse de Bourbon, Mme de Beaujeu continue et même amplifie les traditions fastueuses des ducs de Bourbon. Si elle délaisse le vieux château pour le superbe Chantelle, dont les tours sont couronnées de grandes statues de saints qui se trouvent actuellement au musée du Louvre, elle vient assez régulièrement à Bourbon pour y prendre les eaux.

De son mariage elle n'aura qu'une fille laide et contrefaite, Suzanne, à qui elle donnera pour époux son cousin, Charles de Montpensier, lequel deviendra le fameux connétable de Bourbon.

Celui-là est un homme séduisant, plein de charme et d'une extrême vaillance. À Marignan où il commande l'avant-garde, il se distingue par sa bravoure et son intelligence. Malheureusement pour lui, il a réuni grâce à sa belle-mère un apanage considérable qui lui assure une richesse et constitue une énorme seigneurie de type féodal qui tient le centre de la France et risque de représenter un danger.

La Couronne – en l'occurrence celle de François Ier – ne peut manquer d'en prendre ombrage et ses légistes, menés par le chancelier Duprat, décident de s'occuper du connétable. On commence par refuser de l'indemniser des dépenses qu'il a effectuées au service du roi, on lui retire ses traitements et ses pensions... En fait, il y a, sous ces tracasseries, la main d'une femme : Louise de Savoie, mère de François Ier, est de longue date amoureuse de Bourbon. Le dédain à peine voilé qu'il lui témoigne et la grande indépendance qu'il affiche offusquent et blessent cette femme altière.

Sur ces entrefaites, en avril 1521, meurt Suzanne de Bourbon qui ne laisse pas d'héritier. Une permission, peut-être imprudente, de Louis XII l'avait autorisée, jadis, à instituer son époux légataire des biens qu'elle tenait de son père. Louise de Savoie fait déclarer cette donation sans valeur et revendique l'héritage du duc Pierre en tant que fille de Marguerite, sa sœur. Mais cela ne l'empêche pas d'envoyer à Bourbon le comte de Saint-Pol chargé d'une étrange mission en forme de déclaration d'amour. Louise veut faire entendre à celui qu'elle poursuit ainsi que, bien loin de vouloir lui nuire, elle souhaite l'épouser et lui offre sa main. Le connétable répond en plaignant le roi d'« obéir aux impressions d'une femme qui n'avait pas plus d'équité que d'honneur... » Et il ajoute qu'il songe à épouser une sœur de Charles Quint !...

C'est se faire de Louise une ennemie implacable. Un procès s'ensuit qui enlève à l'insolent, au profit du roi, l'Auvergne et le Bourbonnais, et prétend donner le reste à « Madame Louise ». C'en est trop ! Anne de France, qui voit s'effondrer le petit royaume qu'elle a construit, conseille alors à son gendre – elle, la fille de Louis XI ! – de porter sa plainte à Charles Quint :

— Promettez-moi d'y faire toute diligence et je mourrai contente...

On sait comment Bourbon ne lui obéit que trop bien et comment, entré en guerre contre la France, il s'en alla mourir dans Rome, en 1527, d'un coup de mangonneau. C'en était fini du duché de Bourbon et de cette branche des descendants de Robert de Clermont. Une autre branche continuera la famille et, après avoir été donné à Louise de Savoie, le Bourbonnais sera rattaché à la Couronne. Il avait cessé d'être province indépendante et le château de Bourbon-l'Archambault, de plus en plus délaissé, s'achemina doucement vers la ruine, cependant que la ville s'apprêtait à connaître, avec ses eaux thermales, une très grande vogue. On y vit la cour et la Ville, la marquise de Sévigné qui y fut assidue et Mme de Montespan qui y mourut. On y vit plus tard Talleyrand et certaines têtes couronnées, et le château ne fut plus que le fond romantique d'un agréable séjour.

En 1832, le château appartient au jeune duc d'Aumale, fils du roi Louis-Philippe qui l'a hérité du dernier prince de Condé (mort tragiquement pendu à l'espagnolette de sa fenêtre), et, autant le dire tout de suite, il ne l'intéresse pas. Ses administrateurs décident même de le mettre en vente et font placarder dans la ville des affiches annonçant la mise en adjudication. C'est alors qu'un jeune artiste, Achille Allier, indigné, lève l'étendard de la révolte :

« Non ! Les tours de Bourbon-l'Archambault ne doivent pas être livrées aux spéculateurs de la bande noire ! Si l'héritier royal des millions du prince de Condé a tellement besoin de quelque mille francs qu'il lui faille vendre la seule propriété qui lui rappelle son nom, moi, bourgeois de Bourbon-l'Archambault, j'achèterai le château de nos ducs aux enchères puis je graverai en lettres profondes sur ces vieilles murailles : "Château des ducs de Bourbon. Vendu à Achille Allier, bourgeois et artiste, par Monseigneur le duc d'Aumale, légataire universel du duc de Bourbon"... »

Averti, le prince se fâcha, désavoua ses conseillers et fit retirer les affiches. Le château est devenu, depuis, la propriété de Mgr le comte de Paris qui décide de l'inclure dans la fondation familiale, la Fondation Saint-Louis.

Horaires d'ouverture

Mars-octobre	14 h-18 h
Du 1er juillet au 31 août	10 h-19 h
Dimanches et jours fériés	14 h-18 h

http://www.ot-bourbon.com/fr/la-visite-de-la-forteresse-medievale-23.php

BOURIGAILLE

Le roman du bailli de Suffren

On est marin, on part longtemps
Et, cependant, l'amour attend...

L'hiver est généralement doux en Provence et les approches de Noël ne font pas fuir le soleil. En cette année 1748, il brillait même de tous ses feux sur le parc et le petit lac du château de Bourigaille, distant de Draguignan d'à peine deux lieues. C'est alors la propriété du comte de Perrot, d'ancienne famille provençale, et c'est en vérité, autour d'un château neuf, un bien joli domaine où des pins immenses côtoient les micocouliers, les chênes-lièges, les genévriers et les lauriers-roses. Un domaine dont la véritable châtelaine est Marie-Thérèse, la fille des seigneurs du lieu, une jolie blonde aux grands yeux bleus et au teint clair comme il se devait à l'époque où les dames fuyaient le soleil générateur de peaux bronzées et de taches de rousseur.

Elle est en tout point charmante, Thérèse, et comme elle est également riche et de bonne maison on peut s'étonner qu'à vingt-quatre ans elle ne soit pas encore mariée en dépit de la meute de prétendants qui rêvent de la transformer en baronne, en comtesse ou en marquise. Mais, quand on lui propose un candidat, la jeune fille se contente de sourire et ajoute :

— Pourquoi tant se presser ? La vie est longue. Nous avons tout le temps...

À vrai dire, Mme de Perrot ne s'étonne pas des refus continuels de sa fille. Car il y a longtemps qu'elle a percé à jour le secret d'un cœur qui a perdu son libre arbitre pour battre au rythme des folies d'un garnement de vingt ans : le cousin de Thérèse, Pierre-André de Suffren de Saint-Tropez. Un garçon que, pour sa part, Mme de Perrot considère comme un vrai sauvage.

Pierre-André et Thérèse ont d'abord été amis d'enfance, avec un rien de protection maternelle chez la sage et belle jeune fille, de quatre ans plus âgée et qui, plus d'une fois, a évité de solides raclées à l'insupportable gamin. Jamais, en effet, on n'a vu garçon plus turbulent, plus batailleur, plus ami des bagarres et des horions que celui-là !

Troisième arrivé parmi les neuf enfants que le marquis de Saint-Tropez, Paul de Suffren, seigneur de Saint-Cannat de la Molle et de Richenois, a eus de Marie-Hyéronime de la Tour d'Aigues, Pierre-André a débuté dans la vie en rossant d'importance tous les garnements de son village natal de Saint-Cannat en des combats où la proportion qu'il affectionnait était de un contre trois ou quatre, en raison du fait qu'il était non seulement grand pour son âge mais encore fort comme un Turc.

Au collège des jésuites de Toulon, les choses n'ont fait que croître et embellir. Non seulement le jeune Suffren se fût senti déshonoré en évitant une bataille mais encore il semblait prendre un malin plaisir à les provoquer. Quand son œil gris s'allumait sous sa tignasse toujours hirsute – de sa vie il ne sera jamais coiffé convenablement – ses condisciples devinaient qu'ils allaient avoir à souffrir. La perspective des punitions et des verges, généreusement appliquées par les jésuites cependant, n'arrêtait pas la terreur du collège. Battu, puni, mis au pain sec, le garnement endurait tout sans broncher et s'en retournait gaiement ourdir de nouveaux complots, considérant que tout cela constituait, au fond, une excellente préparation à la vie de marin.

En effet, destiné à servir d'abord dans les Gardes-Marines en attendant de rejoindre l'ordre de Malte auquel son père, dès l'âge de huit ans, l'a fait admettre, Pierre-André de Suffren s'est appliqué tout au long de ses études à se forger une belle réputation de mauvais coucheur, destinée à le précéder dans la Marine.

Entrer chez les chevaliers de Malte cela veut dire que, s'il s'y tient, Pierre-André consacrera sa vie à Dieu et aux combats quand le service du roi ne le réclamera pas. Mais, cette perspective, le jeune Suffren l'accueille avec bonheur car ce qu'il désire le plus au monde c'est se battre, se battre encore, se battre toujours. Or, nulle part ailleurs qu'à Malte, en guerre perpétuelle avec les Barbaresques, il ne trouvera de meilleures occasions quand le roi ne jugera pas bon de partir en guerre.

À quatorze ans, il abandonne les jésuites de Toulon pratiquement exténués et embarque sur le *Solide* où les canons anglais se chargent bientôt de lui donner le baptême du feu. Le héros en herbe s'y comporte de manière telle qu'il reçoit les félicitations de son chef, le commandeur de Châteauneuf, qui appartient lui aussi à Malte.

Pendant tout ce temps, à Bourigaille, Thérèse a suivi les péripéties de l'entrée dans le monde des hommes de son cousin avec des sentiments sans cesse différents. Elle est passée ainsi de l'amusement à l'enthousiasme, de l'enthousiasme à l'admiration, de l'admiration à la tendresse pour déboucher sur une angoisse qui ne la quitte plus dès que Pierre-André est en mer.

Quand elle s'interroge, la jeune fille ne s'explique pas bien pourquoi elle s'intéresse si fort à son jeune cousin, mais elle peut supposer qu'elle est payée de retour. En effet, lors des réunions familiales à Saint-Cannat, à Saint-Tropez ou à Bourigaille, elle a pu constater le changement insensible apparu dans l'attitude de Pierre-André. Auprès d'elle, il devenait doux, patient, et prenait soin de remiser un vocabulaire particulièrement riche et énergique pour n'être plus, devant cette blonde jeune fille, qu'un garçon intimidé et éperdu d'admiration.

Mais, depuis ce combat du cap Finisterre où Suffren s'est battu comme un lion et a entamé cette vieille rancune contre l'Angleterre qui lui tiendra chaud toute sa vie, et surtout depuis sa capture, Thérèse sait quel nom donner à ses sentiments et elle admet qu'en ce bas monde elle ne souhaite rien de mieux qu'offrir à cet ouragan sa jeunesse, sa beauté, son amour enfin et commencer avec lui l'existence mélancolique d'une femme de marin.

Car, à cette époque, le mariage est encore possible pour Pierre-André. Chevalier de Minorité, il n'a pas encore prononcé les vœux définitifs qui le lieront à jamais à l'ordre. Il peut encore reprendre sa liberté. Mais le voudra-t-il ?

C'est ce qu'espère Thérèse en ce temps de Noël 1748. En octobre dernier, la paix avec l'Angleterre a été signée à Aix-la-Chapelle. Les geôles anglaises se sont ouvertes. Pierre-André a annoncé son retour à Saint-Cannat, et qui dit Saint-Cannat dit aussi Bourigaille. Chaque jour, Mlle de Perrot guette le galop d'un cheval, l'arrivée d'un grand cavalier toujours vêtu à la diable d'un habit pas très bien tenu, les cheveux en désordre mais dont les yeux gris, dans le visage brûlé par le soleil, s'éclairent d'un si chaud sourire quand il l'aperçoit. Pourtant, les jours passent et rien ne vient...

Rien ! Sinon une lettre de Mme de Suffren à Mme de Perrot. Une lettre que celle-ci n'a pas osé montrer tout de suite à sa fille. À peine sorti de sa prison, Pierre-André, rendu enragé par son inaction forcée, a traversé la France comme un boulet de canon et n'a fait que toucher terre à Saint-Cannat pour embrasser les siens. De là, sans débrider, il a gagné Marseille afin de s'y embarquer pour La Valette sur la première galère venue. Il n'a pas dit grand-chose aux siens, sinon son intention de faire ce que l'on appelle à Malte ses « caravanes ». Ce qui veut dire qu'il est pratiquement décidé à prononcer un jour ses vœux définitifs... Il est parti pour deux ans.

Thérèse est désespérée, furieuse aussi. Comment a-t-elle pu être assez sotte pour imaginer que son héros était capable, pour une femme, de renoncer à la bataille qu'il chérit, à la mer qu'il adore et à ce danger constant que lui offrent les rouges galères de Malte ? Son combat à elle est perdu. Les hommes, la vie sont les plus forts. Il est temps de tourner le dos au vieux rêve si longtemps caressé... Alors, au soir de Noël, Thérèse annonce à ses parents qu'elle accepte de se marier. Elle épousera le premier époux qu'il plaira à son père de lui choisir.

Pendant ce temps, à La Valette, Pierre-André découvre les débuts sans gloire de ces fameuses caravanes dont il a tant rêvé. En théorie, elles consistent en diverses croisières que l'aspirant chevalier doit effectuer en Méditerranée contre les Barbaresques. En pratique, elles commencent obligatoirement par quelques mois de service hospitalier. Ce qui est d'ailleurs logique puisque, par définition, les chevaliers de Malte sont avant tout des moines voués au service des pauvres, des malades et des captifs. Et Suffren, qui rêve d'enchaîner des pachas à sa galère, d'envoyer par le fond des flottes entières pour la plus grande gloire de l'ordre, se retrouve infirmier, soignant les malades, lavant des blessures et distribuant libéralement tisanes et pilules.

Ces occupations sans éclat le rendent mélancolique. Il ronge son frein en regardant, d'une fenêtre de l'hôpital, les grandes galères rouges quitter le port dans le soleil levant et s'en aller vers la haute mer. Mais il faut bien retourner à sa tâche, qui comporte même parfois le lavage de la vaisselle...

C'est au cours de l'une de ces journées sans joie qu'il reçoit la nouvelle : Marie-Thérèse de Perrot vient de se marier. Elle a épousé un officier, un « terrien », le comte Alexandre de Corblet d'Alès...

Alors, pour la première fois depuis bien longtemps, Pierre-André accorde une pensée à la jeune fille. Il découvre que ce mariage le fait souffrir, l'exaspère même. Sans trop s'en rendre compte il s'était habitué à l'idée que Thérèse serait là à chacun de ses retours. Dans son idée, elle appartenait à son univers et cet univers à présent lui semble vide...

Néanmoins, il a trop d'honnêteté pour ne pas s'accuser lui-même. Thérèse n'avait aucune raison de l'attendre. Lui avait-il jamais dit qu'il l'aimait ? Comment l'aurait-il pu d'ailleurs puisqu'il vient seulement de découvrir quelle place elle tient dans son cœur ? Maintenant, il est trop tard, bien trop tard !...

Le soir même, il s'en va supplier le grand maître Emmanuel Pinto de Fonseca de lui permettre d'abréger son service hospitalier et d'embarquer sur une galère. Ce qu'il ne dit pas, c'est qu'il ne se sent pas le courage d'affronter ce chagrin inattendu avec pour seules armes une seringue à clystères et un pot de tisane. Il lui faut la mer, la poudre, le combat...

La permission est accordée. Durant des mois, le jeune profès va courir sus aux Barbaresques le long des côtes d'Afrique et de Sicile. On ne chôme guère sur les galères de Malte et Suffren trouve là mainte occasion de dépenser sa fougue et son courage, mais sans parvenir à étouffer tout à fait la petite douleur sourde et lancinante qu'il cache si soigneusement au fond de son cœur rétif. Il n'arrive pas à oublier Thérèse...

Au bout de huit mois, la Marine royale le reprend. La guerre s'est rallumée avec l'Angleterre, d'autant plus violente qu'elle a connu le répit d'une paix boiteuse. Suffren s'y jette avec une joie sauvage, qui va devenir de la fureur après le combat sous Terre-Neuve où la petite escadre française, traîtreusement attaquée par la puissante flotte de l'amiral anglais Boscawen, périt presque entière. De l'embuscade, seul le vaisseau de Suffren, le *Dauphin-Royal*, réussira à s'échapper mais le jeune homme sait bien qu'entre lui et l'Anglais la haine ne s'éteindra jamais.

À Lagos, il est pris une seconde fois, passe deux ans en captivité et revient positivement déchaîné contre le cabinet de Versailles qui laisse péricliter la Marine. Sans se soucier le moins du monde du tort irréparable qu'il peut causer à sa carrière, Suffren laisse éclater sa rage, vitupère la tactique de ses chefs qu'il déclare « imbécile », qui annihile la bravoure des hommes, une bravoure qu'il connaît et apprécie mieux que personne. Il pense qu'en mer les courtoisies de salon ne sont pas de mise, que seul le combat à outrance est valable, mais on ne l'écoute pas. Écœuré, il retourne à Malte donner la chasse à l'infidèle. Il y a longtemps qu'il ne sait plus rien de Thérèse. Alors, cette fois, il prononce le triple vœu qui l'enchaîne définitivement au service de la religion. Et pourtant...

Et pourtant, Thérèse est à nouveau libre, mais il ne le sait pas. En fait le mariage n'a duré que dix mois, au bout desquels le comte d'Alès est mort après une courte maladie, laissant sa jeune femme veuve avec une petite fille nouvellement née. Et Thérèse, incapable de vivre plus longtemps loin de sa chère maison, est revenue à Bourigaille, décidée à n'en plus jamais sortir. En dépit des représentations de sa mère qui lui fait remarquer qu'elle est encore bien jeune, elle ne veut plus jamais entendre parler de mariage, sinon pour sa fille quand l'heure en sera venue. Au fond, ce qu'elle souhaite c'est se consacrer, en esprit, à celui qu'elle non plus ne parvient pas à oublier. Elle est décidée à lui rester désormais fidèle, même s'il ne doit jamais s'en douter.

Néanmoins, au cours d'un de ses rares retours à Saint-Cannat, Suffren va apprendre et le veuvage de Thérèse et son retour à Bourigaille. Et comme il n'est plus le gamin insouciant de jadis, comme il est maintenant un homme mûri, recuit par le feu des canons, comme il est à présent le commandeur de Suffren, il décide que le temps des tergiversations n'a que trop duré.

Un soir, un cavalier couvert de poussière, échevelé, vêtu d'un habit en désordre mais le cou serré dans une éblouissante cravate blanche qui contraste avec son teint couleur de pain d'épice, remonte au galop joyeux de son cheval la grande allée de Bourigaille. C'est Suffren qui vient régler une fois pour toutes ses comptes avec la comtesse d'Alès.

Le discours qu'il lui tient peut se résumer à ceci : « Je vous ai toujours aimée et j'ai besoin de votre amour. Voulez-vous oublier que je suis une espèce de moine et que je ne pourrai jamais faire de vous ma femme ? Voulez-vous être à moi, ma compagne par-dessus tous les préjugés ? »

Il y a trop longtemps que Thérèse attend cela. Elle lui tombe dans les bras sans plus attendre, pensant peut-être que Dieu ne sera pas trop sévère pour un amour si fidèle. Et Bourigaille abrite enfin ce pourquoi il a dû être créé : un vrai bonheur.

Évidemment, l'énorme correspondance retrouvée par les descendants de la comtesse d'Alès ne permet guère d'être formel sur la date de la reddition de celle-ci. Certains ont même affirmé que Suffren n'avait jamais rompu son vœu de chasteté, mais sans grand fondement car, si les lettres en question sont empreintes d'une profonde tendresse, certains mots laissent entrevoir une existence quasi conjugale. Les lettres de Suffren sont celles d'un époux à sa femme :

« Je suis Lieutenant Général, écrit-il un jour. En le lisant dans la gazette tu auras fait un beau cri de joie... » Ou encore : « J'ai manqué une occasion unique aujourd'hui. Ton ami aurait été digne de toi... »

À présent, dès qu'il revient en Provence, Suffren ne fait que passer à Saint-Cannat pour y embrasser les siens, puis il se précipite à Bourigaille pour y retrouver, aux côtés de Thérèse, la douceur, la tendresse qui sont le seul havre de sa vie tumultueuse.

À mesure que le temps passe, le marin est parvenu à faire accepter ses vues, sa « doctrine » par le ministère, où règne cependant le peu maniable M. de Sartines. On l'apprécie malgré ses terribles colères, bientôt légendaires. Avec les années, son aspect n'évolue guère du côté de la grâce : il a toujours été sanguin, il devient massif, mais sa bonté envers ses hommes qui l'adorent, sa force herculéenne passent à l'état de proverbe ainsi que son mépris total de la toilette et du décorum quel qu'il soit.

Toujours vêtu n'importe comment, ses cheveux sans poudre attachés par un bout de ficelle, coiffé d'un affreux tricorne de feutre qui a été blanc voici longtemps, sans galons et sans plumes, mais qui lui fut offert jadis par son frère l'archevêque, Suffren inspire à ses équipages une sorte de vénération parce qu'il n'hésite jamais à payer de sa personne et à combattre au premier rang. L'abordage, il a toujours adoré ça !

À propos du fameux chapeau, une légende s'était formée chez les marins. On disait qu'il s'agissait là d'un talisman et que pour rien au monde le grand chef ne s'en séparerait ou ne serait allé au feu sans lui. Or, un beau matin, Suffren a vent de la chose. Cela lui procure l'occasion d'une de ses plus belles colères. Après avoir aboyé pendant un bon quart d'heure, il arrache le chapeau de sa tête et d'un geste furieux l'envoie par-dessus bord en hurlant :

— Tonnerre de Dieu ! Le voilà à la baille, mon prétendu chapeau-fée ! Et le premier qui m'en parle, je l'étripe.

Il se battra désormais tête nue, mais c'est pour ce genre d'exploit que ses marins sont prêts à le suivre jusqu'en enfer. Et il faut bien avouer qu'il fait presque aussi chaud dans les endroits où il les conduit.

Dans les débuts de la guerre d'Indépendance des États-Unis où il sert sous l'amiral d'Estaing, Suffren remporte plusieurs victoires qui doivent tout à son seul génie et à peu près rien à son chef car l'amiral, s'il est d'une grande bravoure, ne connaît rien à la marine. C'est avant tout un cavalier que les caprices du ministère ont expédié, Dieu sait pourquoi, sur la dunette d'un vaisseau amiral. Mais s'il ne connaît rien aux choses de la mer, il a le bon esprit de laisser Suffren manœuvrer comme il l'entend :

— Ah ! Si M. d'Estaing était aussi bon marin qu'il est brave ! soupire notre héros tout de même reconnaissant.

La Marine française, pendant que Suffren y gagnait ses grades, a fait de grands progrès, au point de devenir la meilleure d'Europe. Louis XVI, roi-géographe, roi-savant et passionné de marine, a pris comme ministre le duc de Castries et entrepris de doter son royaume d'une flotte solide. Il a aussi appris à connaître ses meilleurs marins et, quand il s'agit d'envoyer une flotte aux Indes, c'est Suffren que le roi et son ministre choisissent. Impérativement.

Le marin ne les déçoit pas. Là-bas, non seulement il tient en échec l'Anglais Hughes mais encore il remporte les victoires de Tricomali, de Gondelour et de Négapatam dans des conditions à peu près impossibles. Sans port, sans base où se refaire, réduit à démolir des baraques pour réparer ses vaisseaux rongés par le sel dont les cordages pourrissent, nanti d'équipages peu habitués à un climat meurtrier qui les décime, Suffren est en train de rendre à la France l'empire perdu des Indes. L'Anglais plie les genoux… Hélas, la paix de 1783 signée à Versailles et qui consacre l'Indépendance américaine oblige, en contrepartie, Suffren à abandonner ses conquêtes. C'est cela, la politique !

La mort dans l'âme, le héros va faire voile vers la France où l'attendent les plus grands honneurs. Dans les rangs de Malte, il est bailli de Suffren, Louis XVI fait de lui le lieutenant général de toutes ses armées navales. Son retour aura les proportions d'un triomphe...

En route, à False Bay, les Hollandais qu'il a sauvés de l'occupation anglaise le reçoivent en libérateur. De même d'ailleurs – quel paradoxe ! – que le commodore King dont il a, avec quelle élégance, fait déséchouer le navire. Et lorsqu'il appareille pour le pays natal, les canons anglais tirent une salve d'honneur quand passe le *Héros*, son vaisseau-amiral.

À Versailles, le roi l'accueille en ami, l'embrasse, lui offre le cordon du Saint-Esprit, le donne en exemple au petit Dauphin, à la cour, au peuple tout entier. Une charge de vice-amiral est créée pour lui, et Paris, si sensible à l'héroïsme, l'accueille comme il sait si bien le faire. Partout on l'acclame. Quand il paraît au théâtre la salle se lève, comme pour le roi. Enfin, le grand maître de Malte, Emmanuel de Rohan-Polduc, le nomme ambassadeur de la Religion auprès du cabinet de Versailles.

Mais deux choses essentielles manquent à Suffren : revoir Thérèse et reprendre la mer. Justement, la paix avec l'Angleterre commence à craquer aux coutures et notre héros se prend à espérer que les beaux jours vont revenir. Mais non. L'Angleterre a appris à craindre celui qu'elle a surnommé l'Amiral-Satan. Des négociations s'engagent. Louis XVI, roi tranquille, aime la paix.

À Bourigaille, Thérèse attend toujours. Elle écoute les échos de cette gloire qui auréole son ami et elle en prend sa petite part, car dans tout le pays on la traite comme doit l'être la compagne d'un grand homme, sans que jamais s'y mêle la moindre allusion douteuse. Les cloches de Provence sonnent si souvent pour ses victoires que la vieille dame – mais oui, l'âge est venu ! – en vient parfois à oublier sa solitude. Toujours elle porte sur son cœur, comme un scapulaire, la dernière lettre reçue...

« Ce ne sera qu'à mon retour, ma chère amie, que je pourrai aller chercher les douceurs de la tranquillité à Bourigaille. C'est en vérité ce que je désire le plus... »

La tranquillité ? Hélas ! Celle qu'il va trouver est éternelle. La Marine désarme contre l'Angleterre et Suffren en reçoit un coup si rude que, le 8 décembre 1786, il meurt à

Paris, presque subitement et sans que l'on puisse élucider les circonstances de sa mort. La version officielle parle de refroidissement mais une autre évoque un coup d'épée reçu en duel. Tout comme pour le maréchal de Saxe, tant le peuple à peine à voir les héros mourir dans leur lit...

C'est au Temple, dans la chapelle du Saint-Nom de Jésus qui appartient à Malte, qu'on l'enterre. La sépulture, hélas, sera violée par la populace quatre ans plus tard...

Thérèse ne survivra pas longtemps à son unique amour. Quelques mois après Suffren, elle s'éteint dans la douceur d'un soir de Provence. Elle dormira, solitaire à l'ombre des pins de Bourigaille. De Bourigaille où se tient actuellement la Fédération des chasses du Var. On y élève des biches au milieu desquelles, peut-être, l'âme patiente de Thérèse aime à se promener...

BROUAGE

L'exil de Marie Mancini

Vous m'aimez, vous êtes roi, et je pars !..

Marie MANCINI

Brouage n'est pas véritablement un château, sinon, comme Blaye, l'un de ces ouvrages fortifiés médiévaux qui enfermaient une garnison, des logis et même des couvents dans l'enceinte de leurs murailles. C'est une antique forteresse qui se doublait, jadis, d'un port de mer important. Mais la mer s'est retirée et les murailles de Brouage, couronnées d'ormeaux, ne dominent plus que des douves dérisoires et un marais asséché qui l'isole après avoir causé sa mort. Que faire, en effet, d'un port où l'eau n'arrive plus ? Des bastions, quelques ruelles, une église et surtout une demeure que les amateurs d'histoire et de romance visitent en baissant le ton, voilà Brouage tel qu'il se présente aujourd'hui dans sa solitude mais aussi dans son charme ancien.

Il n'en est pas de même, au fort de l'été 1659, quand, vers le coucher du soleil, une grande berline bien escortée s'engouffre sous la porte Royale. À l'intérieur il y a une dame et trois jeunes filles, dont les deux plus jeunes ne sont guère que des fillettes ; leur vivacité tout italienne leur donne un peu plus que leur âge, mais ne les empêche pas de jouir d'un voyage qu'elles trouvent plutôt amusant. Ce carrosse poussiéreux tiré par des chevaux fumants s'arrêta devant une belle maison qui avait été autrefois un couvent de Récollets. Les valets n'eurent pas le temps de baisser le marchepied. Déjà, une jolie fillette brune avait sauté à terre et regardait toutes choses autour d'elle sans même songer à cacher sa déception.

— Est-ce vraiment là que nous allons vivre ?

— Du moins tant qu'il plaira à son éminence, répondit la dame. Vous n'y serez pas si mal. L'air de la mer vous fera le plus grand bien...

Tout en parlant, elle tendait la main pour aider l'aînée des jeunes filles à descendre. Mais, pour toute réponse, Marie Mancini éclata en sanglots. Elle venait de prendre conscience du fait qu'elle se trouvait bel et bien exilée. Exilée par son oncle le cardinal Mazarin et cela pour la plus incroyable des raisons : elle aimait le jeune roi Louis XIV et elle en était aimée. Assez pour qu'il voulût faire d'elle une reine de France...

Lorsque, quelques mois plus tôt, le jeune roi est venu lui dire qu'il souhaitait épouser sa nièce, Mazarin a eu un éblouissement. Il s'est senti abasourdi, émerveillé, peut-être tenté. Mais rien qu'un instant. Tout de suite la politique a repris ses droits, car la décision de Louis XIV venait battre en brèche sa propre politique.

En effet, l'ambassadeur d'Espagne Pimentel, venu poursuivre avec Mazarin les négociations touchant au mariage du roi avec l'infante Marie-Thérèse, se trouvait justement à Paris. Rompre ces négociations c'était la guerre à coup sûr, le roi Philippe IV n'admettrait jamais de voir sa fille dédaignée au profit d'une petite Italienne sans naissance. Alors, le premier moment de tentation passé, Mazarin a laissé la conscience de son devoir reprendre le dessus. Et, tout de suite, il l'exprime :

« Ayant été choisi par le Roi votre père et, depuis, par la Reine votre mère pour vous assister de mes conseils et, vous ayant servi avec une fidélité inviolable, je n'ai garde d'abuser de la confidence que vous me faites de votre faiblesse ni de l'autorité que vous me donnez dans vos états pour souffrir que vous fassiez une chose si contraire à votre gloire. Je suis le maître de ma nièce et je la poignarderais plutôt que de la voir s'élever par une si grande trahison... »

Cela, c'est le premier engagement du fer. Car, bien sûr, Louis est loin d'être convaincu. Il se tourne vers sa mère en la suppliant de lui donner le bonheur qu'il réclame. Mais Anne d'Autriche, si elle aime son fils tendrement, est trop reine pour se laisser fléchir. Le langage qu'elle tient est viril. Si Louis rompt l'engagement avec l'Espagne, c'est la guerre, et ses peuples, alors qu'il commence tout juste son règne, ne lui sauront aucun gré de les plonger dans de si grandes misères.

Mais, comme Mazarin, la reine perd son temps. Aucun raisonnement ne semble capable de vaincre la passion de Louis. Marie le tient et le tient bien. Pour elle, il renoncerait sans peine à la couronne.

Le cardinal n'a pas plus de chance quand il s'adresse à sa nièce. Hautaine, narquoise, sûre d'elle, Marie se moque ouvertement de son oncle. Il n'est que ministre, et elle, peut-être sera-t-elle bientôt reine. Qu'importe ce qu'il peut dire ? Alors Mazarin, toujours si maître de lui cependant, se fâche. Jamais, lui vivant, Marie ne coiffera cette couronne de France à laquelle il a voué sa vie. Il aimerait mieux la tuer. En attendant, pour qu'elle cesse de venir à la traverse de ses projets, il l'exile. Tandis que la cour se préparera à gagner Saint-Jean-de-Luz où le roi doit rencontrer l'Infante, elle partira pour Brouage avec ses deux sœurs Hortense et Marie-Anne et sa gouvernante Mme de Venel...

Marie comprend qu'elle a été trop loin et que son oncle est le plus fort. Éplorée, la jeune fille court se jeter dans les bras de Louis et le supplie de les sauver tous les deux, mais le jeune roi sait bien que le cardinal possède, sur ses nièces orphelines, la toute-puissance qui est celle d'un père. Il n'y a rien d'autre à faire que se résigner... momentanément.

Le lendemain, 22 juin, Louis, qui ne songe pas à cacher ses larmes, conduit Marie au carrosse qui attend dans la cour du Louvre. La jeune fille monte en voiture sans un mot puis, comme le prince, désespéré, s'accroche à la portière pour la revoir encore, elle lui jette, avec rancune :

— Ah, Sire ! Vous êtes roi, vous pleurez... et je pars !

Et comme il se contente de hocher la tête d'un air désolé, elle se rejette dans le fond de la voiture en criant :

— Je suis abandonnée...

Dans le carrosse qui l'emporte vers Brouage avec une Hortense moqueuse et une Marie-Anne indifférente, Marie commence par appeler la mort à grands cris avec une fougue tout ultramontaine. Elle réussit seulement à se rendre malade. Il faut s'arrêter à Notre-Dame de Cléry, à quelques lieues d'Orléans. En fait, elle attend une lettre du roi, mais la lettre l'atteindra seulement à Amboise car le cardinal, impitoyable, a ordonné que le voyage continue...

D'autres lettres vont suivre. Entre les deux amoureux une correspondance s'établit qui va mettre sur les genoux courriers et mousquetaires. Dans sa maison de Brouage, Marie pleure, écrit, se promène sur les remparts, écrit encore, pleure à nouveau. De son côté, Louis en fait autant à peu de différence près. Tout cet échange de correspondance finit par exaspérer Mazarin qui écrit à son tour au roi :

« Il serait à propos, pour beaucoup de raisons, que vous cessiez de dépêcher des courriers et, comme cela est absolument nécessaire, je vous en supplie de tout mon cœur... »

Rien n'y fait. Le courrier continue. Anne d'Autriche, lassée de la mauvaise volonté de son fils, finit par prendre une décision héroïque : elle permet que les amoureux se revoient encore une fois et elle fait ordonner à Marie et à ses sœurs de rejoindre la cour à La Rochelle.

L'entrevue dure plus de trois heures. Marie en profite pour exaspérer la passion de Louis. S'il la veut, il ne l'aura qu'en mariage. Elle n'est pas de celles dont on fait une maîtresse ! Et Louis devant elle capitule. Qu'elle prenne patience... De la patience, Anne d'Autriche n'en a plus. Elle renvoie l'impudente à Brouage avec défense d'en sortir.

Marie obtempère, mais les lettres poursuivent leur train. Le roi va-t-il enfin faire plier son entourage ? L'espoir de la jeune fille s'effondre, ce jour d'hiver où elle apprend que le maréchal de Gramont a été officiellement chargé de demander la main de l'Infante...

En fait, Louis aime toujours Marie mais il a dû céder devant Mazarin. Le cardinal, en effet, l'a menacé, s'il refusait d'épouser Marie-Thérèse, de lui donner sa démission et d'emmener immédiatement ses nièces en Italie. Cette fois, Louis XIV était vaincu. Il avait compris ce que c'était qu'être roi.

Dès lors, tout était dit. Et tandis que le jeune roi s'en allait épouser la princesse espagnole, Marie Mancini et ses sœurs recevaient l'autorisation de revenir à Paris. Marie avait fait savoir à son oncle qu'elle était prête à épouser l'homme qu'il lui avait choisi : Lorenzo Colonna, duc de Tagliacozzo, prince de Palliano et de Castiglione, connétable du royaume de Naples, auprès duquel d'ailleurs elle ne trouvera pas le bonheur.

Au retour de son mariage, Louis XIV, accompagné de quelques compagnons, viendra passer une nuit à Brouage. Il dormira – bien peu ! – dans le lit de Marie et passera le reste de la nuit sur le bord de la mer, pleurant à son tour à creuser les cailloux...

Après ce chagrin royal, Brouage se rendormira, rêvant de ses gloires passées et surtout d'avoir donné le jour à Samuel de Champlain, l'homme qui voua sa vie au Canada, explora l'Acadie et le Saint-Laurent, fonda Québec et créa ce que l'on allait appeler pendant des siècles la Nouvelle-France...

CHALAIS

L'enfance de Talleyrand

Mère est le nom pour Dieu sur les lèvres et dans les cœurs des petits enfants.

THACKERAY

Un jour de l'été 1758, un petit garçon de quatre ans et demi descendait, à Barbezieux, du coche de Bordeaux en compagnie de sa gouvernante, Mlle Charlemagne, et de deux valets chargés de veiller à la sécurité de l'expédition. C'était un joli petit garçon blond avec un visage fin, éclairé par de beaux yeux bleus et égayé par un petit nez légèrement retroussé. Il était bien vêtu, comme il convient à un enfant de bonne famille, mais il était pâle et semblait fragile, souffrant même. En outre, son pied droit, emprisonné dans une vilaine chaussure de maintien, trahissait une déformation, une de ces déformations irréparables que l'on appelle pied-bot. Cela lui était venu à la suite d'un accident stupide.

Comme il était d'usage dans le monde, surtout à Versailles et à Paris, ce petit garçon avait été mis en nourrice après sa naissance. La nourrice, maladroite ou étourdie, l'avait imprudemment posé sur une commode d'où il avait glissé. C'est alors que son pied s'était brisé. La réparation, venue trop tard, avait été mal faite et l'on sut bientôt que cet accident stupide n'avait plus de remède possible : le petit garçon resterait boiteux toute sa vie. Il ne savait pas encore que cet accident lui vaudrait d'être privé de son droit d'aînesse – son frère aîné venait de mourir à cinq ans – au bénéfice du troisième frère et, surtout, d'être jeté à l'Église comme on jette un déchet à la poubelle, sans se soucier le moins du monde de lui demander son avis.

Fût-il né dans une de ces innombrables familles simples où il est d'usage d'aimer ses enfants, l'avenir de la France en eût peut-être été changé. Mais, chez les Talleyrand-Périgord, ces sentiments bourgeois n'étaient pas de mise, et moins encore lorsqu'il s'agissait d'un enfant amoindri qui n'offrait aux parents aucune raison de fierté. Chétif – il avait failli mourir d'une dysenterie, fragile et mal aimé, le petit Charles-Maurice fût peut-être mort un beau jour en quelque coin de l'hôtel paternel sous le regard indifférent de quelques domestiques si sa grand-mère, la princesse de Chalais, ne l'avait réclamé dans l'espoir que le bon air du pays charentais réussirait le miracle de lui refaire une santé.

En fait, cette vieille dame de soixante-huit ans était son arrière-grand-mère du côté maternel tout en lui étant très proche du côté paternel. Née Marie-Françoise de Rochechouart-Mortemart, petite-nièce de Mme de Montespan et du grand Colbert, Mme de Chalais avait commencé par épouser le marquis de Cany dont elle avait eu une fille, elle-même grand-mère du petit garçon. Veuve une première fois, elle avait épousé son cousin le prince de Chalais, Grand d'Espagne par-dessus le marché, et chef de cette grande maison de Talleyrand-Périgord qui remontait, disait-on, à Hugues Capet.

On sait la fameuse apostrophe du premier Capétien au premier Talleyrand : « Qui t'a fait comte ? »... et la réplique fameuse : « Qui t'a fait roi ?... » Elle est bien dans l'esprit de cette immense famille aussi riche d'orgueil que de titres et de terres mais tout entière soumise à la même et altière devise : *Re que Diou !* (Rien que Dieu !). Sous entendu : au-dessus d'eux.

Quand elle accueille son petit-fils dans le vieux château familial des bords de la Viveronne, la princesse de Chalais vient de perdre son second époux. Elle est seule dans sa vaste demeure de pierres grises où les créneaux cernent des toits d'ardoise et où le pont-levis ne se relève plus. Seule avec une vaste domesticité comme il se doit pour une très grande dame mais le rang chez elle n'a pas gâté le cœur. Elle va aimer ce petit enfant qu'on lui envoie pour s'en débarrasser et elle va lui donner cette tendresse dont il a tant manqué jusque-là. Sans le dorloter outre mesure : Charles-Maurice porte un grand nom. Il doit s'en rendre compte. Écoutons-le évoquer dans ses *Mémoires* le souvenir de sa grand-mère :

« Madame de Chalais était une personne fort distinguée. Son esprit, son langage, la noblesse de ses manières, le son de sa voix avaient un grand charme. Elle avait conservé ce que l'on appelait encore l'esprit des Mortemart : c'était son nom.

« Je lui plus ; elle me fit connaître un genre de douceur que je n'avais pas encore éprouvé. C'est la première personne de ma famille qui m'ait témoigné de l'affection et c'est la première aussi qui m'ait fait goûter le bonheur d'aimer. Grâces lui en soient rendues !... Oui, je l'aimais beaucoup ! Sa mémoire m'est encore chère. Que de fois dans ma vie je l'ai regrettée ! »

Et de décrire, plus loin, le genre de vie que l'on menait à Chalais : « Le temps que j'ai passé à Chalais a fait sur moi une profonde impression. [...]

« Plusieurs gentilshommes d'ancienne extraction y formaient à ma grand-mère une espèce de cour [...] mais où les habitudes de déférence se mêlaient aux sentiments les plus élevés : M. de Bénac, M. de Verteuil, M. d'Absac, M. de Gourville, M. de Chauveron, M. de Chamillart se plaisaient à l'accompagner tous les dimanches à la messe paroissiale, remplissant auprès d'elle des fonctions que la haute politesse ennoblissait. Auprès du prie-Dieu de ma grand-mère, il y avait une petite chaise qui m'était destinée.

« Au retour de la messe, on se rendait dans une vaste pièce du château que l'on appelait l'apothicairerie. [...] Dans la pièce qui précédait étaient réunis tous les malades qui venaient demander des secours. [...] Ma grand-mère était dans un fauteuil de velours ; elle avait devant elle une table noire de vieux laque. [...]

« Les souvenirs de ce que je voyais, de ce que j'entendais dans ces premiers temps de ma vie sont pour moi d'une douceur extrême. Votre nom, me répétait-on chaque jour, a toujours été en vénération dans notre pays. Notre famille, me disait-on affectueusement, a été de tout temps attachée à quelqu'un de la maison... C'est de votre grand-père que nous tenons ce terrain... C'est lui qui a fait bâtir notre église... La croix de ma mère lui a été donnée par Madame... Les bons arbres ne dégénèrent pas ! Vous serez bon aussi, n'est-ce pas ?... »

Quoi que l'on puisse penser de Talleyrand, il devait garder toute sa vie une certaine empreinte des jours de Chalais. Ses serviteurs qui lui étaient totalement dévoués, ses collaborateurs, les vieilles gens et les enfants devaient garder de lui le souvenir d'un homme généreux :

« J'appris à Chalais tout ce qu'on savait dans le pays quand on était bien élevé... »

Il devait y rester plus de trois ans. Quand il eut huit ans, il fallut retourner à Barbezieux prendre le coche de Bordeaux.

« Le coche de Bordeaux me ramena en dix-sept jours comme il m'avait amené.

« Le dix-septième jour j'arrivai à Paris à onze heures du matin. Un vieux valet de chambre de mes parents m'attendait rue d'Enfer, au bureau des coches. Il me conduisit directement au collège d'Harcourt. »

C'en était fini du temps de la douceur. Commençait celui du combat qui allait faire du petit boiteux de Chalais le plus grand diplomate de tous les temps, l'un des arbitres du destin de l'Europe, l'homme qui, de Bonaparte, fit Napoléon... et aida à le défaire, l'énigme humaine que l'on appelle le Diable boiteux.

Plusieurs fois, bien sûr, il revint à Chalais. Le château qui, depuis le XIVe siècle, appartenait à la branche aînée des Talleyrand, celle des princes de Chalais, vieillissait doucement, refermé sur ses souvenirs dont tous n'étaient pas aussi doux que celui de la princesse douairière, tant s'en faut. De tout temps, les Talleyrand, race chevaleresque et redoutable, avaient empli l'Histoire de leur bruit et de leur hauteur. Peu d'entre eux néanmoins firent parler d'eux autant que le jeune écervelé qui, par amour pour une intrigante, s'engagea dans une folle conspiration et y perdit la tête...

Henri de Talleyrand, marquis de Chalais, troisième fils de Daniel de Talleyrand et de Jeanne de Montluc, avait, à dix-huit ans, en 1626, tout ce qu'il fallait pour être heureux. Il était de belle figure, aimable, charmant, adoré par sa mère et par quelques jolies femmes. Élevé auprès de Louis XIII et de son frère Gaston d'Orléans comme enfant d'honneur, il devenait à seize ans maître de la garde-robe royale. Il avait fait, en outre, un riche mariage en épousant Charlotte de Castille, fille d'un opulent financier. Ainsi, dignité et fortune, Chalais avait tout... Mais il lui manquait le sens commun, l'énergie, la conscience et pour tout dire l'intelligence. Le jour où il s'éprend de la ravissante mais combien dangereuse duchesse de Chevreuse, l'amie d'Anne d'Autriche, il n'est plus qu'un jouet entre ses mains. Entre celles de Richelieu aussi qui s'efforce d'arracher le jeune homme à une si néfaste influence.

La « Chevrette » n'a qu'une idée : débarrasser la France de Richelieu qu'elle déteste et par la même occasion de Louis XIII afin qu'Anne d'Autriche puisse épouser son beau-frère, alors héritier du trône, puisque, à cette époque, Louis XIV n'est même pas encore en projet. Dès lors, pendant plusieurs mois, Chalais va être ballotté du cardinal-duc à la duchesse, trahissant tantôt l'une, tantôt l'autre, s'efforçant de faire du piètre Gaston d'Orléans un roi de France... Jusqu'à ce qu'arrêté à Nantes il achève sa folle vie sur un échafaud[1], aux mains d'un bourreau débutant qui s'y reprendra à trente fois pour lui trancher la tête...

L'enfant Talleyrand a-t-il rencontré dans les galeries de Chalais l'ombre du jeune fou malheureux ? Elle lui apprit peut-être que la politique est chose dangereuse et qu'il fallait être solidement armé pour s'en mêler. Une leçon qu'il n'oublia jamais...

En 2011, le château a été vendu à l'imitateur Yves Lecoq qui est en train de lui redonner son lustre d'antan.

1. Voir Nantes (tome 1).

CHAMBÉRY

Heures de noces et ce qui s'ensuit

Deux démons à leur gré partagent notre vie
Et de son patrimoine ont chassé la raison
...
J'appelle l'un amour, et l'autre ambition.

Jean de La Fontaine

Château de ville plusieurs fois remanié mais toujours imposant, Chambéry, même s'il n'abrite plus que des services départementaux, n'en demeure pas moins fidèle à sa vocation première : ériger sur la capitale des comtes, puis ducs de Savoie, l'image tangible, arrogante et superbe de leur puissance et de leur gloire ancienne.

C'est en 1297 que le comte Amédée V de Savoie entreprend de reconstruire, afin d'en faire sa résidence principale, l'antique forteresse des seigneurs de Chambéry.

Grand bâtisseur, il est aussi grand diplomate et, allié de Philippe le Bel dans la guerre que celui-ci mène contre les Flamands, il négocie finalement – avec quel éclat et quel talent ! – le traité de paix entre la France et l'Angleterre alliée de la Flandre.

Mais il appartiendra à son fils, Amédée VI, d'apporter au château son maximum d'éclat et de grandeur. Surnommé le comte Vert pour être apparu, dans le grand tournoi qu'il a donné à Chambéry, avec des armes et une livrée vertes, Amédée, qui mit lui aussi sa griffe de décorateur, apparaît dans l'Histoire comme un grand guerrier qui s'en alla conquérir la gloire jusqu'en terres lointaines et en ramena plus de légende que d'or mais s'assura l'amitié d'un empereur de Byzance.

Or, en 1416, voilà justement qu'un empereur arrive à Chambéry. C'est Sigismond, souverain d'Allemagne, qui s'en vient transformer le comte Amédée VIII en duc de Savoie. On devine l'éclat des fêtes derrière cette simple annonce mais le « bon duc » ne songe, lui, qu'à rendre grâces à Dieu. Il n'a d'ailleurs pas fini de rendre grâces car, après avoir épuisé les honneurs terrestres, il entrera en religion, deviendra pape sous le nom de Félix V et même sera canonisé. Qui dit mieux ? En attendant, il a, dès 1408, doté son château d'une Sainte Chapelle dans laquelle vont se dérouler désormais tous les mariages de la famille jusqu'à ce que, le Piémont étant réuni à la Savoie, la cour se transporte à Turin.

En fait de mariage, l'un des plus éclatants est sans conteste celui qui unit, en 1433, le duc Louis à la très belle Anne de Lusignan, fille du roi de Chypre. Une princesse qui porte avec elle tous les mirages de l'Orient et dont la robe « vermeille est toute couverte d'orfèvreries ». Anne de Lusignan laissera une trace éblouie sur Chambéry d'autant qu'en 1443 une noble dame, Marguerite de Clagny, viendra en grande cérémonie lui remettre le Saint Suaire, le linceul où, par le sang et la sueur, se trouve imprimée l'image du Christ. La Sainte Chapelle le reçoit tout naturellement mais ne le gardera que jusqu'à l'installation à Turin de la famille de Savoie qui emportera avec elle l'insigne relique...

Autre mariage, celui qui unit Louis XI à Charlotte de Savoie, mariage de raison, mariage politique où l'amour n'a pas grand-chose à voir alors que, peu d'années auparavant, le mariage de la sœur de Charlotte, Blanche-Marie, avec le duc de Milan avait revêtu les couleurs de la romance. Mais on imagine mal notre Louis XI grattant de la guitare ou soupirant, le nez sur une fleur.

Les années passent et la cour est partie en Piémont. Chambéry n'est plus qu'une résidence oubliée, un peu délaissée. C'est là pourtant qu'en 1728 le duc de Savoie, roi de Piémont-Sardaigne, Victor-Amédée II, s'en vient passer sa lune de miel, une lune de miel qu'il espère bien définitive. Mais l'histoire vaut d'être contée.

En ce temps-là, c'est-à-dire quelques années plus tôt, le roi Victor-Amédée n'avait aucune raison d'être satisfait de son héritier Charles-Emmanuel. Un peu bossu, un peu goitreux, laid, méfiant et profondément dissimulé, le jeune prince n'avait pas grand-chose pour lui. En outre, il succédait en tant qu'héritier à un frère aîné qui, lui, possédait tous les charmes et toutes les qualités mais dont la mort à la suite d'une chute de cheval avait plongé toute la famille dans l'affliction, et Victor-Amédée plus que les autres. Ce fils que l'on n'avait absolument pas préparé à régner et qu'il n'aimait pas, il l'avait rebaptisé par dérision Carlin, ce qui n'était guère flatteur mais il fallait bien faire avec ce que le Ciel vous laissait.

Devenu donc prince héritier, Carlin avait été marié à la jeune Christine-Louise de Neubourg qu'il n'avait pratiquement pas approchée car, s'il était laid, le jeune homme n'était ni aveugle ni idiot et il avait constaté sans plaisir que sa femme était encore plus laide que lui. Elle ne fit d'ailleurs pas long feu et, après dix-huit mois de mariage, quittait cette vallée de larmes pour un monde meilleur.

Victor-Amédée prit la chose comme une offense personnelle et, naturellement, rendit son fils responsable. Mais il n'en fallait pas moins assurer à la dynastie un héritier pour l'avenir. Comment faire avec un garçon si peu coopératif ?

C'est alors que le roi reçut la visite d'une des dames d'honneur de sa femme. Elle se nommait Anne-Thérèse de Cumiane, marquise de Spigno-Montferrato. C'était une fort belle femme brune et, qui plus est, elle avait des idées.

Ce qu'elle vient dire à son roi est assez simple : avant de songer à remarier l'héritier, peut-être serait-il bon de lui apprendre à la fois ce que c'est qu'une femme et la manière de s'en servir. Sinon un deuxième mariage sera tout aussi catastrophique. Bien sûr, Victor-Amédée écouta Mme de Spigno que d'ailleurs il trouvait charmante. Elle fut chargée de trouver matière à déniaiser Carlin et à le mettre en condition de faire bonne figure lors de la prochaine expérience.

Justement, la prochaine expérience s'annonce. Elle se nomme Polyxène de Hesse-Rheinfeld... et elle est ravissante. Mais, toujours méfiant, le roi-père décide que

Mme de Spigno surveillera discrètement les ébats nuptiaux du jeune couple et viendra soir après soir lui en rendre compte.

Cette complicité assure plus fermement encore une intimité qui n'avait fait que grandir entre le roi et la marquise. À force d'évoquer l'amour, on glisse tout naturellement à quelques travaux pratiques. Le temps passant, Mme de Spigno voit son pouvoir s'affermir et commence à caresser des ambitions semblables à celles qui venaient de réussir si bien, à Versailles, à une autre marquise : Mme de Maintenon.

Or, en 1728, la reine Anne meurt. Fidèle à son personnage, Mme de Spigno montre une douleur digne et décente et se penche avec sollicitude sur celle de Victor-Amédée qui, en vérité, n'a pas besoin de tant de soins : il n'a aimé sa femme que modérément et pense bientôt à « régulariser » avec sa maîtresse. Mais elle devra se contenter d'un mariage secret car il est évidemment impossible de lui offrir la couronne.

On devine la joie de la dame qui est prête à accepter n'importe quoi pourvu qu'on l'épouse. Et, deux mois après la mort de la reine, le mariage a lieu dans la chapelle du palais de Turin. Mme de Spigno est au comble de la joie. Mais... est-ce que Victor-Amédée II à peine marié ne s'avise pas d'abdiquer en faveur de « Carlin » qui à présent ne se débrouille pas si mal ? Abdiquer ?... Et même quitter Turin ! Car, c'est à Chambéry que l'ex-roi qui reste duc de Savoie entend « cacher son bonheur ».

La mort dans l'âme, l'épouse royale quitte le soleil de Turin. Le château de Chambéry est à l'époque une énorme bâtisse aux salles immenses et pleines de courants d'air. On y est fort mal et, pour comble de bonheur, Victor-Amédée, décidément avide de solitude à deux, fait savoir à ses anciens sujets qu'il est hors de question de donner des fêtes en son honneur ou de se déranger pour venir lui faire une cour : il entend vivre en simple particulier avec la femme admirable qu'il s'est choisie.

D'autant plus furieuse qu'il lui faut montrer tout de même quelque reconnaissance, Mme de Spigno fait de son mieux pour supporter l'épreuve mais l'hiver vient à bout de cette fragile résignation. Il est particulièrement pénible, cette année-là, et les deux époux en souffrent. Le « nid d'amour » se révèle à peu près aussi confortable qu'une prison et, dans ses grandes salles médiévales, le jour n'en finit jamais de se lever tandis qu'il disparaît plus vite qu'ailleurs. Victor-Amédée a des rhumatismes et sa femme rhume sur rhume. Tous deux en ont bientôt très vite assez du vieux château. Avec espoir, Mme de Spigno s'aperçut bientôt que son époux s'ennuyait.

Le pouvoir est une drogue puissante et, dans l'inaction, Victor-Amédée se sent mourir lentement. Tant et si bien qu'un beau matin il n'y tient plus, saute en voiture avec madame, repasse les Alpes, entre dans Turin sans prévenir et se réinstalle au palais en criant bien haut qu'il annule purement et simplement son abdication.

Cela ne fait pas l'affaire du nouveau roi qui, sans hésiter, lance ses troupes sur monsieur son père qui doit s'enfuir avec sa femme. Pas bien loin ; arrêtés tous deux, ils sont aussitôt séparés... et pour toujours. Enfermé au fort de Moncalieri, Victor-Amédée y meurt quelques mois plus tard. Quant à la Maintenon savoyarde, conduite au couvent des Visitandines de Pignerol, elle y vivra encore... quarante longues années, inconsolable d'avoir accepté pareil marché de dupes...

Quelques années après le drame, en 1743, les appartements de Chambéry sont ravagés par un incendie et attendront avant d'être remis en état. Mais, en 1820, dans la chapelle, on célèbre un mariage : Lamartine y épouse une jeune Anglaise convertie au catholicisme, Marianne-Elisa Birch dont il donne une aimable description en mariée : « Elle avait une très belle robe de mousseline brodée et un voile de dentelles superbe qui la couvrait presque entièrement... » Le poète est alors dans la diplomatie et se déplace beaucoup. Sa jeune et admirative épouse vivra de longs mois de solitude au château de Saint-Point offert par son beau-père.

Enfin, en 1860, un dernier mariage et non des moindres : l'empereur Napoléon III y épouse la Savoie au nom de la France. En cadeau de mariage, il offre le château à la préfecture du nouveau département.

CHANTILLY

Louise ou la magie,
Sylvie ou l'enchantement

Je sens les fleurs au bord de l'eau
Je prends le frais qui les humecte
La princesse s'y vient asseoir.
Je vois, comme elle y va le soir,
Que le jour fuit et la respecte.

Théophile de VIAU

De même que son presque voisin le château d'Écouen, Chantilly, dans sa première splendeur, est le résultat de l'exil où, durant sept années, le roi François Ier tint le bouillant connétable Anne de Montmorency, son ami de jeunesse cependant. Que faire, en effet, lorsque l'on est tenu loin de l'agréable vie de cour et que l'on est fabuleusement riche sinon construire, décorer, embellir et se livrer aux joies du mécénat ? Quiconque souhaite se faire une idée de la fortune de Montmorency doit considérer ceci : il possédait quelque six cents fiefs et cent trente châteaux tous accompagnés de terres et de seigneuries avec, bien entendu, l'or nécessaire pour entretenir un train quasi royal.

Le connétable construit donc le château de Chantilly. En fait, c'est le quatrième que l'on bâtit là. Le premier, simple villa romaine élevée sur les bords charmants de la Nonette – le joli nom ! – fut l'œuvre d'un Romain nommé Centilius (d'où Chantilly). Plus tard, les grands bouteillers de France érigent là une masse féodale dépourvue de grâce mais solide. Il faudra la Jacquerie pour en venir à bout...

L'ouragan passé, Pierre d'Orgemont, chancelier de France, reconstruit, en 1396, suivant le plan triangulaire qui a été conservé depuis. Ensuite, c'est par mariage que le château passe aux Montmorency mais il faut bien dire qu'il ne tient plus guère debout quand le connétable s'avise de vouloir en faire un palais.

Pour cela, il fait appel aux plus grands artistes de son temps. Ainsi Bernard Palissy, François Clouet, Léonard Limosin, Jean Bullant et Jean Goujon ont œuvré pour Chantilly où le maître entasse meubles précieux, tapisseries, livres et œuvres d'art. Résultat, quand l'exil de Montmorency s'achève, Chantilly dresse au milieu des eaux l'élégance pure d'un authentique témoin de la Renaissance. Il sera, quand Henri II aura rappelé l'exilé, le cadre de fêtes dignes de la fortune du maître.

À la mort du connétable, Chantilly passe à son fils aîné, François, puis, dix ans plus tard, à son fils cadet, Henri, qui reçoit lui aussi l'épée de connétable. C'est par lui que va entrer dans la famille un joyau aussi étrange que mystérieux : un anneau d'or enchanté dont le porteur peut, à volonté, susciter la plus folle passion chez telle ou telle personne de son choix. Mais voici l'histoire :

En février 1593, Henri de Montmorency, qui est déjà veuf et père de quatre enfants, se rend à Pézenas pour les funérailles de son dernier fils mort accidentellement. Il a alors cinquante-neuf ans mais il est toujours de belle allure et, en plus, fort méfiant à l'égard des dames.

Or, à la suite des cérémonies, il s'éprend comme un collégien d'une jeune veuve du pays, Louise de Budos, qui a tout juste vingt ans et qui est aimable mais sans plus. À peine Montmorency l'a-t-il vue qu'il en devient littéralement fou et n'a de cesse de l'avoir épousée. Mariage heureux d'ailleurs. En 1594, Mme de Montmorency donne une fille à son époux et, un an plus tard, un fils dont Henri IV sera le parrain. Et puis, en 1598, elle meurt.

C'est une jeune tante à elle, Mme de Dizimieu qui, à son lit de mort, recueille le fameux anneau et, naturellement, le garde soigneusement. Résultat : le jour même des funérailles d'une épouse si passionnément aimée, le veuf s'éprend de la tante de la défunte, lui déclare sa flamme et l'épouse à son tour après un temps de viduité remarquablement court.

Sûre désormais de sa victoire, l'ex-Mme de Dizimieu mène grand train et ne prend pas autrement soin du précieux anneau. Elle finit même par l'égarer. Et voilà tout à coup le tendre époux qui se transforme en parfait indifférent ! Au point même de déclarer un beau jour qu'« il a de cette femme par-dessus la tête... ».

D'accord pour une fois avec l'Église qui trouvait la parenté avec la défunte Louise un peu proche, Montmorency se sépare de sa femme et l'envoie vivre dans l'un de ses nombreux châteaux avec défense formelle de jamais remettre les pieds à Chantilly. Sentence qui, paraît-il, ne fut pas du goût de la défunte Louise de Budos dont le fantôme, à dater de cette époque, prit l'habitude de hanter le château chaque fois que le maître s'en trouvait à l'article de la mort.

Quant à l'anneau, on pense qu'il ne fut pas perdu pour tout le monde et que, d'une manière ou d'une autre, il parvint au fils de Louise : le beau, le charmant, le séduisant Henri II de Montmorency qui allait être le héros d'une des plus belles histoires d'amour de tous les temps.

À Rome, au mois de décembre 1614, le pape Paul V célèbre personnellement, dans la chapelle Sixtine, le mariage par procuration d'une jeune fille de quinze ans et d'un garçon de dix-sept ans qu'elle n'a encore jamais vu et qui, bien entendu, est absent. Pompe étrange, inhabituelle si l'on songe qu'il ne s'agit là ni de rois ni même de princes du sang. Mais les noms que portent les jeunes époux sont les plus illustres qui se puissent trouver en France comme en Italie : lui c'est notre Henri II de Montmorency, duc et premier baron chrétien de France, elle, c'est Maria-Felicia Orsini, fille du prince Virginio Orsini, général des galères. Le pape est son oncle.

Marie de Médicis, veuve d'Henri IV, a voulu ce mariage. Maria-Felicia est sa filleule et sa cousine. Mais, à l'heure où l'on célèbre ses épousailles, la petite fiancée a bien du mal à retenir ses larmes. Elle sait qu'elle va quitter, peut-être pour toujours, tout ce qu'elle aime : sa mère, ses frères, ses sœurs, Rome et son soleil pour s'en aller vivre dans ce pays froid que l'on appelle la France. Et cela pour vivre avec un garçon qu'elle n'a jamais vu...

La traversée de la France, en hiver, n'arrange pas cette humeur morose. Mais tout change brusquement, tout bascule dans le songe quand le fabuleux Chantilly, qui semble rêver au bord de ses étangs, surgit dans l'éclat d'une fête fastueuse. Et quand apparaît l'époux, Maria-Felicia manque de se jeter à genoux pour remercier le ciel d'un si grand bonheur. Henri, en effet, est grand, blond, avec un beau visage et un sourire charmeur qui corrige le léger strabisme de ses yeux sombres.

La jeune Romaine s'en éprend au premier regard, et lui, de son côté, ne laisse pas de se sentir attiré par cette jolie fille au teint chaud et à l'opulente chevelure noire. Elle ne possède pas cette beauté plantureuse, à la Rubens, qui est alors si fort à la mode mais elle a toute la grâce nerveuse d'un pur-sang, une extrême distinction, des yeux superbes, une voix de velours et un esprit à la fois vif et cultivé. En un mot, sans être absolument belle, Maria-Felicia déborde de charme et pratique en artiste les arts d'agrément.

C'est, à Chantilly, une charmante lune de miel et c'est à Chantilly que la jeune femme aimera revenir encore et encore lorsque les premiers feux de l'amour se seront calmés chez Henri et qu'elle-même commencera à souffrir. Car elle va souffrir et beaucoup de cet amour dont un contemporain a laissé le reflet : « Elle aima Monsieur de Montmorency de toutes les amours qu'on peut avoir au monde car elle n'aima jamais que lui. »

C'est donc à Chantilly, loin des bruits de la cour, qu'elle s'installe le plus souvent. Mais pas forcément au château. Le connétable bâtisseur a semé le gigantesque parc de constructions charmantes et infiniment moins imposantes. Entre autres, sept chapelles. On est catholique ou on ne l'est pas !... Son fils François a suivi son exemple en faisant édifier, au bord d'un étang et au bout de la plus belle allée, une maison des champs entourée d'un beau jardin. Cette maison, Maria-Felicia l'adopte : ce sera sa maison à elle. Et elle se plaît à la meubler, à l'arranger selon son goût. Elle y viendra rêver, pleurer et tenter d'apaiser les angoisses de son cœur.

Henri, en effet, est tout ce que l'on veut sauf fidèle. Certes, il aime sa petite duchesse mais il est incapable de résister à la séduction qu'exercent sur lui les autres femmes. Et Dieu sait si elles sont nombreuses à lui courir après ! Il trompe donc abondamment Maria-Felicia mais il lui revient toujours, repentant et penaud...

C'est le moment où les Précieuses viennent de faire leur apparition sur la scène du monde et le bon goût veut qu'un homme, s'il souhaite faire sa cour à une femme, la fasse en vers. D'où l'habitude chez les Grands de s'attacher les services d'un poète. Ainsi, Montmorency a pris à gages Théophile de Viau, sorte de François Villon moins crotté et mieux élevé mais moins génial aussi et qui semble prendre un malin plaisir à se mettre tout le monde à dos.

Né protestant, Viau a abjuré en 1622 à la suite d'un séjour en Angleterre qui ne lui a pas donné satisfaction. Depuis, il s'est mis à gravir les échelons de la fortune. On se l'arrache à la cour, ce qui facilite encore les affaires d'Henri de Montmorency.

Le 26 février 1623, il y a, au Louvre, fête et ballet dansé par la jeune reine Anne d'Autriche. Ces ballets sont accompagnés naturellement de musique mais aussi de vers que l'on récite pour l'une ou l'autre des danseuses. C'est ainsi qu'au beau milieu de la danse Maria-Felicia entend le poète de son époux adresser une véritable déclaration d'amour en vers, quasi transparente... à la jeune reine ! Et cela aux oreilles mêmes du roi et du cardinal de Richelieu !

Le choc est terrible pour la jeune femme qui ne trouve d'autre solution que la fuite. Elle court s'enfermer à Chantilly, bien entendu.

Quelques jours plus tard, elle a la surprise de voir arriver son époux, un peu gêné mais remorquant à sa suite le malencontreux poète que la jeune femme n'éprouve, bien sûr, aucun plaisir à recevoir. Or, ce qu'Henri demande à sa femme, c'est de cacher Théophile qui est poursuivi pour libertinage. En effet, l'Université lui reproche son dernier ouvrage *Le Parnasse satyrique* et demande tout simplement une tête que le cardinal est tout disposé à lui donner. Les gens du prévôt sont à sa recherche.

La duchesse objecte qu'en ce cas les gens dudit prévôt viendront tout droit à Chantilly car on sait bien les liens qui lient Viau à la maison de Montmorency. On a déjà dû le chercher dans l'hôtel de Paris. Et c'est, en effet, ce qu'on a fait.

Pour sauver l'imprudent, il faut une cachette plus sûre, plus discrète. Maria-Felicia comprend et d'autant plus vite qu'Henri finit par avouer la vérité : *Le Parnasse* n'est pas seul en cause. Il y a aussi les vers de l'autre soir. Si Viau est pris, il avouera sous la torture le nom de l'homme qui les a commandés et, en ce cas, Henri ne se fait guère d'illusions : le roi ne l'aime pas et Richelieu le déteste pour tout ce qu'il représente encore de puissance féodale opposée à son pouvoir.

La duchesse alors se résigne : on cachera le poète maudit dans sa maison du parc, sa jolie maison que l'on fera garder discrètement. Et Théophile de Viau s'installe ainsi chez la jeune duchesse. À vivre dans cette charmante demeure où tout parle d'elle, il se laisse envahir d'abord par le regret de lui avoir causé tant de peine puis, peu à peu, par une sorte d'amour courtois teinté de respect et de tendresse qui est pour lui un véritable bain de jouvence après les excès de sa vie dissipée.

Définitivement conquis, prisonnier du charme de la jeune femme, il la rebaptise « Sylvie » car il trouve son prénom italien trop lourd à porter pour sa grâce fragile. Il écrit pour elle les *Dix Odes à Sylvie* qui composent la partie la plus aimable de son œuvre. En même temps, doucement, « Sylvie » réconcilie le révolté avec Dieu.

Malheureusement, l'Université a maintenu sa plainte et, les nouvelles devenant inquiétantes, le poète doit fuir pour de bon. Le 19 août, ses œuvres et son effigie sont brûlées en place de Grève et, en septembre, Viau est pris, arrêté, jeté au Châtelet où il va rester deux ans en écrivant avec plus d'ardeur que jamais. D'abord la *Lettre à son frère* puis *La Maison de Sylvie*.

En regardant pêcher Sylvie
Je voyais battre les poissons
À qui plus tôt perdrait la vie
En l'honneur de ses hameçons.

Jugement enfin rendu, Viau est seulement exilé mais sa santé est détruite. Le 25 septembre 1626, c'est auprès de Sylvie qu'il meurt, sincèrement pleuré par la jeune femme. Mais celle-ci n'imagine pas alors qu'elle va verser bientôt des larmes beaucoup plus cruelles, qu'une catastrophe va éclater six ans plus tard...

Montmorency, en effet, a conspiré contre Richelieu en compagnie de Gaston d'Orléans, frère du roi. Après l'inutile combat de Castelnaudary, le duc est arrêté, jugé par le parlement de Toulouse et condamné à mort le 30 octobre 1632. Le jour même, il est exécuté après avoir écrit une dernière lettre à « Sylvie ».

« Mon cher cœur, je vous dis un dernier adieu avec une affection toute pareille à celle qui a toujours été entre nous. Je vous conjure, pour le repos de mon âme et par Celui que j'espère voir bientôt par sa miséricorde dans le Ciel, de modérer votre ressentiment. J'ai reçu tant de grâces de mon doux Sauveur que vous avez tout sujet d'en recevoir grande consolation. Adieu, encore une fois... »

Henri mort, Maria-Felicia gagne Moulins. Chantilly d'ailleurs ne lui appartient plus et puis elle est lasse du monde. À Moulins, elle vit enfermée dans ses voiles de veuve et, après une rencontre avec Jeanne de Chantal, la future sainte, elle renonce définitivement au siècle. Deux ans après la mort de son époux, « Sylvie » entre au couvent de la Visitation pour y vivre dans la divine pauvreté jusqu'à ce jour de 1666 où il plut à Dieu de rappeler à lui celle qui était devenue mère Marie-Henriette, supérieure du couvent.

Mais revenons à présent à Chantilly !

Suivant la loi, les biens de Montmorency ont été confisqués au profit de la Couronne. Mais, en 1643, après la victoire de Rocroi remportée par le jeune duc d'Enghien, la reine Anne d'Autriche rend terres et château à Charlotte de Montmorency, princesse de Condé et mère du jeune vainqueur, qui est aussi la sœur du malheureux Henri. C'est par elle que le Grand Condé fait son entrée dans ce château où il va ressusciter les temps fabuleux du vieux connétable. C'est lui encore qui, après la mort de Maria-Felicia, sa tante, reçoit ses joyaux et ceux du décapité parmi lesquels devait se trouver l'anneau de Louise de Budos dont on suppose qu'il est resté chez ces Condé, célèbres pour leurs passions violentes, souvent incontrôlées, et leurs succès féminins.

C'est à Chantilly que le Grand Condé prend sa retraite. C'est là qu'en avril 1671 il reçoit Louis XIV et donne pour lui des fêtes demeurées fameuses où se place le célèbre épisode du cuisinier Vatel, maître d'hôtel du prince. Mais écoutons ce qu'en dit Mme de Sévigné :

« Le Roi arriva jeudi au soir. La promenade, la collation dans un lieu tapissé de jonquilles ; tout cela fut à souhait. On soupa. Il y eut quelques tables où le rôti manqua, à cause de plusieurs dîners à quoi l'on ne s'était point attendu. Cela saisit Vatel. Il dit plusieurs fois : — Je suis perdu d'honneur ; voici un affront que je ne supporterai pas. Il dit à Gourville : — La tête me tourne, il y a douze nuits que je n'ai pas dormi. Aidez-moi à donner des ordres. Gourville le soulagea en ce qu'il put. Le rôti qui avait manqué, non pas à la table du Roi mais aux vingt-cinquièmes, lui revenait toujours à la tête.

« Gourville le dit à Monsieur le Prince. Monsieur le Prince alla jusque dans la chambre de Vatel et lui dit : — Vatel, tout va bien ; rien n'était si beau que le souper du Roi. Il répondit : — Monseigneur, votre bonté m'achève ; je sais que le rôti a manqué à deux tables. — Point du tout, dit Monsieur le Prince ; ne vous fâchez point : tout va bien. La nuit vint. Le feu d'artifice ne réussit pas ; il fut couvert d'un nuage. Il coûtait seize mille francs. À quatre heures du matin, Vatel s'en va partout ; il trouve tout endormi. Il rencontre un petit pourvoyeur qui lui apportait seulement deux charges de marée ; il lui demande : — Est-ce là tout ? Il lui dit : — Oui, monsieur. Il ne savait pas que Vatel avait envoyé à tous les ports de mer. Il attend quelque temps ; les autres pourvoyeurs ne viennent point ; sa tête s'échauffait : il croit qu'il n'aura point d'autre marée. Il trouve Gourville et lui dit : — Monsieur, je ne survivrai pas à cet affront-ci ; j'ai de l'honneur et de la réputation à perdre.

« Gourville se moqua de lui. Vatel monte à sa chambre, met son épée contre la porte, et se la passe au travers du cœur, mais ce ne fut qu'au troisième coup, car il s'en donna deux qui n'étaient pas mortels, qu'il tomba mort. La marée cependant arrive de tous côtés. On cherche Vatel pour la distribuer. On va à sa chambre. On heurte, on enfonce la porte, on le trouve noyé dans son sang. On court à Monsieur le Prince, qui fut au désespoir… »

En dépit de ce triste épisode, la visite du roi n'en est pas moins un grand succès. Tellement que Louis XIV, avant de partir, demande au prince de Condé de lui vendre Chantilly et d'en fixer lui-même le prix :

« Il est à Votre Majesté pour le prix qu'elle déterminera elle-même, répond Condé. Je ne lui demande qu'une grâce : celle ne m'en faire le concierge. — Je vous entends, mon cousin : Chantilly ne sera jamais à moi. »

Citer ici toutes les femmes qui aimèrent follement le prince relève de l'impossible : de sa sœur un peu trop tendre, la belle duchesse de Longueville, à sa femme la douloureuse Claire-Clémence de Brézé que son amour bafoué rendit à moitié folle, elles sont multiples les aventures qui jalonnent la vie de Condé. Était-ce toujours l'anneau magique ? Celui-ci devait, semble-t-il, continuer ses ravages pendant encore quelques lustres.

En 1724, Marie-Anne de Bourbon-Condé que l'on appelait Mademoiselle de Clermont s'éprit follement de Louis de Melun, duc de Joyeuse et prince d'Épinay, qui, en dépit de ces titres, n'était tout de même pas assez grand seigneur pour une Condé. La famille contrecarra leur amour, réduisant les deux jeunes gens à un mariage secret célébré « dans la laiterie de Chantilly ».

Hélas, quinze jours plus tard, Louis de Melun mourait à la chasse tué par un cerf dont les bois lui déchirèrent le corps… et réduisirent Marie-Anne au plus profond désespoir. En 1741, elle mourait inconsolée.

Jusqu'à ce qu'éclate la Révolution, Chantilly ne fait que gagner en splendeur. Le prince Louis-Henri de Condé, petit-fils du Grand Condé, lui apporte sa touche finale avec la construction des Grandes Écuries, sans nul doute les plus belles qui soient au monde. Mais quand vient la tourmente révolutionnaire, c'est le glas de cet admirable château qu'elle sonne. Les Condé abandonnent leur belle demeure : ils émigrent parmi les premiers et se rendent en Allemagne pour y organiser ce que l'on appellera l'armée des Princes. Le château paiera pour ses maîtres absents et oublieux. Démeublé, il sert d'abord de prison, cette infamie suprême, avant d'être livré à la pioche des démolisseurs. Peu à peu, le rêve de pierre s'écroule et l'étang déshonoré ne reflète plus, après tant de splendeurs, que des débris informes.

En ce triste état, Chantilly va vivre le Directoire et la fulgurante aventure de l'Empire. Puis c'est la Restauration, quand l'Empire à son tour disparaît et, avec elle, le retour des anciens maîtres... De l'ancien maître tout au moins : Louis-Henri-Joseph dernier prince de Condé est un homme âgé. Son fils, le duc d'Enghien, a été fusillé, jadis, dans les fossés de Vincennes et lui-même n'a plus grand goût pour ressusciter le palais d'autrefois. Il fait faire quelques travaux mais c'est à Saint-Leu qu'il s'installe avec une certaine Sophie Dawes, une aventurière anglaise dont il a fait une baronne de Feuchères. Chantilly, il le lègue à son filleul : Henri d'Aumale, l'un des fils du roi Louis-Philippe. À lui d'en faire ce que bon lui semblera.

Quand le prince meurt, mystérieusement pendu à l'espagnolette de sa fenêtre, l'héritier n'a que huit ans. Il faudra attendre une dizaine d'années avant qu'il n'entre en possession de l'héritage : le château et l'énorme fortune qui l'accompagne. Mais peut-être est-il temps de jeter un regard sur celui qui va, le temps venu, reconstruire Chantilly et le doter de précieuses collections.

C'est un beau garçon blond, mince et élégant qui, sa vie durant, portera une fine barbiche et une longue moustache. Il a toutes les qualités de cœur et de joie de vivre que l'on peut attendre d'un vrai prince français. Son destin, il l'a choisi depuis longtemps : il sera soldat et, en effet, le 15 janvier 1837, pour ses quinze ans, il reçoit son brevet de sous-lieutenant puis s'en va faire ses classes très sérieusement à Fontainebleau d'abord, à l'école de tir de Vincennes ensuite.

En 1839, il est promu capitaine et, l'année suivante – c'est l'année où il entre en possession de Chantilly et de sa fortune –, il rejoint en Algérie son frère aîné, le duc d'Orléans qui commande une division. Là, il se conduit à la fois en jeune fou et en héros : il se jette avec sa compagnie et sans attendre les ordres sur les ennemis trois fois plus forts. Une balle érafle l'encolure de son cheval qui s'emballe et finalement lui fait vider les étriers.

Rentré au camp, le prince n'en mène pas large bien qu'il soit vainqueur, car il lui faut affronter la colère fraternelle. Orléans commence, en effet, par prendre un ton sévère : « Je devais te mettre aux arrêts. Je ne le ferai pas mais tiens-le-toi pour dit. » Puis il ajoute : « Maintenant, embrasse-moi ; tu es un brave et je suis fier de toi ! »

D'autres combats et d'autres exploits suivent. Quand Henri rentre en France, en 1841, il a dix-neuf ans et il est colonel. Il ramène aussi son régiment, le 17e Léger, et c'est à sa tête qu'il entre dans Paris au milieu d'un grand enthousiasme. Suscité surtout chez les jeunes filles qui se jettent en foule sur le trop charmant colonel pour s'assurer qu'il est indemne parce que, quelque part, un coup de feu a été tiré.

Au palais des Tuileries, c'est la même folie. Madame Adélaïde, tante du prince, a fait venir la troupe du théâtre des Variétés pour donner une représentation de la pièce à la mode : *Le Chevalier du guet*. La vedette en est la ravissante Alice Ozy, une adorable créature aux yeux noirs, aux traits fins, au corps gracieux. Tous les charmes, Alice les possède, et aussi tous les talents car elle chante bien, joue juste, danse de façon charmante et sait se tenir en scène avec grâce. C'est, entre elle et le prince, le coup de foudre.

Un coup de foudre si brutal qu'Alice – elle sera bientôt Alicette pour Aumale – n'y résiste même pas. Et, par le plus beau printemps de Paris, c'est une joyeuse, une délicieuse histoire d'amour qui se déroule. Aumale est fier de la beauté de sa maîtresse et aime à se promener avec elle dans la ville. Pour plus de liberté, il la fait habiller en garçon et tous deux courent les rues comme des collégiens échappés. À d'autres moments, le prince mène Alicette, en voiture, jusqu'à la plaine des Sablons, à Neuilly, et fait défiler son régiment devant elle. La jeune femme prend alors un vif plaisir à se croire, pour un instant, altesse royale.

Naturellement, la liaison est connue de tous et même de la famille royale. Pour sa part, la reine Marie-Amélie, mère du jeune homme, se contente de soupirer : « Ce n'est pas bien mais cela vaut mieux que de déranger un ménage. »

Peut-être le roi voit-il la chose d'un autre œil car, en octobre 1842, Aumale reçoit l'ordre de repartir pour l'Algérie avec le grade de général. Il s'y couvre de gloire en capturant, le 16 mai 1843, la smalah d'Abd el-Kader grâce à un coup d'audace qui porte au zénith la popularité du prince. Hélas, Alicette s'est lassée d'attendre. D'ailleurs, elle aime l'argent et se laisse tenter par les folies que fait pour elle le banquier Perrégaux. C'en est fini des amours du joli printemps.

Pour le roi Louis-Philippe et la reine Marie-Amélie, c'est la meilleure nouvelle : enfin, on va pouvoir marier Aumale et, tout de suite, des noms se croisent dans l'air. La jeune reine d'Espagne ? Non, cela pourrait être dangereux. Telle princesse ? Pas assez belle. La reine alors propose : pourquoi pas l'une de nos princesses des Deux-Siciles ? Elle les connaît bien puisqu'il s'agit de sa propre famille, mais son fils, lui, ne les connaît pas. Eh bien, on l'envoie faire connaissance, et Aumale s'embarque pour Naples afin d'y séjourner chez l'un de ses oncles : le prince Léopold de Salerne.

Et là, il rencontre l'une des filles de Léopold, Caroline-Augusta-Maria de Bourbon. Elle est toute petite mais elle est adorable avec de grands yeux bleus et de longues « anglaises » dorées qui glissent doucement le long du plus joli visage qui se puisse voir. En outre, elle a tout juste trois mois de moins que le jeune homme.

En rencontrant celui-ci, elle s'est sentie très émue. Quant à lui, il est déjà conquis. Caroline est la gaieté même. Elle a un sourire éclatant et une certaine façon d'accompagner ses paroles de petits gestes qui amuse fort le prince. Et comme, un jour, il se moque d'elle gentiment, elle lui répond avec son accent ensoleillé :

— Nous sommes toutes comme ça dans notre pays, mon cousin. Il faut nous prendre comme nous sommes.

Il se hâte de prendre. Ou tout au moins de demander qu'on lui confie Caroline, son rire joyeux, ses fossettes, ses gestes expressifs et ses jolis yeux bleus. Le 25 novembre 1844, les noces sont célébrées en grande pompe dans la chapelle du palais de Naples. Puis le jeune couple rentre en France.

D'emblée, Caroline s'attache à Chantilly et, très souvent, elle et Henri viendront surveiller les travaux de reconstruction. Malheureusement, la révolution de 1848 va les interrompre après qu'en 1845 Caroline aura donné à son époux un fils qui sera titré prince de Condé.

Quand la révolution éclate, Henri est, depuis dix mois, gouverneur d'Algérie. En mars 1848, il lui faut rembarquer, sous une pluie battante, avec sa femme et leur enfant. Mais pas en direction de la France : c'est en Angleterre que l'on retrouve Louis-Philippe et sa famille en exil : à Clare d'abord, puis à Twickenham.

L'amour résiste sans peine au malheur quand il est solide. Le modeste bonheur du duc et de la duchesse d'Aumale ne s'en acheminera pas moins vers le temps cruel des deuils. Le roi Louis-Philippe meurt en août 1850 et l'année 1866 sera douloureuse pour Caroline et Henri qui verront mourir leur mère, la reine Marie-Amélie puis, quelques mois plus tard, apprendront la mort de leur fils aîné, le prince de Condé, emporté par la scarlatine en Australie au cours d'un voyage d'étude. Enfin, vient le coup qui va meurtrir définitivement Aumale : dans les derniers jours de 1869, Caroline elle-même s'endort pour toujours, minée par la phtisie. Elle n'a pas supporté le terrible climat anglais.

Après 1870, le duc d'Aumale qui a perdu aussi son second fils François, duc de Guise, né en Angleterre, reçoit enfin la permission de rentrer en France. Il s'installe alors à Chantilly où les travaux ont repris. Des travaux qu'il va mener cette fois à leur point d'achèvement total. Élu à l'Académie, il va donner jusqu'à la fin de ses jours l'image – toujours populaire d'ailleurs – d'un homme d'une grande noblesse d'allure et de cœur. Partageant son temps entre son château et de longs séjours à l'étranger, il finit par faire don de Chantilly et des collections qu'il y a rassemblées à l'Institut de France qui n'entrera cependant en leur possession qu'en 1897, date de la mort du prince.

C'est en effet le 7 mai de cette année-là qu'il s'éteint en Sicile, dans son domaine de Zucco, près de Palerme. Son corps, ramené en France, repose avec ceux de la famille d'Orléans, dans la chapelle royale de Dreux. Certains ont regretté souvent que ce parfait gentilhomme, ce prince à l'esprit éclairé et ouvert, n'ait jamais eu la possibilité d'accéder au trône.

HORAIRES D'OUVERTURE

D'avril à novembre	10 h-18 h (fermeture du parc à 20 h)
Du 2 novembre au 31 mars	10 h 30-17 h (fermeture du parc à 18 h)

Fermé le mardi.

HORAIRES D'OUVERTURE DES GRANDES ÉCURIES

Voir les détails sur le site Internet du château.

Fermées le mardi.

http://www.chateaudechantilly.com/fr/

CHÂTEAUNEUF-EN-AUXOIS

Un pain d'épice mortel

L'amour est la seule passion qui se paie d'une monnaie qu'elle fabrique elle-même.

STENDHAL

Entre les sorties de Pouilly et de Beaune, les usagers de l'autoroute A 6 voient soudain paraître, au bord d'un village fortifié et d'un massif rocheux, un fier château médiéval à peu près intact. On ne peut s'empêcher de lui accorder un regard ainsi qu'à la petite église qui lui est voisine et où, chaque Noël, les gens de Châteauneuf recomposent une crèche vivante qui semble sortie d'un évangéliaire. Mais rares sont les visiteurs qui connaissent le sort tragique d'une de ses châtelaines, le destin glorieux d'un de ses châtelains...

Jean de Châteauneuf, qui en fut le bâtisseur primitif, éleva les premiers murs pour son fils et lui en fit don en 1175. Le jeune homme s'y installa, y vécut, y procréa et, durant trois siècles, Châteauneuf, sentinelle avancée de Dijon, demeura fidèle à son rôle tandis que ses maîtres demeuraient fidèles à leurs princes. L'un d'eux, Guillon, accepta même de servir d'otage, avec son frère Poinsot, pour Philippe de Rouvres, dernier duc de la première maison de Bourgogne, et rejoignit volontairement les geôles du roi d'Angleterre, Édouard III. Mais, en 1441, il n'y a plus de vaillants chevaliers. Le fief tombe en quenouille. Une fille de vingt ans règne seule sur le château qui domine la vallée de la Brenne. Elle est riche, elle est belle, éclatante et drue comme sont souvent les filles de Bourgogne, et les prétendants ne lui manquent pas. Mais elle ne se presse pas de choisir, préférant jouir autant qu'il se pourra d'une liberté qu'elle sait précaire. Son cœur d'ailleurs est silencieux. Sauf peut-être lorsqu'elle évoque son cousin, qui est son voisin. Mais le jeune Philippe Pot, qui, a six ans de moins qu'elle, n'est encore qu'un enfant et, à Châteauneuf, il faut un maître à poigne solide.

Ainsi pense le duc de Bourgogne, Philippe le Bon, dont les visées territoriales sont insatiables. Il cherche à recomposer l'antique royaume des Burgondes. Or, entre ses terres bourguignonnes et ses Flandres opulentes, il y a la Champagne enfoncée comme un coin. Et Philippe ne souhaite rien tant que grignoter petit à petit ladite Champagne. Marier Catherine de Châteauneuf à un seigneur champenois riche et bien pourvu de terres lui paraît une opération tout à fait souhaitable.

Dans ce dessein, il invite la jeune fille à un tournoi qu'il donne à Dijon. Il y invite, en même temps, un certain Jacques d'Haussonville, un noble champenois dont les terres, riches et vastes, s'étendent assez près des frontières de Bourgogne.

La fête où elle est conviée plaît beaucoup à Catherine mais l'homme qu'on lui présente beaucoup moins. Il est nettement plus âgé qu'elle, il n'est pas beau et n'offre aucune des qualités qu'une jouvencelle souhaite trouver chez son époux.

Malheureusement pour elle, le duc Philippe a toujours considéré le mariage comme l'un des meilleurs moyens de gouvernement. D'Haussonville n'est pas jeune, certes, mais il n'en est, justement, que plus intéressant. Qu'il vienne à disparaître, comme les lois de nature le laissent supposer, et la Bourgogne se fera un plaisir de venir défendre, les armes à la main, les droits de la jeune veuve contre celui qui est alors l'héritier légitime, autrement dit le jeune frère d'Haussonville. Et si Catherine a le temps de donner un héritier à son époux, celui-ci sera sûrement trop jeune pour ne pas avoir besoin de protection...

Le projet est superbe mais ne reçoit pas l'approbation de la principale intéressée. Catherine de Châteauneuf ne veut pas épouser ce barbon malgracieux. Alors... on lui en donne l'ordre, purement et simplement, sous peine de se voir dépossédée de son fief, de ce Châteauneuf qu'elle aime tant. Et Catherine cède ; et elle épouse Jacques d'Haussonville... et elle ne tarde pas à le regretter...

Le mari n'a aucunement l'intention de résider chez sa femme. Il en est follement amoureux et souhaite mettre quelque distance entre elle et ce Philippe le Bon dont on ne compte plus les maîtresses. Le duc se contentera de mettre garnison à Châteauneuf tandis que le nouveau seigneur emmènera sa belle épouse chez lui, à Montureux-le-Sec, en Champagne.

C'est alors à quelques lieues d'Épinal, un pays pelé cerné de noires forêts. Le château lui-même ressemble plus à une prison qu'à une demeure de plaisance, et Catherine découvre vite qu'il y règne une économie strictement dirigée. Bientôt elle plonge dans une vie qui ressemble beaucoup à l'esclavage : ses jours se passent aux besognes du logis, ses nuits avec un homme rendu à moitié fou par l'amour et la jalousie et qui n'a qu'une idée en tête : lui faire un enfant, arracher un héritier à ce jeune corps dont il ne peut se passer.

Or, l'idée de donner le jour à une copie conforme de son époux fait horreur à Catherine et, chaque fois qu'elle peut se croire enceinte, elle a recours aux bons offices de la sorcière locale dont une jeune servante, Perrette, lui a fait connaître le repaire. Dix années vont passer ainsi. Dix années qui transforment Catherine et son époux en un couple comme beaucoup : la grande passion du mari s'est éteinte et la femme, délivrée de sa plus odieuse servitude, s'est résignée. D'Haussonville est trop vieux à présent pour faire un enfant. Parfois il permet à Catherine de retourner à Châteauneuf et elle y trouve assez de joie pour supporter les autres jours, tous les autres jours, si gris, si ternes...

Elle a trente-cinq ans lorsqu'elle rencontre celui qui va la mener à sa perte. Il se nomme Giraud de Parmentier, il a vingt-cinq ans et c'est un cousin, de lignée bâtarde, mais un cousin tout de même. Catherine devient sa maîtresse et brûle bientôt pour lui d'une passion si visible que le mari s'en aperçoit. Des scènes éclatent, toujours plus violentes. La surveillance qui s'était relâchée se resserre. Plus de séjours à Châteauneuf ! Alors, affolés devant les obstacles qui se dressent, les deux amants en viennent à la décision ultime : tuer d'Haussonville. Giraud fournira le poison. Catherine l'administrera.

Elle en a le moyen tout trouvé. De sa Bourgogne, elle a apporté la recette du pain d'épice que l'on appelle alors le boichet. Son mari en raffole et le goût prononcé de la pâtisserie peut en cacher un autre. Quelques jours plus tard, Jacques d'Haussonville meurt par les vertus du réalgar acheté à Épinal par Giraud.

Malheureusement l'une des servantes du château a mangé elle aussi du gâteau fatal et elle meurt en même temps que son maître. La coïncidence est trop frappante : le frère qui hérite dénonce aussitôt Catherine et celui dont il sait bien qu'il est son amant. Arrêtés par le lieutenant criminel Jean de Longueil, Catherine et Giraud de Parmentier sont conduits à Paris pour y être interrogés comme on interrogeait alors. Sous la torture ils avouèrent tout...

Le 13 mars 1456, Catherine de Châteauneuf, Dame d'Haussonville, vêtue d'une chemise soufrée, fut liée sur une claie et traînée ainsi, dans la boue et les immondices, jusqu'au marché aux Pourceaux où un bûcher était dressé. Son complice fut brûlé lui aussi mais après avoir subi le supplice de la roue.

Peut-être pris de remords, le duc Philippe fit don de Châteauneuf à Philippe Pot, ce jeune cousin que la malheureuse Catherine aimait sans avoir su le dire.

Seigneur de la Roche-Nolay qui, par lui, allait devenir la Rochepot, Philippe avait, dit-on, aimé lui aussi sa belle cousine. Devenu le maître de ce château où son image était trop présente, il fit reconstruire le logis, peut-être pour en exorciser le charmant fantôme, peut-être pour lui donner un cadre plus doux. Mais il n'y fit que de brefs séjours.

Chevalier de la Toison d'or, investi de la confiance des ducs, il négocie les mariages de Charles le Téméraire et le sert fidèlement. Mais, après la mort du duc, devenu suspect à sa fille Marie de Bourgogne, il offre ses services au roi de France, Louis XI, qui en fait un grand sénéchal de Bourgogne. Tour à tour, Philippe Pot sera chargé d'élever le futur Charles VIII et l'héritier de ce dernier. Il sera aussi député aux États généraux de Tours et, grâce à une éloquence qui lui vaudra le surnom de « Bouche de Cicéron », il obtiendra la levée de l'impôt par consentement des États. Quand il meurt, en 1494, son corps ira reposer dans le superbe tombeau qu'il s'est fait élever dans l'église abbatiale de Cîteaux... et qui est aujourd'hui au Louvre.

N'ayant pas d'enfants, c'est son frère Guyot qui hérite de Châteauneuf et, après lui, les enfants de celui-ci : Régnier Pot et Anne qui, mariée à Guillaume de Montmorency, deviendra la mère du connétable.

Chose étrange, la plupart de ceux qui héritèrent de Châteauneuf demeurèrent sans enfants ou n'eurent que des filles. Le fils du connétable légua le château à sa nièce qui le légua à ses filles dont l'une épousa un Clermont-Tonnerre et l'autre un Lévis-Ventadour. Cette dernière et son époux se séparèrent d'ailleurs pour entrer dans les ordres : l'un devint chanoine de Notre-Dame de Paris, l'autre supérieure du Carmel de Chambéry.

Mais, avant de se retirer du monde, la duchesse de Ventadour avait, en accord parfait avec sa sœur, vendu Châteauneuf au comte de Commarin. Ayant été cédé contre argent comptant et non légué, Châteauneuf perdit l'étrange malédiction qui frappait les successeurs de Catherine...

Les seigneurs de Commarin s'y sont succédé jusqu'à ce que leur dernier descendant, le comte de Voguë, en fasse don à l'État en 1936.

HORAIRES D'OUVERTURE

Du 3 janvier au 15 mai	10 h-12 h 30 et 14 h-17 h 45
Du 16 mai au 16 septembre	9 h 30-12 h 30 et 14 h-18 h 45
Du 17 septembre au 31 décembre	10 h-12 h 30 et 14 h-17 h 45

Fermé le lundi.

Fermé le 1er janvier, le 1er mai, les 1er et 11 novembre et le 25 décembre.

http://region-bourgogne.fr/chateauneuf-en-auxois/#histo

CHÂTEAUROUX

Le calvaire d'une princesse de Condé

La mesure de l'amour, c'est d'aimer sans mesure...

SAINT AUGUSTIN

En cette fin glacée de l'année 1686, un religieux monte lentement vers « Château-Raoul », le vieux castel qui domine la ville de Châteauroux. C'est la seconde fois que le père Tixier se rend au château. Il est déjà venu, dix ans plus tôt, sur l'ordre de la duchesse de Longueville afin de s'assurer que la noble dame qui est là, retenue prisonnière, n'est point maltraitée et que les conditions de sa captivité ne sont point trop rudes. En effet, retirée du monde et désormais tournée tout entière vers Dieu, l'ancienne reine de la Fronde s'est senti le devoir chrétien de se préoccuper du sort d'une femme qu'elle n'a jamais beaucoup appréciée et envers laquelle son frère bien-aimé – le Grand Condé – s'est montré franchement répugnant.

Cette prisonnière auguste, c'est Claire-Clémence de Brézé, nièce du défunt cardinal de Richelieu et, pour son malheur, princesse de Condé par le jeu impitoyable de la politique.

À vrai dire, au jour de sa première visite, le père Tixier, jésuite de bonne race, n'était pas sans éprouver quelque inquiétude : il s'attendait à trouver là une folle croupissant dans la saleté et noyée dans le délire. Or, il avait trouvé une femme étrange mais digne, au visage ferme, au regard glacé, au maintien d'une sévérité totale et qui menait une vie de nonne au milieu d'une vingtaine de serviteurs aussi austères, aussi glacés qu'elle-même.

En fait, la princesse avait refusé de parler. Simplement, quand le jésuite avait formulé le nom de son impitoyable époux, elle s'était contentée de tourner vers lui ses yeux qui semblaient curieusement décolorés et de murmurer :

— Monsieur le Prince m'a bien méprisée... mais, par ma foi, je l'ai bien méprisé aussi !

Rien de plus.

Aujourd'hui, le jésuite trouve la princesse peu changée : un peu plus pâle peut-être et un peu plus maigre. Elle l'a reçu couchée mais sans montrer la moindre émotion quand il a donné la nouvelle qu'il apportait et qui, pourtant, était d'importance : « Monsieur le Prince vient de mourir, le 11 décembre, à Fontainebleau. »

La princesse ne broncha pas. Pourtant, le jésuite avait encore quelque chose à dire ; au moment de quitter ce monde, Condé avait prié le roi de maintenir sa femme en captivité.

Ainsi, même à l'instant de paraître devant Dieu, sa haine n'avait pas cédé. Une haine si longue, si peu justifiée...

Claire-Clémence a treize ans quand on la marie à celui qui n'est encore que duc d'Enghien et qui a vingt ans. Tout de suite, elle l'aime. Il n'est pas beau pourtant avec son visage maigre aux traits forts, avec son immense nez courbe et ses yeux de braise. Mais il a un charme auquel peu de femmes résistent et, à ce charme, l'enfant n'a pas résisté. Le jeune duc, lui, cache à peine le mépris dans lequel il tient la famille du cardinal de Richelieu tout entière et singulièrement cette petite fille dont tout le monde sait bien que la mère est morte folle.

Du reste, Enghien aime ailleurs. Il aime la ravissante Marthe du Vigean qui le lui rend entièrement. Le mariage reste blanc pendant de longs mois. Le nouvel époux est malade, puis il part aux armées. Ces échappatoires finissent par émouvoir la famille : le prince de Condé, qui craint les réactions du cardinal, tance son fils. Il lui fait entendre que des gens mariés doivent vivre ensemble et qu'il est temps, pour le duc et la duchesse d'Enghien, de prendre rang dans la société.

Enghien fait un tout petit effort : il s'installe officiellement, avec Claire-Clémence, dans le bel hôtel de La Roche-Guyon, rue des Bons-Enfants... mais ne franchit toujours pas le seuil de sa chambre. Alors, comme l'avait prévu Condé, le cardinal de Richelieu se fâche : ou bien Enghien se comportera comme doit se comporter un mari, ou bien il renoncera à tout commandement dans l'armée. « Le roi sort de chez moi, lui dit-il, et j'ai sa promesse royale : Vous n'obtiendrez le commandement de l'armée de Picardie que lorsque votre femme attendra un enfant... »

Paroles brutales qui vont déchaîner une réaction encore plus brutale dont la pauvre Claire-Clémence fera les frais. Enghien se rue littéralement chez elle et cette fois en fait sa femme. Mais, de cette affreuse expérience, la pauvre enfant ne retirera que souffrance et humiliation. Bientôt, en effet, elle attend un enfant. Aussitôt nommé au commandement tant désiré, le duc d'Enghien remporte l'éclatante victoire de Rocroi. Il devient un héros national. Quant à Richelieu, il meurt. Désormais, plus personne pour défendre la pauvre petite duchesse !

Pourtant, fidèle à son amour, elle fera tout pour cet époux indifférent quand seront venus pour lui les temps difficiles, quand Mazarin le jettera en prison, quand, devenu l'un des chefs de la Fronde, il devra s'enfuir. Pour aider Condé – le vieux prince est mort et c'est désormais sous ce nom que l'ex-duc d'Enghien est connu – sa femme va dépenser sans compter ses biens et sa personne. On la verra haranguer les Bordelais du haut des marches de l'hôtel de ville, et même, avec d'autres dames, charrier de la terre dans des paniers pour aider à construire les retranchements de cette ville sur laquelle son époux compte.

Malgré tant de dévouement, c'est finalement Mazarin qui a le dernier mot. La trêve est conclue le 28 septembre 1650 avec amnistie complète pour les rebelles de la Fronde. Pour Claire-Clémence, retirée alors à Montrond, la tâche est achevée. Et soudain, c'est le miracle. Elle reçoit une lettre, une lettre de son époux, une lettre qu'elle trempe de larmes de joie :

« Il me tarde que je sois en état de vous embrasser mille fois pour toute l'amitié que vous m'avez témoignée, qui m'est d'autant plus sensible que ma conduite envers vous l'avait peu méritée. Mais je saurai si bien vivre avec vous, à l'avenir, que vous ne vous repentirez pas de tout ce que vous avez fait pour moi, qui fera que je serai toute ma vie tout à vous et de tout mon cœur... »

Rendue fragile par ses rudes travaux de l'hiver précédent, Claire-Clémence en tombe malade de bonheur. Quand elle guérit, elle apprend que son époux s'est retiré en Flandre et, luttant contre sa faiblesse avec l'énergie du désespoir, elle prend la route pour le rejoindre.

Quand elle le revoit, c'est pour s'apercevoir qu'il ne lui a écrit que des phrases creuses. Il lui adresse à peine la parole et s'il la rejoint, une nuit, ce sera hâtivement et sans desserrer les dents. De cette nuit affreuse, il ne restera qu'une fausse couche...

Lorsque Claire-Clémence regagne Paris, les commères chuchotent avec délectation que madame la princesse sera bientôt aussi folle que sa mère et, comme de fréquents malaises la clouent au lit, les belles amies de son mari espèrent que la place sera bientôt libre. D'ailleurs, la malheureuse n'a plus guère de courage : les époux vivent pratiquement séparés, chacun à un bout de l'hôtel de Condé, l'hiver ; l'été, elle réside au château de Saint-Maur tandis que lui gagne le somptueux Chantilly.

Alors, la malheureuse va chercher un semblant d'amour... dans les bras d'un valet nommé Duval. En même temps, elle se prend de tendresse pour son page, le jeune Bussy-Rabutin, qui déteste le valet. Un matin, le 13 janvier 1671, c'est le drame. Des éclats de voix réveillent la maison et, dans la chambre de la princesse, on trouve Bussy-Rabutin et Duval qui se battent furieusement.

Le scandale est énorme et Condé se rue chez le roi pour obtenir une lettre de cachet : il veut envoyer sa femme à la Bastille. Mais Louis XIV, qui n'aime guère Condé, ne se laisse pas mener par le bout du nez. On éloignera la princesse mais on ne l'enfermera pas dans la vieille prison. Ce sera Château-Raoul où elle sera conduite avec les formes de respect dues à son rang.

Sans avoir revu son fils, Claire-Clémence prend le chemin de l'exil non sans avoir été contrainte, au préalable, de faire l'abandon de tous ses biens en faveur de ce mari détestable.

À Châteauroux, la princesse restera vingt-trois ans. C'est seulement le 18 avril 1694 que Dieu la prendra enfin en pitié et la délivrera d'une existence qui n'avait été qu'un long et douloureux calvaire. Personne n'assista à son enterrement. Elle avait été si bien coupée du monde que sa famille la croyait morte depuis longtemps. Seuls, six pauvres porteurs de cierge l'escortèrent jusqu'à la tombe creusée dans l'enceinte même du château car, morte, elle demeurait captive...

Un mot, à présent, sur le château. Bâti d'abord, au Xe siècle par Raoul le Large, seigneur de Déols, il fit partie de l'apanage d'Aliénor d'Aquitaine et passa aux mains d'Henri II d'Angleterre. Après sa mort, le roi de France Philippe Auguste réussit non sans peine à reprendre Châteauroux et son château. Mais, pendant la guerre de Cent Ans, le Prince Noir, en dépit de son génie militaire, brûla la ville sans réussir à récupérer le château.

Ensuite, et durant trois siècles, fief et château appartinrent à la famille de Chauvigny jusqu'à ce qu'en 1612 le prince de Condé, beau-père de Claire-Clémence, l'achetât. On sait quel usage en fit son fils, ce Condé qui n'était grand que sur un champ de bataille.

Aujourd'hui, seul l'extérieur du château se visite.

CHAUMONT-SUR-LOIRE

Des dames pas comme les autres

Douce Limeuil, et douces vos façons
Douce la grâce et douce la parole
Et doux votre œil qui doucement m'affole...

BRANTÔME

« Je vous écris, ma chère sœur, au bord de la Loire qui me plaît à cause de son caractère aimable entre Blois et Amboise, d'un vieux château imposant et bastionné de tours rondes indestructibles, jadis possédé et habité par les rois. Les amis qui veulent nous visiter doivent d'abord trouver leur Caron pour les faire passer jusqu'à nous autres isolés du monde. Mais, comme dans les Champs-Élysées, il y a aussi, autour de nous, des bois en fleurs où des rossignols chantent sans arrêt. De notre plate-forme nous dominons une vue étendue, à vrai dire non sur les montagnes suisses mais sur une plaine fertile et peuplée. »

Ainsi Mme de Staël décrit-elle Chaumont où, en mai 1810, elle est venue s'installer avec l'idée de n'y faire qu'une étape sur le chemin de l'Amérique. Elle allait y demeurer six mois qui furent peut-être les plus agréables des « dix ans d'exil » que lui imposa Napoléon.

L'Amérique ainsi oubliée, elle fait aussitôt venir à Chaumont ses enfants, leur précepteur, ses domestiques et ses plus solides amis : Juliette Récamier, Prosper de Barante, le cher Benjamin Constant et l'indispensable Matthieu de Montmorency.

Tandis que « Corinne » écrit *De l'Allemagne*, on mène dans ce qui n'est plus qu'une forteresse pour rire une agréable vie de château. Une grande fête est donnée pour le baptême d'un jeune serviteur noir et c'est la charmante chapelle où prièrent Catherine de Médicis et Diane de Poitiers qui sert de cadre à l'événement.

« Corinne » resterait bien des années à Chaumont mais elle aimerait aussi rentrer à Paris d'où Napoléon l'exclut. Les nombreuses démarches que l'on fait pour elle auprès de l'Empereur pourraient sans doute aboutir si *De l'Allemagne* ne contenait tout juste assez d'explosifs pour faire bondir Sa Majesté. Du coup, au lieu de rentrer à Paris, Mme de Staël reçoit l'ordre de quitter la France... et Chaumont par la même occasion.

Construit par des hommes afin de défendre la vallée de la Loire, construit pour des hommes – essentiellement les comtes de Blois mais, surtout, au XVIe siècle pour Pierre d'Amboise et illustré par son fils, le célèbre cardinal qui y naquit –, Chaumont a surtout vu régner des femmes.

En 1560, c'est la reine mère, Catherine de Médicis, qui l'achète avec une idée derrière la tête : obliger l'indéracinable favorite de son défunt époux, Diane de Poitiers, à en accepter l'échange avec le délicieux Chenonceau dont Catherine fera une merveille. Mais tant que régnera le jeune François II et sa femme Marie Stuart qui est entichée de la favorite alors qu'elle dédaigne stupidement sa belle-mère, il faudra garder quelques formes.

Catherine ne séjournera guère à Chaumont mais y laissera un souvenir frappant. C'est là qu'une nuit son astrologue Ruggieri lui montrera l'avenir dans un miroir : elle y verra trois rois, ses trois fils François, Charles et Henri, effectuer autant de tours qu'ils régneront d'années. Le premier ne fera même pas un tour ; François II, en effet, mourra en décembre de la même année. Puis un quatrième roi apparaîtra : Henri de Navarre, le Béarnais détesté qui, lui, fera vingt tours. Catherine saura ainsi que sa postérité mâle dont elle était si fière n'aurait pas de suite.

Femme de gouvernement avant tout, elle n'en maintiendra pas moins l'État aussi énergiquement qu'il sera possible. C'est à Chaumont, en cette même année 1560, qu'elle ourdira l'un de ces complots galants qui constituaient ses meilleures armes : l'une de ses filles d'honneur, Isabelle de Limeuil, y séduisit, par ordre, le prince Louis de Condé, l'un des deux chefs protestants. Le but ? empêcher que Le Havre, tenu par les protestants, ne tombe aux mains d'Élisabeth d'Angleterre.

Douce Limeuil, et douces vos façons
Douce la grâce et douce la parole
Et doux votre œil qui doucement m'affole...

En trois vers, Brantôme trace le portrait de celle qui fut, sans doute, l'une des plus séduisantes créatures de son temps. À sa grâce blonde, Louis de Condé ne résiste pas. C'est Isabelle qui, d'abord, résiste car elle aime ailleurs mais, en une seule nuit, Condé remporte une victoire sans précédent. Non seulement Isabelle n'aime plus le freluquet de cour dont elle raffolait, mais encore elle brûle pour le protestant d'une passion qui ne tardera guère à porter son fruit. Un fruit que cachera parfaitement l'ample vertugadin alors à la mode... et si mal nommé. Un fruit qui fera son apparition dans des conditions fort spectaculaires.

En effet, François II mort, Catherine de Médicis a jugé bon de présenter la France au tout jeune roi Charles IX et de présenter le jeune roi à la France. D'où un interminable voyage de plus d'un an avec un cortège gigantesque. Moins passionnant que son lointain successeur sportif, ce tour de France, exceptionnel dans les annales de la monarchie, n'en remporta pas moins un vif succès à l'arrivée des étapes.

Celle de Dijon fut fatale à Isabelle de Limeuil : pendant une grande réception à l'ancien palais ducal, dans le cabinet même du maire de la ville, elle y accouche en quelques minutes d'un superbe garçon que l'on se hâtera de confier à une bonne et sûre nourrice. Quant à la jeune mère, elle s'en va réfléchir, aux Cordelières d'Auxonne, sur les inconvénients qu'il y a à laisser les preuves de son bonheur déborder en société...

Bonheur qui ne résiste pas très longtemps à l'épreuve en dépit de la lettre passionnée, mais d'une orthographe des plus fantaisistes, que Condé adresse à sa belle :

« Hélas, mon cœur, que vous puis-je mandé sinon que vos pènes me rande le plus afligé gentilhome du monde. »

Quand Isabelle recouvre sa liberté, Condé est follement épris de Françoise de Montrency-Rothelin qu'il épouse, et la réputation de la Douce Limeuil est en miettes.

Normalement, elle devrait retourner au couvent. Mais, auprès de la reine mère, il y a un homme qui, depuis toujours, l'adore en silence. Il se nomme Scipion Sardini, c'est l'un des fidèles de Catherine et sans doute le plus puissant financier de France. Le peuple de Paris qui le connaît bien ne manque pas de le chansonner :

Naguère sardine, aujourd'hui grosse baleine
C'est ainsi que la France engraisse
Les petits poissons italiens...

Quoi qu'il en soit, Sardini, qui n'est ni laid ni sot, ne voit aucun inconvénient à récupérer ce que les méchants nomment « les restes » du prince de Condé. Il épouse Isabelle de Limeuil avec la bénédiction de Catherine et, faisant d'elle la femme la plus riche de Paris, change les quolibets des potineuses en grimaces envieuses. Isabelle règne sur le bel hôtel du quartier Saint-Marcel (l'actuelle 13, rue Scipion), sur celui du 7, rue du Puits-Châtel à Blois... et bientôt sur un château royal : Scipion Sardini a acheté aux héritiers de Diane de Poitiers – l'ex-favorite l'a fort peu habité, lui préférant Anet – le château de Chaumont où, pour la première fois, il l'a rencontrée.

Les fils d'Isabelle, Alexandre et Paul, régnèrent à leur tour sur le château qui, jusqu'au milieu du XVIIIe siècle, passa entre plusieurs mains fort nobles : Roffignac, Saint-Aignan, Beauvilliers...

En 1750, le propriétaire s'appelle Jean-Donatien Le Ray qui sera aussitôt « de Chaumont ». Financier richissime, maître des Eaux et Forêts de France, armateur nantais ayant fait le plus clair de sa fortune avec le bois d'ébène, autrement dit la traite des Noirs, Le Ray de Chaumont n'en est pas moins ouvert aux idées nouvelles. Il installe à Chaumont une fabrique de faïence illustrée surtout par les charmants médaillons de l'Italien Nini. Mais, surtout, il entretient, avec l'Amérique, des relations courageuses. Une grande amitié réciproque le lie à Benjamin Franklin qui, au cours de son séjour en France, résidera essentiellement chez lui : soit dans son superbe hôtel de Passy, soit à Chaumont.

Dans la guerre de l'Indépendance américaine, Le Ray de Chaumont jette une grande partie de sa fortune, comme d'autres Français d'ailleurs. Ces dettes, qui se montent à plusieurs millions-or, ne seront jamais remboursées, chose que l'on ignore généralement.

Le fils de Jean-Donatien achètera des terres en Amérique et y vivra la majeure partie du temps (ces terres lui seront reprises). Mais c'est lui qui prête, en 1810, Chaumont à son amie Germaine de Staël.

D'autres propriétaires succèdent à Le Ray : le baron d'Etchegoyen, la comtesse Walsh qui entreprend la restauration. Mais c'est une femme encore qui va donner à Chaumont son dernier et fabuleux éclat. Une jeune fille richissime, Marie Say, fille du célèbre sucrier, s'éprend du château et l'achète. En 1875, en épousant le prince Amédée de Broglie, elle lui donne une maîtresse au nom digne de lui.

Elle fait d'abord achever la restauration, agrandit les écuries où vont s'installer princièrement des chevaux magnifiques, un équipage de chasse. Les appartements sont décorés avec un raffinement extrême et, bientôt, Chaumont voit défiler, en des fêtes grandioses, tout ce que l'Europe compte de grand, de noble et de puissant. Lettrée, artiste, profondément originale, la princesse de Broglie n'hésitait pas à faire venir à Chaumont la Comédie-Française, ou l'Opéra, ou de grands orchestres. Elle possédait un yacht, toujours sous pression, qui lui permettait de partir pour les Indes aussi facilement qu'elle prenait son wagon spécial pour Paris. Sa table était fabuleuse. Une tour du château avait été convertie en garde-manger.

La guerre et les bouleversements qui la suivirent firent de l'État le nouveau propriétaire.

Le château abrite chaque année, de la mi-juin à la mi-octobre, le Festival international des jardins.

HORAIRES D'OUVERTURE

Du 2 janvier au 6 avril	10 h-17 h
Du 7 avril au 30 juin	10 h-18 h 30
Du 1er juillet au 31 août	10 h-19 h
Du 1er au 30 septembre	10 h-18 h 30
Du 1er octobre au 7 novembre	10 h-18 h
Du 8 novembre au 31 décembre	10 h-17 h

Fermé le 1er janvier et le 25 décembre.

Le parc est labellisé « Jardin remarquable ».

http://www.domaine-chaumont.fr/

CHENONCEAU

Un château pour des reines

Là est le bien que tout esprit désire
Là, le repos où tout le monde aspire
Là est l'amour, là, le plaisir encore...

Joachim Du Bellay

Il n'y eut jamais que des femmes dans ce Chenonceau dont les formes délicates et un peu folles se reflètent dans l'eau verte du Cher d'où il semble avoir surgi un jour, dans toute sa perfection, pour le caprice d'une fée des eaux...

La première se nommait Catherine. Catherine Briçonnet. Le nom semble modeste, pourtant cette Catherine était fille d'un surintendant des Finances et nièce d'un autre, fastueux celui-ci : Jacques de Beaune-Semblançay qui devait payer un jour ce faste sur l'échafaud. Tout cela pour dire qu'appartenant à une famille de financiers puissants au temps de la Renaissance, cette Catherine-là avait reçu des goûts de princesse et les moyens de les réaliser. Le mariage acheva d'en faire l'une des femmes les plus riches du royaume car elle épousa Thomas Bohier qui allait être receveur des finances de trois rois : Charles VIII, Louis XII et François Ier, avant de devenir lieutenant général du roi en Italie. Position fort brillante qui équivalait à celle d'un vice-roi.

C'est Thomas Bohier qui, en 1513, commence la construction du château, construction qui va s'étendre jusqu'en 1521, et cela uniquement pour sa femme qui devait rester seule durant ses longs séjours en Italie. Il pensait, avec quelque raison, qu'une aussi ravissante demeure aiderait Catherine à trouver le temps moins long.

En fait, elle ne profita pas très longtemps de son délicieux château ni des superbes jardins où, déjà, foisonnaient les roses. Cinq ans après l'inauguration, Catherine Bohier mourait. Elle était veuve depuis deux ans, Thomas Bohier ayant rendu, en Italie, le dernier soupir d'un homme fatigué.

Pendant un court moment, Chenonceau fut un château d'hommes car le fils des Bohier, Antoine, en hérita en même temps que de la fortune de ses parents mais il n'y vint pratiquement jamais et n'eut pas le temps de s'y attacher : les temps difficiles étaient venus pour cette fastueuse famille de financiers, sous l'impulsion de la mère du roi, Louise de Savoie, que la captivité de son fils, après Pavie, avait faite régente de France. Elle considérait tous ces gens comme d'« inextricables sacrificateurs de la France », les accusant d'avoir outrepassé trop souvent la frontière, fragile il est vrai, entre les finances du royaume et leur propre fortune. L'oncle Semblançay fut pendu haut et court. Quant à Antoine Bohier, il s'estima encore heureux de garder un cou intact au prix d'une partie de sa fortune. C'est ainsi que Chenonceau, un beau jour, passa à la Couronne de France.

Quand meurt, en 1547, le roi-chevalier, c'est son fils, Henri II, qui coiffe la couronne et pas tellement pour le bien de la France. La chevalerie, dont il est entiché, se borne chez lui à la lecture passionnée de romans, et à sa propre participation à des tournois désuets dont sa « Dame » est la reine. Or, cette histoire d'amour là est bien l'une des plus étranges de l'Histoire car, depuis l'âge de dix ans, Henri est follement amoureux d'une femme qui a vingt ans de plus que lui. Mais quelle femme !

Diane de Poitiers de Saint-Vallier, veuve de Louis de Brézé, grand sénéchal de Normandie, possède une beauté de statue grecque, humanisée par une somptueuse chevelure blonde et des yeux d'azur foncé. Cavalière et chasseresse accomplie, c'est une sportive avant la lettre qui pratique les bains froids quotidiens et la diététique, ce qui lui permettra de garder silhouette de jeune femme et visage lisse jusqu'à un âge avancé.

Étant née le 31 décembre 1499, c'est-à-dire vraiment à la plus extrême limite du XVe siècle, elle a près de quarante-sept ans quand son amant monte sur le trône mais personne ne les lui donnerait et le roi, marié depuis quatorze ans à la jeune mais laide Catherine de Médicis, est plus amoureux que jamais. À peine a-t-il coiffé la couronne qu'il donne Chenonceau à Diane qui, en femme de goût, va en développer le charme.

Aimant à s'entourer d'artistes dont le premier devoir est de chanter sa beauté inaltérable, Diane songe avant tout à se donner un cadre digne d'elle. C'est elle qui fait construire le pont sur le Cher qui prolonge le château – et ne sera achevé que plus tard, par Catherine de Médicis. C'est elle encore qui redessine et agrandit les jardins, crée un jeu de paume pour que son roi, qui est lui aussi un sportif impénitent, puisse s'y ébattre à son aise. Elle installe un jeu de bagues, un labyrinthe... En même temps, elle fait rebâtir au goût du jour la vieille forteresse d'Anet, qu'elle tient de son époux, et qui engloutira une fortune ! Mais rien n'est trop beau ni trop cher pour la « déesse » du roi dont les douze années de règne mettront en grand danger les finances de la France. Henri II lui a même remis les joyaux de la Couronne...

Car, heureusement, ce règne-là ne dure que douze années. Le 10 juillet 1559, Henri II meurt d'un coup de lance dans l'œil reçu au tournoi des Tournelles, la dernière joute où il a pu porter le noir et le blanc qui sont les couleurs de Diane. Le règne de la grande sénéchale s'achève, celui de Catherine de Médicis commence.

Le roi de fait, c'est le jeune François II, l'époux de Marie Stuart, mais c'est un malade qui ne durera guère que quelques mois et ce sera alors à Catherine de prendre fermement en main les affaires du royaume, ses fils étant rois, mais elle l'éminence grise. Naturellement, son premier soin est de faire rendre gorge à la royale maîtresse dont elle a eu à souffrir durant tant d'années, et Diane doit d'abord restituer les joyaux de la Couronne. Puis c'est Chenonceau qu'elle devra rendre, mais comme, par le mariage de sa fille avec l'un des membres de la turbulente famille de Guise, elle demeure une sorte de puissance,

Catherine, diplomate jusqu'au bout des ongles, lui offre un « échange ». Contre Chenonceau, elle reçoit Chaumont qui est beaucoup plus sévère. « Une prison ! » clameront les irrécupérables ennemis de la reine mère. N'exagérons rien ! De cette « prison » se contentèrent bien des femmes de goût ainsi que nous venons de le voir.

Mais du goût, Catherine n'en manque pas non plus. Sous son règne, Chenonceau va prendre l'aspect achevé qu'il offre toujours. En outre, la Florentine, qui sait à quel point l'éclat d'une cour peut être bénéfique au commerce d'un royaume, se servira de Chenonceau pour donner des fêtes splendides. Celle qu'elle offrit en mars 1560 en l'honneur de François II et Marie Stuart et dont le Primatice signa les décors est demeurée célèbre car on y vit le premier feu d'artifice jamais allumé en France.

En 1577, autre fête plus magnifique encore en l'honneur du fils préféré de Catherine, Henri III. Ce fut surtout un grand banquet costumé où les plus belles dames de la cour, très peu vêtues et les cheveux sur les épaules, servirent les hommes assis à des tables somptueuses. Henri III y parut habillé en femme. On sait que son goût secret, né d'une dramatique histoire d'amour contrarié, le poussait de ce côté-là, ce qui ne l'empêcha pas d'être l'un des souverains les plus courageux de l'Histoire.

Son épouse, Louise de Vaudémont-Lorraine, qui se tenait volontiers dans l'ombre, ne lui en demeura pas moins toujours tendrement attachée. En grande partie parce qu'elle avait vécu grâce à lui, elle, princesse pauvre épousée pour une ressemblance[1], une aventure assez semblable à celle de Cendrillon. Et aussi parce qu'il lui avait toujours montré beaucoup d'affection.

Quand meurt Catherine de Médicis, en 1589 c'est à Louise qu'elle lègue Chenonceau et c'est à Chenonceau que la blonde reine apprend l'assassinat par Jacques Clément d'un époux peut-être étrange mais néanmoins adoré. Et le joli château, fait pour l'éclat des fêtes, connut l'austérité d'un deuil royal quasi espagnol. Louise fit tendre

1. Voir Blandy-les-Tours.

murs et fenêtres de velours noir. Entre les poutres de la galerie sur l'eau, les plafonds furent peints de noir avec comme décors les emblèmes d'argent du deuil : larmes, crânes, ossements, ces mêmes emblèmes que l'on retrouvait frappés sur ses tentures. Parmi ces grandes pièces funèbres, Louise, portant le deuil blanc des reines, errait à la lumière des cierges, un chapelet entre les doigts et des larmes roulant par moments sur ses joues pâles...

Hélas, la Couronne de France avait des dettes que ne songeait guère à payer l'héritier, ce Béarnais impécunieux qui avait tant de mal à la coiffer. Pour sauver Chenonceau, Louise de Vaudémont dut vendre les superbes perles que lui avait offertes son époux.

Henri IV devenu roi, autres soucis : la favorite, l'avide Gabrielle d'Estrées, convoitait le château. Une transaction laborieuse fut alors mise au point : la reine veuve léguait Chenonceau à sa nièce Françoise de Lorraine qui épousait César de Vendôme, fils bâtard de Gabrielle et d'Henri IV qui avait quatre ans. En échange, on lui offrit le Bourbonnais en douaire. Louise accepta et s'en alla mourir, le 29 janvier 1601, à Moulins. Celle qui avait voulu la dépouiller était morte depuis un an.

Le temps des rois s'achevait pour Chenonceau. Vint l'embourgeoisement avec le fermier général Dupin qui, au moins, rendit la jeunesse au joyau du val du Cher. Dupin y amena le précepteur de son fils, un certain Jean-Jacques Rousseau, qui s'intéressa fort à la cuisine tourangelle et y prit des kilos. Cela, et la bonté de Mme Dupin, permit au château et à ses habitants de passer sans encombre la tourmente révolutionnaire. La bonne dame y mourut en 1797, à quatre-vingt-treize ans, ce qui était rare.

En 1864, ce fut une femme, Mme Pelouze, qui l'acheta. Elle y reçut le beau-père de son frère, le président Grévy, puis fit des dettes, dut vendre. Le château faillit mourir mais reprit des forces en 1913 sous une dose massive de chocolat. La famille Menier, qui veille toujours dessus avec un soin pieux, venait de l'acheter...

Le château de Chenonceau est le monument historique privé le plus visité de France.

Horaires d'ouverture

Du 1er janvier au 10 février	9 h 30-17 h
Du 11 février au 11 mars	9 h 30-17 h 30
Du 12 au 31 mars	9 h 30-18 h
Du 1er avril au 31 mai	9 h-19 h
Du 1er au 30 juin	9 h-19 h 30
Du 1er juillet au 31 août	9 h-20 h
Du 1er au 30 septembre	9 h-19 h 30
Du 1er au 26 octobre	9 h-18 h 30
Du 27 octobre au 11 novembre	9 h-18 h
Du 12 novembre au 31 décembre	9 h 30-17 h

http://www.chenonceau.com/

CIREY

Les « savantes » amours de Mme du Châtelet et de Voltaire

Tout est bien, tout va bien, tout va le mieux qu'il soit possible.

VOLTAIRE

Encore qu'il ait belle allure et qu'il soit imposant, le château de Cirey est un édifice incomplet, parce que le bâtisseur n'a pas eu le temps d'élever les quatre pavillons qu'il projetait. C'était déjà très beau qu'il eût pu construire celui-là car, au temps du roi Louis XIII, le marquis Louis-Charles du Châtelet, embarqué dans l'une des incessantes conspirations du frère du roi, Gaston d'Orléans, fut à deux doigts d'y laisser la vie. Condamné à être écartelé pour lèse-majesté, il réussit à prendre la fuite, échappant ainsi à un sort abominable, mais ne put éviter à son château d'être rasé.

Rentré en grâce quelques années plus tard, il entreprit, en 1642, de reconstruire, mais ne put mener à bien, faute de temps, l'ambitieux projet primitivement formé. C'est néanmoins une bien agréable demeure qui s'élève dans la vallée de la Blaise, une demeure où Voltaire allait vivre, entre 1733 et 1749, quelques-unes des plus belles années de sa vie grâce à celle qui fut son égérie bien-aimée : Émilie Le Tonnelier de Breteuil, marquise du Châtelet...

L'aventure commence donc en 1733, dans le salon de Mme du Deffand, à Paris, sans doute le lieu où l'esprit souffle avec le plus de constance. Non que la maîtresse de maison soit riche ou donne des fêtes fastueuses. Depuis que son époux, excédé d'une conduite un peu légère, l'a chassée, la marquise du Deffand, qui a été la maîtresse du Régent et de quelques hommes en vue, connaît souvent des fins de mois difficiles, mais elle a tant d'esprit, de charme et de culture que ses amis préfèrent s'asseoir par terre dans son salon plutôt que d'occuper des fauteuils dorés dans une autre maison.

De ce salon, l'ornement le plus fameux et le plus pittoresque est incontestablement Voltaire avec son long nez, ses yeux vifs, son esprit du diable et ses grandes perruques. Les belles et les moins belles se pâment à lire ses écrits, à se répéter ses mots, et l'engouement en est venu au point qu'il est de bon ton, lorsqu'il entre dans quelque demeure[1] – celle de Mme du Deffand n'est pas la seule qu'il honore de sa présence –, de faire silence. Un silence vite perturbé par de longs gémissements car, à la seule vue du grand homme, les plus sensibles de ces dames ont pris l'habitude de s'évanouir. Un hommage comme un autre rendu à une personnalité exceptionnelle...

Mme du Deffand, qui connaît bien cette espèce de cérémonial à rebours, a toujours grand soin, lorsqu'une belle doit être mise pour la première fois en présence du génie, de faire disposer aux bons endroits quelques coussins ou quelque chaise longue destinés à recevoir la trop impressionnable créature... Et elle ne manque pas au rituel le jour où elle attend à la fois Voltaire et la jeune marquise du Châtelet qui l'a suppliée de lui faire rencontrer cet homme dont elle rêve.

Voltaire arrive le premier, fait sa cour à la maîtresse de maison, s'installe, commence à causer. On annonce alors la marquise et chacun de retenir son souffle tandis que quelques hommes charitables s'avancent vers la porte, tout prêts à tendre les bras pour recueillir la victime d'une émotion trop forte. Mais ils en seront pour leurs frais : Mme du Châtelet n'est pas femme à s'évanouir facilement, fût-elle en présence d'un dieu.

---

1. Voir Avauges.

Quand elle paraît sur le seuil, grande, brune et sûre de son personnage, elle parcourt l'assemblée de ses yeux couleur de mer puis, repérant Voltaire assis près de la bergère de son hôtesse, elle traverse le salon d'un pas vif... s'assoit sur les genoux du grand homme et, lui passant les bras autour du cou, l'embrasse à pleine bouche :

— Il y a si longtemps que je voulais vous dire cela ! soupire-t-elle. Vous n'imaginez pas comme je vous aime !...

On peut être philosophe, revenu de tout, on peut être cynique, et se retrouver tout bête en face d'une jolie femme amoureuse : c'est ce qui arrive au futur père de Candide. Il a près de quarante ans, il souffre d'une foule d'incommodités physiques mais la jeune femme qui l'assaille l'éblouit et il s'en éprend sur-le-champ.

Mais, au fait, Mme du Châtelet est-elle vraiment belle ? On peut en douter en lisant le portrait qu'en trace Mme du Deffand : « Représentez-vous une grande femme sèche, sans hanches, la poitrine étroite, de gros bras, de grosses jambes, les pieds énormes, une très petite tête, le visage aigu, le nez pointu, deux petits yeux vert de mer, le teint noir, rouge, échauffé, la bouche plate, les dents clairsemées et extrêmement gâtées... » Mais l'indulgence n'est pas la vertu dominante de la célèbre hôtesse et une solide dose de jalousie devant cet amour qui naît sous ses yeux a fort bien pu aigrir son jugement. On s'accorde en général à trouver de l'éclat et du charme à la « belle Émilie »...

Quoi qu'il en soit, lorsqu'elle quitte la maison de son hôtesse, Mme du Châtelet est déjà virtuellement la maîtresse de Voltaire et ne perdra guère de temps pour passer de la théorie à la pratique. Bientôt, il ne sera bruit dans tout Paris que de la grande passion née sous les lambris de la célèbre potineuse. Une passion où vont communier deux natures exceptionnelles, car si Voltaire est un grand homme, Émilie n'est pas une femme comme les autres. C'est un véritable puits de science. Elle est à la fois lettrée – parlant latin comme Cicéron – et savante. Elle a analysé Leibniz et folâtré dans les dédales du calcul différentiel de Newton. Elle fait autorité en matière de géométrie et de physique, tutoie l'astronomie et fréquente les sciences naturelles en habituée.

Un tempérament au-dessus de la moyenne achève d'en faire une femme singulièrement attrayante et, tout naturellement, elle a déjà attiré plus d'un homme de goût, sans d'ailleurs que son époux s'en montre le moins du monde offensé.

Lieutenant général des armées du roi, de grande famille lorraine, M. du Châtelet, comme tous les militaires, est souvent absent. En outre, c'est un galant homme et un homme bien élevé qui, pour rien au monde, ne se donnerait le ridicule d'être jaloux. Sa femme lui a offert deux enfants, un fils et une fille, et il considère que, de ce fait, elle a rempli sa part du contrat de mariage. Il ne voit même pas d'inconvénient à ce qu'Émilie se sépare de lui pour « vivre sa vie » auprès de Voltaire :

— Mon cœur ni ma personne ne sont de ceux qui se partagent, lui a-t-elle dit. Le lien qui m'attache à M. de Voltaire étant fort impérieux, je ne saurais être qu'à lui seul.

— Mais comment donc ! répond M. du Châtelet qui baise galamment la main de sa femme avant de la mettre en voiture en lui souhaitant bon voyage.

En effet, les deux amants vont d'abord cacher les premiers feux de leur passion au château de Montjeu, près d'Autun, château qu'un ami a prêté.

Mais, à Paris, les choses se gâtent. Le libraire Jore vient de faire imprimer les *Lettres philosophiques* qui vont déchaîner un affreux scandale. Le cardinal de Fleury lance la police aux trousses du coupable. Il faut décamper.

C'est alors que M. du Châtelet fait preuve d'une vraie grandeur d'âme : il offre au couple traqué – car naturellement Émilie refuse d'abandonner son grand homme – l'asile de son château de Cirey-sur-Blaise qui présente l'avantage d'être fort campagnard, c'est-à-dire fort retiré, fort discret et éloigné de tout danger. Là-bas, rien à craindre des visites intempestives, ni même des visites tout court.

À vrai dire, cette thébaïde n'est enchanteresse qu'à première vue : la bâtisse est délabrée, les toits pleurent les jours de pluie et les jardins ravissamment retournés à la nature ont tout le charme des taillis de la Belle au bois dormant. Mais Voltaire, pas découragé pour un sou, déclare qu'en véritable enchanteur il va arranger tout cela.

En effet, malgré la prescription, ses droits d'auteur montent assez haut, ce qui lui permet d'avancer une somme de quarante mille livres pour les réparations et les embellissements. Et, bientôt, les deux reclus se retrouvent dans une demeure conforme à leurs goûts, une demeure où, peu à peu, quelques amis, bravant les mauvais chemins, viendront contempler un bonheur aussi édifiant.

Ils pourront constater, non sans surprise, que le château de l'amour est avant tout celui de l'étude. Dans la galerie est entassée une quantité d'instruments de physique, de chimie et d'astronomie. Quant aux deux héros, tandis que « l'un fait des vers, l'autre fait des triangles ». Voltaire écrit une tragédie et des poèmes cependant qu'Émilie se lance dans la philosophie transcendantale, ergotant pendant des jours entiers sur une question dans le genre de celle-ci : « Pourquoi Dieu, puisqu'il est éternel, a-t-il attendu si longtemps avant de créer l'homme ? »

On voit que les esprits volent très haut ! Pensant peut-être que la culture de sa maîtresse présente encore quelques lacunes, Voltaire lui apprend l'anglais et l'italien, à seule fin de pouvoir traduire avec elle Shakespeare et Le Tasse. Bref, le couple a tant à faire que c'est tout juste s'il lui reste quelques minutes pour l'amour. Ils ne s'en plaignent pas, jugeant leur vie la plus délicieuse qui soit. Seuls les amis trouveront peut-être que « Cirey la Félicité » manque de confort car, tandis que Voltaire habite un écrin de velours rouge et Mme du Châtelet un nid de moire bleue et de satin jaune où s'entassent des merveilles, les invités doivent se contenter d'« une halle pour la hauteur et la largeur où tous les vents se divertissent par mille fentes qui sont autour des fenêtres... »

Ce grand bonheur durera sans interruption jusqu'en 1739, lorsque les deux parfaits amants devront quitter leur refuge pour se rendre à Bruxelles où l'on a un procès à plaider. Ensuite, on usera beaucoup de la chaise de poste. Les années qui suivent voient le couple passer incessamment de Belgique à Paris, de Paris à Cirey, de Cirey à Bruxelles, de Bruxelles à Cirey... Car Voltaire, peu à peu, a cessé d'être suspect. Ses affaires s'arrangent avec Versailles. Il devient même un temps, grâce à son ancien condisciple d'Argenson, le protégé de Mme de Pompadour. En outre, il poursuit avec le roi de Prusse cette longue correspondance qui sera l'un des événements de sa vie. Lui et Mme du Châtelet ne se quittent pas mais, un jour, le grand homme est pris d'une « fantaisie » pour sa nièce, Mme Denis, et quand Émilie l'apprend elle en fait un drame : des larmes, des cris, des menaces ! Il faudra que quelqu'un se charge de l'apaiser, et ce quelqu'un sera... M. du Châtelet.

— Monsieur de Voltaire nous trompe ? Ce n'est pas la première fois. Il ne faut pas tourner en drame les fantaisies sans lendemain de notre ami...

Ce qui lui vaudra, de la main de sa femme, ce satisfecit : « Je serais la dernière des femmes si je ne reconnaissais pas que M. du Châtelet est le meilleur des maris... »

En 1748, Voltaire et Émilie quittent Cirey une dernière fois pour rejoindre dans ses châteaux le roi Stanislas qui les a conviés[1]. Séjours pleins de grâce, de gaieté et de folies qui s'achèveront tragiquement, le 8 septembre 1749, par la mort en couches de la « docte » Émilie. Voltaire, inconsolable, partira rejoindre son ami le roi Frédéric II de Prusse. Il ne reviendra plus à Cirey.

Peu avant la Révolution, le fils de Mme du Châtelet léguera le château à sa nièce, la belle Mme de Simiane, qui y recevra La Fayette pour qui elle eut quelque faiblesse. Il appartient à présent au comte de Salignac-Fénelon.

HORAIRES DES VISITES GUIDÉES

Du 1er juillet au 1er septembre	14 h 30-19 h (tous les jours)
Mai, juin et septembre	14 h 30-19 h (les dimanches et jours fériés)

1. Voir Lunéville (tome 1).

LE CLOS DE VOUGEOT

D'une étrange guerre de Cent Ans aux chevaliers du Tastevin

Toujours en vin
Jamais en vain

Devise bourguignonne

C'est presque une gageure de raconter ici l'histoire d'un château qui n'a été le théâtre d'aucun crime – sinon parfois contre lui-même – et qui n'a vu s'épanouir aucune histoire d'amour sinon celle, presque abstraite, d'un terroir et de celui, beaucoup plus concret, de ses sublimes produits : les grands vins de Bourgogne.

Pour bien chanter la Bourgogne, il faut être bourguignon et je ne le suis, hélas, que d'adoption. C'est donc un grand écrivain du cru qui va présenter ici le Clos de Vougeot, ce beau château assis au pied de la somptueuse Côte d'Or, à quelques kilomètres de Dijon, de Beaune et de Nuits-Saint-Georges.

« Le vieux manoir repose là, écrit Gaston Roupnel, entouré de la tranquillité de son noble vignoble, au centre de la culture ordonnée. Sévère et monumental, sans garniture de jardins inutiles ni d'oisives verdures, sans artifices et sans parure, il émerge directement de la foule des ceps, dressant brutalement, à même le sol, ses graves murailles aux grandes pierres que surmontent et couvrent les vieux toits gris, longuement inclinés comme les pentes incolores de la montagne, pensivement penchés comme s'ils portaient un ciel accablant. »

Accablant, le ciel de la Bourgogne peut l'être mais aussi infiniment doux, assez semblable, en somme, à l'histoire qui s'est déroulée là, alternant les instants de fabuleuse richesse et les heures de noire misère.

Huit « journaux[1] » de friches constituent le noyau primitif du domaine. Ils ont été cédés aux moines de l'abbaye voisine de Cîteaux contre vingt sols et deux tuniques de futaine, par leurs obscurs propriétaires soucieux du bon état de leur âme. Nous sommes au XIIe siècle et, à peu près dans le même temps, Raynald, abbé de Saint-Germain-des-Prés, offre lui aussi quatre autres journaux dépendant du prieuré de Gilly qui est absolument voisin. D'autres donateurs vont s'inscrire, comme les sires de Vergy, et, finalement, les ducs de Bourgogne confirmeront le domaine et renonceront à leurs droits ducaux sur ces terres que les moines ont plantées de vigne.

Voilà le Clos constitué et il va commencer à produire des vins qui rassembleront très vite les suffrages des gourmands. À commencer par les papes installés en Avignon, leurs cardinaux et les innombrables évêques, abbés, prieurs et même curés de campagne qui émaillent et sanctifient de leur mieux la terre de France. Sans oublier non plus les puissants ducs de Bourgogne, ces grands ducs d'Occident si fastueux que la splendeur de leur cour éclaire tout le XVe siècle. Sans oublier enfin l'envahisseur anglais qui, non content de régner depuis trois siècles sur les vignobles bordelais, ajouterait bien à son menu ceux de Bourgogne ! Mais les ducs font bonne garde et les léopards d'Angleterre ne se faufileront jamais parmi les vignes bourguignonnes.

Malheureusement, ce que l'Anglais ne réussit pas, un autre envahisseur va, en plein XVe siècle, le réussir et ravager le Clos de Vougeot. Et cela pendant près de cent ans...

L'an 1458, en effet, « les urebères, escrivains et autres vermynes » s'abattent sur les coteaux bourguignons et les rongent jusqu'à l'os. On pourrait croire, à première lecture de l'énumération ci-dessus, qu'une famine s'étant

1. Mesure agraire.

abattue sur le France tous les gratte-papier du royaume, poussés par la faim et surtout la soif, s'étaient abattus sur la riche Bourgogne. En fait, les « escrivains » en question ne relevaient pas d'une profession à laquelle on peut légitimement s'enorgueillir d'appartenir. Ils n'étaient, *Littré dixit*, que des insectes nuisibles appelés aussi coupe-bourgeons. Reste à savoir ce qui a bien pu inspirer pareille appellation.

Quoi qu'il en soit, la catastrophe est telle et l'invasion s'est si bien installée qu'on décide « en 1460, avec les gens d'Église de Dijon que, pour remédier aux urebères, escrivains et autres vermynes qui gâtaient les vignes, on ferait une procession générale le 25 mars, que chacun se confesserait et que défense serait faite, sur rigoureuses peines, de jurer ».

Car c'est l'Église, plus encore que les vignerons, qui part en guerre contre ce qui ne pouvait être autre chose qu'une attaque de phylloxera. C'est normal : les vignes ne sont-elles pas sacrées du fait même qu'elles appartiennent aux moines ? Elle va même encore bien plus loin, l'Église. Comme, en 1553, les envahisseurs sont toujours là, Mgr Philippe de Berbis, vicaire général de Langres, fait tenir à tous les curés de la province un mandement proprement ahurissant aux termes duquel, « Au nom du Seigneur, il maudit et lance la sentence de malédiction et d'anathème sur les mouches, escrivains, et urebères et leur postérité... » !

Voilà le phylloxera et ses descendants – escrivains ou pas ! – maudits jusqu'à la treizième génération comme les rois de France par le grand maître du Temple ! Fut-il sensible à l'honneur ou bien réellement terrifié par les foudres ecclésiastiques ? Toujours est-il que le fléau choisit de disparaître. Plus que certainement parce qu'il n'avait plus rien à manger.

En effet, il n'y a plus un cep, non seulement au Clos de Vougeot mais dans toute la Côte-d'Or. Si, pourtant ! Il reste, sur les hauts de Pommard, comme l'arche de Noé sur le mont Ararat, un petit bouquet de vignes. Oh ! un tout petit bouquet mais qui va quand même servir à repeupler le pays. Pas tout seul, bien sûr. On fera venir des plants de lieux divers et même de Crimée.

C'est peut-être pour se remonter le moral, ou parce que vraiment le transport des pierres ne risquait plus de faire grand mal aux ceps, qu'en 1540 Dom Loisier, quarante-huitième abbé de Cîteaux, décide de bâtir un château au milieu du défunt clos. Et quel château ! Superbe, solide et même fastueux. Tellement que ses moines renâclent devant une dépense aussi somptuaire. Est-ce que le révérend abbé n'oublie pas un peu qu'il est le continuateur de ce grand saint Bernard qui prêchait si fort la sainte pauvreté ? Ne peut-il se contenter du petit manoir de Gilly qui jouxte le Clos ?

Eh bien, non, il ne peut pas s'en contenter. Il lui faut une demeure digne de sa grandeur – et aussi, bien sûr de celle de l'abbaye ! Il l'aura et, autour de l'énorme cellier du XIIe siècle qui subsiste toujours et où se tiennent les grandes fêtes du château, s'élève – pierres dorées et ardoises grises – l'imposant manoir dont la Côte-d'Or est légitimement fière.

L'orgueil de notre abbé ne connaît plus de bornes. D'autant que, lorsque l'on hisse le bouquet sur le toit, le fléau a bien disparu. Et, saisi par la vanité comme « Monsieur le Trouhadec par la débauche », il va jusqu'à faire ôter des portes du Clos les armes du roi de France, protecteur du domaine, pour les remplacer par celles de Cîteaux. Ce qui lui vaut encore une protestation de ses moines mais de cela non plus l'abbé n'a cure. Cette belle égalité d'âme lui permet de mourir tranquille et heureux quand le temps en sera venu.

Pour le Clos de son château, le temps qui passe n'est pas toujours idyllique. En 1636, les troupes croates de l'empereur d'Autriche envahissent la Bourgogne, se font repousser à Saint-Jean-de-Losne et viennent se consoler à Vougeot dont les caves sortiront exsangues de l'aventure. Mais, au siècle suivant, c'est une autre sorte d'ouragan qui va s'abattre sur l'abbaye de Cîteaux et ses biens, dont le Clos de Vougeot : la Révolution.

Le 13 février 1790, l'Assemblée constituante déclare que tout cela fait partie des biens nationaux. Grâce au Ciel qui n'abandonne pas toujours ses brebis bonnes vivantes, le pillage est évité.

Le dernier cellerier du Clos, le courageux Dom Goblet au nom prédestiné, pour éviter le désastre, accepte de gérer le Clos au nom de la Nation, après une vente aux enchères qui n'aboutit pas réellement. Sa gestion est si juste que, le Directoire venu, on lui offrira deux couverts d'argent comme récompense. Mais il doit quitter le Clos et prendre retraite à Dijon. Ce qu'il fera les larmes aux yeux, sans oublier d'emporter assez de bon vin pour charmer ses heures mélancoliques.

Les vins du Clos de Vougeot sont si illustres que, revenant de la campagne d'Italie, le général Bisson fait aligner ses troupes devant le Clos et, au commandement, leur fait présenter les armes à l'étendue des ceps et à leur vieux gardien, le château.

Un château qui connaît, dès lors, diverses fortunes aux mains de divers propriétaires jusqu'à ce qu'en 1889 M. Léonce Bocquet le fasse admirablement restaurer par l'architecte dijonnais Félix Vionnois. M. Bocquet y donnera quelques fêtes superbes avant de mourir, ruiné par une nouvelle attaque du phylloxera au début du XXe siècle. Selon ses dernières volontés, il repose à l'entrée du château qu'il a tant aimé.

Quelques années obscures encore jusqu'à ce qu'enfin le dernier propriétaire, M. Étienne Camuzet, mette le château à la disposition de la Confrérie des Chevaliers du Tastevin, un peu à l'étroit depuis sa création en 1934 dans le caveau Nuiton. C'est le 29 novembre 1944 que les Chevaliers entrèrent en possession du château de Clos de Vougeot qui est désormais leur chef d'ordre.

Depuis, la renommée des chapitres de l'ordre attire à « Clos-Vougeot » des personnalités venues du monde entier : ambassadeurs, grandes vedettes, écrivains – des vrais, cette fois ! – tiennent à honneur d'être choisis pour porter le ruban rouge et or d'où pend le Tastevin d'argent. Cela donne lieu, dans le Grand Cellier, à de joyeuses soirées où se déploient un faste bon enfant et toute la gaieté de la vieille Bourgogne. Des soirées que l'on aime à renouveler quand, une fois, pour l'intronisation, on y a participé.

HORAIRES D'OUVERTURE

Du 1er avril au 30 septembre	9 h-18 h 30
Du 1er octobre au 31 mars	9 h-11 h 30 et 14 h-17 h 30

Fermé le 1er janvier et les 24, 25 et 31 décembre.

http://www.closdevougeot.fr/fr/

CŒUVRES

La Belle Gabrielle et l'homme à la paille

Qui vit sans folie n'est pas si sage qu'il croit.

La Rochefoucauld

Situé dans une vallée étroite et tortueuse de l'ancien Soissonnais, le château de Cœuvres était d'une extrême splendeur au temps où la famille d'Estrées en était maîtresse ; au temps surtout où la plus belle de ses filles sut attacher à son char rayonnant le plus inflammable de nos rois. Malheureusement, il ne montre plus, à présent, que quelques vestiges de la Renaissance dans un ensemble plus récent ; mais l'histoire un peu folle de ces royales amours est demeurée présente et peut éveiller encore l'écho de la vallée.

En ce temps-là – qui est l'automne de l'an 1590 – le roi Henri IV ne se sentait pas au mieux de sa forme ni de ses affaires. Depuis la mort d'Henri III survenue quelque quinze mois plus tôt, le successeur désigné n'avait connu que guerres incessantes contre la Ligue et ses insupportables chefs : MM. de Lorraine. Ou ce qu'il en restait depuis l'affaire de Blois. Les victoires auxquelles le panache blanc du Béarnais servait de signe de ralliement alternaient avec l'épuisement d'un siège trop long : celui que Paris, ligueur jusqu'à la moelle, imposait à son souverain, et devant lequel celui-ci venait d'échouer.

Aussi, en se repliant sur Compiègne, le roi se disait-il que la vie manquait de charme. Paris se refusait et lui-même ne se sentait plus au cœur aucune de ces grandes amours qui lui étaient indispensables pour être vraiment vivant. Sa mine longue et triste contrastait avec celle, nettement réjouie, de son grand écuyer, le beau, l'aimable, le galant Roger de Bellegarde.

— Ah ça, Bellegarde tu ris aux anges ?

— Pas aux anges, sire : à un ange que je vais voir bientôt puisque nous allons à Compiègne.

Et Henri de questionner et le jeune homme de répondre : ses amours l'attendent au château de Cœuvres qui n'est pas bien éloigné de Compiègne. Bellegarde est en effet fort épris de la ravissante Gabrielle, la fille aînée du comte Antoine d'Estrées, et il espère faire prochainement sa demande officielle.

Il n'en faut pas plus pour rendre à Henri un certain goût de la vie. Foin de Compiègne ! On ira plus tard. Pour le moment, ce qui importe c'est de réunir les amoureux et, surtout, de satisfaire la vive curiosité qui s'est emparée du roi.

Non seulement celui-ci n'est pas déçu mais, dès qu'il aperçoit Gabrielle, il tombe éperdument amoureux de ce miracle de blondeur qui éclaire le magnifique décor de pierre que constitue le château paternel. Gabrielle a dix-sept ans, vingt de moins que le roi, et elle éclate de jeunesse. Impossible d'y résister et Henri voudrait bien faire, sur l'heure, une cour pressante à la jeune fille mais celle-ci n'a d'yeux que pour Bellegarde. Elle se montre même si sèche avec son royal soupirant que celui-ci, vexé, part pour Compiègne mais non sans avertir son grand écuyer des sentiments qui l'agitent : il est amoureux de Gabrielle d'Estrées et il n'entend pas la partager, même avec Bellegarde qui ferait bien de ne plus y penser...

Plutôt contrarié, comme bien l'on pense, Bellegarde qui a le sang vif a beaucoup de mal à ne pas rosser d'importance l'impudent Béarnais ; mais comme il est également homme de cour et soucieux de son avenir, il retient ce premier mouvement et se donne le temps de la réflexion : résister c'est, dans l'état d'agitation où se trouve le roi, risquer un ordre d'exil qui laisserait tout le champ libre au Vert-Galant. Tandis qu'acquiescer, c'est faire preuve de bonne volonté, s'attirer une amitié plus grande peut-être et, après tout, sans prendre le moindre risque. Bellegarde, en effet, est sûr de Gabrielle : la jeune fille saura défendre son amour. Et il prend le sage parti de s'éloigner pour un temps.

Heureux comme on s'en doute, Henri se hâte d'inviter la famille d'Estrées à visiter son camp de Compiègne. Gabrielle vient avec son père, sa tante la trop habile Mme de Sourdis et sa sœur Diane. Les autres restent au logis. La jeune fille est triste : elle est sans nouvelles de Bellegarde et ne songe nullement à se venger de ce silence avec le roi. Celui qu'elle regarderait avec quelque faveur, ce serait plutôt le duc de Longueville avec lequel elle se met à « fleuretter ». Ce qui attire les protestations d'Henri… et une verte réponse de la jeune fille : son cœur est tout à M. de Bellegarde et, si elle est sensible à l'honneur que lui fait le roi, le sien exige qu'elle l'avertisse : il est en train de perdre son temps. Et la voilà repartie pour Cœuvres, laissant Henri le cœur gros mais aucunement découragé. Il sait qu'il ne pourra attendre longtemps avant de revoir cette trop belle enfant.

Quelques jours plus tard, Gabrielle et sa sœur Diane se promènent dans la grande galerie de Cœuvres. Le temps maussade et froid ne permet guère de sortir. À un certain moment, les deux jeunes filles s'approchent d'une des fenêtres et jettent un regard au-dehors quand soudain Diane s'exclame : qu'est-ce que ce paysan chargé d'un gros sac de paille qui prétend entrer au château ? Sous la pluie qui ne cesse de tomber, il ressemble à un gros champignon gris. Et les jeunes filles de rire, certaines qu'il se trouvera en bas un laquais pour remettre le bonhomme dans le droit chemin.

Aussi leur stupeur est-elle grande de voir, quelques instants plus tard, le bonhomme à la paille déboucher dans la galerie, jeter son fardeau et se précipiter aux pieds de Gabrielle en s'écriant :

— Belle entre toutes les belles, voyez à vos pieds votre plus dévoué serviteur !

Avec stupeur, Gabrielle examine l'homme qu'elle a pris d'abord pour un fou. Mais le doute n'est pas possible :

sous la souquenille crasseuse et déchirée, souillé de boue, la barbe en désordre et le cheveu ébouriffé par la paille, c'est bien le roi Henri qui est à ses pieds. Il explique qu'il lui fallait venir coûte que coûte, et que, la route étant infestée de ligueurs, il a revêtu ce costume. Il est tout heureux du bon tour qu'il vient de jouer à l'ennemi en l'honneur de sa dame.

Mais celle-ci apprécie moins. Henri ne lui plaît pas beaucoup en roi, mais sous cet accoutrement dégoûtant il lui fait presque horreur. Et elle ne cache pas sa façon de penser :

— N'avez-vous point honte d'oser vous montrer ainsi ? En vérité, je ne vous reverrai que lorsque vous aurez choisi un costume plus conforme à votre état !

Et là-dessus elle le plante là et s'en va en claquant la porte, laissant son amoureux tête à tête avec sa sœur. Qui essaie d'arranger les choses en expliquant que Gabrielle craint fort son père et plus encore sa réaction si d'aventure il apercevait le roi dans un tel équipage... Un peu penaud, Henri présente des excuses et promet de voir bientôt Antoine d'Estrées pour lui confier ses tourments de cœur... Après quoi il reprend son sac de paille et s'en retourne comme il était venu.

Or, non seulement l'équipée ne suscite pas la colère d'Antoine d'Estrées, mais elle lui donne à penser. Ses affaires à lui ne vont pas au mieux : il s'est fait souffler par les gens de la Ligue le gouvernement de La Fère, et son beau-frère, M. de Sourdis, s'est vu chasser d'un poste analogue dans la bonne ville de Chartres. L'intérêt passionné que le roi montre à sa fille laisse présager au seigneur des lendemains plus souriants. Aussi réunit-il incontinent une sorte de conseil de famille qui range autour de lui M. et Mme de Sourdis et l'amant de celle-ci : le chancelier Hurault de Cheverny.

Cette belle réunion conclut sans trop débattre à l'idée qu'il y a là une occasion à ne pas laisser passer et qu'il faut à tout prix ôter de l'esprit de Gabrielle le mariage avec Bellegarde, si souhaitable cependant la veille encore. En foi de quoi, Antoine d'Estrées s'en va trouver le roi dont le camp est alors à Senlis pour y traiter plus commodément ses affaires de famille.

Il dut s'y montrer plus brillant qu'à la défense de La Fère puisque le, 29 janvier 1591, le roi signait les lettres patentes qui faisaient de lui son lieutenant général. Et, à la mi-février, Henri qui avait d'abord pensé se diriger vers Rouen s'en alla mettre le siège devant Chartres, dans le seul but de rendre à Sourdis un gouvernement qu'il regrettait si fort.

Pendant ce temps, à Cœuvres, Mme de Sourdis travaillait à faire tomber les résistances de Gabrielle toujours attachée à son cher Bellegarde en lui faisant observer que, justement, le grand écuyer brillait ces temps-ci par son absence et qu'à s'entêter ainsi elle risquait de perdre l'un et l'autre de ses amoureux.

Force resta à la loi familiale. Gabrielle, convenablement endoctrinée, se laissa mener à Chartres où, sans grand enthousiasme il est vrai, elle accepta de « couronner les feux » de son royal soupirant. Le fait que Bellegarde n'était pas loin rendait la chose plus difficile mais les mauvaises langues du temps prétendaient que Gabrielle en se donnant au roi n'en était pas à ses premières armes ; et, par la suite, elle s'offrit avec celui qu'elle aimait un fort agréable intermède. Mais son destin était scellé : elle allait être devant l'Histoire la Belle Gabrielle, la favorite préférée du Béarnais, celle qui, lui ayant donné trois enfants, fût sans doute devenue reine de France si une mort aussi brutale que suspecte – dans une terrible crise d'éclampsie – n'était venue quelques jours avant le mariage faire pousser un soupir de soulagement à la plus grande partie de la France.

Le château de Cœuvres, qui avait appartenu aux comtes de Soissons jusqu'au XVe siècle, époque à laquelle l'une des filles de Raoul de Soissons le vendit à un d'Estrées, devait rester dans cette famille jusqu'au XVIIIe siècle où, par mariage, il passa aux Le Tellier de Courtanvaux, puis par la suite au duc de Villequier.

Le château n'est pas ouvert à la visite.

COGNAC

Le joyeux harem de monseigneur d'Angoulême

Et l'apôtre saint Paul dit dans certain sermon
Dieu veut qu'à vos maris soyez soumises,
femmes...

Geoffroy CHAUCER

Du château fort construit au XIIIe siècle par Guy de Lusignan dont les pères ont régné sur Jérusalem, il ne reste qu'une tour découronnée, les vestiges d'une chapelle, un puits et une salle gothique appelée salle du Casque parce que, au XVe siècle, Jean de Valois y fit construire une cheminée ornée de ses armoiries surmontées d'un casque. C'est lui qui, en 1450, édifia au bord de la Charente un beau logis, malheureusement défiguré, et qui ne subsiste plus que dans une tourelle d'escalier et quelques grandes salles aux voûtes élégantes enjolivées de clefs sculptées. Le tout appartenant de nos jours à une grande maison de cognac qui y a installé ses chais, plus intéressants pour elle que la sauvegarde d'un château. Pourtant, un roi est né là... Pourtant, ces murs qui abritent des futailles ont protégé l'un des couples les plus singuliers de l'Histoire.

Quand il épouse Louise de Savoie qui a douze ans, Charles de Valois-Angoulême, fils du constructeur du château, est âgé de vingt-sept ans mais en paraît deux fois autant : ses cheveux grisonnent, son visage est marqué de rides et son corps précocement usé pourrait donner à penser qu'une race s'éteint avec lui. Néanmoins ce jeune vieillard va donner la vie à un géant dont les deux mètres porteront l'armure avec une royale facilité.

En fait, cette précoce décrépitude est due aux femmes. Le comte les aime à la folie et n'hésite pas à dilapider sa santé aussi bien que ses deniers dès qu'il s'agit de conquérir une belle. Un goût qu'il transmettra à son fils en même temps que son autre passion...

Car s'il est peu fait pour les grandes chevauchées et les joutes, Charles est un lettré, un artiste, un amateur passionné de poésie et de livres précieux. Bien que fort peu argenté – son père, le « bon comte Jean », le bâtisseur, a proprement ruiné sa famille en payant sa rançon aux Anglais après quelque trente-deux ans de captivité à Londres en compagnie du duc-poète Charles d'Orléans son cousin – Charles n'en collectionne pas moins les manuscrits précieux, les enluminures, les incunables et les beaux esprits, menant dans son château au bord de la Charente la vie d'un prince italien de la Renaissance.

Il a des musiciens que dirige l'organiste Imbert Chandelier, des peintres dont le meilleur est Robinet Testard, enfin des poètes dont les fameux frères Jean et Octavien de Saint-Gelais.

C'est donc dans un fort aimable environnement qu'en février 1488 le comte Charles amène sa petite épouse.

À douze ans, Louise de Savoie est déjà jolie : cheveux châtains, prunelles grises et teint pâle, elle tient cependant de sa mère, Marguerite de Bourbon, le nez vigoureux de la famille, corrigé par une jolie bouche et une fossette au menton. Mais si sa grâce féminine s'affirme déjà, ce n'est, au moral, qu'une petite fille austère, fraîchement émoulue du château d'Amboise où elle a été élevée – elle est orpheline – ainsi que son frère par la sévère Anne de Beaujeu, fille du roi Louis XI, et duchesse de Bourbon. Femme de grand sens mais de peu de sensibilité, Madame Anne s'est évertuée à faire de ses pupilles des princes mais a totalement oublié de les laisser être tout bêtement des enfants.

Les compagnons d'études de Louise – et éventuellement de jeux – étaient le jeune roi Charles VIII qui, trop jeune encore pour régner, laissait ce soin à sa sœur aînée

Madame Anne, et la fiancée de celui-ci, Marguerite d'Autriche, qui sera toujours pour Louise une amie chère. La paix des Dames sortira un jour de cette amitié-là quand Louise, à son tour, sera régente de France, et Marguerite, gouvernante des Pays-Bas.

C'est avec une grande peine que la nouvelle Mme d'Angoulême a quitté son amie, d'autant que ses sentiments envers son époux sont assez tièdes. En revanche, elle va tout de suite aimer Cognac et le jardin au bord de la Charente où son plaisir sera de faire pousser des œillets. Elle aimera aussi l'atmosphère que le comte entretient dans sa demeure, toute de grâce et d'insouciance et même l'étrange ménage qui va être le sien. En effet, Charles, outre ses poètes et ses peintres, entretient deux maîtresses en titre qu'il n'a pas cru bon de renvoyer en se mariant et cela pour la meilleure des raisons : il y tient !

La première, qui est aussi la plus noble et, comme telle, a un peu rang de favorite, se nomme Antoinette de Polignac, de vieille souche auvergnate. Elle est aussi la fille du gouverneur d'Angoulême. C'est une femme discrète, élégante et de bonne compagnie, dépourvue totalement de cette ostentation et de ces prétentions que l'on est en droit d'attendre d'une favorite. Elle est attachée au comte à qui elle a donné, assez récemment, une petite fille : Jeanne.

L'autre se nomme Jeanne Conte. C'est seulement une petite bourgeoise, une jolie vassale dont Charles apprécie, en connaisseur, la beauté fraîche et le charme tranquille. Elle aussi sait se contenter de ce qu'on lui accorde.

Inutile de préciser qu'Antoinette et Jeanne appréhendaient l'arrivée de la nouvelle épousée dont elles n'auguraient rien de bon. Elles s'attendaient à des bouderies, des larmes, un éclat peut-être et, tout en soupirant fort, préparaient discrètement leur départ, pensant qu'une fille du sang de Bourbon ne pourrait s'accommoder de leur présence. Or, Louise allait s'en accommoder fort bien.

À l'étonnement général et à celui du comte en particulier, la très jeune femme n'émet pas la moindre protestation. Elle se montre aimable, gracieuse même et porte la stupéfaction générale à son comble en réclamant Antoinette de Polignac comme dame d'honneur et Jeanne Conte comme suivante. Elle y gagne l'amitié de son époux et le dévouement indéfectible de ses deux pseudo-rivales. Elle y gagne aussi une paix totale dans son ménage et la possibilité, quand elle sera plus âgée, de nouer avec les frères de Saint-Gelais des liens aussi tendres que fidèles, surtout avec le cadet, Jean, qui sera sacré son chambellan.

Évidemment, Cognac comporte aussi une présence plus réfrigérante : celle de la belle-mère. Marguerite de Rohan est une femme austère et taciturne, tout entière accaparée par les opérations financières et les collections d'objets d'art mais c'est la seule qui sache compter dans cette cour farfelue et qui réussisse à y mettre un peu d'ordre. Elle est peu agréable à rencontrer mais sans cette femme de tête – c'est elle qui, jadis, a réussi à réunir la fabuleuse rançon de son époux – on irait tout droit à la catastrophe. Pour elle, un sou est un sou mais elle a l'esprit de se tenir à l'écart de toute cette folle jeunesse qu'elle juge assez sévèrement...

Une année environ après le mariage de son fils, elle va réviser quelque peu ce jugement en ce qui concerne sa belle-fille. Un matin de l'été 1489, en effet, Louise s'est rendue, avec une petite escorte, au Plessis-lez-Tours. Non au château mais au petit couvent de l'Ave Maria où réside alors le moine calabrais François de Paule.

Le roi Louis XI l'a fait venir de son lointain pays dans l'espoir qu'il réussirait à prolonger sa vie car on le disait faiseur de miracles. François a seulement réussi à l'aider au moment de la mort mais, demeuré aux rives de Loire, sa réputation s'est étendue. On l'appelle « le Saint Homme » et l'on dit qu'il sait aussi bien guérir que prédire l'avenir.

Louise de Savoie est allée vers lui pour savoir si elle avait quelque chance de concevoir car, après un an de mariage, rien ne s'était encore produit. François de Paule l'a rassurée : il faut laisser Dieu juger du temps convenable. Puis, saisi soudain d'une sorte d'inspiration, il a posé sa main sur la tête inclinée et a prononcé les mots qui allaient désormais conditionner toute la vie de Louise : « Votre fils sera roi... »

Quand elle rentre à Cognac, la jeune comtesse a changé. Les paroles du moine calabrais rejoignent les sévères enseignements d'Anne de Beaujeu, creusant un profond sillon. Et sans aller jusqu'à s'enfermer journellement avec elle, la jeune comtesse fréquente davantage l'appartement de sa belle-mère. Cependant ses rêves demeureront à l'état de rêves encore deux années, jusqu'à ce que s'annoncent enfin les prémices de la maternité tant désirée.

Le 11 avril 1492, à deux heures du matin, les premiers vagissements d'un bébé se font entendre. Catastrophe ! C'est une fille ! Mais si jolie, si blonde, si fraîche et parée de si jolis yeux bleus que sa mère, émerveillée, oublie un instant ses rêves de gloire pour se pencher avec amour sur ce ravissant poupon. Elle sera l'une des princesses les plus accomplies de la Renaissance : Marguerite d'Angoulême, plus tard reine de Navarre. La Perle des Valois...

Quelques mois plus tard, une nouvelle grossesse s'annonce. Quand elle en acquiert la certitude, Louise sent l'anxiété l'envahir : est-ce, cette fois, le garçon promis par le saint homme ?

C'est bien lui. Le 12 septembre 1494, à dix heures du soir, un garçon vient au monde. Le journal de Louise de Savoie, rédigé quelques années plus tard, nous rapporte, du fond des siècles, son cri de triomphe :

« François, par la grâce de Dieu, roi de France et mon César pacifique, prit la première expérience de la lumière mondaine à Cougnac, environ dix heures après midi, 1494, le douzième jour de septembre. »

« Mon César ! » Toute sa vie, Louise appellera ainsi son fils avec une fierté qui n'en traduit pas moins le tendre agenouillement d'une mère idolâtre. Il sera François, en souvenir du moine qui a prédit sa venue et, sur les fonts baptismaux, dans la chapelle romane de Cognac, c'est François de La Rochefoucauld qui en sera le parrain. Il sera, pour la France, François Ier parce que, pendant près de vingt ans, sa mère va lutter, contre vents et marées souvent, pour voir un jour briller sur son front la couronne de Saint Louis.

Le château appartient aujourd'hui à la société Otard qui fait de très importants travaux de conservation et de restauration.

Horaires d'ouverture	
Du 1er avril au 31 octobre	11 h-12 h et 14 h-17 h
Fermé le 1er mai.	

COMBOURG

René et le fantôme à la jambe de bois

L'épreuve de pierre d'un chef-d'œuvre verbal.

Maurice BARRÈS

« Enfin, nous découvrîmes une vallée au fond de laquelle s'élevait, non loin d'un étang, la flèche de l'église d'une bourgade. À l'extrémité occidentale de cette bourgade, les tours d'un château féodal montaient dans les arbres d'une futaie éclairée par le soleil couchant. »

Ainsi, François-René de Chateaubriand décrit ce qu'il a vu quand il arriva pour la première fois au château de Combourg, acheté par son père en 1761, soit sept années avant sa naissance. Il allait y vivre une partie d'une enfance plutôt aventureuse parce que partagée entre la maison natale de Saint-Malo, les divers collèges de Dol, de Rennes et de Dinan et cette vieille forteresse des anciens jours qui devait influencer considérablement son imagination et son goût du mystère tout en lui révélant sa véritable vocation – on le destinait à la vie militaire – et en affirmant un sens extrême de la poésie des choses. Le château possédait, en effet, tout ce qu'il fallait pour cela...

Alors que l'origine de la seigneurie de Combourg se perd dans la nuit des temps, on sait de source sûre que le site fut occupé par une place forte dès le XIe siècle mais c'est seulement en 1307 qu'un certain Riwallon reçut de son frère Guinguenné, évêque de Dol, la baronnie de Combourg avec douze autres fiefs. C'est lui qui construisit le château tel qu'on peut encore le voir aujourd'hui. En grande partie tout au moins.

Ce Riwallon est le héros d'une de ces légendes que dispense si généreusement la vieille terre bretonne. Se promenant un jour sur les bords de l'étang, il se dirigeait vers la fontaine de Margatte qui se trouve à l'une des extrémités. C'est alors qu'il vit un tout petit homme qui se débattait, prisonnier d'un buisson de ronces. Croyant voir en lui un bon génie, Riwallon le délivra et le petit homme lui dit qu'il s'était laissé prendre au piège des épines en essayant d'attraper une miraculeuse pierre blanche qui, jetée dans la fontaine, avait la propriété de l'empêcher de déborder.

Or, à quelque temps de là, Riwallon rencontra une vieille femme qui refusa de lui céder le passage. Peu patient et même facilement emporté, le seigneur de Combourg se mit en colère et injuria la vieille qui, indignée, lui prédit que les eaux de Margatte allaient déborder au point d'engloutir et le village et le château. Et comme elle finissait de parler, les eaux de la fontaine se mirent à bouillonner et commencèrent à se déverser à travers le pays.

Affolé, Riwallon se souvint de son ami le korrigan et l'appela à son aide. Reconnaissant, celui-ci laissa tomber la pierre blanche dans la fontaine et l'inondation s'arrêta. Les eaux reprirent sagement leur cours normal et Combourg fut sauvé. Mais le petit homme incita vivement l'irascible seigneur à plus de considération envers les vieilles dames.

Remontons les siècles : après les Soligné, on trouve au château les Châteaugiron-Malestroit puis les Montejean, les d'Acigné et les Coëtquen qui en prennent possession en 1553 et vont le conserver jusqu'à la seconde moitié du XVIIIe siècle. Mais comme cette famille ne manque pas d'intérêt, nous allons nous y arrêter un instant.

Au temps de la Fronde, la célèbre duchesse de Chevreuse vient chercher refuge à Combourg auprès de son amie Françoise de Coëtquen. Celle-ci a un fils, Malo II, qui a épousé une fort belle demoiselle, Marguerite de Rohan-Chabot, laquelle sut inspirer à M. de Turenne l'une de ces tardives passions qui font tant de ravages : « Elle est célèbre, écrit Saint-Simon, par la passion que M. de Turenne eut pour elle et qui lui arracha le secret du siège de Gand que le roi n'avait confié qu'à lui et à Louvois. » Averti, « le roi qui n'ignorait pas quel est l'empire de l'amour, se contenta d'en rire un peu et de s'amuser aux dépens de M. de Turenne et avec lui, de le trouver encore si sensible à son âge ».

Mais cette très belle dame a un fils, Malo Auguste, et c'est ce fils qui, passé à l'état de fantôme, va causer de si grandes angoisses au petit François-René de Chateaubriand.

On ne sait trop pourquoi Malo de Coëtquen fut condamné par le Ciel à hanter Combourg. Tout ce que l'on en sait est qu'il fut lieutenant général, se distingua à la défense de Lille et eut une jambe emportée à la bataille de Malplaquet, ce qui lui valut une jambe de bois qui allait faire beaucoup de bruit dans le monde. On sait aussi qu'il était marié « à la plus laide et à la plus dégoûtante créature qu'on sût voir », circonstance qui n'aurait pas dû l'inciter à s'attarder tellement sur cette terre.

Quoi qu'il en soit, lorsque M. de Chateaubriand, après avoir gagné quelque fortune dans la course et l'armement naval, achète Combourg, Malo de Coëtquen est mort depuis plus de trente ans mais chacun sait bien que tous les ans, la veille de Noël principalement et aux douze coups de minuit, il reparaît dans les escaliers de pierre du château qui résonnent du claquement de son pilon. On dit aussi que la jambe de bois se promène parfois toute seule, sans son propriétaire, mais escortée alors d'un chat noir.

Tout cela, le jeune René l'a appris en arrivant au château et ses nerfs ont été mis à rude épreuve quand son père lui a dit qu'on lui donnait pour chambre la plus haute du donjon, celle justement qu'affectionnait Malo de Coëtquen.

C'était dur pour un petit garçon de dix ans, mais le vieux comte, homme taciturne et peu communicatif, était partisan de la rudesse en matière d'éducation. Et comme l'enfant ne pouvait s'empêcher de trembler en se dirigeant vers l'escalier, son bougeoir à la main, le vieil homme lui lançait : « Monsieur le chevalier aurait-il peur ? » À quoi la douce et pieuse maman d'ajouter : « Mon enfant, tout n'arrive que par la permission de Dieu. Vous n'avez rien à craindre des mauvais esprits tant que vous serez bon chrétien. »

René rencontra-t-il l'homme à la jambe de bois ? Il a laissé en tout cas, de sa chambre perchée, une bien belle description :

« J'étais niché dans une espèce de cellule isolée au haut de la tourelle de l'escalier qui communiquait de la cour intérieure aux diverses parties du château. La fenêtre de mon donjon ouvrait sur la cour intérieure : le jour, j'avais en perspective les créneaux de la courtine opposée où végétaient des scolopendres et croissait un prunier sauvage. Quelques martinets qui, durant l'été, s'enfonçaient dans les trous des murs étaient mes seuls compagnons. La nuit je n'apercevais qu'un petit morceau du ciel et quelques étoiles. Lorsque la lune brillait et qu'elle s'abaissait à l'occident, j'en étais averti par ses rayons qui venaient à mon lit au travers des carreaux losangés de la fenêtre. Des chouettes, voletant d'une tour à l'autre, passant et repassant entre la lune et moi, dessinaient sur mes rideaux l'ombre mobile de leurs ailes. Relégué dans l'endroit le plus désert à l'ouverture des galeries, je ne perdais pas un murmure des ténèbres... »

De toute façon, la vie à Combourg n'était jamais très gaie si l'on en croit le reflet qu'en donne l'écrivain :

« Les soirées d'automne et d'hiver étaient d'une autre nature. Le souper fini et les quatre convives revenus de la table à la cheminée, ma mère se jetait en soupirant sur un vieux lit de jour de siamoise flambée ; on mettait devant elle un guéridon avec une bougie. Je m'asseyais auprès du feu avec Lucile, les domestiques enlevaient le couvert et se retiraient. Mon père commençait alors une promenade qui ne cessait qu'à l'heure de son coucher. Il était vêtu d'une robe de ratine blanche, ou plutôt d'une espèce de manteau que je n'ai vu qu'à lui. Sa tête, demi-chauve, était couverte d'un grand bonnet blanc qui se tenait tout droit. Lorsqu'en se promenant il s'éloignait du foyer, la vaste salle était si peu éclairée qu'on ne le voyait plus ; on l'entendait seulement marcher dans les ténèbres ; puis il revenait lentement vers la lumière et émergeait peu à peu de l'obscurité, comme un spectre, avec sa robe blanche, son bonnet blanc, sa figure longue et pâle. Lucile et moi nous échangions quelques mots à voix basse quand il était à l'autre bout de la salle ; nous nous taisions quand il se rapprochait de nous. Il nous disait en passant : "De quoi parliez-vous ?" Saisis de terreur nous ne répondions rien ; il continuait sa marche. Le reste de la soirée, l'oreille n'était plus frappée que du bruit mesuré de ses pas, des soupirs de ma mère et du murmure du vent. »

Les Chateaubriand ont eu dix enfants mais, à Combourg, la seule compagnie de René, c'est sa sœur Lucile. Elle est pour lui cette étrange fille « solitaire, avantagée de beauté, de génie et de malheur », bien plus qu'une compagne, bien plus qu'une sœur. Elle est l'indispensable dont l'ombre va s'étendre à la fois sur l'enfance et l'adolescence de René. C'est elle qui, au cours d'une promenade au bord de l'étang, lui révélera son propre génie. Comme il évoquait, pour lui-même peut-être plus que pour elle, toutes ces impressions si vives qui se marquaient en lui, Lucile dit : « Tu devrais peindre tout cela. » « Ce mot me révéla la muse. Un souffle divin passa sur moi. »

Après la mort du vieux monsieur, Combourg passa à son fils aîné qui avait épousé la petite-fille de Malesherbes et mourut avec elle, en 1794, sur l'échafaud. La Révolution passa comme une tempête sur le vieux château qui fut pillé de fond en comble. Ce fut le petit-fils des deux victimes de la Terreur qui entreprit de restaurer l'intérieur du château mais le décora malheureusement dans le pire de ce style troubadour que le second Empire et Viollet-le-Duc avaient si fort mis à la mode.

René, pour sa part, ne devait revenir que quatre fois à Combourg après la mort du père : après le mariage de son frère, pendant la Révolution, avant de quitter la France pour l'Amérique, enfin, à son retour en 1801 mais le château avait subi de si rudes déprédations que Chateaubriand ne put les supporter et se trouva mal. Ce fut sa dernière visite. Il écrivit alors à Mme de Staël :

« C'est dans les bois de Combourg que je suis devenu ce que je suis, que j'ai commencé à sentir la première atteinte de cet ennui que j'ai traîné toute ma vie, de cette tristesse qui a fait mon tourment et ma félicité. »

Le château est toujours dans la famille du grand écrivain.

Horaires d'ouverture du château

Avril, mai, juin, septembre	14 h-17 h 30 (fermé le samedi et le dimanche matin)
Juillet et août	10 h 45 et 14 h-17 h 30
Octobre	14 h-17 h (fermé le samedi et le dimanche matin)

http://www.combourg.net/

DIEPPE

Une aventure de la duchesse de Longueville

Les femmes sont extrêmes :
elles sont meilleures ou pires que les hommes

La Bruyère

Dans la nuit du 19 au 20 janvier 1650, quelques voitures sans armoiries franchissent l'une après l'autre – mais en respectant une certaine distance – la porte de Paris qui regarde vers Pontoise. À l'intérieur de ces voitures, il y a des femmes masquées, des hommes habillés en femmes et, sur le siège du cocher, enveloppé dans une grosse houppelande qui le dissimule entièrement, un jeune homme peu habitué à occuper cette place de domestique. Il s'appelle en effet François de La Rochefoucauld, prince de Marcillac, et il est tout simplement en train d'aider sa maîtresse, la très belle duchesse de Longueville, à quitter une capitale où elle n'est plus en sûreté.

On est, en effet, au plus fort de la Fronde, cette folle guerre civile au cours de laquelle Paris, qui avait pris les armes contre le cardinal Mazarin, s'est retrouvé par le jeu de la politique tantôt du côté de son jeune roi Louis XIV, tantôt du côté des princes qui soufflaient le feu et la tempête pour tenter de reconquérir un pouvoir, une puissance que la poigne de fer du cardinal de Richelieu leur avait enlevés.

Or, en ce début d'année, la balle est dans le camp royal : Mazarin a fait arrêter et conduire à Vincennes les princes boutefeux : Condé, son frère Conti et son beau-frère Longueville. Seule la duchesse de Longueville – Anne-Geneviève de Bourbon-Condé, sœur de Condé et de Conti – a réussi à échapper aux gardes du cardinal en cherchant refuge avec quelques fidèles dans une petite maison discrète du faubourg Saint-Germain. Elle a tout à craindre. En effet, elle est à ce point l'âme de la rébellion qu'on l'a surnommée l'Ange noir de la Fronde, en dépit de sa blondeur. Aussi, quand Marcillac est venu la rejoindre pour lui apprendre que son refuge ne la protégerait plus longtemps, a-t-elle aussitôt décidé de fuir. Vers où ? Vers la Normandie dont le duc son époux était encore récemment gouverneur et où il a gardé de nombreuses intelligences.

Elle a affirmé avec tant de force que les cités normandes ouvriraient largement leurs portes au seul bruit de son nom qu'elle a réussi à convaincre Marcillac, qui aurait cent fois préféré gagner son propre gouvernement du Poitou. Mais personne n'a jamais su résister au charme de Mme de Longueville et on a donc pris la route de Normandie. Pourtant quand, après une nuit entière de voyage épuisant par des routes verglacées, on arrive en vue des portes de Rouen, la duchesse entame une longue suite de déboires.

Elle s'attendait à ce que le gouverneur de la ville vînt en grande pompe au-devant d'elle en réponse au message qu'elle lui avait fait tenir par le vicomte de Saint-Ybar parti en éclaireur. Malheureusement pour elle, le gouverneur n'est plus le même : devinant que son ennemie chercherait refuge en Normandie, Mazarin a pris les devants. Et quand la duchesse voit s'avancer vers elle, en harnois de guerre, le marquis de Beuvron dont elle sait bien qu'il ne l'aime pas, elle comprend qu'elle n'a pas grand-chose à en espérer. En effet, Beuvron, aussi courtois que ferme, lui fait entendre que non seulement il n'est pas question de lui livrer la ville, mais qu'elle n'a rien d'autre à faire que tourner bride si elle ne souhaite pas être arrêtée.

Il faut donc repartir. Cette fois pour Le Havre, mais au Havre les portes restent closes et personne ne consent même à les entrouvrir. Marcillac alors perd patience. Ils ne vont pas errer ainsi indéfiniment à travers la campagne normande dans des carrosses couverts de boue où l'on s'entasse depuis des heures ? La sagesse commande de modifier leur parcours et de se diriger enfin vers le Poitou... Mais de cela, Mme de Longueville ne veut même pas entendre parler : si son ami souhaite rentrer chez lui, qu'il le fasse ! Quant à elle, elle est décidée à rester en Normandie. Elle va se rendre là où elle aurait dû aller tout de suite : à Dieppe, où elle compte de nombreux partisans et où elle se sent chez elle.

Cette fois, elle ne réussit pas à convaincre son amant. Celui-ci entend soulever son gouvernement, allumer la guerre en province et, considérant aussi qu'il a mieux à faire, il tire sa révérence et abandonne l'amazone en lui assurant néanmoins qu'elle trouvera refuge auprès de lui dès qu'elle le jugera bon. Et l'on se sépare...

Le lendemain, Mme de Longueville trouve enfin à Dieppe l'asile tant désiré. Le château, campé sur l'une des deux falaises qui dominent la ville, est une solide construction où l'on voit alterner les rangs de pierres, de briques et de silex qui fait briller ses grosses tours quand le soleil donne. Il a déjà une histoire, étroitement liée, bien sûr, à celle de la cité...

Depuis les temps les plus reculés, Dieppe, comme Saint-Malo, a été une véritable pépinière de corsaires, d'explorateurs qui dès le XIVe siècle s'en allèrent reconnaître la côte africaine du Cap-Vert et de pêcheurs qui ne craignaient pas de traquer la morue jusqu'en Islande ou en Norvège. De cette activité naquit une ville riche et puissante où se développa un important marché. Naturellement, on s'entendait aussi mal que possible avec ceux de l'autre côté de la Manche et, en 1339, les Dieppois s'emparèrent de Southampton qu'ils pillèrent fort proprement. Puis, en 1372, ils contribuèrent à battre les Anglais à La Rochelle, ce qui acheva d'indisposer ceux-ci. Mais sachant que la vengeance est plus succulente mangée froide, les Anglais attendirent jusqu'en 1420 pour s'emparer, après Azincourt, de la cité corsaire qu'ils traitèrent en cité rebelle.

L'oppression est une chose que l'on supporte mal quand on est dieppois. En 1435, entraînés par le chevalier Charles des Marets, nos marins tombèrent à bras raccourcis sur l'occupant, le rejetèrent à la mer et, pour être bien sûrs qu'il ne reviendrait plus les ennuyer, entreprirent de transformer en un gros et solide château fort la modeste tour qui veillait sur leur falaise. Par la suite, François Ier, qui fit de grands travaux par la ville, le renforça.

Le château est donc en parfait état lorsque Mme de Longueville vient lui demander de l'abriter. Elle y convoque aussitôt les échevins et les notables mais ne recueille pas autant de suffrages qu'elle l'imaginait. La grande affaire de Dieppe, à cette époque, c'est la Nouvelle-France, autrement dit le Canada vers lequel se tournent les plus hardis de ses fils. Les règlements de comptes entre une faction noble et le roi n'intéressent guère ces honnêtes gens. Certes, on est assez bons gentilshommes pour ne pas laisser sans abri une dame – et même plusieurs –, une dame qui est en outre l'épouse du gouverneur de Normandie, mais de là à prendre les armes pour elle, à entrer en rébellion ouverte contre l'autorité royale, il y a une marge énorme que les échevins de Dieppe n'ont pas l'intention de franchir. Et ils n'en font pas mystère. Mais, cela dit, que Madame se repose autant qu'il lui plaira ; on veillera à ce qu'elle ne manque de rien...

Le répit est court. Quelques jours plus tard un escadron de mousquetaires se présente aux portes du château, escortant un messager d'Anne d'Autriche, régente jusqu'à la majorité du roi : les mousquetaires ont ordre de conduire Mme de Longueville à Coulommiers pour qu'elle y attende les décisions de Sa Majesté.

En dépit de son orgueil blessé, la duchesse feint de s'incliner, demandant seulement qu'on lui accorde encore un peu de temps pour se reposer car elle se sent malade. Galamment, on lui accorde deux jours. C'est plus qu'il ne lui en faut ! Sans désemparer, elle annonce à ses fidèles que l'on va partir pour l'Angleterre. On lui objecte que les risques sont énormes. Elle répond alors qu'elle n'aime pas les plaisirs innocents. Et, la nuit venue, la petite troupe sort du château par une porte dérobée.

Il fait un temps affreux. La tempête soulève de violentes rafales qui obligent les fuyards à marcher courbés. On suit la falaise dans l'espoir de trouver quelque pêcheur qui acceptera de conduire la duchesse au bateau qu'elle a affrété dès son arrivée et qui l'attend au large. On trouve deux pêcheurs. On en choisit un mais il n'est même pas possible d'atteindre sa barque. Tandis que, dans les bras du marin, Mme de Longueville avance lentement dans le flot, une énorme vague déferle sur eux et les roule. Suffoquée, aveuglée, force est à la duchesse de regagner la terre ferme et de se chercher un abri. On le trouve chez le curé de Pourville. Ému devant ces femmes détrempées, le brave homme offre son toit, son feu, le peu que contient son garde-manger... Chaque année, sa vie durant, la duchesse fera parvenir au bon curé une généreuse aumône en remerciement.

On repart au matin et, durant quinze jours, on va errer sur les routes, se cachant chez des paysans jusqu'à ce qu'enfin, au Havre, un bateau accepte de conduire la troupe à Rotterdam... d'où Mme de Longueville se hâtera de négocier avec les Espagnols, maîtres des Flandres, pour les inciter à envahir le nord de la France !

Pour elle, la guerre n'est pas finie et, durant de longs mois encore, elle combattra par tous les moyens un roi de France dont le seul tort était à ses yeux d'avoir un Mazarin comme ministre.

Elle ne revint jamais à Dieppe qui poursuivit à travers bien des vicissitudes – la peste entre autres et quelques bombardements – son rôle glorieux de sentinelle avancée de la terre de France.

Le château dont Louis XIV fit refaire les appartements royaux abrite à présent un musée marin plein de pittoresque où l'on peut admirer des instruments de marine, des maquettes et toutes sortes de petits objets qui témoignent de la perfection obtenue par les Dieppois dans la sculpture de l'ivoire. Un musée qui vaut la peine d'être visité.

Horaires d'ouverture

Du 1er octobre au 31 mai	10 h-12 h et 14 h-17 h (fermé le mardi)
Du 1er juin au 30 septembre	10 h-12 h et 14 h-18 h

Fermé le 1er janvier, le 1er mai, le 1er novembre et le 25 décembre.

http://www.dieppe.fr/mini-sites/chateau-musee

ÉCOUEN

D'un vieux connétable à une maîtresse d'école

> *Que les Français, madame, vous aient l'obligation d'avoir élevé des mères pour leurs enfants !*
>
> NAPOLÉON à Mme CAMPAN

« Je ne peux trouver qu'une faute en vous, c'est que vous n'aimez pas ceux que j'aime... » Par ces quelques mots adressés, en cette année 1541, au connétable de Montmorency, François Ier mettait fin à une amitié de près de quarante ans et cela dans l'unique intention de plaire à une femme : sa maîtresse favorite, la duchesse d'Étampes, qui ne pouvait souffrir le connétable, lequel, il est vrai, se déclarait ouvertement son ennemi et lui rendait tous les mauvais services qu'il était possible.

Depuis toujours, pourtant, ces deux hommes se connaissaient. Ils avaient été compagnons d'enfance ; ensemble, ils avaient fait toutes les folies que l'on fait lorsque l'on est jeune, riche, prince et séduisant. Toujours ensemble, ils avaient combattu à Ravenne, à Marignan, à Pavie où Montmorency, demeuré fidèle jusque dans l'extrême infortune, avait tenu à partager la captivité de son roi et ami.

À vrai dire, François l'a bien payé de son dévouement et de son courage : maréchal de France après la bataille de La Bicoque, grand maître de France, surintendant des Finances et, pour finir, connétable de France en 1538,

Anne de Montmorency avait rang de Premier ministre. Il était tout-puissant et le roi écoutait ses conseils. Malheureusement, il avait son franc-parler et la dent dure. Détestant Mme d'Étampes, il ne l'épargnait guère. Celle-ci le lui rendit bien : elle persuada le roi de ce que Montmorency avait définitivement choisi le parti du Dauphin et escomptait cyniquement l'avenir. L'échec des négociations que menait le connétable avec Charles Quint après la guerre de Provence apporta de l'eau au moulin de la favorite et acheva la perte de son ennemi : privé de sa place au Conseil, chassé de la cour, Montmorency, tout furieux, dut se retirer dans ses terres de Chantilly.

C'était une force de la nature qui ne savait pas rester tranquille. Pour passer le temps, il décida d'élever, sur sa terre d'Écouen et les restes d'une ancienne forteresse familiale, un château qui pourrait soutenir la comparaison avec les merveilles élevées par son maître. Avec des architectes de génie, Jean Bullant et Serlio, il éleva une demeure où il pût tenir train de prince. En même temps, il faisait reconstruire Chantilly. Au fronton d'Écouen, il ordonna que l'on inscrive : « Conserve dans l'adversité une âme inébranlable. » Il savait qu'entre lui et François Ier tout était fini. La petite duchesse blonde tenait bien sa proie dans ses mains cruelles et ne la lâcherait pas. En surveillant ses constructions, Montmorency, qui, contrairement au roi, possédait une santé inaltérable, laissa passer le temps, menant une agréable vie de château entre sa femme Madeleine de Savoie et les dix enfants (cinq fils et cinq filles) qu'elle lui avait donnés.

L'avènement d'Henri II, qui lui vouait une affection presque filiale, vint mettre fin à son exil. Rentré en grâce et plus puissant que jamais, Montmorency devint duc en 1551 et put, à cette occasion, recevoir à Écouen tout juste terminé le roi et la cour. C'est là qu'il reçut les ouvertures d'Henri II en vue d'un mariage entre Diane de France, fille bâtarde mais légitimée du roi, et François de Montmorency, son propre fils. Mariage qui n'alla pas sans difficultés du fait d'une promesse de mariage que le jeune François avait faite auparavant à l'une des jolies filles d'honneur de la reine Catherine.

Veuve, en dépit de son jeune âge, d'Hector Farnèse, duc de Castro, Diane apporte à Écouen comme à Chantilly sa grâce parfaite, son goût et ses qualités princières. À la mort de son mari, le roi en fit une duchesse d'Angoulême tandis qu'Écouen passait à Henri, petit-fils du fondateur.

Hélas, en 1632, Henri de Montmorency, convaincu d'avoir conspiré contre Louis XIII avec le frère de celui-ci, Gaston d'Orléans, était condamné à mort et décapité à Toulouse sur la place des Terreaux. Ses biens sont confisqués et c'est son cousin, le prince de Condé, qui les reçoit.

Mais Condé n'aime guère Écouen. Il lui préfère cent fois Chantilly, ses miroirs d'eau, sa forêt et, petit à petit, le château va entrer dans le silence des choses qui perdent leur âme parce qu'elles ont cessé de plaire. Un long, très long silence de près de deux cents ans. Mais un silence qui ressemble au sommeil de la Belle au bois dormant. Un prince l'avait laissé s'endormir, un empereur va le réveiller en y apportant le plus sûr moyen de résurrection : la jeunesse.

En 1805, Napoléon Ier, après la victoire d'Austerlitz, rédige un décret instituant un établissement d'éducation pour les filles des membres de la Légion d'honneur tombés au combat. Il choisit Écouen pour l'y installer et offre à Mme Campan le titre et la charge de surintendante.

L'Empereur sait parfaitement ce qu'il fait. C'est un personnage que Mme Campan, et Napoléon la connaît bien. Ancienne lectrice de « Mesdames Tantes », filles du roi Louis XV, et surtout, fidèle femme de chambre de la reine Marie-Antoinette, Mme Campan, emportée par la tourmente révolutionnaire où elle subsista comme elle put, eut l'idée, le calme revenu, d'ouvrir une maison d'éducation pour les jeunes filles. Une maison où la nouvelle jeunesse pourrait apprendre, en même temps que les rares matières que l'on inculquait alors aux filles, les manières élégantes de l'Ancien Régime. Elle obtint pour cela l'autorisation du directeur Barras et s'installa à Saint-Germain-en-Laye, flanquée d'une ancienne religieuse qui lui servait de secrétaire.

Tout de suite, ce fut le succès. Au nombre de soixante en cette première année 1795, les élèves passèrent à celui de cent cinquante l'année suivante. Leurs noms étaient Zoé Talon, Hortense Perrégaux, fille de banquier et future duchesse de Raguse, Hortense de Beauharnais et sa cousine Émilie, Stéphanie de Beauharnais qui sera un jour grande-duchesse de Bade, Louise de Guéhenneuc, future maréchale Lannes et duchesse de Montebello, enfin, bien sûr, la propre nièce de Mme Campan, la gentille Aglaé Auguié dont le destin fera une maréchale Ney, princesse de la Moskova, et surtout Caroline Bonaparte, la sœur de celui qui va bientôt être le maître absolu.

L'éducation de toutes ces jeunes filles, qui sera réussie à de rares exceptions près, va marquer pour Mme Campan le début d'une ère nouvelle car Bonaparte apprécie ses méthodes. Aussi quand il fonde cette maison qui est déjà chère à son cœur, il n'hésite pas : c'est Mme Campan qui la dirigera.

Heureuse, celle-ci rédige aussitôt un règlement soigneusement étudié qu'elle s'en va, un beau matin, soumettre à l'Empereur. Celui-ci lit, approuve puis déclare :

— Je suis content de vous, madame. Vous innovez et vous avez raison car les anciens systèmes d'éducation ne valaient rien. Mais, dites-moi : que manquait-il, selon vous, aux jeunes filles d'autrefois pour être véritablement bien élevées ?

— D'apprendre à être mères, sire ! répond Mme Campan.

— Eh bien, madame, que les Français vous aient l'obligation d'avoir élevé des mères pour leurs enfants !

Très vite, la Légion d'honneur s'étend aux filles de membres encore vivants. Chaque année, l'Empereur, escorté du grand chancelier, visite Écouen et se fait présenter les élèves. Mais écoutons Mme Campan car, parfois, il vient sans prévenir.

« Hier, 3 mars, nous avons eu la visite de Napoléon. Quelle surprise, quel désordre, quels éclats de joie ! Puis, tout à coup, quel silence respectueux... L'Empereur examina les bas que les petites tricotaient ; il les ouvrit et y passa la main comme aurait pu le faire une bonne ménagère... Il s'inquiéta ensuite de ce que les petites préféraient comme dessert : c'étaient des tartes et des crèmes et il ordonna qu'on leur en donne en son honneur. »

Oui, on est bien à Écouen où Mme Campan veille à tout, où celles qui sont trop pauvres sont élevées gratuitement. Un jour, après la fameuse conspiration de Malet, en 1812, la surintendante osa aller demander à l'Empereur la grâce des pères de deux de ses « petites » que menaçait le peloton d'exécution et l'obtint.

Malheureusement, la fin de l'Empire allait marquer pour la courageuse femme la fin du rêve. On lui enleva Écouen que la Restauration rendit aux Condé. Un vieillard, qui d'ailleurs ne viendra guère, remplaçait les fillettes, leurs rires et leurs chansons. Mme Campan, elle, s'en alla mourir dans la tristesse et la misère après avoir perdu son fils unique.

Louis-Philippe ramena les demoiselles de la Légion d'honneur. Elles y sont restées jusqu'à récemment car les bâtiments du château étaient trop vétustes et méritaient qu'on se penchât sur eux pour les sauver. D'autres installations, plus modernes, attendaient à Saint-Denis les élèves où une partie de l'école avait déjà emménagé depuis longtemps.

Restauré avec un soin extrême, Écouen abrite à présent un somptueux musée de la Renaissance qui mérite un voyage bien plus long que la courte distance entre lui et Paris.

HORAIRES D'OUVERTURE
DU MUSÉE NATIONAL DE LA RENAISSANCE

Tous les jours (sauf le mardi) de 9 h 30 à 12 h 45 et de 14 h à 17 h 15 (du 16 avril au 30 septembre, fermeture à 17 h 45).

Fermé le mardi, le 1er janvier, le 1er mai et le 25 décembre.

http://www.musee-renaissance.fr/

ÉTAMPES

Ingeburge de Danemark, la reine captive

On peut faire beaucoup avec la haine
Mais encore plus avec l'amour.

W. SHAKESPEARE

Qui pourrait concevoir pour une reine pareille existence ? Depuis son mariage et son couronnement, au mois d'août 1193, Ingeburge n'a connu, en fait de logis, que des couvents. Et à présent, ce château d'Étampes, ce gros donjon quadrilobé qui couronne le coteau et domine la bourgade étendue à son pied, ce donjon presque neuf – il n'a guère qu'une cinquantaine d'années, autrement dit la prime jeunesse pour une forteresse comme pour une cathédrale ! –, ce donjon en forme de trèfle à quatre feuilles dans lequel il est impossible de voir le moindre symbole de bonheur. Et, en cette année 1206, il y a déjà six hivers qu'Ingeburge de Danemark, reine de France, l'habite sans grand espoir d'en sortir jamais pour un autre logis que le tombeau.

Certes, elle n'occupe pas un cachot. Son appartement, bien meublé et convenablement décoré, ne diffère peut-être pas beaucoup de celui qu'elle occuperait au palais de la Cité à Paris ou dans les différents châteaux royaux. Encore qu'on refuse à l'occupante le titre de reine véritable, on s'applique à lui en donner le cadre approximatif. Seulement elle ne sort jamais de ce château-prison sinon pour quelque mélancolique promenade au verger en compagnie de dames qui la plaignent sans doute mais qui s'ennuient tout autant qu'elle-même.

Le roi Philippe, son époux, celui que l'on dit Auguste, vient chaque année pour une visite protocolaire mais jamais il ne reste et son regard demeure toujours aussi froid. Pour lui, Ingeburge est une sorcière qui, jadis, lui a jeté un sort et à cause de laquelle est morte, voici six ans, la seule femme qu'il eût jamais aimée.

Comprendra-t-il un jour à quel point il est aimé ? Voilà treize ans que son image est entrée dans le cœur d'Ingeburge et jamais plus elle n'en est sortie en dépit de tout ce qu'il lui a fait endurer.

Treize ans ! Qu'il était donc beau ce jour ensoleillé du mois d'août qui vit, près d'Amiens, leur première rencontre. Philippe, veuf depuis trois ans de la charmante Isabelle de Hainaut, souhaitait reprendre femme et on lui avait beaucoup vanté la beauté de la princesse danoise. De son côté, le cœur d'Ingeburge, lui, battait fort. De crainte d'abord car elle ignorait tout, à commencer par la langue, de cette terre franque où on l'appelait pour régner. De vague espérance aussi.

De loin, elle a vu venir le nuage de poussière qui grossit d'instant en instant en jetant des éclairs et qui révèle bientôt un groupe de cavaliers. Celui qui galope en tête porte au casque une couronne et, à mesure qu'il approche, ses traits se précisent. Quand il met pied à terre et tend son casque à un page, Ingeburge a un éblouissement. Philippe est grand, avec un visage énergique et ouvert, un regard clair, dominateur. Bien sûr, une demi-calvitie, souvenir d'une récente maladie contractée en Terre sainte, tire vers l'arrière sa couronne de cheveux roux mais ne lui enlève aucun charme et, tout de suite, Ingeburge comprend qu'elle va l'aimer, qu'elle l'aime déjà.

Quant à lui, il est ébloui. Jamais il ne lui a été donné de contempler pareille beauté. Sous une forêt de cheveux d'un blond ardent que les tresses resserrent mal, le visage d'une idéale blancheur est la perfection même. Les yeux, d'un vert de mer, sont si grands qu'ils paraissent vides. Le corps est celui d'une statue. Une beauté si parfaite qu'elle paraît presque insolite.

D'abord le roi a été enthousiaste. Tellement qu'il a fait presser les cérémonies. Aussi Ingeburge ne comprend-elle pas pourquoi, la nuit venue, Philippe, tout à coup, s'est écarté d'elle avec une répulsion que rien ne justifie en apparence... La nuit s'achève pour la jeune fille dans l'horreur et l'incompréhension. Mais elle n'est pas au bout de ses peines.

Le lendemain, dans la cathédrale, au moment où l'évêque porte sur elle l'onction sainte, Philippe pousse un sourd gémissement. Les yeux agrandis soudain, il se cramponne à la chape d'or de l'évêque et tremble comme feuille au vent en contemplant la jeune reine. Ses lèvres blêmes murmurent quelque chose sans qu'aucun son sorte de sa bouche. Puis il a, vers Ingeburge qui ne peut retenir ses larmes, un geste d'effroi, un geste qui repousse.

Au sortir de l'église, c'est pis encore. Le roi de France fait entendre que cette femme, dont la beauté surhumaine ne peut venir que du démon, l'a ensorcelé, qu'elle lui a jeté un maléfice. Et qu'en conséquence elle doit s'éloigner, repartir dans son lointain pays avec ceux qui l'ont amenée.

On tente vainement de lui faire entendre raison. Le mariage a été dûment béni, Ingeburge est couronnée. On ne peut la renvoyer. D'ailleurs, prudemment, les Danois qui l'ont amenée ont pris le large et disparu. Que faire ? Ingeburge, pour sa part, entend rester là. Elle est reine, en outre elle aime cet homme et elle veut rester sa femme. On devine qu'entre elle et Philippe, l'interprète a fort à faire.

On arrive enfin à un compromis. La mère du roi et son oncle le pressent d'accepter une nouvelle tentative. La nuit était mauvaise peut-être et lui-même mal disposé ! Après bien des palabres, Philippe se résigne : il fera une seconde tentative et rejoint Ingeburge dans le couvent de Saint-Maur où elle s'est réfugiée. Tous espèrent que l'étrange aversion du premier soir disparaîtra.

Mais quel étrange endroit qu'un couvent de nonnes pour quelques heures d'amour ! Quand Philippe sort de chez Ingeburge, c'est en claquant la porte tandis que l'on peut apercevoir, effondrée sur le lit, la malheureuse princesse qui pleure.

Et la lutte épuisante commence. Philippe exige le départ d'Ingeburge. Celle-ci refuse de s'en aller. Dans un torrent de larmes, elle jure qu'à Saint-Maur comme à Amiens le roi l'a possédée mais elle est incapable de s'expliquer plus clairement là-dessus.

Alors, pour commencer, Philippe ordonne que l'entêtée soit conduite au couvent des Augustines de Cysoing près de Tournai, c'est-à-dire hors de France, en terre d'Empire et l'empereur est le pire ennemi du roi de France. Ingeburge va y vivre de plus en plus mal, vendant même ses bijoux et ses robes pour subsister, pourtant elle tient bon. Tout son espoir est dans Rome, dans Rome qui ne peut donner raison au roi de France.

Cependant, celui-ci fait comme s'il était vraiment divorcé – une assemblée d'évêques français lui a donné raison et le pape n'ose pas trop le contrarier. Il reprend femme, et cette fois, pour lui, c'est l'amour. Elle se nomme Agnès de Méranie, fille du duc Berchtold, un ancien compagnon de croisade de Philippe. Elle est aussi brune qu'Ingeburge est blonde et, bien entendu, elle est ravissante. Philippe l'adore et elle adore Philippe. C'est l'aurore d'un grand bonheur d'où naîtront deux enfants, une fille et un garçon.

Bonheur trop court. En janvier 1198 meurt le vieux et débonnaire pape Célestin III. Celui qui lui succède n'est pas de la même mouture. C'est le redoutable Innocent III, l'une des plus hautes figures de la papauté. Et lui n'entend pas se laisser mener par le roi de France. Ordre est donné à Philippe de rejeter Agnès, de reprendre Ingeburge. Philippe ne bouge pas d'abord. Il se sait de plus en plus puissant et il est prêt à tout pour garder Agnès.

À tout ? Mais pas à subir, pour son royaume, le terrible interdit qui fait de tout un pays, privé de soins, privé de secours spirituel, un corps bientôt en décomposition. On ne baptise plus, on n'enterre plus les morts, on ne célèbre plus de mariages. Devant cette horreur, Philippe, la rage au cœur, accepte de plier... mais du bout des lèvres. Tandis qu'Agnès se retire au château de Poissy – elle attend un enfant – Philippe, au cours d'une cérémonie, fait revenir Ingeburge, assure qu'il lui rend sa place mais ne lui adresse pas la parole. Il pense que cette preuve de bonne volonté suffira à Rome et qu'enfin on acceptera d'annuler ce maudit mariage.

Hélas, à Poissy, Agnès meurt en couches et Philippe désespéré n'a pu revenir sur sa parole. Mais Ingeburge a été conduite au château d'Étampes où, depuis six ans, en cette année 1206, elle attend et elle prie.

Elle attendra encore six autres années et, finalement, son amour obstiné aura le dernier mot. En 1213, comme avec la cinquantaine proche le poids des années se fait sentir pour le Capétien et que son entourage le harcèle pour faire cesser cet étrange état de fait, Philippe libère enfin Ingeburge, la rappelle auprès de lui et lui rend les honneurs royaux. Mais jamais la Danoise ne sera sa femme selon son cœur et selon la chair...

De nos jours, le château royal a disparu, il ne reste plus qu'un donjon.

ÉTIOLLES

Comment on devient Mme de Pompadour...

Et comme un air qui sonne au bois creux des guitares
J'ai fait chanter mon rêve au vide de ton cœur...

Au fond de son vallon, le joli château d'Étiolles, créé pour la vie fastueuse d'un fermier général aux champs, abrite à présent d'autres rêves que ceux d'une très jolie femme qui souhaitait séduire son roi et qui mit tout en œuvre pour y parvenir. Comme il fait désormais partie des bâtiments de l'École normale du département, il renferme les espoirs d'avenir de jeunes gens qui n'atteindront sans doute peut-être pas à tant de célébrité mais qui sauront, au moins, trouver un véritable bonheur... Cependant, l'ombre charmante de la dame au cabriolet bleu demeure, et l'histoire vaut d'être contée...

Quand, le 9 mars 1741, une foule élégante se presse dans l'église Saint-Eustache, à Paris, pour y assister au mariage de Charles-Guillaume Le Normand d'Étiolles avec la jeune Jeanne-Antoinette Poisson, chacun pense que le plus heureux des deux, c'est le mari. Certes, il est jeune – vingt-quatre ans ! –, point repoussant et fort riche car il participe aux affaires de son oncle, le fermier général Le Normand de Tournehem, mais elle, elle est ravissante, fine, élégante, spirituelle, cultivée, artiste. Elle a tous les talents et tous les charmes. Elle éblouit, elle enchante et chacun pense qu'elle aurait pu trouver mieux que ce garçon terne et un peu lourd qui ne cache pas la joie qu'il éprouve à épouser l'exquise créature que son oncle l'a pratiquement mis en demeure de prendre pour femme. Il est très amoureux et, les noces terminées, il l'emmène voir éclore le printemps dans son château d'Étiolles dont le parc ouvre sur la forêt de Sénart. Et tout de suite, la jeune femme s'attachera à son mari. Il lui fera deux enfants sans presque qu'elle s'en aperçoive car, depuis dix ans, Jeanne-Antoinette vit dans un rêve, et quel rêve ! Celui qu'a suscité une voyante, Mme Lebon, en déclarant à sa mère quand elle-même n'avait que neuf ans :

— Cette petite sera presque reine car elle deviendra la maîtresse du roi...

Ni Mme Poisson ni l'enfant n'ont mis un seul instant en doute cette prédiction et, aussitôt, on s'est appliqué à préparer « Reinette » à un aussi fabuleux destin. « On », c'est la jolie Mme Poisson, épouse légère d'un certain François Poisson qui appartient à la bourgeoisie financière mais qui, ayant eu maille à partir avec une justice un peu tatillonne, préfère vivre loin de chez lui. C'est aussi le grand ami de la dame, Le Normand de Tournehem... dont on chuchote même qu'il est le véritable père de « Reinette ».

À eux deux, ils vont donner à la jeune fille l'éducation la plus brillante et la plus mondaine qui soit. Et, lorsque l'on met sa petite main dans celle du neveu, Reinette est devenue la coqueluche des salons parisiens. En fait, on l'a mariée à Le Normand d'Étiolles pour qu'elle ne s'éloigne pas du cercle de famille, et parce qu'une femme mariée a plus de chance d'attirer le roi qu'une jeune fille... Et Reinette a activement participé à tous ces beaux projets car, à l'instar de la plus grande partie des femmes de France, elle est amoureuse de Louis XV qui est alors le plus bel homme de son royaume. Si l'on s'apprête à l'appeler le Bien-aimé, ce n'est pas pour rien !

Dans les premiers temps, le jeune ménage marche assez bien. Que ce soit dans l'élégant hôtel de Gesvres, rue Croix-des-Petits-Champs, où l'on passe l'hiver, ou à Étiolles qui est de beaucoup le séjour préféré de Reinette, les jours s'écoulent agréablement. La jeune femme se laisse aimer. Elle a peu de tempérament d'ailleurs et n'accorde aux désirs du corps qu'un intérêt mitigé. Cela lui permet de jouer les épouses parfaites :

— Il n'y a au monde que le roi qui pourrait me rendre infidèle à mon époux, se plaît-elle à répéter.

Et le pauvre mari se pare de cette belle phrase comme d'une décoration sans imaginer un seul instant qu'il pourrait y avoir là une véritable profession de foi. Car c'est avec celle d'une vraie croyante que Reinette attend la réalisation de sa prédiction... Avec la ferme intention d'y aider, d'ailleurs, et, si elle se plaît tant à Étiolles, c'est parce qu'elle y a découvert un moyen d'approcher l'objet de ses rêves... Le parc, je l'ai dit, ouvre sur la forêt de Sénart. C'est une forêt royale où Louis XV aime à chasser lorsqu'il se trouve au château de Choisy, l'un de ses préférés.

Lorsque c'est le cas, les châtelains des environs immédiats sont autorisés à se joindre à la chasse et Reinette a décidé de profiter de cette permission à sa manière, qui est celle d'une femme de goût. Elle ne s'épuise pas à lancer ses chevaux sur la trace du gibier royal. Elle monte à merveille, mais de cette façon elle risquerait de se montrer rouge, décoiffée et peut-être peu à son avantage. Elle a donc trouvé mieux.

À chaque rendez-vous de chasse, le roi voit apparaître le plus ravissant équipage qui soit. C'est un petit phaéton bleu attelé de superbes chevaux et mené, de main de maître, par une fort jolie femme blonde en robe rose. D'autres fois, le phaéton est rose et la dame en robe bleue mais le plus étonnant est que le joli attelage ne s'arrête jamais. La belle conductrice se contente de saluer en décochant à son souverain un éblouissant sourire puis disparaît, tel un songe, dans les profondeurs de la forêt.

Ce manège est tout à fait propre à piquer la curiosité du roi. Il fait prendre ses renseignements et apprend sans peine qui est la jolie dame au phaéton changeant. Alors, à plusieurs reprises, il fait porter à Étiolles du gibier de sa chasse, gibier toujours reçu avec un battement de cœur mais qui ne laisse pas de provoquer la fureur de la duchesse de Châteauroux, la maîtresse en titre. Une fureur qui ne va faire que croître et embellir car, comme par hasard, le nom de Mme d'Étiolles se fait entendre de plus en plus fréquemment dans l'entourage de Louis XV. Reinette a des amis décidés à pousser une fortune dont ils espèrent peut-être quelque reconnaissance.

C'est tantôt l'abbé de Bernis – un des fidèles d'Étiolles –, tantôt Mme de Sassenage, tantôt le président Hénault et tantôt la comtesse d'Estrades qui se mettent à chanter, à bonne portée des oreilles royales, les louanges de l'apparition bleue et rose de la forêt de Sénart. Non sans déplorer bruyamment qu'une si charmante créature – l'ornement des salons parisiens ! – ne soit pas admise à la cour.

Un jour, dans le carrosse même du roi où elle se trouve auprès de la favorite, c'est au tour de la duchesse de Chevreuse de se charger du couplet : il est navrant que cette petite d'Étiolles, véritablement exquise, ne soit pas des dames de la cour et qu'elle doive se contenter de vivre assez retirée auprès d'un époux insignifiant... D'un ton sec, Mme de Châteauroux fait aussitôt remarquer qu'il est possible d'aimer un homme insignifiant, s'il est beau ! Mme de Chevreuse, alors, éclate de rire : beau ou pas, Mme d'Étiolles ne saurait aimer son mari puisque – et ce n'est un secret pour personne – c'est du roi qu'elle est éprise...

La duchesse ne rit pas longtemps. L'instant suivant, elle manque de s'évanouir : sous l'abri de ses amples jupes, la favorite vient de lui enfoncer cruellement son talon dans le pied. En descendant du carrosse, la malheureuse boite bas. Pour l'achever, Mme de Châteauroux lui fait savoir qu'elle devra changer de sujet de conversation et que, d'ailleurs, il sera désormais interdit à Mme d'Étiolles de suivre les chasses royales.

Heureusement pour Reinette, l'interdiction n'aura pas le temps de lui être signifiée. Le roi est parti pour la Lorraine et vient de tomber gravement malade à Nancy. Pendant des jours et de tous les points du royaume, de ferventes prières s'élèvent vers Dieu pour obtenir une guérison à laquelle on n'ose croire. Naturellement, la favorite a été éloignée. Et du fond de son lit d'accouchée, Mme d'Étiolles – elle vient de donner le jour à sa fille

Alexandrine – suit avec angoisse les progrès de la maladie...

Contre toute attente, Louis XV guérit et rappelle Mme de Châteauroux, mais pas pour longtemps : en décembre, la favorite, atteinte d'une mauvaise grippe, trépasse. Le chemin serait-il enfin libre pour Reinette ? Elle sait le roi entouré d'une nuée de jolies femmes qui ne songent qu'à attirer son regard, alors qu'elle-même ne l'approche pas. Il y a là un problème, bien sûr, mais Reinette possède un atout caché en la personne du sieur Binet, premier valet de chambre du roi avec qui elle cousine. Et Binet mise sur elle.

Le fin matois n'a aucune peine à réveiller la mémoire de son maître touchant la jolie dame « bleue et rose » qui, selon lui, souhaiterait une entrevue afin de briguer pour son époux la charge de fermier général... Et le résultat ne se fait pas attendre : quelques jours plus tard, Mme d'Étiolles reçoit une invitation pour le grand bal masqué donné en l'honneur des noces du Dauphin avec l'Infante d'Espagne, le 25 février 1748. Est-ce enfin le signe du destin ?

Au soir dit, dans la galerie des Glaces illuminée, Reinette vêtue d'un ravissant costume de bergère rose et bleu se retrouve mêlée à une foule scintillante dont elle admire le spectacle en artiste. Le cœur lui bat un peu mais nulle part elle n'aperçoit le roi. Et soudain, comme minuit sonne, sept ifs font leur apparition. Leurs grosses têtes vertes dominent les danseurs et l'on chuchote que Louis XV est parmi eux... Et voilà que l'un d'eux s'approche de Reinette et murmure :

— L'apparition bleue et rose des bois de Sénart accepterait-elle de montrer son visage à un innocent arbuste ? Il est le modeste frère des grands arbres qu'elle aime tant...

Cette fois le doute n'est plus possible et la jeune femme va plonger dans sa révérence, mais on la retient. Il faut respecter l'incognito de l'if... et dire seulement si l'on se rendra le lendemain au bal de l'Hôtel de Ville de Paris. Il serait possible d'y parler plus aisément que dans cette foule. Pour toute réponse, Reinette ôte son masque de soie et, ce faisant, laisse tomber son mouchoir que l'« innocent arbuste » se hâte de ramasser. Puis, par jeu, lui relance avec un salut qui est en lui-même une déclaration.

Le lendemain, le roi apprend qu'il n'a qu'à ouvrir les bras. Ce qu'il ne manquera pas de faire certain soir dans les petits appartements de Versailles. La prédiction de la voyante est enfin réalisée et c'est le début du règne de la plus célèbre des favorites royales.

Évidemment, on aura beaucoup de mal à convaincre un mari désespéré d'accepter un jugement en séparation. Le pauvre Le Normand restera seul dans son joli château d'Étiolles déserté par celle qu'il ne pourra jamais oublier. Celle qui était sa femme et qui vient de disparaître de son horizon aussi totalement que si elle n'avait jamais existé...

D'ailleurs, il n'y a plus de Mme d'Étiolles. Celle qui s'avance à présent dans la gloire rayonnante de sa beauté comblée, c'est Mme la marquise de Pompadour..

Le château fut rasé dans les années 1960.

FERRIÈRES

De Bonne-Jeanne aux fabuleux Rothschild

Heureux qui, à la fois, a richesse et raison.

MÉNANDRE

Lorsque, dans les derniers jours du mois de septembre 1792, Joseph Fouché, qui vient d'être élu député de la Loire-Inférieure à la Convention, débarque de la diligence de Nantes dans la cour des Messageries de la rue Notre-Dame-des-Victoires, il est accompagné de Bonne-Jeanne, sa femme qu'il a épousée dix jours plus tôt et dont il est amoureux « comme un berger de Florian », encore que personne n'ait réussi à comprendre ce qu'il lui trouve. L'ex-Mlle Coiquaud est en effet un « laideron décharné », une grande fille de vingt-huit ans, sèche comme un sarment, aux cheveux et aux sourcils roux, aux pommettes osseuses. Il est vrai que Fouché est loin d'être beau, avec ce visage que certains ont comparé à une tête de mort. À eux deux, ils forment ce que Barras appellera un « couple hideux » mais il est des grâces incroyables car ce couple, durant les vingt ans qu'il va vivre sans jamais se séparer, est uni par l'amour le plus total, le plus profond, le plus fidèle...

Que ce soit à Paris, à Nevers ou à Lyon où Fouché va faire régner une affreuse terreur, Bonne-Jeanne est auprès de lui, derrière lui, s'occupant exclusivement de lui et des quatre enfants qu'elle réussira – après plusieurs deuils – à lui garder. Elle est encore là quand, ministre de la Police de Napoléon, il occupe le grand hôtel de Juigné, quai Voltaire, veillant, en dépit d'un titre de duchesse, sur les bouillons, les tisanes, les lainages de ce perpétuel moribond, accomplissant sa tâche de bonne ménagère sans jamais se mettre en avant, sans jamais se montrer à d'autres personnes que de rares amis.

De sa jeunesse bretonne, Bonne-Jeanne a gardé le goût de la campagne et c'est pour elle qu'en 1802 Fouché achète en Brie le domaine de Ferrières devenu bien national. C'est dire qu'il ne l'achète pas cher. Il y a là un petit château bâti au bord d'un étang, et surtout, alentour, d'admirables forêts. Bonne-Jeanne va vivre là les meilleurs moments de sa vie mais on sait peu de choses de son existence, tant elle était discrète, sinon qu'elle se montrait fort charitable. C'est là qu'elle meurt, le 9 octobre 1812, heureuse d'avoir pu revenir à Ferrières après l'année d'exil à Aix-en-Provence que Napoléon avait infligée à son époux.

Trois ans plus tard, le veuf inconsolable épouse la jeune Ernestine de Castellane-Majastre, une fort belle Aixoise auprès de laquelle il connaîtra l'orgueil mais non pas le bonheur.

Le 20 décembre 1820 Fouché s'éteignait à Trieste mais, avant de mourir, demandait instamment que son corps puisse un jour venir reposer auprès de celui de Bonne-Jeanne dans le petit cimetière de Ferrières, un souhait dont il attendra la réalisation jusqu'au 22 juin 1875, date à laquelle le baron de Rothschild autorisa le défunt à retrouver ses premières amours...

Car, entre-temps, le paysage a singulièrement changé.

En 1829, le grand financier James de Rothschild achète le domaine de Ferrières aux héritiers de Fouché. Il est l'un des cinq fils de Meyer Amschel, le changeur de Francfort, l'une des cinq flèches – leur emblème ! – qu'il tirera sur l'Europe et qui s'implanteront dans divers solages. La flèche James s'ancrera dans la terre de France pour leur plus grand bien commun, et y restera.

Ce domaine de Ferrières, avec ses profondes forêts et sa riche terre de Brie, est pour le baron James le symbole même de cette implantation et il le veut à l'image de sa fabuleuse réussite. Alors, il rase le château dont Bonne-Jeanne était si fière et, sous le ciel d'Île-de-France, il va ériger un immense, un fantastique palais à l'italienne et il va le faire construire par un Anglais. Un Anglais fort célèbre. Paxton, dont le père était jardinier du duc de Devonshire, a bâti pour la reine Victoria le Crystal Palace et c'est, il faut bien l'avouer, un extraordinaire architecte doublé d'un paysagiste. En quatre ans – de 1855 à 1859, ce qui est un véritable tour de force – il édifie une demeure qui, avec ses colonnes, ses pilastres, ses bustes d'empereurs romains, ses clochetons et ses coupoles, parvient à être le chef-d'œuvre architectural du style second Empire français, c'est-à-dire un style qui en mélange quelques-uns. Le résultat est superbe et superbe aussi l'intérieur, confié à Eugène Lami, qui ordonne, dans un cadre grandiose, les collections d'œuvres d'art réunies par le baron James. Un cadre en tout point digne de l'extrême beauté de la baronne Bettina dont le portrait peint par Ingres fut longtemps l'un des plus beaux ornements du château ; elle offrait cette particularité d'être... la nièce de son époux.

Le 27 décembre 1862, Napoléon III, flanqué du prince de Metternich, ambassadeur d'Autriche, de lord Cowley, ambassadeur d'Angleterre et du prince de la Moskova, vient visiter Ferrières. Le baron James attend, à la gare, le souverain et son escorte européenne. L'empereur est curieusement vêtu « d'un costume de fantaisie de couleur sombre tout à fait original et ressemblant, par la forme, au costume national breton... ». Il faut préciser que cet étrange équipement avait été revêtu en vue de la grande chasse qui devait suivre le déjeuner. Et quel déjeuner ! Le journaliste qui en fait le récit n'en finit pas de s'extasier : « Splendide comme mets, plus splendide encore comme service. Outre l'argenterie unique au monde, les convives mangeaient dans un service de porcelaine de Sèvres signé Boucher. »

Après avoir salué les dames qui l'attendaient sur le grand escalier, Napoléon III a voulu tout visiter ; le château, le parc et les écuries. Puis ce fut la chasse où l'on fit grande consommation de faisans et de lièvres, plus une bécasse égarée. Puis le retour au château pour y prendre une collation tandis que les chœurs de l'Opéra exécutaient *L'Hallali du Faisan* sous la direction de Rossini en personne.

Avant de repartir pour la gare, l'empereur a tenu « suivant un usage allemand en vigueur dans les grandes familles » à planter lui-même un cèdre dans le parc, cèdre qui prospéra si bien qu'il dépasse aujourd'hui les autres arbres.

À six heures, l'empereur quittait le château et « trouvait sur son passage, depuis le perron jusqu'à la grille du parc, tous les gens du château éclairant les allées du parc avec des torches tandis que, tous les quinze pas, on avait planté des ifs hérissés de lampions enflammés... ». Que de splendeur !

Hélas, huit ans plus tard, c'est le drame. La France est vaincue par la Prusse. Le roi et Bismarck établissent leur quartier général à Ferrières. La magnificence et les dimensions du palais impressionnent le roi qui interdit le moindre dommage. On ne devait toucher « ni les tableaux des salons, ni le gibier du parc ni le vin dans les caves ». Même Bismarck, chasseur passionné, ne fut pas exempté. Malheureusement le roi part et le chancelier, livré à lui-même, n'en fait qu'à sa tête et commet une hécatombe. Qui d'ailleurs ne le contente pas. Dans une lettre, la comtesse de Moustier raconte : « Rothschild m'a dit hier que Bismarck n'était pas satisfait de ses faisans de Ferrières et qu'il avait même menacé de battre le régisseur parce que lesdits faisans ne volaient pas remplis de truffes. »

Le château eut alors à souffrir mais connut néanmoins une heure glorieuse puisque c'est dans son salon des Tapisseries que Jules Favre discuta avec Bismarck l'énorme indemnité de dix milliards exigée par la Prusse. C'est le baron Alphonse qui, par ses conseils et son action, réussit à faire mener à bien l'emprunt libératoire et en fit même un grand succès financier.

Comme les autres, les heures noires passent. Ferrières pansa ses blessures et retrouva son faste, sa vie heureuse. Dans le joli livre qu'il a consacré à sa famille, le baron Guy, qui avant 1981 possédait le fabuleux château, a consacré des pages pleines de couleur à ces périodes d'automne, le temps des grandes chasses, que traditionnellement les Rothschild passaient à Ferrières ; et aussi à ses souvenirs d'une enfance assez rude aux mains de « nannies » anglaises sans douceur, mais qui lui a tout de même laissé au cœur une profonde tendresse pour cette demeure hors du commun. Au fil des chapitres, la vie du château ressuscite avec ses salons – salon Bleu, salon Blanc, salon des Tapisseries, salon des Cuirs –, avec ses chambres au confort raffiné, avec, aussi, l'armée de domestiques – une trentaine en temps normal mais parfois jusqu'à cent lorsque les invités amenaient leurs propres serviteurs – qui circulent et animent la maison, le parc et les immenses sous-sols où tout s'élaborait dans une harmonie telle que les manifestations du luxe le plus raffiné semblaient naturelles.

La dernière guerre a fait passer encore quelques mauvais quarts d'heure à Ferrières. Les troupes allemandes prirent un malin plaisir à occuper ce symbole de la splendeur juive, et cette fois aucun roi bien élevé n'interdisait le pillage. Presque tous les objets d'art furent volés et, après le départ des vandales, le château démeublé, où seules quelques pièces étaient parfois chauffées pour une partie de chasse, tomba dans le silence. Une fée allait le ressusciter, une fée dont on disait aussi qu'elle était la reine de Paris : Marie-Hélène de Rothschild, née de Zuylen, l'épouse du baron Guy.

Elle aimait Ferrières, elle aimait les fêtes qu'elle s'entendait comme personne à ordonner. Elle décida de remettre le château en état et s'attela courageusement à une tâche énorme. Et naturellement, parce que le mot impossible n'avait jamais fait partie de son vocabulaire, elle réussit. En 1959, un siècle exactement après son inauguration, Ferrières renaissait avec une grande fête sur le thème de la Belle au bois dormant. Mais écoutons le baron Guy :

« Après une longue traversée de la forêt, les invités pénétraient dans le parc et découvraient soudain le château. Faiblement éclairé, il semblait émerger de la nuit, fantomatique et mystérieux. D'immenses toiles d'araignée, comme des fils d'argent, tombaient des toitures. Sur le lac, un vaisseau fantôme glissait en silence, à peine éclairé, errant sans équipage depuis la nuit des temps. Et bientôt, comme sous la baguette de la fée, le château s'éveilla de sa torpeur : les candélabres s'allumaient derrière chaque fenêtre, les musiques jaillissaient, les danseurs surgissaient... À l'aube, personne ne voulut partir... »

D'autres fêtes encore : le bal surréaliste, le bal Proust, des chasses, des concerts, le monde élégant de toute l'Europe. La nuit de Ferrières avait rejoint les *Mille et Une Nuits*. Et puis il fallut s'arrêter parce que le temps n'était plus de ces fêtes merveilleuses qui faisaient vivre un monde... La banque Rothschild nationalisée, le baron Guy, pour éviter que la maison de son enfance ne tombât en des mains indignes, offrit Ferrières à l'Université... qui malheureusement n'en fait pas grand-chose : quelques tournages de films de cinéma, de télévision ou de spots publicitaires. La Belle au bois dormant a refermé les yeux... Mais y a-t-il encore des Princes charmants ?...

HORAIRES D'OUVERTURE

Le château est momentanément fermé aux visites.

http://www.chateaudeferrieres.sorbonne.fr/

FONTAINEBLEAU

Christine de Suède fait assassiner son amant

Pourtant chacun de nous tue ce qu'il aime..

Oscar WILDE

Au début de l'après-midi du samedi 10 novembre 1657, le père Le Bel, supérieur du couvent des Mathurins d'Avon, se hâte à travers les allées boueuses et mal entretenues du jardin de Diane, dans le parc de Fontainebleau, pour rejoindre le pavillon des Princes, seule partie de l'immense palais qui montre alors quelque animation. En effet, le jeune roi Louis XIV ne vient presque jamais à cause de la ladrerie du cardinal Mazarin qui renâcle devant les dépenses occasionnées par un déplacement royal. Pourtant, une reine habite là...

En effet, le pavillon et la galerie des Cerfs qui le prolonge servent de logis à celle que l'on a surnommée la Reine errante : Christine, ex-souveraine de Suède, dont l'abdication, trois ans plus tôt, les excentricités et la vie vagabonde ne cessent d'alimenter les potins des cours européennes et singulièrement ceux de la cour de France.

En fait, ce séjour est le second que Christine effectue chez nous mais le premier a été si fertile en extravagances que Mazarin a jugé préférable d'installer une visiteuse peu désirable dans cette aile du palais de Fontainebleau, suffisamment solitaire et éloigné de Paris pour assurer autour de la Suédoise un certain silence.

Elle vit donc là, depuis un mois, entourée d'une suite bizarre et assez équivoque de nains, de bouffons, d'estafiers, de trop beaux Italiens, de pseudo-savants et de philosophes nuageux. Et les bonnes gens du village voisin, pour qui une reine se doit de mener une vie plutôt digne, ne sont pas loin de considérer comme une assez bonne imitation du diable cette fille du grand Gustave-Adolphe, cette jeune femme de trente et un ans qui, un beau jour, a envoyé promener couronne et trône pour s'en aller courir le monde habillée en garçon et avec une poignée de compagnons d'aventure.

En fait, le père Le Bel connaît déjà Christine. Il y a quatre jours, elle l'a fait appeler une première fois pour lui remettre, sous le sceau du secret de la confession – lors de son passage à Rome, elle s'est convertie au catholicisme –, un paquet scellé contenant des papiers en le priant de bien vouloir les garder jusqu'à nouvel appel. Or, cet appel, un page vient de l'apporter et, fidèle à sa parole, le religieux rapporte à Christine ce qu'elle lui a confié.

En arrivant, on le conduit, non à la chambre de la reine comme la première fois, mais à la galerie des Cerfs. Il y trouve la Suédoise vêtue, par extraordinaire, comme une autre femme. Elle porte une robe de velours sombre ornée de dentelles de Flandre et elle se promène dans la galerie au bras d'un superbe garçon brun : le marquis Rinaldo Monaldeschi dont on prétend qu'elle est folle et qui est son amant déclaré. Quelques personnes de sa suite – qui ne comporte aucune femme – bavardent à voix basse à chaque extrémité de la galerie mais tous disparaissent à l'entrée du père Le Bel. Seuls demeurent deux gardes et Sentinelli, le bien-nommé, car, avec son jeune frère, il assure la protection habituelle de la reine.

Alors, se déroule une scène bizarre. Après s'être fait remettre le paquet de lettres, Christine l'a tendu à Monaldeschi en lui ordonnant de l'ouvrir et d'en lire le contenu. Mais à peine a-t-il déplié la première lettre que le jeune homme se trouble, pâlit et se met à trembler visiblement :

— C'est donc moi qui lirai ! dit la reine.

Et elle lit.

Adressée à l'ambassadeur d'Espagne, la missive est accablante : tous les projets de la reine y sont clairement exposés et, chose plus grave pour une femme amoureuse, ses habitudes y sont raillées ainsi que ses défauts physiques. En effet, Christine n'est pas très belle en dépit d'un regard étincelant et de jambes superbes qu'elle aime révéler dans des bottes collantes : pas très grande, trop charpentée, elle a une épaule plus haute que l'autre, un teint médiocre et une poitrine trop forte. Tout cela, Monaldeschi – car bien sûr il est l'auteur de la lettre – l'a cruellement souligné. À présent, il regarde Christine avec épouvante et, tout de suite, il s'effondre à genoux, se traîne à ses pieds :

— Pardon ! Pardon !...

Il ne sait dire que cela. Dégoûtée de le découvrir si lâche, Christine, qui ne connaît pas la peur, s'éloigne vers les fenêtres. Il la suit en se traînant sur les genoux, s'accroche à sa robe sans se soucier des trois hommes et du religieux qui regardent, les uns avec indifférence, l'autre avec terreur. Agacée, la reine lui accorde la permission de se défendre.

D'une voix hachée, Monaldeschi entame sa plaidoirie. Que dit-il ? Rien de convaincant, en vérité. Il cherche surtout à rejeter la responsabilité de sa faute sur ses ennemis, sur Sentinelli surtout qu'il hait et dont il sent dans son dos le poids du regard. Sa défense est maladroite, confuse et brumeuse comme ce jour de novembre. Il cherche à réveiller, au cœur de celle qu'il a si cruellement offensée, les souvenirs brûlants des dernières nuits sans même se rendre compte qu'il augmente ainsi la rancœur de la femme en même temps que la colère de la reine.

Quand, à bout d'arguments, il se tait enfin, Christine laisse peser sur lui, un instant, l'angoisse du silence avant de se tourner vers le père Le Bel qui, tremblant, égrène son chapelet dans un coin. Ce qu'elle dit arrache à Monaldeschi un hurlement d'horreur : le religieux doit entendre le coupable en confession afin de le préparer à bien mourir.

Presque aussi affolé que le coupable, le père Le Bel tente de fléchir la reine, mais elle ne veut rien entendre, ni les objurgations du moine ni les pleurs de l'homme qui sanglote à ses pieds. Elle sort, presque en courant, et va s'enfermer dans sa chambre.

De longues minutes passent. Le front appuyé à une vitre pour en recueillir la fraîcheur, Christine regarde sans le voir le parc humide et brumeux que l'ombre commence à obscurcir. Aucun bruit jusqu'à ce qu'elle perçoive à sa porte un léger grattement. C'est le père Le Bel. Son visage est affreusement pâle et ses mains tremblent. Non, il ne vient pas dire que le coupable est confessé, il vient tenter de fléchir cette volonté de femme qu'il n'est pas loin de juger barbare. Pour cela, il emploie tous les moyens. Il dépeint Monaldeschi tel qu'il vient de le voir, pleurant, se roulant par terre, appelant cette reine qu'un mot de pitié lui ferait adorer sincèrement. Puis il en appelle au cœur de Christine et, enfin, il évoque le roi de France à qui appartient ce palais, le roi qui ne pourra admettre que l'on y commette un meurtre délibéré... Rien n'y fait ! Brutalement, la reine ordonne au religieux de retourner dans la galerie et de se hâter de remplir son ministère s'il ne veut pas que le coupable meure sans confession.

D'autres minutes encore puis, à nouveau, on frappe à la porte. Cette fois, c'est Sentinelli lui-même. Et lui aussi vient demander grâce pour cet homme qu'il hait et qu'il méprise, mais qu'il ne peut se résoudre à tuer de sang-froid. On peut être un redoutable duelliste, une sorte de reître, et se refuser à frapper un homme à genoux.

— Quand le bourreau tranche une tête, riposte la reine, il frappe toujours un homme à genoux !

Et elle menace, à présent. Si Sentinelli ne veut pas obéir, qu'il s'en aille ! Elle le chassera. Et, de toute façon, cela ne sauvera pas Monaldeschi. Et, soudain, elle hurle !

— C'est un lâche, un ignoble lâche ! Il faut qu'il meure et au plus vite ! Et s'il ne veut pas se hâter d'achever sa confession, blesse-le !

Et la porte se referme sur l'Italien.

Dans la galerie, le spectacle est abominable. Monaldeschi, écroulé aux pieds du père Le Bel qui lui-même se soutient à peine, n'est plus qu'une loque méconnaissable. De la porte, Sentinelli lui crie qu'il n'a plus de délai, que l'heure de la mort a sonné. Puis il s'avance, l'épée au poing, sur le malheureux qui, les yeux exorbités de terreur, tente follement de s'intégrer à la muraille et implore encore : « Un moment... rien qu'un moment ! »

Sentinelli n'écoute plus. L'épée haute il fond sur le condamné, vise le cœur et en finirait d'un seul coup si Monaldeschi ne portait une chemise de mailles. Et comme, de sa main nue, il tente de détourner l'arme, celle-ci lui tranche trois doigts avant de se briser comme verre. Fou de rage, alors, Sentinelli tire sa dague et frappe au visage, appelant même à la rescousse les deux gardes qui, avec lui, vont tenter d'en finir.

Ce n'est pas si simple. Monaldeschi semble avoir la vie chevillée au corps. Ses cris doivent s'entendre dans tout le palais... Il faudra encore de longues minutes avant qu'ils ne cessent quand, enfin, Sentinelli réussira à trancher la gorge du malheureux.

Un moment plus tard, comme les valets emportent, sur une civière, le corps sanglant et que d'autres lavent à grande eau le dallage de marbre, le lugubre cortège passe devant Christine, figée au seuil de sa chambre. Elle ne tremble pas, regarde sans voir et semble une statue tant elle est pâle et froide. Le père Le Bel lève alors sur elle un regard encore plein d'épouvante :

— On disait pourtant que vous l'aimiez, madame !

— Je peux l'aimer à présent. La mort efface tout...

C'est sous le bénitier de la petite église d'Avon que repose le corps de Rinaldo Monaldeschi dont le crime fut d'avoir trahi l'amour d'une reine qui l'aimait. La dalle qui recouvre ses restes est toujours visible.

Quant à Christine de Suède, elle dut quitter la France mais, pour l'arracher au palais de Fontainebleau, il fallut que Mazarin lui offrît le palais qu'il possédait à Rome et assez d'argent pour y vivre. Aimait-elle encore ? Il semble qu'elle demeura fidèle au souvenir de celui dont elle avait voulu la mort avec tant d'acharnement. Son existence fut, dès lors, exempte de scandales et uniquement occupée de science, de philosophie et de religion.

Elle est la seule femme, avec la fameuse comtesse Mathilde qui, à Canossa, laissa un empereur piétiner dans la neige pendant trois jours, à reposer dans Saint-Pierre de Rome non loin de l'admirable *Pièta* de Michel-Ange.

HORAIRES D'OUVERTURE

Du 1er octobre au 31 mars	9 h 30-17 h
Du 1er avril au 30 septembre	9 h 30-18 h

Fermé le mardi, le 1er janvier, le 1er mai et le 25 décembre.

http://www.musee-chateau-fontainebleau.fr/

FONTEVRAUD

Les fabuleux Plantagenêts

La gloire, astre tardif, lune sereine et sombre
Qui se lève sur les tombeaux...

Victor HUGO

Sur toute la vallée de la Loire les arbres sont en fleurs en ce 31 mai 1204 et, dans la forêt, proche du fleuve, où s'élève la puissante, la royale abbaye de Fontevraud, les bourgeons commencent à éclore. La nature tout entière parle d'espérance et de renouveau cependant que, dans une cellule blanche, hors du palais abbatial, se meurt Aliénor qui a été voici bien longtemps reine de France et qui, reine douairière d'Angleterre à présent, voit, à quatre-vingt-quatre ans, s'achever son voyage terrestre[1].

Le murmure des prières l'entoure comme une fumée d'encens mais elle n'a pas besoin de ce secours. Naturellement vaillante, elle n'a jamais eu peur de la mort et, à présent, c'est avec une joie mêlée de soulagement qu'elle en finit avec une existence qui, depuis longtemps, a cessé de lui plaire.

Bientôt, elle va s'en aller rejoindre, dans la chapelle neuve, ceux qui l'y attendent : son époux d'abord, perdu depuis bien longtemps, Henri II Plantagenêt, roi d'Angleterre et comte d'Anjou, l'homme que, jadis, elle a voulu épouser par amour, sans doute, mais aussi par défi,

1. Voir Beaugency.

quelques semaines après avoir été répudiée en tant que reine de France. L'avait-il assez tourmentée au cours de leur vie commune ! Pourtant, elle ne regrettait pas cette expérience...

Il reposait enfin en paix, le géant insatiable qui n'avait jamais assez de puissance, jamais assez de femmes ! Il y avait à présent près de cinquante-deux ans que, redevenue simplement duchesse d'Aquitaine, elle l'avait épousé. Il avait dix ans de moins qu'elle et elle l'avait aimé, bien sûr, plus qu'elle ne l'aurait cru. Et lui aussi, Henri, l'avait aimée mais à sa façon qui ne ressemblait en rien à l'amour courtois. Il y avait en lui une violence, une brutalité qu'Aliénor décorait du nom de passion au temps de leurs amours mais qui s'était révélée pénible quand l'amour avait cessé d'être.

Ils en étaient venus à se haïr, surtout à cause des femmes qu'Henri attirait dans son lit parce qu'il était incapable de fidélité. Certaines y restaient plus longtemps que l'on n'aurait pu le supposer ; telle la belle Rosamonde Clifford dont la reine avait tant souffert. On disait qu'elle l'avait fait empoisonner pour s'en débarrasser et son souvenir avait été difficile à effacer.

Et puis, bien plus tard, il y avait eu la trop jeune Alix de France, la fiancée de leur fils Richard, pour laquelle Henri s'était pris d'une passion forcenée, presque sénile. La jeune fille avait été contrainte de devenir la maîtresse du roi vieillissant. Une offense que Richard n'avait pas pardonnée à son père, non par amour pour Alix mais parce que la jeune fille lui avait été destinée, à lui et à personne d'autre.

Décidément, ce n'est pas son époux qu'Aliénor aura le plus de joie à retrouver dans l'au-delà mais ses fils : Henri, duc d'Anjou, et surtout Richard au cœur de lion, son enfant préféré, le héros légendaire dont elle a elle-même fermé les yeux quand il est mort, transpercé par une flèche au château de Châlus qu'il assiégeait pour s'emparer d'un trésor que le châtelain avait mis au jour. Oui, elle l'avait beaucoup aimé, peut-être à cause des grandes ressemblances qu'il avait avec elle et, toujours, elle avait veillé sur lui. C'était elle qui, au moment du départ pour la croisade, lui avait amené la jeune Bérengère de Navarre pour qu'il l'épousât, c'était elle encore qui, en lutte ouverte contre le prince Jean, son autre fils, s'était occupée de réunir la rançon exigée par Léopold d'Autriche quand il tenait Richard en ses prisons.

Sa mort l'avait crucifiée et c'était pour elle une joie profonde de savoir que, tout à l'heure, quand elle serait enfin au-delà du miroir, elle le retrouverait.

À l'heure où se mourait sa mère, c'était à présent Jean qui régnait. Et qui régnait mal. Aliénor était trop habile politique pour ne pas deviner que ce règne-là se terminerait mal. Jean était trop avide, trop jouisseur ! Il ne connaissait que son plaisir et la joie presque éhontée de tenir enfin ce trône qu'il avait tant convoité, pour lequel il avait commis tant de bassesses et même de crimes. Mais Jean était de ceux qui ne savent pas résister à leurs désirs. Témoin son incroyable mariage, survenu quatre ans plus tôt.

En l'an 1200, en effet, le roi Jean s'était rendu à Angoulême où l'un de ses grands vassaux, Aymar Taillefer, comte d'Angoulême, l'avait convié au mariage de sa fille Isabelle avec l'un des plus puissants seigneurs poitevins, Hughes de Lusignan. Or, à peine eut-il jeté les yeux sur la fiancée que Jean se prit pour elle d'une de ces brutales passions que le sang Plantagenêt produisait trop souvent. La belle enfant – elle avait quinze ans et était ravissante – ne fit rien pour le décourager. La chose était simple : l'adorable Isabelle était dévorée d'ambition et cette ambition surpassait de beaucoup l'amour que lui inspirait son fiancé. Résultat : prié de mener la fiancée à l'autel, Jean y somma l'évêque de le marier, lui, à Isabelle en dépit de la fureur de Taillefer et de Lusignan. À peine sorti de l'église, l'aimable roi avait jeté sa conquête sur un cheval et l'avait emmenée à Chinon pour y consommer tranquillement cette union inattendue.

Inattendue mais malheureuse. Isabelle, heureuse de devenir reine, s'était vite détachée de son roi. Elle l'avait trompé. Jean se vengeait alors en faisant pendre les amants de sa femme au ciel de son lit ; il ne s'en prenait pas à elle, il l'aimait trop. Finalement, même la couronne avait perdu de son éclat pour l'ambitieuse. C'était tout simple : Jean avait réussi à se mettre à dos les seigneurs d'Angleterre et tout le peuple, ce qui faisait beaucoup de monde. Une compote de pêches suspecte fit d'Isabelle une veuve.

Une veuve qui regagna Angoulême pour y retrouver Hughes de Lusignan, veuf lui aussi comme par hasard et toujours amoureux. On se maria, cette fois pour de bon, et Isabelle, qui avait donné des enfants à Jean, en donna à Hughes. Mais l'ambition était toujours là, tenace. L'ancienne souveraine exigeait de ses proches des honneurs royaux et ne supporta pas que, le Poitou conquis par Saint Louis, son époux rendît l'hommage féodal au roi de France.

Les blessures d'amour-propre étaient redoutables chez Isabelle. Celles-ci la poussèrent à tenter de faire empoisonner Saint Louis. Démasquée, elle dut faire amende honorable et en conçut, envers son époux, une profonde rancune. En l'an 1242, Isabelle prenait le seul moyen qui lui restât de redevenir reine : elle quitta mari et enfants pour gagner Fontevraud afin d'y attendre la mort comme la grande Aliénor l'y avait attendue... Elle eut ainsi la satisfaction de savoir qu'elle allait y reposer aux côtés de ces Plantagenêts dont elle enviait la gloire et la puissance.

Son tombeau comme celui d'Aliénor et ceux d'Henri II et de Richard sont toujours visibles dans la chapelle rénovée de la grande abbaye jadis fondée, au XIe siècle, par Robert d'Arbrissel que l'état du clergé de son époque révoltait. Robert avait alors interrompu des études très approfondies à Paris et à Angers, brisé sa carrière ecclésiastique auprès de l'évêque de Rennes pour s'en aller vivre en ermite dans la forêt de Craon. Mais sa passion, à lui, c'était l'enseignement et, un beau jour, il quitta sa forêt, groupa une foule de disciples et les entraîna avec lui pour fonder une abbaye dans la grande forêt de Fontevraud.

Une abbaye assez extraordinaire car elle regroupait quatre communautés : une de femmes, une d'hommes, une de filles repenties et, pour finir, une léproserie. Mais les quatre communautés relevaient de la seule autorité d'une femme : l'abbesse, qui, au cours des siècles, fut toujours, soit une princesse, soit une fort grande dame, et qui était la première abbesse de France.

Naturellement, les comtes d'Anjou s'intéressèrent à la nouvelle abbaye qui, par eux, fut couverte de dons. Dernier de ces comtes, Henri II d'Angleterre, qui gardait la nostalgie de son ciel angevin, décida de faire de l'abbaye sa sépulture et celle de ceux de sa famille qui le souhaiteraient. On sait ce qu'il advint. Seul le roi Jean fut enterré en Angleterre.

Son fils, Henri III, fils aussi d'Isabelle, changea la tradition en construisant l'abbaye de Westminster qui prit le relais des sépultures royales.

Depuis la fondation, les plus grandes dames se retirèrent à Fontevraud : la fille de Foulques d'Anjou, roi de Jérusalem, celle de Pierre de Courtenay, empereur de Constantinople, et aussi Bertrade, reine de France, mais le palais abbatial vit venir à lui nombre de princesses qui menèrent l'abbaye de main plus ou moins ferme. Au XVe siècle, la décadence s'était installée dans la sévère règle bénédictine. Il fallut l'énergie d'abbesses réformatrices comme Renée et Louise de Bourbon pour remettre les choses en l'état.

Plusieurs filles de Charles IX et d'Henri IV y portèrent la crosse mais la plus célèbre des abbesses est sans doute Gabrielle de Rochechouart-Mortemart, sœur de Mme de Montespan, qui était une érudite et qui fit de Fontevraud une sorte de centre culturel.

La Révolution, naturellement, chassa les nonnes. Napoléon Ier eut le mauvais goût de transformer l'abbaye en caserne, et la République fit pire encore en en faisant une prison.

Une prison qui se libère peu à peu de ses prisonniers auxquels on doit d'ailleurs une partie des travaux de restauration, notamment ceux des jardins.

Depuis 1985, l'abbaye a rouvert ses portes au public.

Horaires d'ouverture

Du 27 janvier au 6 avril	10 h-17 h 30 (fermé le lundi)
Du 7 avril au 30 juin	9 h 30-18 h 30
Du 1er juillet au 31 août	9 h 30-19 h 30
Du 1er septembre au 8 novembre	9 h 30-18 h 30
Du 9 novembre au 31 décembre	10 h-17 h 30 (fermé le lundi)

http://www.abbayedefontevraud.com/v3/

FRUCOURT

Le calvaire de la maréchale de Schulemberg

Que peuvent les lois là où seul l'argent est roi ?...

PÉTRONE

Le 8 septembre 1640, dans la cathédrale d'Amiens illuminée, le cardinal de Richelieu assiste au mariage de sa pupille, Madeleine de Forceville, avec Jean de Schulenbourg, d'ancienne famille allemande, dont le nom s'est changé en Schulemberg, Dieu sait pourquoi, en devenant français. Il est comte de Montdejeu en pays d'Ardennes, où il possède un château et où il est né.

La cérémonie est superbe. Tout le pays plus une partie de la cour se presse à ce mariage de la plus riche héritière de Picardie avec l'un des plus vaillants soldats du royaume. Mais là s'arrête le côté laudatif des choses car, sous son voile, Madeleine a les yeux rouges. Pour la meilleure des raisons : elle aime un jeune mousquetaire nommé Laurac et on lui fait épouser un parfait inconnu qui, en outre, lui fait peur et pourrait être son père. Elle a en effet vingt ans et Schulemberg en a cinquante et un.

De son côté, le marié ne semble pas plus satisfait que cela. Il a fallu un ordre exprès du cardinal pour qu'il accepte de se marier. Richelieu s'est servi de Madeleine comme d'un appât pour s'attacher plus étroitement un homme dont le dévouement lui est suspect et qui n'a que trop tendance à l'indépendance. Mais la jeune fille est orpheline de père et de mère et sa fortune est de celles que l'on envie. Le bon tuteur y a ajouté l'entière reconstruction du joli château de Frucourt bâti sur les fondations d'une antique forteresse du XIIe siècle.

Schulemberg s'est laissé tenter car il aime l'argent et le faste, mais s'il pouvait avoir la fortune sans la femme il serait beaucoup plus content. Ses goûts sont ceux d'un soudard et il n'est aucunement sensible à la grâce de celle qui devient son épouse. Par contre, il est tout à fait décidé à lui faire comprendre qui est le maître...

Pour Madeleine, l'enfer commence dès sa nuit de noces. Son époux la traite comme une fille de camp puis s'en va rejoindre ses habituels compagnons qui l'attendent dans les salons du rez-de-chaussée pour fêter l'événement. Là, il décrit soigneusement l'anatomie de sa femme entre deux pichets de vin, puis déclare galamment en guise de conclusion :

— C'est une dinde mais suffisamment dorée pour qu'il y ait plaisir à la plumer...

La nuit de noces a eu lieu dans l'hôtel des Forceville à Amiens. C'est ici, en alternance avec le château de Frucourt dont Schulemberg apprécie l'élégance, que la vie du couple va s'organiser. Et quelle vie ! Madeleine connaît déjà le neveu de son époux, M. de Lannois, qui est aussi son aide de camp. Mais elle va faire connaissance avec le reste de la famille qui, dès le lendemain des noces, vient s'installer sans vergogne. Il s'agit de Mme de Singly, la sœur de Schulemberg, une veuve altière au sourire trop doux, accompagnée d'un autre neveu, M. de Roland. Aucun de tous ces gens ne plaît à la jeune épousée qui s'en méfie d'instinct.

Mme de Singly est une personne avide et intéressée, nettement plus jeune qu'un frère dont, depuis plusieurs années déjà, elle escompte l'héritage. En apprenant le mariage, son premier mouvement a été de dépit. Quel besoin de se marier à cet âge ? Mais la réflexion est vite venue : la nouvelle Mme de Schulemberg est fort riche et si elle se révélait de santé assez fragile pour quitter ce monde avant son époux, le profit n'en serait que plus grand...

La dame s'installe donc en pays conquis et, prétextant les premiers malaises de grossesse de sa belle-sœur, elle prend en main la marche de la maison... en reléguant Madeleine dans sa chambre en compagnie de sa vieille servante Gudule. Une chambre dont le mari ne franchit guère le seuil, si ce n'est pour y débiter une variété de méchancetés telles que :

— Vous n'irez jamais au bout, ma chère, ou bien vous nous ferez un avorton qui n'aura que le souffle.

On s'emploie d'ailleurs activement, en famille, à ce qu'un accident mette fin aux nausées de la jeune femme. Elle dévale un soir le grand escalier poussée, par inadvertance bien sûr, par Mme de Singly. Pas de résultat ! Alors, on l'enferme chez elle où sa nourriture lui sera servie assez irrégulièrement. Sans Gudule qui se cache pour lui porter à manger, la malheureuse mourrait de faim.

Maltraitée, tarabustée, Madeleine met tout de même au monde un petit garçon, mais l'enfant ne vivra pas plus d'une semaine. Un matin, sa mère le trouve mort dans son berceau, étouffé sous les couvertures qu'une main criminelle a rabattues sur sa tête... Au désespoir de la jeune femme s'ajoute la peur. Certainement, on va la tuer à son tour...

Mais elle s'inquiète à tort. Paradoxalement, c'est Schulemberg lui-même qui met un frein aux agissements de sa famille. La mort trop rapide de sa femme éveillerait les soupçons du terrible cardinal qui est homme à inspirer la peur même aux gens les plus rudes. En outre, le mari est assez intelligent pour savoir que Madeleine morte, sa propre famille s'arrangerait pour le faire passer de vie à trépas. En effet, il a fini par voir clair dans le jeu de sa sœur. Et désormais il se fait le défenseur d'une femme que par ailleurs il maltraite fort, contraint à recevoir ses maîtresses et tient enfermée lorsqu'il n'est pas obligé de la laisser paraître à ses côtés en tant que maîtresse de maison. En attendant, il profite abondamment de sa fortune et ne juge même pas utile de changer de politique quand, en 1642, le cardinal de Richelieu s'éteint. Le reste du temps, Madeleine est sous la férule de Mme de Singly.

Cependant, Schulemberg gravit les degrés d'une belle carrière militaire. En 1650, il est lieutenant général en

Flandre, en 1652 gouverneur d'Arras qu'il défendra d'ailleurs brillamment contre les Espagnols et les Impériaux. Cette brute est un grand soldat.

Arras délivrée, il fait venir sa femme auprès de lui, mais c'est pour lui arracher un certain nombre d'actes de donation. Il a depuis peu une maîtresse fort belle, Anne de Souastre, qu'il entretient fastueusement aux dépens de Madeleine. À force de souffrir, celle-ci en est venue à souhaiter se réfugier dans un couvent. Elle a le choix, ayant deux sœurs en religion : l'une abbesse de l'abbaye aux Bois à Paris, l'autre abbesse de Doullens. Mais Doullens est trop près d'Arras, et Madeleine choisit Paris.

Elle profite d'une double absence de son époux et de Mme de Singly, partie représenter son frère à Montdejeu pour un procès, et s'enfuit d'Arras déguisée en servante. On est en mars 1658. Elle réussit à prendre le coche et atteint l'abbaye aux Bois sans avoir été reconnue... et avec un extrême soulagement. Sa sœur Marie lui promet en effet qu'elle n'a plus rien à craindre. Bien mieux, elle l'aide à obtenir des juges du Châtelet une séparation de biens qui lui rend la pleine possession de sa fortune. Et Madeleine se croit sauvée...

Lourde erreur. Le mari est fou de rage et n'entend pas se laisser priver ainsi de sa « dinde dorée ». D'autant que, le 26 juin, le roi a fait de lui un maréchal de France. Il lui faut donc les moyens de vivre selon son rang. Il ne trouve rien de mieux que d'ordonner à l'un de ses aides de camp, M. d'Apremont, de prendre cinq cents hommes et de s'en aller arracher sa femme insoumise du couvent où elle se cache...

La commission n'enchante pas Apremont qui sait le roi fort chatouilleux sur le chapitre des couvents. Il s'en tirera en faisant prévenir secrètement « Madame la maréchale » de ce qui l'attend et, tandis qu'il s'en vient frapper, assez mollement, aux portes de l'abbaye, Madeleine est déjà en route pour Bruxelles où elle prendra refuge chez une de ses parentes, Mme du Hamal. Là, elle est hors d'atteinte.

Malheureusement, le fait d'avoir récupéré l'administration de ses biens lui crée des obligations. Trois mois plus tard, elle revient à Paris pour affaires, sans se douter un instant que le papier notarié qui l'appelle sort tout droit de chez son mari. Et elle s'en va loger chez son cousin, le conseiller d'État de Breteuil...

Trois jours après, au petit matin, une véritable armée investit l'hôtel du conseiller. On en arrache Madeleine en chemise et pieds nus, on la jette dans une voiture fermée, et fouette cocher en direction d'Arras où elle arrivera à demi morte de froid et de faim. Elle pense qu'on va encore l'enfermer dans sa chambre mais une fois de plus elle se trompe : c'est au fond du jardin, dans une ancienne resserre dont on a bouché les fenêtres pour en faire une prison, qu'on va l'enfermer après lui avoir octroyé des vêtements de paysanne. C'est là que Schulemberg vient lui faire entendre sa décision : ou bien elle lui rend l'administration de ses biens, ou bien elle restera là jusqu'au jugement dernier. Mais Madeleine est décidée : jamais elle ne cédera.

Cette fois, le calvaire touche au martyre. La maréchale manque de tout. Un affreux souillon et un grossier valet s'occupent d'elle et la rudoient. On la nourrit quand on y pense et, naturellement, au bout de six mois, elle tombe malade. Cela ne fait pas l'affaire du mari : qu'elle ne meure pas, surtout, tant qu'elle n'a pas signé ! Alors on la tire de son trou, on la soigne et quand elle va mieux... on la réintègre. Mais tout ce qu'elle souhaite c'est la mort.

Par un serviteur apitoyé, Gabrielle de Forceville, abbesse de Doullens, a appris le sort de sa sœur. Indignée, elle écrit aussitôt à la reine mère Anne d'Autriche pour lui demander d'intervenir. Mais la reine ne trouve rien de mieux que d'adresser l'affaire à l'évêque d'Amiens... qui est des amis de Schulemberg. Celui-ci déclare que sa femme est folle et, peu après, l'abbesse est arrêtée et enfermée dans un couvent de la frontière. Et Schulemberg se fera un plaisir de venir décrire à sa prisonnière les ennuis de sa sœur :

— Signez, lui dit-il, et vous recouvrerez l'une et l'autre la liberté...

Mais Madeleine refuse toujours.

Pourtant, la malheureuse a maintenant un allié dans la place : l'un des soldats commis à sa garde, un certain

Leblanc, l'a prise en pitié et lui conseille d'écrire elle-même à la reine. Il lui procurera ce qu'il faut et se chargera de faire parvenir la lettre.

On croit rêver quand on suit le déroulement de cette histoire ! Anne d'Autriche reçoit la lettre et s'empresse de convoquer le mari pour lui faire des remontrances. Celui-ci est intraitable. Madeleine l'a offensé gravement en lui reprenant ses biens. Si elle ne vient pas à composition, elle restera où elle est. Il est le mari et il a tous les droits. Et la reine n'y peut rien.

Ce sera le privilège d'un humble dévouement de réussir l'impossible. Le brave Leblanc parvient à faire évader la maréchale et à fuir avec elle. Il la conduit tout droit au château de Belœil, chez le prince de Ligne qui lui est un peu parent. Et cette fois tout change, car le prince de Ligne a le bras long.

Schulemberg s'en aperçoit quand Louis XIV, qui vient tout juste de le nommer gouverneur du Berry, lui adresse en pleine cour un blâme public et finit par l'exiler dans sa terre de Montdejeu. Le maréchal s'y retire en 1665, emmenant avec lui Anne de Souastre, mais celle-ci, voyant que l'argent commence à manquer, se hâtera de le quitter. En 1671, il meurt enfin, sans que le remords ait touché un seul instant son âme inexorable.

Madeleine, elle, a connu la délivrance, la joie de rentrer en France, de retrouver ses sœurs, sa famille, une vie agréable et son joli château de Frucourt où elle vivra encore quelques belles journées en compagnie du fidèle Leblanc auquel l'attache peut-être un sentiment plus tendre que la simple reconnaissance. Mais la vie inhumaine qu'elle a menée l'a usée et, le 26 janvier 1676, elle s'éteindra à cinquante-six ans…

Légué aux Nicolay qui l'agrandiront et le remanieront, Frucourt, vendu comme bien national pendant la Révolution, sera acheté alors par un membre de la famille Morgan, un Breton apparenté aux Morgan de New York mais, en 1920, c'est le comte de Forceville qui le fait enfin rentrer dans une famille à laquelle il avait appartenu depuis le Moyen Âge.

Le château n'est pas ouvert à la visite.

LA GRANGE-BLÉNEAU

Le bel amour de Mme de La Fayette

Sentir, aimer, souffrir, se dévouer sera toujours le texte de la vie des femmes.

Honoré de BALZAC

Il est curieux, ce château féodal revu par les grâces du XVIIIe siècle. Il garde les sévérités du Moyen Âge sans avoir réellement réussi à acquérir le charme du siècle des Lumières mais, après tout, peut-être n'en a-t-il jamais senti le besoin car c'eût été peut-être une façon d'abolir le souvenir du temps jadis.

C'est en effet une très noble demeure que cette ancienne seigneurie de la Grange-en-Brie, déjà mentionnée au XIIIe siècle. Au temps où elle n'était encore que tours et courtines guerrières, elle fut aux Courtenay, de ces Courtenay qui surent trouver à Constantinople une couronne impériale. Ensuite, elle fut aux ducs de La Feuillade, puis aux d'Aguesseau. Enfin, à une jeune femme frêle, fragile mais qui sut porter avec un grand courage, sur deux continents, le double poids d'un nom illustre et d'un amour comme on n'en rencontre plus : Adrienne de Noailles, marquise de La Fayette.

Elle n'y a pourtant vécu que cinq années, les seules paisibles de son existence, alors que son universel époux allait y vivre, après sa mort, vingt-sept vigoureuses années. Mais son ombre tendre allait y demeurer si vivante, si présente et si attentive que c'est à elle et à elle seule qu'ira l'hommage de ces quelques lignes. Peut-être parce que, sans elle, La Fayette n'aurait pas été tout à fait ce qu'il fut...

Tout a commencé pour elle ce 11 avril 1774, dans l'hôtel de ses parents, rue Saint-Honoré, au milieu des fleurs et des flambeaux allumés. Ce jour-là, Adrienne épouse Gilbert Motier, marquis de La Fayette, et elle est heureuse. Il a dix-sept ans, elle n'en a que quatorze mais son cœur s'est donné pour jamais à ce garçon dégingandé et maladroit, à cet Auvergnat un peu rousseau qu'elle regarde avec admiration. Et, dans la simplicité de son cœur, elle en livre le secret sans l'ombre d'un détour :

— Désormais, je suis entièrement à vous... lui dit-elle.

Ce n'est pas là vaine parole mais bien serment de l'âme doublant celui des lèvres. Un serment qu'Adrienne va passer sa vie durant à tenir. Dieu sait pourtant que le « héros » ne va guère lui faciliter la tâche !

Il est amoureux d'elle sans doute mais parfaitement capable d'aimer plusieurs femmes à la fois. Mme de La Fayette le sait, mais elle est incapable d'une plainte. Elle s'installe dans l'attente et, pendant des années, outre la venue des trois enfants qu'elle mettra au monde, elle va attendre...

Attendre que Gilbert ait fini d'aimer la ravissante Aglée d'Hunolstein, une jolie Provençale dont l'amant en titre est le duc d'Orléans. Attendre des lettres et de continuelles demandes d'argent quand il vole au secours des Insurgents d'Amérique et se dévoue corps, âme et fortune à ce combat exaltant. Attendre la fin de la guerre de l'Indépendance et le retour du héros... Attendre, enfin l'extinction d'une autre passion : celle dont brûle son inflammable époux, à son retour d'Amérique, pour la très belle comtesse de Simiane...

Ah, ce retour d'Amérique ! Avec quelle joie, pourtant, Adrienne l'a vécu aux côtés de Gilbert et quels espoirs n'en a-t-elle pas tirés ? La cour entière a été à leurs pieds durant quelques jours et la reine elle-même a raccompagné personnellement à sa voiture, à Versailles, la petite marquise de La Fayette... Cela a été comme une coupure éclatante dans la longue grisaille de cette attente éternelle. Mais le soleil s'est vite couché. Il y a eu Mme de Simiane et puis de lourds nuages d'inquiétude quand La Fayette s'est mis à pousser follement à la roue du char révolutionnaire qui allait non seulement les séparer mais aussi broyer ceux qu'ils aimaient.

Les nuages ont crevé, lâchant la pluie noire de l'angoisse : Gilbert s'en est allé combattre aux frontières menacées et tombe captif aux mains des Autrichiens trop heureux de tenir enfin entre leurs mains l'homme qu'ils considéraient comme responsable en majeure partie de la mort de Louis XVI et de Marie-Antoinette. Et puis il y avait eu la Terreur : les Noailles arrêtés, envoyés à l'échafaud. Adrienne avait vu partir pour la mort sa grand-mère, sa mère et sa jeune sœur. Les hommes aussi... Elle, on l'a « oubliée » dans la sinistre prison de La Force.

Oubliée parce que, tout de même, on n'a pas osé envoyer à la guillotine l'épouse de La Fayette. On a bien voulu ne se souvenir que de ce nom-là, cacher pudiquement celui de Noailles. Mais, dans le cachot, Adrienne a laissé sa santé. Quand, au soir du 22 janvier 1795, le vieux cousin de Champetières est venu chercher Adrienne à la porte de la prison, il a été effrayé : le joli visage d'autrefois, les beaux yeux couleur d'azur tendre ont pâli. À trente-cinq ans, Mme de La Fayette en paraît dix de plus...

Mais son énergie demeure. Tout de suite elle s'inquiète de ses enfants. Son fils ? Il est toujours à Londres où il a trouvé refuge. Ses filles ? Elles sont en Auvergne au château familial des La Fayette, Chavaniac, sous la garde d'une vieille tante. Et Gilbert ? À la forteresse d'Olmütz et plus surveillé que jamais. On a su qu'en octobre dernier il a tenté de s'évader et que les choses ont mal tourné pour lui : une chute de cheval particulièrement stupide qui lui a valu un tour de reins, un refuge mal choisi où on l'a dénoncé... Il n'est pas en danger pour le moment et Adrienne doit songer à elle. Il lui faut rejoindre ses filles à Chavaniac, y laisser le bon air lui refaire des forces, se reposer !

C'est mal la connaître. Certes, elle va à Chavaniac mais c'est pour y reprendre seulement ses filles. De là, elle partira pour l'Autriche. Et comme M. de Champetières se récrie, elle explique son plan : elle ira se jeter aux pieds de l'empereur et il faudra bien qu'il l'entende ! Elle porte le meilleur sang de France. Elle est une Noailles et les Noailles ont pâti cruellement, autant que la famille royale.

Et elle part. Boissy d'Anglas lui a obtenu un passeport pour Hambourg où le consul américain lui en délivre un autre au nom de « Mme Motier », citoyenne américaine se rendant à Vienne. Arrivée dans la capitale autrichienne, Adrienne devra attendre longuement l'audience impériale.

L'empereur François II est un jeune homme de vingt-sept ans, aimable, élégant et qui aime fort les dames, mais Mme de La Fayette ne trouve pas grâce à ses yeux : libérer un homme aussi dangereux, un fauteur de révolutions ? Il ne saurait en être question. Que La Fayette soit considéré en France comme un grand homme est chose possible mais l'Autriche, elle, le considère d'un œil infiniment moins indulgent. Il restera dans sa forteresse.

Alors Adrienne adresse une autre demande : qu'on lui permette au moins d'aller, avec ses filles, rejoindre le prisonnier. Toutes trois veulent partager sa captivité si elles ne peuvent le libérer. L'empereur usera toute sa dialectique à tenter de dissuader l'héroïque créature : elle veut qu'on l'enferme avec son époux et il faut bien en passer par là... Et l'empereur cède : Mme de La Fayette et ses filles partiront pour la Haute-Moravie.

En dépit de son courage, elle a un instant de faiblesse en apercevant les murs gris d'une vieille forteresse qui a subi jadis l'assaut des Turcs. Sa fille Anastasie, décidément du même bois qu'elle, la remet d'aplomb :

— Allons, Maman, vous n'allez pas vous évanouir à l'instant où nous allons pouvoir enfin vivre en famille !

Étrange « vie de famille » ! Les trois femmes sont traitées en prisonnières d'État, fouillées et délestées de tout ce qu'elles possèdent en dépit de la lettre de l'empereur que porte Adrienne... Mais tout cela lui est égal : elle revoit son époux. Il est dans un état pitoyable, vieilli, maigre, voûté. Il éclate en sanglots en la voyant : « Vous, mon cœur ? Est-ce que je rêve. »

Non. La réunion est bien réelle et elle va durer jusqu'en octobre 1797. Mais quelle existence terrible ! Les prisonniers sont à peu près nourris mais manquent de toutes autres choses. Tellement qu'Adrienne finit par tomber sérieusement malade. Pourtant elle refuse de quitter Olmütz car elle sait qu'elle ne pourrait y revenir. Elle aime mieux mourir sur place.

Son héroïsme a conquis l'un des geôliers. Il accepte de laisser partir des lettres écrites avec de la suie et une écharde. Des lettres pour l'Europe, pour l'Amérique... Bientôt, c'est une levée de boucliers et l'Autriche doit enfin lâcher ses prisonniers. Il était plus que temps de soigner Mme de La Fayette...

On gagne la Hollande, chez Mme de Tessé, sœur de La Fayette. Enfin, en 1802, c'est l'installation à La Grange-Bléneau où Adrienne va connaître quelques années de bonheur paisible.

Bien peu, hélas ! Sa santé est définitivement ruinée et elle ne pourra retenir sa vie au-delà de la Noël 1807.

C'est avec sérénité qu'elle voit venir la mort parce que sa main repose dans celle de son cher Gilbert :

— Que vous êtes bon et que je vous aime ! soupira-t-elle encore, ajoutant plus bas : « Je vais vous attendre là-haut. »

Encore attendre ? Eh oui : vingt-sept ans jusqu'à ce jour de mai 1834 où La Fayette, mort à La Grange, la quitta enfin pour rejoindre Adrienne sous la dalle toujours fleurie du petit cimetière des Dames de Picpus...

Actuellement, le château appartient à la fondation Josée et René de Chambrun et n'est pas ouvert à la visite.

HAUTERIVE

La jeune Occitanienne

Un rêve intact est une merveille fragile...

Édouard ESTAUNIÉ

Par une belle journée de l'été 1820, deux jeunes filles, penchées sur un petit bureau, sont occupées à composer une lettre qui semble leur donner beaucoup de mal. Elles n'ont pas un regard pour le paysage qui s'étend sous leur fenêtre : celui de l'aimable vallée du Thoré et des campagnes qui avoisinent la ville de Castres.

Toutes deux ont à peu près le même âge : dix-sept ans, et elles sont cousines. La plus grande, c'est Léontine de Villeneuve dont le père, le comte de Villeneuve, est le propriétaire de ce joli château d'Hauterive aux pierres claires qui ne conserve des temps féodaux qu'une modeste tour. L'autre, c'est Coralie de Gaix, sa confidente et aussi sa meilleure amie. Les deux jeunes filles ont grandi ensemble car le château de Gaix est peu éloigné d'Hauterive. Elles en ont gardé les mêmes idées, les mêmes goûts, presque les mêmes rêves.

Surtout, elles éprouvent pour la lecture et les belles lettres une véritable passion. Une passion qui les rapproche de ce Paris, centre de toute lumière littéraire, dont elles ne savent même pas si elles le verront un jour. Ce qui les désole car leur maître à penser, leur grand homme, c'est celui que la France entière, à la suite de quelques nobles dames, a surnommé l'Enchanteur : le vicomte René de Chateaubriand dont le *Génie du christianisme* a arraché des larmes d'émotion à Léontine et à Coralie...

Et si, ce jour-là, Léontine et Coralie s'appliquent tellement à écrire leur lettre, c'est parce que, après bien des hésitations, elles se sont enfin décidées à entreprendre la grande affaire de leur vie : écrire au grand homme dans l'espoir, bien tremblant il est vrai, de recevoir en retour quelques mots d'une main si vénérée... Et, en vérité, leur lettre est charmante :

« Monsieur le vicomte, dit-elle, nous n'avons l'honneur de vous connaître que par la beauté de vos ouvrages et votre dévouement à la cause royale. Les preuves de fidélité que vous avez données au Roi sont connues et, ayant partagé vos sentiments, nous nous faisons gloire d'avoir pour nous un auteur si distingué. Tout cela réuni nous a donné un vif désir de vous connaître. C'est pourquoi nous serions très flattées si, quelque jour, vous honoriez nos châteaux de votre présence. Nous ne pourrons pas vous présenter les rosiers de Jéricho ni les palmes de Gadès mais vous y verrez des chênes qui ont vu vieillir nos pères et qui leur ont survécu... »

Autant le dire tout de suite, cette lettre ne partira pas. Au moment de signer, Coralie a pris peur. Elle est plus timide que Léontine et craint que leur dieu ne les prenne pour des folles. Léontine rangera donc la lettre et s'efforcera de n'y plus penser. Mais, quelques années plus tard, Coralie s'est mariée et, de ce fait, les deux amies se voient moins. Aussi, un soir de novembre 1827, Léontine, assise seule au petit bureau, entreprend-elle, le cœur battant, de nouer enfin le lien tant désiré.

« Je ne sais en vérité, Monsieur, pourquoi je vous écris. Mille autres avant moi ont fatigué des hommes illustres de leurs correspondances anonymes. Plusieurs femmes ont dû me devancer mais aucune vous a-t-elle dit : "C'est vous qui avez développé dans mon âme les premiers germes de l'enthousiasme. Je n'étais rien. Je n'étais qu'une jeune fille élevée dans la retraite lorsqu'un jour vos écrits sont venus m'ouvrir une source de jouissances"... »

La lettre est seulement signée Adèle. De même que sept ans auparavant, Léontine n'a pas eu le courage d'aller au bout de son projet, elle s'abrite sous une fausse identité et donne une adresse qui n'est pas celle du château. Or, quelques jours plus tard, c'est le miracle : une lettre ! Et quelle lettre !

« Si nous nous rencontrons un jour, Mademoiselle, je verrai sans doute quelque belle et jeune Occitanienne, pleine de grâces et de nobles sentiments. Vous verrez un vieux bonhomme tout blanc par la tête et qui n'a plus du chevalier que le cœur. Ne nous voyons pas, Mademoiselle. Je ne veux pas tomber dans des illusions quand vous perdrez les vôtres... »

On devine la joie de Léontine qui se hâte, devant un tel succès, de reprendre sa plume. Et peu à peu, une correspondance suivie s'établit entre l'Enchanteur et celle qu'il appelle « la charmante Occitanienne ». Malheureusement, il reste bien peu de choses des lettres de la jeune fille. Par contre, toutes celles de Chateaubriand ont été conservées et, par elles, on peut suivre le déroulement de cette idylle, car c'en fut une...

Sans bien s'en rendre compte, Léontine aime l'écrivain, et lui, au fil de cette correspondance, se prend à aimer aussi cette jeune inconnue dont l'âme se donne à lui si totalement. : « Je consens à n'être, dans votre vie, qu'un charme indéfinissable, lui écrit-il quelques mois plus tard, si vous dites bien la vérité et je vous crois sincère. Ne donnons point de nom, comme vous le proposez, à notre sentiment. Je n'ai à offrir à votre jeune vie, à vos grâces, qu'une vie usée et les disgrâces du temps contre lesquelles il n'y a point de retour...

« Je ne vous aime point, dites-vous, et vous vous m'aimez. Voulez-vous prendre le mot dans toute son étendue ? Comment voulez-vous d'abord que j'exprime pour moi ce que je sens pour une femme que je ne connais pas ? De la reconnaissance pour vos bontés, de l'attendrissement, de la réciprocité pour une amitié si généreusement offerte, enfin un certain attrait indéfinissable qu'on éprouve toujours dans des relations de cœur et de confiance avec une jeune femme. Voilà sincèrement ce que j'éprouve pour Léontine... »

Car, bien sûr, le pseudonyme d'Adèle n'a pas vécu plus longtemps que la seconde lettre. Pourquoi, d'ailleurs, se fût-elle cachée davantage ? À mesure que les lettres s'accumulent, le ton de l'Enchanteur se fait plus tendre, plus intime : « Vous me dites : je veux du bonheur ou du malheur avec vous et par vous. Vous vous trompez. Je ne puis vous donner que du malheur. Je ne parle pas du malheur que je porte en moi et que vous pourriez aimer, je parle de celui que je donne. Toutes les personnes qui se sont attachées à moi s'en sont repenties, toutes ont souffert. Aussi suis-je saisi de terreur quand une personne veut s'attacher à moi... » Mais comme il souhaite qu'elle persiste ! Comme il craint qu'elle ne se lasse de ce jeu charmant où il retrouve sa jeunesse mais, surtout, comme il a peur de la voir et d'être vu par elle car, alors, leur grande différence d'âge ne pourrait qu'éclater aux yeux de la jeune fille... Il a tort : ce que Léontine aime c'est le génie, c'est l'écrivain, c'est l'âme, alors que pour lui, qui a séduit tant de femmes et qui en séduit encore, l'amour ne peut être fait que de réalités accolées au rêve...

Pourtant, vers l'été de 1828, Chateaubriand est sur le point de se laisser convaincre mais, au dernier moment, il lui faut modifier ses plans : le roi vient de le nommer ambassadeur à Rome : « Ainsi, voilà tous nos beaux projets réduits en fumée ; ma vie change de nouveau... »

Et puis, tout de même, l'année 1829 verra leur rencontre : « Je serai à Cauterets du 12 au 29 juillet, écrit enfin l'Enchanteur. Je mets mes cheveux gris aux pieds de votre invisible et invincible puissance. La triste réalité va bientôt remplacer le songe... » Mais, la réalité, Léontine ne la craint pas. Elle sait qu'elle ne sera pas déçue... Celui qui l'est, c'est le lecteur, invisible spectateur de cette passion car c'en fut une, à la lecture du récit, vraisemblablement arrangé pour les yeux de la jalouse Juliette Récamier, que Chateaubriand donne de cette rencontre.

« Voilà qu'en poétisant, je rencontrai une jeune femme assise au bord du gave. Elle se leva et vint droit à moi. Elle savait par la rumeur du hameau que j'étais à Cauterets. Il se trouva que l'inconnue était une Occitanienne qui m'écrivait depuis deux ans sans que je l'eusse jamais vue. La mystérieuse inconnue se dévoila : *patuit dea !* J'allai rendre ma visite respectueuse à la naïade du torrent. Un soir qu'elle m'accompagnait, lorsque je me retirai, elle voulut me suivre, je fus obligé de la reporter chez elle dans mes bras. Jamais je n'ai été si honteux : inspirer une sorte d'attachement à mon âge me semblait une véritable dérision. »

Comme quoi l'on peut être un grand écrivain en même temps qu'un hypocrite doublé d'un menteur, car durant tout le temps qu'il passa à Cauterets, il vit beaucoup l'Occitanienne.

La fin du séjour fut marquée d'un drame. L'entrée en scène du ministère Polignac oblige Chateaubriand à donner sa démission. Léontine, alors, lui propose de renoncer à son mariage (car, tout de même il est fortement question de la marier) et de se retirer dans un couvent de Rome ou d'ailleurs pour pouvoir vivre auprès de lui sans offenser la morale. Projets fous, projets sans lendemain. On se sépare à Cauterets et, tandis que Chateaubriand regagne Paris, Léontine retourne à Hauterive avec sa tante Mlle du Valès qui l'a accompagnée, presque décidée à se marier. Et, de fait, un an plus tard, elle devient comtesse de Castelbajac avec, semble-t-il, une joie absolue. Le roman de la jeune Occitanienne est bien fini.

Pourtant, Chateaubriand et Léontine se reverront : la première fois en 1838, à l'Académie des jeux floraux que l'écrivain est venu présider, puis en 1847, l'année qui précède la mort de l'Enchanteur, dans son appartement de la rue du Bac où Mme de Castelbajac est venue lui rendre visite.

— C'est vous ? dit-il en tendant les deux mains mais sans pouvoir bouger de ce fauteuil auquel il est désormais condamné. Je vous ai bien aimée... Je vous aime toujours...

Ce furent, cette fois, les derniers mots du roman. La visiteuse s'enfuit en pleurant...

Le château est fermé pour cause de restauration.

JOUX

Prisonniers des nuages

Vous qui entrez, laissez toute espérance..

DANTE ALIGHIERI

La cluse ouvre, dans la chaîne du Jura, une profonde saignée où se glissent la route et le chemin de fer, une faille entre deux murailles rocheuses qui constitue le chemin le plus direct et le plus commode pour relier la Bourgogne à Lausanne et à la rive suisse du lac Léman. L'endroit est sauvage, superbe avec ses rocs abrupts couronnés et fourrés de noirs sapins. Mais plus haut que les sapins, juste au bord des nuages il y a Joux penché audessus de la cluse qu'il surveille : un puissant château, une antique forteresse dont l'histoire se perd dans la nuit des temps.

Le passage vers la Suisse a toujours été important. Les légions romaines le connaissaient comme plus tard les armées des ducs de Bourgogne. Importante donc était la garde de la région et, de tout temps, il y eut, là-haut, des murailles, des hommes et des yeux pour observer. Et des bras pour combattre.

De tout temps aussi, il y eut des seigneurs : maîtres d'abord puis capitaines aux ordres de plus puissants qu'eux quand ils ne se retrouvaient pas les hôtes forcés du terrible château. Ce furent, après les Romains, les sires de Joux : « Race longtemps la plus farouche de tous les seigneurs à bannières du Jura », écrit l'historien comtois Édouard Clerc. « Rien n'avait civilisé ces Bourguignons sauvages, oppresseurs du faible, armés de toutes pièces, à cheval et la masse au bras... » Veut-on un exemple, visible, tangible qui suscite encore de nos jours l'effroi des visiteurs ? Penchons-nous sur le puits, l'immense puits profond de quatre cent quarante-six pieds (cent quarante-quatre mètres cinquante) qui s'enfonce dans le rocher pour rejoindre l'eau indispensable à la vie du château. Ce puits fut creusé de main d'homme. « Il le fut, dit Louis Martin, par de malheureux mainmortables ravis à leurs foyers. Que l'on imagine le sort de ces hommes plongés dans l'obscurité, exposés sans cesse au danger, épuisés de travail et poussés ainsi à désespérer de revoir jamais le jour. »

Le puits existait déjà quand, au temps de la première croisade, une femme dut subir, pour avouer un péché d'amour, l'effroi de ce trou noir et glacé. En ce temps-là, le maître de Joux était Amauri III. Comme ses ancêtres une sorte de fauve faisant fi de la souffrance humaine mais craignant fort, toutefois, pour le salut de son âme. Quand saint Bernard s'en vient prêcher la croisade dans la prairie de Vézelay à la Noël 1145, l'écho de sa voix, qu'il savait faire entendre des rois comme des vilains, parvient jusqu'au cœur des montagnes jurassiennes à frapper l'oreille du sire de Joux.

Celui-ci, qui a élevé le brigandage à la hauteur d'une institution au point que les marchands préfèrent emprunter les difficiles sentiers de la montagne plutôt que le commode chemin de la cluse, voit là une belle occasion de faire sa paix avec Dieu. En outre, il n'est pas insensible à ce que l'on pourrait appeler le mirage doré de l'Orient. Et il part, laissant au logis sa jeune et jolie femme, Berthe d'Auxonne, et le fils qu'elle lui a donné.

Qu'on n'imagine pas que Berthe le voit partir avec plaisir. Amauri est peut-être une brute mais il ne diffère guère de ses contemporains. Et puis il n'est pas sans charme. Blanche pleure donc quand son seigneur disparaît de son horizon puis entreprend la longue attente. Une attente de sept années au bout desquelles, enfin, elle se décide à prendre le deuil. Des nouvelles sont venues de Terre sainte. Des nouvelles contradictoires, il est vrai : les unes prétendent qu'Amauri a été tué au combat, d'autres qu'il s'est mis en ménage avec une belle Sarrasine fabuleusement riche. Berthe peut donc se considérer comme veuve et agir en conséquence.

Sa mauvaise chance veut qu'un soir un chevalier blessé demande l'asile. Il s'agit d'un de ses cousins, Amé de Montfaucon, qui est aussi son ami d'enfance. On recueille le blessé, on le soigne, on le dorlote. Et puis, peu à peu, on se met à l'aimer. Et l'on devient sa maîtresse. Oh, discrètement : on ne se rejoint que la nuit quand tout le monde dort.

Mais l'écho des montagnes est singulièrement bavard. Le bruit de cet amour court les chemins et les forêts. Des voyageurs le recueillent. Et c'est ainsi que, par une nuit maudite, les deux amants voient surgir au pied de leur lit celui que l'on n'attendait plus : Amauri de Joux, Amauri en personne, noir comme un Maure et qui tombe sur eux comme le tonnerre.

Sa justice, si l'on peut appeler cela d'un si beau nom, frappe sans tarder. Amé est pendu sur l'heure. Quant à Blanche, elle est pendue aussi mais de façon bien différente : le tendre époux la fait suspendre par les aisselles au-dessus de l'immense puits que les serfs ont creusé sous le fouet. Et cela dans le but de lui faire avouer. Mais avouer quoi ? Qu'elle aimait Amé ? Qu'elle s'était donnée à lui encore et encore ? Elle ne s'en fit pas faute. Non seulement elle avoua tout ce qu'Amauri voulait mais encore elle osa lui crier que tout cela était uniquement de sa faute.

Dangereuse parole. La malheureuse fut aussitôt enfermée dans le plus terrible cachot du château : une sorte de tombeau creusé dans le rocher sans autre issue qu'une porte basse et dans lequel il était aussi impossible de se tenir debout que de s'étendre. On la jeta dans cet *in pace* mais, deux fois par jour, on l'en tirait pour lui faire contempler le cadavre de son amant qui, privé de la pudeur du tombeau, devenait une chose qui n'avait plus de nom dans aucune langue (le cachot est toujours visible). Berthe demeura là douze ans, jusqu'à ce que la mort de son bourreau la délivre. Quand son fils fit ouvrir le cachot, il trouva une vieille femme nouée comme un vieux cep, à moitié folle, qui réclamait à la fois Dieu et Amé.

On ne pouvait lui donner que Dieu. Le fils confia sa mère à l'abbaye de Montbenoît qu'Amauri III avait fait construire pour détourner de lui la colère divine.

Vassalisée par la maison de Bourgogne, la lignée des sires de Joux s'éteint en 1326. Le château passe par mariage à la maison de Blonay puis, par voie de vente, à celle de Vienne mais finit par être racheté par le duc de Bourgogne Philippe le Bon. Le duc est trop avisé pour ne pas reconnaître la valeur stratégique du château qui devient forteresse et, en quelque sorte, chien de garde. Une forteresse qui va connaître bien des changements de couleurs puisque, après celle de Bourgogne, on y verra flotter la bannière de France, puis celle d'Espagne, encore celle de Bourgogne puis celle d'Autriche, à nouveau celle d'Espagne, celle de Weimar, celle d'Espagne et, enfin, définitivement, celle de France.

Tous ces changements de nationalité lui ont valu quelques transformations mais c'est Vauban qui, pour Louis XIV, fait creuser les fossés et élever les remparts, l'enceinte quintuple que l'on peut admirer aujourd'hui.

Au XVIIIe siècle, Joux devient prison pour quelques mauvaises têtes des environs puis prison d'État pour des têtes beaucoup plus illustres. C'est ainsi que le 25 mai 1775, un garçon de vingt-six ans franchit les portes de la forteresse. Il se nomme Mirabeau et il est poursuivi par la vindicte paternelle qui le traîne de geôle en geôle. Pour l'heure, il arrive du château d'If.

Qu'on ne l'imagine surtout pas entassé dans le cachot de la pauvre Berthe ! Mirabeau a une chambre relativement confortable et bénéficie même d'une certaine liberté qui lui permet, grâce à la bonté d'âme du gouverneur, le comte de Saint-Mauris, de fréquenter, à l'instar des officiers du château, la bonne société de Pontarlier, la ville voisine.

Bien plus : au lendemain des fêtes données en l'honneur du sacre de Louis XVI, on l'autorise à prendre une chambre en ville. Cela va lui permettre de développer une aventure passionnée avec la jeune et charmante Sophie, marquise de Monnier. Celle-ci avait seize ans et l'on venait de la marier à Monnier, premier président à la Cour des comptes de Dole, un veuf septuagénaire et perpétuellement malade.

Un aussi grand amour ne saurait rester sous le boisseau. Son bruit vint aux oreilles de M. de Saint-Mauris qui, tout à coup jaloux, décida que Mirabeau réintégrerait ce qu'il appelait un « véritable nid à hiboux égayé par quelques invalides... ». Le gouverneur n'eut pas le temps de mettre sa menace à exécution : le 14 janvier 1776, Mirabeau enlevait Mme de Monnier et s'enfuyait avec elle en Hollande.

Mais il avait ouvert l'ère des prisonniers illustres. Il y en a toute une collection, tels les chefs royalistes d'Andigné et Suzannet, le marquis de Rivière, le cardinal Cavalchini qui avait été gouverneur de Rome et des chefs noirs déportés de Saint-Domingue. On compte aussi le général Dupont, le vaincu de Baïlen, incarcéré par ordre de Napoléon, le poète allemand Heinrich von Kleist qui ne restera que six mois et finira par se suicider peu d'années après. Enfin et surtout, le chef noir Toussaint Louverture, peut-être la plus noble victime de Joux car il devait en mourir.

Toussaint, petit-fils d'un roitelet de la brousse de Saint-Domingue (aujourd'hui Haïti), c'est d'abord un esclave bien traité, le cocher du comte de La Noe. Intelligent, il a réussi à s'instruire et il a quarante-six ans quand parvient la nouvelle de la prise de la Bastille. Dès lors, il ne vit plus que pour la libération des quelque cinq cent mille esclaves qui font la richesse de l'île. Mais s'il prend les armes, ce n'est pas vraiment un homme de violence. Bien plus, quand Saint-Domingue est attaquée par les Espagnols et par les Anglais, Toussaint combat aux côtés des Français. Il a fait abolir l'esclavage, cela lui suffit. D'ailleurs, en fait, il règne sur l'île. Ce que ne peut admettre le gouvernement de Bonaparte.

Une expédition est lancée contre lui, commandée par le général Leclerc, premier époux de la ravissante Pauline Bonaparte qui l'accompagne. Une violente révolte des Noirs et les attaques de la fièvre jaune ne sauveront pas

Toussaint, trahi d'ailleurs par son entourage. Capturé, il est ramené en France, enfermé à Brest, puis ramené à l'autre bout de la France, au château de Joux. Il y mourut de froid et de misère le 27 avril 1803. Quelques mois après, le 1er janvier 1804, l'indépendance d'Haïti était proclamée... Trop tard !

HORAIRES D'OUVERTURE

Du 1er avril au 15 novembre	10 h-11 h 30 et 14 h-16 h 30
Juillet et août	9 h 30-18 h

Le musée d'armes anciennes fait partie intégrante de la visite guidée du château.

http://chateaudejoux.com/

KERJEAN

Les « fileuses » de la châtelaine

Une seule femme est plus forte que mille hommes

Proverbe hollandais

Vers le milieu du XVIe siècle, le chanoine Hamon Le Barbier, homme riche et fastueux, se mit en tête de faire construire le plus beau château qui eût jamais été en Bretagne. Il chercha les meilleures artisans, le granit le plus fin et, sur l'emplacement d'un ancien fort, petit à petit, le château de Kerjean sortit de terre. La construction, entreprise en 1545, dura de longues années. Si longues même que le bon chanoine n'était plus de ce monde quand, en 1596, on planta le bouquet au sommet de la tour.

Le château appartient alors à un sien petit-neveu, René Le Barbier qui en fait le nid de ses amours conjugales. En effet, l'an 1610, il épousait et menait dans le château neuf la demoiselle de ses pensées, la ravissante Françoise de Quelen, de trois ans sa cadette. Lui-même n'en avait pas beaucoup plus de seize. Mais, à cette époque, l'amour naissait de bonne heure, ou plutôt se couronnait de bonne heure, et les mariages, surtout dans les maisons de noble lignage, se concluaient entre gens à peine sortis de l'enfance. En tout cas ce mariage-là, il faut bien l'avouer, se trouvait pleinement réussi et donnait satisfaction aussi bien aux principaux intéressés qu'à leur entourage car il était parfaitement assorti.

Les choses en sont là, c'est-à-dire en plein bonheur, quand, en 1614, René reçoit l'ordre de se rendre à Paris au nom du jeune roi Louis XIII. La Régente réunit les États généraux et les principaux de la noblesse bretonne se doivent d'y assister. René est de ceux-là. Françoise aussi est conviée mais les fastes de la cour ne la tentent pas. Elle préfère de beaucoup rester dans sa belle maison de Kerjean. D'ailleurs la route est longue et fatigante. René part donc seul, parfaitement tranquille sur le sort de sa femme.

Quand il arrive au Louvre, il se félicite plus que jamais d'avoir laissé Françoise en Bretagne. Le vrai roi de France, c'est Concini, un ancien croupier de tripot, un Florentin habile, rusé, séduisant et même inquiétant. La cour est à son image, cynique et débauchée. Bientôt le seigneur breton en est la risée. Ne refuse-t-il pas de prendre sa part de la joyeuse vie parisienne ? Et cela au nom de quoi : de l'amour conjugal ? C'est à mourir de rire.

La reine Marie de Médicis ne vaut guère mieux que son entourage. Elle affecte de prendre pour offense l'absence de Mme de Kerjean. Il faut qu'elle soit bien sotte ou bien laide pour ne pas oser se montrer.

Piqué au vif, René Le Barbier se rebiffe : sa femme est loin d'être sotte et elle est l'une des plus jolies femmes de Bretagne. Il y a là un autre Breton, le marquis de Belz, qui appuie ses dires. Françoise est vraiment très belle et on en profite pour tourner encore le mari en dérision, mais sur un autre mode : il n'a pas voulu que sa femme vienne à Paris parce qu'il est jaloux. Il la tient sous clef par crainte de la voir lui échapper et qu'elle ne succombe au charme de l'un ou l'autre des si séduisants seigneurs de la cour. Il n'a pas confiance en elle... pas plus qu'en lui-même.

Pas confiance ? René a si grande confiance en sa femme qu'il serait parfaitement tranquille si, par exemple, elle recevait, hors de sa présence, la visite de... disons quatre seigneurs de la cour. Bien mieux, il leur donnerait même une lettre d'introduction.

La proposition est surtout une boutade inspirée par la colère, mais on le prend au mot et Marie de Médicis va servir d'arbitre. M. de Kerjean restera auprès d'elle tandis que quatre de ses plus aimables serviteurs s'en iront en Bretagne essayer leur séduction sur sa femme. Des paris seront engagés.

Les candidats sont : le marquis de Belz, déjà nommé, le vicomte de Bombelles, le chevalier de Saint-Phal et le comte de Bruch. Qu'engagent-ils dans l'aventure : « Mon plus beau diamant », dit Bruch ; « Mon cheval favori », dit Belz ; « Ma dernière récolte », dit Saint-Phal ; « Mille écus », dit Bombelles. La Reine alors se tourne vers René : « Et vous, monsieur ?

— Toute ma fortune, madame. Ma femme est sage et le restera ! » Et il donne effectivement à chacun des concurrents une lettre d'introduction. Puis il va commencer à attendre les résultats de l'inquiétant pari. Il a en effet été convenu que les quatre hommes se rendraient à tour de rôle auprès de la dame de Kerjean afin d'avoir toutes leurs chances. Et, en effet, partis ensemble, ils s'arrêtent à Morlaix, dans la meilleure auberge. C'est Bombelles qui le premier s'élance sur la route de Kerjean...

Au Louvre, René se ronge les sangs en dépit de son assurance. Et voilà qu'une lettre arrive de Bretagne. Elle contient un ruban bleu, un de ceux qu'affectionne sa femme. Un ruban ? Cela ne signifie rien, on en vend des aunes à Morlaix. La semaine suivante, c'est une épingle de corsage en or. Elle appartient bien à Françoise... mais il est facile de se procurer un objet personnel à l'insu d'une femme qui ne se méfie pas. Troisième envoi, une semaine plus tard : une boucle de cheveux blonds que René ne touchera pas sans émotion. Mais il se contente de jurer qu'il jettera dehors la caméríste de sa femme dès qu'il sera de retour. C'est elle, à n'en pas douter, qui s'est laissé acheter. La confiance inébranlable de cet homme finit par inspirer le respect.

Une semaine plus tard, nouvel envoi. Cette fois, il contient l'anneau conjugal et René pense en mourir de fureur et de chagrin.

— Je crois, lui dit la reine mère, qu'il est grand temps pour vous de rentrer, monsieur de Kerjean...

Il ne se le fait pas dire deux fois et, au long de la route, il ne s'arrêtera guère sinon pour changer de chevaux. Quand il arrive à Kerjean, il est rompu de fatigue mais trouve sa femme fraîche, rose et pleine de tendresse. Elle l'accueille avec tout l'amour auquel il était habitué mais cet amour déchaîne en lui la colère. Comment ose-t-elle après la conduite qu'elle a tenue ?

Une mauvaise conduite ? Est-ce que René n'aurait pas trop bu ? Certes, quatre cavaliers sont venus à tour de rôle et elle les a reçus et, conformément à ce que René indiquait dans sa lettre, elle ne leur a rien refusé de ce qui n'était pas contraire à l'honnêteté. Ainsi, elle a donné un ruban à Bombelles, une épingle d'or, une mèche de cheveux... « Et l'anneau ? rugit René. Osez-vous prétendre que vous n'avez pas donné votre anneau, traîtresse ? » Et Françoise de répondre assez rudement : oui, elle l'a donné parce qu'elle estimait que son époux méritait une leçon pour avoir osé la soumettre à telle épreuve, pour avoir osé lui envoyer la tentation. Et puis c'était sans doute le meilleur moyen de le voir revenir très vite.

Un peu désarçonné, René ne sait plus trop que dire. Mais, au fait, où sont passés les quatre seigneurs ? Les quatre seigneurs ? On va les lui montrer. Et par le judas qui perce la porte bien armée de la salle où l'on a coutume de filer, carder et tisser le chanvre ou la laine, Françoise montre à son époux un spectacle incroyable : Bombelles est là qui file la quenouille tandis que Saint-Phal fait tourner le rouet. Un peu plus loin, installé au métier à tisser, le comte de Bruch pousse la navette avec vigueur tandis que Belz tire la toile et l'enroule. Et le plus étonnant est qu'ils n'ont pas l'air de s'ennuyer.

Et Françoise d'expliquer. Chacun d'eux a demandé un rendez-vous nocturne et la dame le leur a accordé et les a menés, chacun à son tour, dans cette salle qu'elle a refermée sur eux. Pour les deux derniers, il a fallu faire appel à ses femmes car les premiers voulaient sortir. Mais ils ont fini par accepter de travailler quand ils ont appris qu'ils n'auraient rien à manger ni à boire.

Naturellement, René Le Barbier fait délivrer aussitôt les quatre hommes qui, sans rancune, célèbrent la vertu de leur hôtesse et tout s'achève dans la joie par le superbe banquet que l'on offre aux enfermés.

L'histoire bien sûr fera grand bruit à Paris et, quelques années plus tard, le roi Louis XIII érigera en marquisat la terre de Kerjean tandis que Françoise devient dame d'honneur de la reine. Le couple dut se plier à l'étrange tribut que lui imposait leur suzerain, le duc de Maillé : lui porter chaque année, à son château de Louharneau... un œuf mais le porter dans une charrette, puis le faire cuire et l'offrir.

Au XVIIe siècle, le château passe aux Coatanscour qui vont le tenir jusqu'à la Révolution. En 1755, Suzanne de Coatanscour, qui est peut-être la femme la plus orgueilleuse de Bretagne, y épouse Louis François Gilles de Kersauson qui devra prendre le nom de sa femme. La dame est très belle, très riche et très puissante alors que lui n'a plus guère de biens. En outre, il est amoureux.

Très généreuse, Suzanne n'en était pas moins d'une morgue quasi insupportable, et ainsi, recevant un jour l'évêque de Léon escorté de six prêtres, elle prétendit faire manger les prêtres à la cuisine. L'évêque fit mine d'aller les rejoindre et Mme de Kerjean dut capituler. Un autre jour, ayant à lire des papiers que lui portait un fonctionnaire du Trésor, elle mit si longtemps à les lire que l'homme, excédé, remit son chapeau et s'assit.

— Personne, dit la marquise, ne s'est jamais assis ni couvert devant moi !

— C'est, répondit le bonhomme sans se troubler, que ceux-là n'avaient ni c... ni tête !

Malheureusement, cette femme qui avait fait beaucoup de bien périt sur l'échafaud avec sa sœur en 1794...

Amputé d'une partie durant la Révolution, le château appartient à l'État. La restauration de la demeure seigneuriale a été achevée en 2005.

HORAIRES D'OUVERTURE

Mars	14 h-17 h (du mercredi au dimanche)
Avril, mai juin et septembre	13 h 30-18 h (fermé le mardi)
Juillet et août	10 h-19 h
Octobre	14 h-17 h (fermé le mardi)
Novembre et décembre	14 h-17 h (uniquement le dimanche)

Fermé le 1er janvier, les 1er et 11 novembre et le 25 décembre.

http://www.cdp29.fr/kerjean-lechateaulhistoire.html

LANGEAIS

La France épouse la Bretagne

Belle amie ; si est de nous
Ni vous sans moi ni moi sans vous.

MARIE DE FRANCE

Par un jour froid et sec du tout début du mois de décembre 1491, un cortège fastueux pénètre dans la petite cité de Langeais et se dirige vers le château dont les grands murs blancs, faits de cette belle pierre de Touraine qui semble retenir le soleil, dominent avec orgueil le moutonnement bleu des toits. Le centre de la brillante cavalcade est une grande litière dans laquelle une jeune fille est à demi étendue, une jeune fille superbement vêtue de velours noir tout doublé et orné de zibelines.

Elle a quinze ans. Elle est jolie. Du moins ses contemporains le prétendent et chantent avec tant de cœur ses charmes que l'on aurait mauvaise grâce à ne pas les croire. De grâce elle ne manque pas, en dépit d'un pied légèrement plus court que l'autre. En fait on ne s'aperçoit guère de cette légère infirmité tant la jeune fille aux zibelines sait en accommoder sa démarche : « On ne s'en apercevait pas, dit Brantôme, et sa beauté n'en était point gâtée... »

En réalité, ce témoignage-là n'est peut-être pas très crédible : Brantôme n'a jamais vu celle dont il parle avec tant d'émotion, celle dont la petite main en se donnant va mettre fin à plusieurs siècles d'entente incertaine et apporter l'un de ses plus beaux rayons à l'étoile nommée

France qui, sans elle, serait incomplète. Elle se nomme Anne. Elle est duchesse souveraine de Bretagne et elle s'en vient à Langeais pour épouser le jeune roi Charles VIII.

Le mariage ne s'est pas fait sans difficultés : depuis l'enfance, Charles était fiancé à Marguerite d'Autriche que l'on élevait auprès de lui à Amboise. De son côté, Anne était promise à l'empereur Maximilien, le père de cette même Marguerite. Les deux mariages étaient très avantageux mais Maximilien implanté en Bretagne, c'était la France coupée en deux à bref délai. Ainsi s'en était avisée celle qui, durant la minorité du jeune roi Charles, avait « régenté » le royaume d'une poigne quasi virile : Anne de Beaujeu, sa sœur, « la moins folle femme qui fut en France », selon le mot de son père Louis XI. Aussi, sur le conseil de sa sœur, « Charles ayant avisé qu'il n'était pas bon d'avoir un si puissant seigneur dans son royaume, ôta ladite Anne à Maximilien et l'épousa ». C'est toujours Brantôme qui parle mais cette fois, il ne risque pas de se tromper.

À dire vrai, la duchesse Anne trouvait plaisir à devenir impératrice et n'était guère tentée par la couronne de France. Son fiancé lointain la couvrait de présents en dépit d'une trésorerie médiocre. Ainsi de ces superbes zibelines qui, à l'heure de l'arrivée en France, fourrent sa robe de voyage et de celles qui orneront sa robe de noces. Mais l'habileté des négociateurs français, renforcée d'un envoi de troupes tout à fait dissuasif, a réussi à la faire changer d'avis. Et tandis qu'à Amboise Marguerite pleure en apprenant qu'elle ne sera jamais l'épouse de Charles, Anne se met en route pour suivre jusqu'à Langeais le beau chemin qui borde la Loire.

On sait que la première rencontre entre les futurs époux a été plutôt favorable. Charles a trouvé sa petite duchesse « tant belle, gracieuse, bénigne d'humeur et bien servie de corps que possible ». Quant à elle, on ne sait trop ce qu'elle a pensé. Le jeune roi n'est pas très beau mais il a du charme et de la gentillesse. Et puis Marguerite l'aime. Cela suffit pour qu'il plaise à Anne.

Le mardi 6 décembre, dans la grande salle du château dont on peut encore admirer de nos jours la superbe ordonnance, Anne signe le contrat qui lie la Bretagne à la France. Un contrat soigneusement fait : si la duchesse meurt la première, la Bretagne revient au roi de France. Si c'est le roi qui disparaît, Anne retrouve son duché mais s'engage à épouser l'héritier du trône de France. Néanmoins, tant qu'elle vivra, elle pourra continuer à gouverner la Bretagne qui, ainsi, acquiert une reine sans perdre sa duchesse.

On connaît la beauté des costumes de mariées bretonnes. La robe que porte Anne relève du conte de fées : elle est toute de drap d'or garnie de cent soixante peaux de zibelines. Somptueux aussi le lit que la fiancée a apporté de Nantes et que l'on installe dans la chambre nuptiale : il est tout « d'or cramoisi doublé de taffetas rouge ». On dit que les jeunes époux s'y couchèrent avec un certain enthousiasme. Ils y furent laissés seuls mais dans la pièce voisine étaient postés six bourgeois, l'oreille aux aguets. Ils étaient là pour attester que la duchesse Anne était venue de son bon gré en ce lit pour y devenir reine, toujours de son plein consentement. André Castelot rapporte qu'à l'issue de la nuit de noces, lesdits bourgeois « établirent un procès-verbal en des termes d'une crudité qui stupéfie et qui ne sont guère publiables... ».

Après cet exploit, le jeune couple s'en alla passer sa lune de miel au château de Plessis-lez-Tours. Les belles tours neuves de Langeais retombèrent dans le silence.

Car le château, tel qu'il existe alors, n'a guère que vingt ans. C'est Louis XI qui l'a fait construire en 1461-1462, sous la surveillance de son contrôleur des finances, Jean Bourré, sans toutefois détruire l'énorme donjon qui existe là depuis la nuit des temps. Celui-là, c'est naturellement Foulque Nerra, le « Faucon Noir », le terrible comte d'Anjou, que nous avons déjà rencontré à plusieurs reprises, qui l'a érigé. On sait sa passion pour ces lourdes et inexpugnables forteresses carrées, si solides qu'elles ont défié l'usure des siècles. En fait, elles n'avaient été construites que pour tailler des croupières au comte de Blois dont Foulque était le mortel ennemi.

Après le terrible comte, le donjon de Langeais connut divers maîtres dont le moins curieux n'est certes pas Pierre de La Brosse, favori du roi Philippe III le Hardi, dont la fortune fut aussi éclatante que la chute fut subite.

Chirurgien-barbier du roi, Pierre de la Brosse avait réussi à obtenir d'un maître qui l'appréciait le poste de chambellan. Par malheur, devenu une puissance au petit pied, couvert de biens donnés par le roi – entre autres ce château de Langeais qu'il posséda de 1270 à 1278 –, l'ancien barbier voulut encore plus de puissance et ne sut pas rester à sa place. Il se fit nombre d'ennemis, dont il n'avait cure d'ailleurs, croyant que le roi le défendrait toujours envers et contre tous.

Malheureusement pour lui, vint le jour où, jaloux de son gracieux pouvoir, il s'en prit à la reine. Marie de Brabant était jeune, belle, brillante. Son empire sur son époux s'étendait chaque jour davantage et Pierre de La Brosse en prit ombrage. C'est alors qu'intervient dans l'histoire une sombre aventure ; le prince Louis, fils aîné du roi – Marie de Brabant est sa seconde femme –, meurt si brusquement après avoir bu, chez la jeune reine, un verre d'eau que l'on parle de poison. En fait, c'est surtout Pierre de La Brosse qui parle de poison et qui, aussitôt, accuse la reine.

On devine le désarroi de Philippe III en face de l'accusation portée sur celle qu'il aime. Marie se défend : l'empoisonneur n'est autre que son accusateur. C'est lui qui a fait mourir le prince à seule fin d'accuser une femme dont il sait bien qu'il n'a rien à attendre.

Perplexité. Qui dit vrai ? L'accusation est trop grave pour qu'on la laisse aller. D'autant que le chambellan ajoute qu'il faut protéger de leur belle-mère les autres enfants royaux. À bout d'arguments, Marie de Brabant fait interroger et supplie que l'on entende une sorte de voyante, une Béguine de Nivelle dont on disait alors que la clairvoyance était extrême. Philippe y consent et la Béguine affirme que la reine est innocente, que le coupable c'est Pierre de La Brosse.

Dès lors, celui-ci est perdu. Arrêté, condamné, il est pendu le 30 juin 1278 au gibet de Montfaucon... qu'il avait récemment fait très soigneusement remettre en état. Ce matin-là, il y avait foule à Montfaucon : tous ceux surtout qui détestaient l'orgueilleux chambellan, parmi lesquels le duc de Bourgogne, le duc de Brabant et le comte d'Artois. Comme le condamné était sorti du peuple, il s'y trouva quelques voix pour chuchoter que l'on avait fait pendre un innocent.

Après les fastes du mariage royal, Langeais se voit concédé plusieurs fois à des occupants temporaires. C'est ainsi qu'en 1517 François Ier y loge le duc de Milan, Maximilien Sforza, qu'il vient de battre à Marignan et priver de ses États. Quelques années plus tard, c'est Jean de Diesbach, colonel des gardes suisses, qui s'y installe. Puis, en 1547, c'est le duc de Somma, noble napolitain entré au service du roi-chevalier en 1529. Enfin, une femme, en 1630, Marie Touchet.

Ancienne favorite de Charles IX, Marie Touchet, devenue par mariage dame de Balzac d'Entragues, ne possède plus grand-chose d'une beauté qui fut célèbre car elle a quatre-vingt-deux ans. Elle ne viendra guère à Langeais et ne le gardera qu'un an. L'année suivante, en effet, le château, détaché du domaine royal, passe à la princesse de Conti puis à l'époux farfelu d'Hortense Mancini, l'incroyable duc de Mazarin dont la piété confinait à la folie. Ses héritiers lui succédèrent à Langeais jusqu'à l'entrée, en 1765, du duc de Luynes.

Abandonné pendant la Révolution et l'Empire, le château trouva un maître compatissant, en 1833, dans un avoué de Paris, M. Baron, qui entreprit de le remettre en état. Mais toute sa splendeur lui a été rendue par M. Jacques Siegfried, fils de Jules Siegfried, ancien maire du Havre, ministre du Commerce et frère du grand écrivain économiste, André Siegfried. Par ses soins, le château, entièrement remeublé, a retrouvé sa splendeur d'antan et c'est en toute magnificence que M. Siegfried l'a légué à l'Institut de France, son actuel et heureux propriétaire.

Horaires d'ouverture	
Février et mars	9 h 30-17 h 30
Avril, mai, juin, septembre et octobre	9 h 30-18 h 30
Du 1er au 11 novembre	9 h 30-18 h 30
Du 12 novembre au 31 janvier	10 h-17 h

http://www.chateau-de-langeais.com/

LAUZUN

Le plus grand séducteur de son temps

Il n'est pas permis de rêver comme il a vécu..

La Bruyère

Au mois de mai 1633, quand naît celui qui sera sans doute possible le plus extraordinaire des cadets de Gascogne, le château de Lauzun, au nord de la vallée de la Garonne, se compose encore d'un fort donjon carré du XIIe siècle, d'un logis du XVe et d'un corps de bâtiment Renaissance que fit élever, au XVIe siècle, Gabriel de Caumont. L'ensemble – qui n'est plus tout à fait le même de nos jours – ne manque ni d'allure ni de charme grâce à la beauté du paysage qui l'entoure. Bien sûr, on n'y roule pas sur l'or mais on y vit dignement comme il convient à une famille qui remonte aux croisades et même, selon une légende, à un compagnon d'Hercule.

C'est donc là que Mme de Lauzun, née Charlotte de Caumont La Force, met au monde un fils que l'on baptise Antonin Nompar et qui s'appelle d'abord de Caumont, marquis de Puyguilhem, en attendant de prendre, à la mort de son père, le nom de Lauzun. La destinée qui attend le bébé est de celles qui font les bons romans mais, pour le moment, ce n'est qu'un enfant qui va s'élever entre les libertés de la campagne et l'austérité d'une famille protestante qui aligne une belle progéniture. Il y a, en effet, Jacques, Gabriel, François, Diane-Charlotte,

Anne, Charlotte et Françoise, tous rejetons d'une branche qui va s'éteindre en moins d'un siècle.

Quand Antonin a quatorze ans, son père décide de l'envoyer à Paris, à un sien cousin, le maréchal de Gramont, qui est fort bien en cour. Le jeune marquis de Puyguilhem – on prononce alors Péguilin ! – est alors un « petit homme blondasse » ; il ne grandira pas beaucoup, mais il est admirablement fait, avec les plus belles jambes du monde. Il a aussi de beaux yeux, une physionomie fine et hardie et un sourire qui ensorcelle lorsque le jeune garçon veut bien s'en donner la peine. Il s'apercevra vite qu'il est irrésistible.

En attendant, le maréchal l'accueille à bras ouverts et lui donne pour compagnons ses propres enfants, le comte de Guiche, le comte de Louvigny et deux filles dont l'une, qui sera princesse de Monaco, aura plus que des bontés pour son cousin.

Après un court passage à l'Académie pour y apprendre le maniement des armes et perfectionner l'équitation, celui-ci part aux armées où il se distingue rapidement car il est « extrêmement brave et aussi dangereusement hardi ». Au retour, Guiche l'introduit à la cour, le présente au roi qui, tout de suite, va tomber sous son charme et le combler de faveurs. En effet, si sa personne est séduisante, son esprit vif et mordant est de ceux qui amusent, et Louis XIV trouve « Péguilin » très amusant. Cela ne durera pas toujours... En attendant, voilà notre gentilhomme colonel de dragons en 1657 et capitaine de cent gentilshommes à bec-de-corbin trois ans plus tard, le tout en collectionnant les conquêtes.

Ne doutant plus de son étoile, l'idée lui vient de briguer la haute charge de grand maître de l'artillerie. Le plus beau est que le roi la lui promet, ce qui est imprudent car, peu après, sur l'insistance de Louvois avec qui Lauzun – nous lui donnerons désormais ce nom – est à couteaux tirés, il revient sur sa promesse mais tient sa décision secrète encore quelque temps. Lauzun bout d'impatience. Alors, « il va, dit Saint-Simon qui sera son beau-frère, trouver Mme de Montespan à qui il conte son inquiétude et qu'il conjure de la faire cesser. Elle lui promet merveilles et l'amuse ainsi plusieurs jours. Las de tout ce manège et ne pouvant deviner d'où lui vient son mal il prend une résolution incroyable si elle n'avait été attestée de toute la cour d'alors. Il couchait avec une femme de chambre favorite de Mme de Montespan car tout lui était bon pour être averti et protégé... Il se fit cacher par cette femme de chambre sous le lit dans lequel le Roi s'allait mettre avec Mme de Montespan et, par leur conversation apprit l'obstacle que Louvois avait mis à sa charge... ». Il en entend d'ailleurs bien d'autres et peut constater, avec quelle indignation, que la favorite, bien loin de chanter ses louanges, « lui rend tous les mauvais services » qu'elle peut.

Un peu plus tard, sorti de sa cachette, il va attendre Mme de Montespan à la sortie de son appartement. « Il lui présenta la main, raconte Dangeau, et d'un air doux et confiant lui demande si elle a eu la commodité et la bonté de se souvenir de lui. Mme de Montespan l'en assure et lui compose tout un discours du Roi et d'elle, et M. de Lauzun écoute tranquillement. Quand elle lui eut tout dit et finit par être bien fâchée de n'avoir pu réussir, M. de Lauzun la regarde sous le nez, lui présente ses yeux comme deux chandelles allumées, lui dit qu'elle est une grande chienne et une exécrable menteuse puis enfile tout ce qui s'est dit entre le Roi et elle sans y manquer un mot. Mme de Montespan épouvantée comme on peut en juger de ce récit si fidèle, se laisse acculer tout doucement en un coin où M. de Lauzun hors de portée d'être vu, l'appelle par tous les noms les plus infâmes et la menace de lui arracher les deux yeux... » Le roi et sa favorite crurent, paraît-il, que c'était le diable qui avait si bien renseigné Lauzun. Mais celui-ci n'en avait pas encore fini avec les deux amants.

Dès le lendemain, il se présente chez Louis XIV et lui réclame purement et simplement sa charge. Puis comme le roi cette fois la lui refuse, Lauzun tire son épée, la brise avec son pied en criant que, de sa vie, il ne servira un prince qui lui a si vilainement manqué de parole. « Le Roi, transporté de colère, dit Saint-Simon, fit peut-être dans ce moment la plus belle action de sa vie : il se tourne à l'instant, ouvre la fenêtre, jette sa canne dehors, dit qu'il serait fâché d'avoir frappé un homme de qualité et sort. » Quelques heures plus tard, l'insolent est à la Bastille.

Il n'y reste que quelques mois et, lorsqu'il en sort, il voit sa faveur plus grande encore que par le passé : le roi lui donne la magnifique charge de capitaine des gardes du corps. Il sera nommé capitaine général des dragons en 1668 et lieutenant général commandant en chef de la Maison du roi en 1770.

Malheureusement son ambition n'a pas de limites, et il rêve de devenir le cousin du roi et l'homme le plus riche de France. On sait, pour l'avoir lu à propos du château d'Eu, l'histoire de son mariage manqué avec Mlle de Montpensier, vieille fille sentimentale qui s'était éprise de lui. On sait que Lauzun faillit réussir, que les fiançailles eurent lieu mais qu'alors Mme de Montespan, enragée à la pensée des grands biens qui allaient échoir à son ennemi, biens dont elle espérait que ses bâtards légitimés pourraient hériter, changea encore une fois la pensée du roi qui, au dernier moment, retira son consentement en dépit des larmes et des supplications de Mademoiselle.

Furieux, Lauzun s'en alla alors gratifier la favorite d'une scène d'une rare violence au cours de laquelle elle s'entendit traiter de « bougresse de p... » et de quelques autres qualificatifs du même genre qui émerveillèrent si fort le nonce apostolique, Mgr Francisco Nerli, qu'il en écrivit au pape Clément X une lettre imagée qui dut fort réjouir Sa Sainteté, peu habituée à des récits aussi hauts en couleur. Mais, quarante-huit heures après, Lauzun était arrêté, provisoirement enfermé à la Bastille puis, de là et sans le moindre jugement, dirigé sur la forteresse de Pignerol en Piémont sous la houlette de M. d'Artagnan, du neveu de celui-ci, d'Artagnan jeune et de M. de Maupertuis, plus, pour faire bonne mesure, une bonne centaine de mousquetaires qui composaient à l'ex-futur cousin de Louis XIV une escorte vraiment royale, mais dont il se fût fort bien passé.

Pignerol c'était, non loin de Turin, une petite ville posée sur une colline des contreforts des Alpes, mais qui semblait écrasée par la masse formidable de sa citadelle rouge avec ses bastions et son haut donjon qui dans ce décor alpestre lui donnait des airs de nid d'aigle.

Le maître de cet aimable séjour était le modèle des geôliers : Bénigne d'Auvergne, seigneur de Saint Mars, un homme dont on peut dire qu'il passa sa vie en prison, car son nom est attaché à l'histoire du Masque de Fer. Il accueillit Lauzun au seuil du château avec tous les honneurs dus à son rang militaire et l'assura du soin qu'il prendrait à ce qu'il ne lui faussât pas compagnie.

— Je sais, monsieur, soupira le prisonnier. Et à vous dire le vrai, quand j'ai su que l'on me menait à Pignerol, je n'ai pu trouver bon ce morceau. Il m'a été une poire bien dure à avaler quoique j'aie pour votre personne toute l'estime imaginable...

Ah ! que galamment ces choses-là sont dites ! Il n'empêche que le pauvre Lauzun se retrouva d'abord au secret absolu derrière des murs dont l'épaisseur défiait toute tentative d'évasion. Néanmoins le prisonnier, qui faisait plus de bruit à lui seul que tous les autres captifs – il y avait là le surintendant Fouquet – tenta plusieurs fois de s'évader, la première fois par le plancher de sa chambre auquel il mit le feu – et il faillit griller –, la seconde fois en découpant un trou dans ce même plancher puis en creusant une galerie qui le conduisit tout droit dans une cour intérieure aux pieds d'une servante qui venait chercher du bois. Sa troisième tentative le mena à percer un trou dans sa cheminée et il réussit tout juste à grimper chez Fouquet dont la chambre était au-dessus de la sienne. Il s'en consola en déversant un tel déluge de plaintes et de doléances sur son hôte involontaire que celui-ci le crut fou.

Cependant, à Paris, Mademoiselle versait des torrents de larmes et faisait tous ses efforts pour obtenir sa grâce. En vain. Lauzun restera à Pignerol pendant dix ans. Sa libération fut le fruit d'un accord passé entre Mademoiselle et le roi qui souhaitait doter grassement le jeune duc du Maine, fils de Mme de Montespan. Mademoiselle dut accepter de faire don au bâtard royal de la principauté de Dombes, du comté d'Eu et du duché d'Aumale dont elle ne garderait que l'usufruit jusqu'à sa mort. Encore ne retrouva-t-elle Lauzun qu'en 1682.

C'est cette année-là que, pour la première fois depuis tant d'années, Lauzun revient au château paternel sous le prétexte d'engager sa mère à renoncer à la religion réformée. Il n'y restera pas très longtemps. Tout juste celui d'ordonner la construction du gros pavillon coiffé d'un dôme qui relie le logis médiéval au bâtiment Renaissance... Quelques jours à égrener des souvenirs, et puis le voilà reparti, déclarant qu'il s'ennuyait et que, décidément, il n'aimait pas la campagne.

Il avait hâte de retrouver Mademoiselle, à laquelle l'unit bientôt un mariage secret. La fiancée avait cinquante-trois ans, le marié en avait quarante-neuf et il avait beaucoup perdu de son extérieur séduisant. Il ne s'en remit pas moins à courir les filles et la vie conjugale fut un enfer pour la sensible princesse. Le couple finit par se battre et vivre séparé.

Entre-temps, Lauzun avait trouvé un moyen de reconquérir en partie la faveur royale. La révolution qui devait évincer les Stuarts éclatait en 1688. Lauzun gagna l'Angleterre et réussit à faire passer en France le roi Jacques II, sa femme et le prince de Galles, service pour lequel il reçut la Jarretière tandis que Louis XIV le faisait duc.

Mademoiselle ayant quitté ce monde en 1693, Lauzun porte un deuil quasi royal et se remarie deux ans après avec la fille du maréchal-duc de Lorge, Mlle de Quintin, qui n'avait que quinze ans alors qu'il en avait soixante-trois. La jeune fille ne consentit à cet étrange mariage que dans l'espoir d'être prochainement veuve, riche et duchesse. Elle allait devoir supporter un mari de plus en plus incommode durant vingt-huit ans !

En 1722, Louis XV, se rendant à La Muette, aperçut au bois de Boulogne un vieil homme monté sur un cheval à peine dressé. C'était Lauzun « qui faisait cent passades et surprenait les spectateurs par son adresse, sa fermeté et sa bonne contenance ». Il avait près de quatre-vingt-dix ans...

Le joli château ancestral passa à ses héritiers, les Biron, qui n'en firent pas grand-chose et n'y vinrent jamais.

Après la mort sur l'échafaud du dernier duc de Lauzun, ses héritiers vendirent la propriété à Jean-Nicolas Becquey-Beauprès qui fit démolir le donjon et ce qui restait des fortifications. Heureusement, en 1837, M. Auguste Charrié entreprenait la réfection du château que sa mort rendit à l'abandon, jusqu'à son rachat par le comte de Folchi de Lattre qui l'a fait remettre en état.

Tout récemment encore, Lauzun était à vendre mais la municipalité et tous les gens du pays se sont levés pour que ce beau témoin d'un temps superbe ne tombe pas entre des mains indignes. Il semblerait qu'ils aient été entendus puisqu'en 1990 Pierre Baron achète le château qu'il restaure depuis avec grand talent.

HORAIRES D'OUVERTURE

Du 10 juillet au 28 août	12 h-17 h (seulement en visite guidée)

LUYNES

Le fauconnier du roi

Chacun se dit ami mais fou qui s'y repose.
Rien n'est plus commun que le nom.
Rien n'est plus rare que la chose.

LA FONTAINE

Si l'on regarde les choses en face, Luynes ne devrait pas s'appeler Luynes mais Maillé – qui est d'ailleurs son ancien nom – et les ducs de Luynes qui ne s'appelaient pas Luynes mais d'Albert n'ont jamais été originaires du Val de Loire.

Cet imbroglio historique qui ressemble à une « colle » pour fort en thème prend naissance en 1619 quand Charles d'Albert de Luynes, grand fauconnier de France et favori du roi Louis XIII, achète, au cours d'un voyage au long du fleuve royal effectué en compagnie du roi, le fort château de Maillé dont les grosses tours rondes dominent avec arrogance l'aimable paysage tourangeau. Pourquoi l'achète-t-il, d'ailleurs, car le château n'est pas très séduisant ? Pour une raison bien simple : Louis XIII se déclarant charmé par la beauté de ce pays de Loire, Luynes s'est pris à penser que son maître songerait à revenir sur les pas de ses grands prédécesseurs et qu'il pourrait abandonner un Paris malodorant, un vieux Louvre triste et malcommode pour venir élire domicile dans l'un de ses beaux châteaux de la Loire. Ce en quoi il se trompe : Louis XIII restera parisien et se contentera, pour apaiser ses élans campagnards, de faire construire non loin de la capitale un pavillon de chasse situé dans une région marécageuse qui s'appelle Versailles.

Mais revenons à notre fauconnier et d'abord à ses origines ! Le village de Luynes, le vrai si j'ose dire, existe toujours. Il se situe près d'Aix-en-Provence. C'était une seigneurie appartenant à la famille... de Ségur et c'est par mariage qu'en 1535 Léon d'Albert, en épousant Jeanne de Ségur, en devient le maître et ajoute le nom du village à son nom personnel. Ce Léon est le grand-père du personnage qui nous intéresse mais c'est son père, Honoré d'Albert de Luynes, qui commence la fortune et la gloire de la famille par ses hauts faits militaires. Surintendant et gouverneur du Languedoc et de la Provence en 1575, Honoré a été fort apprécié du roi Henri IV qui, lui écrivant, signait ses lettres « votre plus affectionné ami ».

Cette amitié vaut au jeune Charles-Honoré de devenir page d'Henri IV puis d'être attaché à la personne du Dauphin, futur Louis XIII, qui se prend d'amitié pour lui parce qu'il sait à merveille dresser les oiseaux de chasse et qu'il lui apprend à apprivoiser les pies-grièches. Et cette amitié va changer le cours de l'histoire de France.

En effet, dès que le bon roi Henri est tombé sous le couteau de Ravaillac, le royaume, lui, tombe aux mains désastreuses de la régente Marie de Médicis et surtout dans celles, plus désastreuses encore, de Concino Concini, ancien croupier florentin et époux très aimé de sa sœur de lait et favorite Leonora Galigaï.

Le jeune roi Louis XIII n'a alors que huit ans et il n'est pas de taille à lutter contre l'Italien qui est beau, arrogant, fastueux, et qui connaît bien l'étendue de son pouvoir sur Marie de Médicis, femme veule et sotte qui n'a d'autre maître que son caprice. Bientôt, les faveurs pleuvent sur le couple. Concini est premier gentilhomme de la Chambre, lieutenant général de Péronne, Roye et Montdidier. Grâce à l'or dont on le couvre, il acquiert le marquisat d'Ancre en Picardie, devient gouverneur d'Amiens et enfin, chose proprement scandaleuse, maréchal de France.

Sa rapacité ne connaît plus de limites, ni son insolence dont le jeune roi fait souvent les frais. Et, dans l'âme renfermée de l'enfant, le désir de vengeance s'éveille et grandit, attisé par Luynes qui ne cesse de répéter à son ami qu'il est le roi et qu'un roi doit être seul sur son trône... Et la haine de Louis XIII s'exaspère quand, en 1617, Concini ose prétendre à la dignité suprême de connétable de France...

Un soir d'avril, Luynes amène quatre hommes chez le roi : le baron de Vitry, capitaine des Gardes, son beau-frère le baron de Persan et son ami Fouquerolles. Ces quatre hommes se déclarent prêts à exécuter Concini. Ils n'y mettent qu'une condition : que Louis leur donne cet ordre en présence de témoins. En l'occurrence ses familiers Luynes et Guichard Deageant, qui d'ailleurs sont là. « Sire, demande Vitry, j'arrêterai le Concini mais s'il se défend, que veut le roi ? » Louis XIII ne répond pas. Il détourne la tête. C'est Deageant qui se charge de la réponse : « Le roi entend qu'on le tue ! » Vitry n'en demande pas plus et Luynes se charge de maintenir son ami dans ces dispositions fermes.

Le 24 avril, Vitry abat Concini d'un coup de pistolet au moment où le favori entre au Louvre. Leonora, pourtant si proche de la régente, n'échappera pas à l'échafaud où sa sœur de lait la laissera traîner. Désormais Louis XIII est vraiment roi... mais c'est Luynes qui va hériter d'une bonne partie de la fortune de Concini. Il n'hésite pas à faire exiler Marie de Médicis car, désormais, il est tout-puissant...

Premier gentilhomme de la Chambre, capitaine des Ordonnances du roi et de la Bastille, gouverneur de Normandie, Luynes va, de surcroît, réussir un superbe mariage. Certes, Louis XIII était prêt à lui faire épouser Catherine de Vendôme, sa sœur bâtarde, mais celle-ci a refusé, jugeant le prétendant de trop petite naissance. Alors Luynes jette son dévolu sur la fille du duc de Montbazon, Marie de Rohan, âgée de dix-sept ans et absolument ravissante. L'Histoire la connaîtra sous le nom de duchesse de Chevreuse...

Pour l'instant, elle ne voit aucune objection à devenir Mme de Luynes car elle pense que la fortune de son fiancé grandira encore. Elle ne se trompe pas : Luynes sera duc et même connétable de France en 1619, l'année où il achète le vieux château du Val de Loire.

Le lundi 11 septembre 1617, Luynes et Marie de Rohan sont fiancés, au Louvre, dans l'appartement de la reine. Deux jours après, le mariage est célébré à... cinq heures du matin devant un petit nombre de témoins, dans la chapelle de la reine. Louis XIII qui s'est levé à trois heures et demie vient prendre son ami dans sa chambre et le conduit à la chapelle où l'archevêque de Tours, Bertrand d'Eschaux, bénit le mariage. Le soir même, Luynes donne un grand souper puis emmène sa femme passer sa lune de miel au château de Lésigny, en Brie, qui malheureusement n'existe plus. Il avait appartenu à Leonora Concini et contenait des trésors. Il sera brûlé de fond en comble durant la Fronde.

Au retour, Marie de Luynes se voit attribuer une charge exceptionnelle : celle de surintendante de la Maison de la reine. Ce sera le début de cette célèbre et assez désastreuse amitié entre Anne d'Autriche et la future Mme de Chevreuse qui fera tout pour la jeter dans les bras de Buckingham et se révélera l'ennemie jurée de Louis XIII et de Richelieu. Mais en attendant, la faveur du couple est incommensurable. Luynes en abuse. Il séquestre pratiquement le roi que nul ne peut approcher sans son avis. Il est vrai qu'il ne manque pas de charme. Un charme dont Richelieu ne sera pas dupe.

« Luynes, écrira-t-il plus tard, était d'un esprit médiocre et timide ; peu de foi, point de générosité, trop faible pour demeurer ferme à l'assaut d'une si grande fortune, en laquelle il se perdit incontinent, s'y laissant emporter comme un torrent sans aucune retenue, ne pouvant prescrire des bornes à son ambition, incapable de l'arrêter et ne se reconnaissant plus lui-même, comme un homme qui est au haut d'une tour, à qui la tête tourne et qui n'a plus de discernement. Il voulut être prince d'Orange, comte d'Avignon, duc d'Albret, roi d'Austrasie, et n'eût pas refusé davantage s'il y eût vu jour... »

En effet, de par son excès même, la faveur sera brève. Alors que l'on avait célébré avec un éclat royal la naissance de la fille du couple Luynes, seize mois après le mariage, puis d'un fils, le 25 décembre 1620, le roi sent venir la lassitude. Luynes n'est jamais las de demander ni de recevoir. Louis finit par en être excédé. D'ailleurs, ils sont nombreux à présent ceux qui souhaitent se débarrasser d'un favori si encombrant et il ne fait pas de doute qu'une disgrâce, peut-être éclatante, eût remplacé assez rapidement la faveur... si la mort n'était venue elle-même y mettre fin. En décembre 1621, le duc de Luynes meurt subitement au cours de la campagne qu'il menait pour le roi dans le Midi, sans grand éclat il faut bien le dire. Il est emporté par une « fièvre pourprée » et s'éteint à Longuetille, sur les bords de la Garonne, après avoir prié le roi de ne pas abandonner sa femme et ses enfants.

Mais, dès son retour à Paris, Louis XIII signifie à Mme de Luynes de quitter le Louvre. Ils sont d'ores et déjà ennemis et ce sentiment ne fera que croître. Bientôt remariée au duc de Chevreuse, la belle Marie ne viendra guère à Luynes, le rebaptisé, lui préférant le somptueux Dampierre dont elle réussira à faire hériter le fils de son premier mariage. Mais il est certain que, si ce couple d'ancêtres fut quelque peu contestable, les ducs de Luynes qui suivirent furent tous de grands et nobles serviteurs de la monarchie d'abord, de la France ensuite quand la monarchie ne fut plus qu'un souvenir.

Quelques mots à présent de ce château de Luynes qui appartient toujours au chef d'armes de la famille... La première forteresse des Maillé fut incendiée par le comte d'Anjou, Foulques le Rechin, abandonné par sa femme Bertrade[1] pour le roi Philippe Ier, et qui se cherchait des distractions. Reconstruit en 1106 par Hardouin de Maillé, le château fut fortement remanié au XIIIe puis au XVe siècle où Hardouin IV fit construire le joli logis, imité du Plessis-lez-Tours, qui embellit la cour d'honneur. Mais le donjon n'existe plus : il fut abattu en 1658.

1. Voir Meung-sur-Loire (tome 1).

HORAIRES D'OUVERTURE

Du 1er avril au 30 septembre	10 h-12 h 30 et 14 h-18 h

MAINTENON

L'épouse du soleil

Quo non ascendam ?
(Jusqu'où ne monterai-je pas ?)

Devise héraldique

Quand, en 1674, Louis XIV donne la terre et le château de Maintenon à Mme veuve Scarron, née Françoise d'Aubigné, il n'en est pas encore à ériger ladite seigneurie en marquisat à l'intention de la même dame parce qu'elle n'a pas encore fait son chemin dans son intimité. Le don est seulement un témoignage de gratitude pour services rendus. Quels services ? De ceux que l'on ne crie pas sur les toits : depuis cinq ans, Mme Scarron aide à mettre au monde et élève les enfants illégitimes que Sa Majesté fait, avec une grande régularité, à la marquise de Montespan, sa favorite déclarée.

L'entrée en scène de Mme Scarron s'est produite au cours de l'été 1668, lorsque Mme de Montespan s'aperçut qu'elle était enceinte. Certes, elle en éprouva une grande joie d'orgueil, mais tempérée d'une inquiétude allant jusqu'à une certaine crainte, en dépit de son caractère naturellement brave. En effet, le marquis de Montespan, son époux, homme irascible s'il en fut, supportait fort mal le « partage avec Jupiter » et avait imaginé de se promener partout avec un chapeau dont les plumes étaient remplacées par des cornes fort hautes. Il déclarait en outre à qui voulait l'entendre qu'il étranglerait sa femme de ses propres mains si elle s'avisait de donner le jour à un bâtard.

Ce sont de ces choses qui donnent à réfléchir car Montespan était tout à fait capable de mettre sa menace à exécution.

L'épouse coupable cherchait donc une solution quand l'une de ses amies, Mlle d'Artigny, ancienne fille d'honneur de Mme Henriette d'Angleterre, avança un nom : celui de la veuve du poète Scarron, jeune femme fort méritante, fort pauvre, fort belle, fort cultivée, fort dévote... et quelque peu hypocrite.

Jusqu'à la mort du poète, Françoise d'Aubigné, petite-fille d'Agrippa d'Aubigné, n'avait pas eu la vie rose. Scarron était follement spirituel mais contrefait, tordu par les rhumatismes et passablement pervers et, s'il avait donné à sa jeune femme le goût des belles-lettres, il lui avait appris aussi que l'exercice de l'amour pouvait constituer une effroyable corvée.

« Il est difficile de prévoir, devait écrire plus tard sa veuve, devenue marquise de Maintenon, jusqu'où les maris peuvent porter le commandement. Il faut se soumettre avec eux à des choses presque impossibles. »

De son côté, Scarron, au jour de son mariage, confiait à un ami : « Je ne lui ferai pas de sottises mais je lui en apprendrai ! » Tout un programme !

Sa mort avait laissé Françoise soulagée mais totalement impécunieuse. Dans de telles conditions, on pourrait supposer que la proposition de Mlle d'Artigny, agissant au nom de Mme de Montespan, l'aurait transportée de joie. Or, elle demanda à réfléchir :

— Il faut me comprendre. Ce mystère que l'on exige de moi sans m'en donner positivement la clef peut faire penser que l'on me tend un piège. Cependant, si cet enfant est au roi, je veux bien m'en charger alors que je ne me chargerais pas sans scrupules de ceux de Mme de Montespan. Aussi faut-il qu'on me l'ordonne !

Et, là-dessus, Mme Scarron s'en alla demander conseil à son professeur. C'était un ancien capitaine de cavalerie entré dans les ordres sur le tard et qui, en dépit d'un esprit regrettablement borné, avait trouvé le moyen de devenir docteur en Sorbonne. Dans sa grande sagesse, ce brillant universitaire lui conseilla la dernière chose à faire : demander au roi une audience pour confirmation. Le résultat ne se fit pas attendre : « Que l'on dise à cette femme qu'elle fasse ce qu'on lui demande ! Je n'aime pas les femmes qui pensent trop », déclara Louis XIV.

Ainsi rabrouée, Mme Scarron s'incline et, quelques mois plus tard, dans une petite maison de la rue de l'Échelle que Mme de Montespan a gardée à Paris comme pied-à-terre, la nouvelle gouvernante attend, masquée, le résultat de l'accouchement pour emporter le bébé au village de Vaugirard.

Elle attendra ainsi dans les lieux divers : château de Saint-Germain, manoir du Génitoy, près de Lagny, château de Tournai, d'autres résultats, d'autres couches. Et c'est peut-être pour éviter toutes ces galopades que Louis XIV, après la naissance de « Mlle de Tours », lui donne Maintenon.

La future marquise décrit elle-même la demeure qu'on lui offre : « Un gros château au bout d'un gros bourg, une situation selon mon goût. Des prairies tout autour et la rivière qui passe dans les fossés. » Somme toute, une demeure passablement médiévale mais très commode pour l'usage que l'on devait en faire.

Construit au Moyen Âge par les seigneurs de Maintenon, le château avait été considérablement remanié par Jean Cottereau, surintendant des Finances de Louis XII, puis par sa fille, qui avait épousé Jacques d'Angennes ; ils furent les derniers propriétaires avant Mme Scarron.

Quand, en 1776, elle devient marquise de Maintenon, la gouvernante des enfants de la Montespan décide d'aérer ce château qu'elle trouve trop sévère. Et, comme elle fait dessiner ses jardins par Lenôtre, elle abat le mur qui ferme la cour d'honneur. Cela lui permet une vue ravissante sur la campagne et l'aqueduc construit par Vauban et la Hire pour amener l'eau à Versailles.

Sa situation vis-à-vis du roi a beaucoup changé alors. En effet, un jour, Louis XIV a voulu connaître ses enfants secrets. Il a ordonné à Mme Scarron et à la nourrice de les lui amener à Saint-Germain. Mais seule la nourrice est entrée, la gouvernante se contentant de faire les cent pas dans la galerie, les mains au fond d'un immense manchon pour se préserver du froid. Elle n'espérait même pas apercevoir le roi, pourtant il vint à elle. Du seuil de la porte, il lance tandis qu'elle plonge dans sa révérence :

— Relevez-vous, Madame. Je suis content de vous.

C'est tout pour ce jour-là. Mais, peu à peu, Louis XIV prend l'habitude de venir discrètement visiter lui-même la nursery... et la gouvernante. Car la beauté brune de cette jeune femme l'attire et agit sur lui, encore que, dans les premiers temps, elle lui eût été plutôt antipathique, car il la prenait pour « un bel esprit ne s'intéressant qu'aux choses sublimes ».

Toujours habillée avec soin, discrètement élégante, aimable et d'une grande douceur, contrastant d'évidente façon avec la blonde et tumultueuse Montespan, la gouvernante s'insinue doucement dans les rêves secrets du grand roi.

Il finit par lui faire comprendre qu'il ne tient qu'à elle de visiter, à son tour, l'alcôve royale mais, à sa grande surprise, la jeune femme décline l'invitation. « J'ai ma vertu qui m'est chère, sire, et si Votre Majesté me porte quelque estime, elle ne voudra pas faire de moi la risée de la Cour. Je ne suis pas assez haute pour me défendre contre tout ce qui m'attaquerait... »

C'est à la suite de cette vertueuse réponse que Louis XIV légitime ses bâtards et fait de leur gouvernante une marquise. Il nourrit, en effet, une arrière-pensée : en installant la nouvelle marquise auprès de lui avec la petite bande, il sera peut-être beaucoup plus facile d'amener la rebelle à faire des concessions. C'est aussi pour la protéger des entreprises possibles de Mme de Montespan car, entre les deux femmes, le torchon brûle.

Mme de Maintenon supporte mal les ingérences de la mère dans le programme très strict qu'elle a élaboré pour les enfants. De son côté, Mme de Montespan trouve que la gouvernante en fait un peu trop et craint qu'elle ne songe à l'évincer. Cela aboutit à une violente querelle que le roi, qui arrive tout juste à cet instant, se voit obligé d'arbitrer.

— Si vous le vouliez, dit-il, une fois Mme de Montespan repartie, vous pourriez n'avoir plus rien à craindre de qui que ce soit au monde.

— J'aurais encore à craindre Dieu, sire, mes remords et la reine qui est si bonne pour moi.

C'était vrai d'ailleurs en ce qui concernait Marie-Thérèse, mais l'excès de vertu tenait plutôt à un habile calcul. Il faudra des années, l'affaire des Poisons et la mort de la reine pour que le roi réussisse enfin à mettre l'obstinée dans son lit. Du moins officiellement car il se peut qu'elle y soit venue plus tôt et en secret.

Pour donner à Mme de Maintenon une situation officielle à la cour, une fois les enfants élevés, on l'a donnée comme dame d'honneur à la Dauphine ; mais elle se sait indispensable désormais. Le roi ne peut plus se passer d'elle, de sa présence. Peu à peu, c'est le mariage secret qui s'annonce, en dépit de l'opposition des ministres. Ainsi Louvois se jettera-t-il aux pieds du roi en le suppliant de « ne pas se déshonorer ». Il réussira tout juste à se faire de Mme de Maintenon une ennemie mortelle. Car le sort en est jeté : une nuit du mois de janvier 1686, dans l'un des salons de Versailles, l'archevêque de Paris, Harlay de Champvallon, unit devant Dieu et quatre témoins le roi de France et de Navarre à l'ancienne gouvernante de ses bâtards : celle que l'on appelle à présent « Madame de Maintenant ».

Une fois installée à Versailles, elle ne revient plus guère à Maintenon. Il n'est pas question de s'éloigner du roi, sinon pour se rendre à Saint-Cyr, dans la maison d'éducation pour demoiselles nobles et pauvres qu'elle a fondée et où d'ailleurs elle mourra.

Sa nièce, Françoise d'Aubigné, mariée en pompes quasi royales au duc de Noailles, héritera de la terre et du château qui sont demeurés la propriété des Noailles en dépit de la terrible coupe sombre que la Révolution opéra dans la famille dont presque tous les membres montèrent à l'échafaud. Heureusement, il en resta un…

HORAIRES D'OUVERTURE

Du 11 février au 30 mars	14 h-17 h (fermé le mardi)
Du 31 mars au 30 juin	10 h 30-18 h
Juillet et août	10 h 30-18 h
Du 3 septembre au 30 septembre	14 h-17 h (en semaine, sauf le mardi) et 10 h 30-18 h (le week-end)
Du 1er octobre au 2 décembre	14 h-17 h (fermé le mardi)

http://www.chateaudemaintenon.fr/

LA MALMAISON

De l'aube à l'agonie d'un règne...

On parlera de sa gloire
Sous le chaume bien longtemps.

Chanson de BÉRANGER

Le 21 avril 1799, la générale Bonaparte, en l'absence de son époux parti guerroyer en Égypte, signait par-devant Maître Raguideau, notaire à Rueil, l'acquisition du château de la Malmaison appartenant jusqu'alors à la comtesse Du Moley.

Le château a été construit – le corps central tout au moins – au XVIIe siècle par un conseiller au parlement de Paris, François Perrot, qui le céda ensuite au capitaine des gardes du cardinal de Richelieu, Guiton de Forlagues, qui se trouvait bien aise de s'installer ainsi dans les environs immédiats de son maître, logé lui-même au château de Rueil. Sans doute était-on peu superstitieux à ces époques héroïques, car le nom peu engageant d'un domaine où s'élevait jadis une léproserie n'arrêtait pas ces hommes courageux. Le site, d'ailleurs, était charmant, un peu humide peut-être mais on n'en était pas alors à un rhumatisme près. Et puis l'agrément de l'endroit compensait bien des choses.

Au fil des années, plusieurs propriétaires connurent les agréments et l'humidité de la Malmaison jusqu'à ce qu'en 1771 une famille de riches financiers – mais pouvait-on, étant financier, ne pas être riche ? –, les Lecoulteux de Moley, se rendît acquéreur du château. Ses membres menèrent grand train, et singulièrement la dernière

Mme Du Moley, tandis que son époux effectuait l'un des nombreux voyages qui l'ont rendu célèbre et l'ont même fait passer en chanson. Elle y reçut le peintre de Marie-Antoinette, Mme Vigée-Lebrun, le poète Delille, l'abbé Sieyès et, en général, une foule de gens qui donnèrent avec enthousiasme les mains à la Révolution. Ce qui d'ailleurs n'évita pas à Du Moley d'être emprisonné sous la Terreur.

Pendant ce temps, réfugiée non loin de là, à Croissy où pour mieux se cacher elle avait mis ses enfants en apprentissage, l'un chez un menuisier, l'autre chez une couturière, Joséphine de Beauharnais contemplait parfois, dans la brume du soir, les toits de cette maison qu'elle voyait de loin mais qui lui plaisait infiniment. Aussi, devenue l'épouse de Bonaparte et ayant appris que le château était en vente, avait-elle insisté pour que l'on allât ensemble visiter la Malmaison.

Bonaparte n'avait pas été enthousiasmé. Il préférait le château de Ris-Orangis. Mais à peine eut-il embarqué pour l'Égypte que Joséphine, forte de la passion qu'elle inspirait, décida de passer outre. Elle acquit le château et, au retour d'Égypte, se fit pardonner ce manquement à l'obéissance conjugale avec le reste de ses péchés « parfumés ». Joséphine avait d'ailleurs entrepris des travaux que le mari approuva pleinement et qu'il intensifia. Percier et Fontaine, les décorateurs de l'Empire, furent mis au travail, tandis que le jardin prenait de vastes proportions et que des serres étaient construites pour les fleurs, cette autre passion de la belle créole.

Très vite Bonaparte s'attacha fortement à la Malmaison. Son secrétaire Bourrienne a laissé une trace de son plaisir :

« Quand, le samedi soir, Bonaparte quittait le Luxembourg et, plus tard, les Tuileries pour aller à la Malmaison, je ne peux comparer le plaisir qu'il éprouvait qu'à celui qu'éprouvent les écoliers quand on vient les chercher pour aller dans leurs familles passer un jour de congé. »

À la Malmaison, la vie était très gaie. Dans les salons, dans les jardins où l'on jouait aux barres, à colin-maillard, ou l'on dansait des rondes, les futurs maréchaux et futures duchesses s'ébattaient, entraînés par le futur empereur comme pouvaient le faire les jeunes gens qu'ils étaient alors. Le petit château était le symbole de la gaieté, de la joie de vivre, de l'attente d'un avenir que l'on voulait superbe et qui le fut pleinement.

Néanmoins, Bonaparte ne faisait pas que s'amuser. Tandis que Joséphine collectionnait les plantes rares, les toilettes et les joyaux, lui aimait à travailler dans la bibliothèque aménagée selon ses goûts. C'est là qu'il prépara le traité par lequel l'Espagne cédait la Louisiane à la France, cette Louisiane qu'il devait, deux ans plus tard, rétrocéder aux États-Unis ; là également qu'il entreprit d'établir avec l'Église un Concordat, là qu'il jeta les premières bases du décret de la Légion d'honneur, là enfin... hélas, qu'il signa l'ordre d'exécution du duc d'Enghien, marquant ainsi d'une tache de sang l'aurore de son règne.

Quand elle devient impératrice, Joséphine reste seule maîtresse de la Malmaison. L'Empereur trouve le château trop petit à présent et tourne ses regards vers Saint-Cloud, dont il va faire sa résidence d'été. Joséphine, elle, demeure très attachée à sa jolie maison qu'elle ne cesse d'embellir et dont, continuellement, on agrandit pour elle le domaine qui devient immense et s'étend des « pentes du mont Valérien jusqu'au-delà de Louveciennes ».

C'est là qu'au soir du 14 décembre 1809 pénètre l'un des plus beaux carrosses de la cour. À l'intérieur de *l'Opale* – tel est son nom – une femme qui sanglote dans les bras de Mme de Rémusat, sa dame d'honneur. Joséphine, répudiée, vient chercher dans la maison de son bonheur les traces de sa grandeur passée. Une grandeur qui garde de beaux restes : son train de vie est à peine inférieur à ce qu'il était aux Tuileries. Quant à Napoléon, qui lui garde une profonde tendresse, il fait fréquemment le voyage de Paris à Rueil, à n'importe quelle heure du jour ou de la nuit, ce qui fait la joie des conspirateurs royalistes qui tentent de profiter de ces occasions exceptionnelles car, en général, l'escorte est peu importante.

Bien sûr, on a aussi donné l'Élysée à Joséphine mais quand Marie-Louise, future impératrice, est annoncée, on fait savoir à la répudiée que sa présence à Paris n'est pas souhaitée. Pas davantage à la Malmaison que l'on juge encore trop proche. C'est au château de Navarre, près d'Évreux, un autre présent de l'Empereur mais peu apprécié, que Joséphine devra séjourner quelque temps. Pas longtemps. Navarre est sinistre, glacial. Elle s'y ennuie de ses fleurs, de ses jardins. Joséphine rentrera bientôt chez elle et ne reverra Navarre qu'en 1814 quand, apprenant l'arrivée des Russes à Paris, elle se résout à l'exode.

Là encore le séjour sera bref. Les Alliés n'ont aucun grief contre l'Impératrice répudiée. Bien plus, c'est à qui lui fera visite, lui offrira des hommages. Le tsar Alexandre Ier visitera la Malmaison le 16 avril 1814 et ressortira charmé par la grâce inimitable de cette femme exceptionnelle.

Aidée par sa fille, la reine Hortense, pendant quelques semaines, Joséphine va vraiment représenter la France aux yeux des envahisseurs. Elle espère, en recevant les vainqueurs, pouvoir être utile au prisonnier de l'île d'Elbe. Mais sa santé est à présent fragile. Atteinte d'une angine gangréneuse après avoir pris froid à une soirée, l'Impératrice – elle l'est infiniment plus que celle qui s'est enfuie – entre en agonie et meurt le 25 mai à midi entre ses deux enfants désespérés. Elle repose depuis dans l'église de Rueil.

Pendant les Cent-Jours, Napoléon revient à la Malmaison, il n'y retrouve plus le sourire de celle dont il n'avait jamais vraiment pu se passer, mais il n'a guère le temps de s'attarder sur ses souvenirs. Le destin est en marche et va l'emporter bientôt. Le 21 juin 1815, Napoléon, vaincu à Waterloo, est de nouveau à Paris. Cette fois, c'est Fouché, le président du gouvernement provisoire, Fouché son ancien ministre, qui ne lui permet pas d'y rester. L'Empereur demande alors à Hortense, qui est venue l'accueillir à l'Élysée, de le recevoir à la Malmaison qui est désormais la propriété de son frère, le prince Eugène.

Hortense, naturellement, accepte de grand cœur et, pendant quelques jours – quelques jours seulement car la présence de l'Empereur, si près de Paris, fait peur aux nouveaux maîtres qui ne sont rien que ses anciens serviteurs – le petit château va recevoir tous ceux qui demeurent, dans le malheur, fidèles à celui qui leur a fait vivre une fantastique aventure. Mais il manque toujours quelqu'un...

— Cette pauvre Joséphine ! dit un soir Napoléon en se promenant avec Hortense dans les jardins. Je ne puis m'accoutumer à habiter ici sans elle. Il me semble toujours la voir sortir d'une allée et cueillir une des fleurs qu'elle aimait tant... C'était bien la femme la plus remplie de grâce que j'aie jamais vue...

Le 29 juin, Napoléon quittait la Malmaison pour n'y plus revenir. À cinq heures, il montait en voiture, pensant rejoindre à Rochefort les frégates grâce auxquelles il espérait pouvoir gagner l'Amérique. Il n'allait trouver que la flotte anglaise à laquelle Fouché, Talleyrand et Davout l'avaient pratiquement livré.

Après lui et après la mort du prince Eugène, la Malmaison connut bien des vicissitudes. Vendu à un banquier, puis à une reine d'Espagne exilée, le petit château crut les beaux jours revenus quand Napoléon III le fit remettre en état. Ce ne fut qu'un répit. L'invasion prussienne de 1870 allait lui causer des dégâts terribles que toute la bonne volonté du banquier Osiris, qui au moins le sauva de la destruction totale, ne put panser entièrement.

Il fallut attendre la République, les talents de ses ouvriers d'art et la donation du prince Napoléon pour que la maison de Joséphine, qui avait vu naître et mourir l'Empire français, retrouvât son charme et son éclat.

HORAIRES D'OUVERTURE

Du 1er octobre au 31 mars	10 h-12 h 30 et 13 h 30-17 h 15 (17 h 45 le week-end)
Du 1er avril au 30 septembre	10 h-12 h 30 et 13 h 30-17 h 45 (18 h 15 le week-end)

Fermé le mardi, le 25 décembre et le 1er janvier.

http://www.chateau-malmaison.fr/

LE MARAIS

Trois femmes... et beaucoup de fêtes !

Que vont charmant masques et bergamasques
Jouant du luth, et dansant et quasi
Tristes sous leurs déguisements fantasques.

Paul VERLAINE

Il est étrange de constater que cette superbe demeure, construite en 1778 par l'architecte Barré pour un grave trésorier général de l'Artillerie et du Génie nommé Lemaistre, n'ait jamais connu et ne connaisse encore que le règne des femmes. Le malheureux trésorier eut tout juste le droit de le construire et n'en profita guère sinon durant huit courtes années avant de quitter un monde dont il n'avait sans doute pas à se plaindre, surtout dans un tel cadre, pour cet autre monde dont nous nous efforçons de croire, faute de pouvoir faire autrement, qu'il est bien meilleur.

Il est à peine parti qu'une femme charmante s'installe. En 1786, donc, Mme de la Briche, son oncle le trésorier lui ayant légué le Marais, entreprend de fêter l'événement. Comme elle est, selon ceux qui la connaissent, la « meilleure personne de monde », elle entend que, sur ses terres, chacun profite de la grande fête qu'elle donne. Et même que ses paysans en soient les principaux bénéficiaires ! Bien sûr, les grandes idées de liberté et surtout celles de Jean-Jacques Rousseau sont déjà à l'œuvre depuis un moment, mais il n'est pas certain qu'ils eussent influencé Mme de la Briche. Elle a, naturellement, le goût champêtre et le gardera toute sa vie, même si certaines mauvaises langues chuchotent que lorsque l'on est née Mlle Prévost, on ne peut guère avoir le goût royal. Ce à quoi Mme de la Briche pourrait répondre, si elle avait une once de méchanceté, que la reine Marie-Antoinette avait elle aussi le goût champêtre et plus encore qu'elle-même.

Quoi qu'il en soit, les gens du domaine se retrouvent à la plus belle fête qu'ils ont jamais eue : « L'amour de mes paysans, le désir de les rendre heureux me causaient une joie intérieure. Je donnai une fête à mes habitants pour ma réception qui avait été réellement attendrissante », écrit-elle dans ses *Mémoires*. Et de raconter : « De grandes tables servies dans une allée du parc, des distributions, des boutiques de gâteaux et de pains d'épice, du vin à discrétion, des violons pour faire danser furent tous les frais de cette journée charmante par la gaieté et l'air de bonheur de ces bonnes gens. » Et de rééditer plusieurs fois ces divertissements autant pour son propre plaisir que pour se conformer à la mode rousseauiste qu'elle suivait de près. Par son mari, elle était en effet la belle-sœur de Mme d'Houdetot pour laquelle le philosophe de Genève avait brûlé d'une si forte passion.

Apparemment, on a le cœur reconnaissant dans la région d'Arpajon : quand survint la Révolution, Mme de la Briche et ses filles n'en subirent aucun inconvénient. Tout se passa pour elles le mieux du monde et, n'ayant pas émigré, les choses reprirent comme par le passé sous l'Empire, avec peut-être une nuance plus mondaine : il s'agissait de marier les filles. En 1808, l'aînée : Alexis-Charlotte-Joséphine-Marie épouse le préfet de la Côte-d'Or, Mathieu-Louis Molé, appartenant à la meilleure noblesse parlementaire puisque, outre ce qu'il tenait de ses pères, il était également Lamoignon par sa mère.

En attendant de devenir, à la suite d'un certain nombre d'acrobaties politiques, ministre de la Marine de Louis XVIII puis ministre des Affaires étrangères… et même Premier ministre de Louis-Philippe, Mathieu Molé trompa abondamment sa femme qui se consola en partageant avec sa mère une véritable passion pour le théâtre, où elle se rendait souvent quand on ne jouait pas de petites pièces au

Marais. D'ailleurs, dans le salon de Mme de la Briche, aussi bien à Paris qu'au Marais, l'ennui n'est pas de saison. La maîtresse de maison tient à ce que l'on se sente bien chez elle et, quelques années plus tard, la duchesse de Maillé, une de ses meilleures amies, lui rendra cet hommage, en mai 1824 :

« Je suis arrivée hier du Marais où j'ai passé huit jours chez Mme de la Briche qui est bien la meilleure personne et le plus facile à vivre que je connaisse ; toujours occupée des autres et n'exigeant rien pour elle, on est à merveille chez elle. » Peu d'années auparavant, le 13 février 1820, Mme de la Briche est entrée quelque peu dans l'Histoire. Ce soir-là, il y a bal chez elle. Un bal paysan pour changer : « On y transforme un baptême paysan avec déploiement de binious, de bonnets de coton pour les hommes et de coiffes paysannes pour les femmes. » « Je me souviens du grand M. d'Audenarde déguisé en enfant avec un bourrelet sur la tête, M. de Mun en nourrice. J'étais, écrit Mme de Maillé, en domino noir fort occupée à intriguer Mme de Castellane lorsque j'entends un grand bruit auprès de la porte. C'était Mme Eugène d'Astorg qui tombait évanouie. On était venu chercher le prince Fernand de Léon, premier écuyer de M. le duc de Berry. Un bruit circule dans la salle : M. le duc de Berry a été assassiné en sortant de l'Opéra... » Et le bal ce soir-là de s'arrêter net.

Quand meurt Mme de la Briche en 1844, la chaîne des femmes continue. Le Marais devient la propriété de la comtesse Molé puis de sa fille, Mme de la Ferté-Meun, enfin de la nièce de cette dernière, la duchesse de Noailles. Et le XIXe siècle de couler ainsi sur le Marais.

En 1899, un couple extraordinaire y descend, un jour de printemps, du plus élégant attelage qui se puisse voir : un monsieur mince, blond, rose, souriant, suprêmement élégant, insolent comme un page, brave comme un paladin et comme lui seul savait l'être, et une dame petite, brune, un peu ronde mais admirablement habillée : le comte Boniface de Castellane et sa jeune épouse née Anna Gould.

Lui, c'est « Boni », le roi de Paris, faute de pouvoir être plus grand peut-être car, porteur d'un des plus beaux noms de France, il serait au plus haut sans doute si Versailles était encore Versailles. Ce Versailles où il aurait été si bien à sa place car, en fait, Boni s'est trompé de siècle. Et il s'est trompé plus lourdement encore en épousant Anna Gould qu'il a rencontrée à Paris, en 1894, chez Fanny Read, l'une des Américaines les plus en vue. Anna, fille du magnat américain des chemins de fer Jay Gould, possède une énorme fortune et un caractère difficile. De surcroît, elle n'est pas très belle mais elle pourrait peut-être le devenir entre des mains habiles. Et Boni s'est senti pousser l'âme de Pygmalion... outre que l'or américain arrangerait bien sa propre fortune qui est devenue fort mince.

Au cours d'un voyage aux États-Unis, il achève la conquête d'Anna, demande sa main et l'épouse le 4 avril 1895, réduisant au désespoir toutes les jeunes filles du faubourg Saint-Germain et tous les prétendants américains à la fortune d'Anna. Il est l'un des premiers aristocrates européens à tenter un mariage américain... et le regrettera.

Tout a été dit sur les réceptions fastueuses qui se donnèrent dans le palais de marbre rose qu'il avait fait construire à l'angle de l'avenue Foch – on disait alors l'avenue du Bois – et l'avenue Malakoff et qui est aujourd'hui remplacé par un immeuble, luxueux sans doute, mais totalement anonyme et dépourvu d'âme. Boni devait y donner en l'honneur du roi de Portugal une fête demeurée inoubliable.

Mais quand leur voiture s'arrête devant le perron du Marais, les Castellane n'ont pas encore mis en train le Palais Rose. Ils habitent un bel hôtel avenue Bosquet où Boni entasse de véritables merveilles d'art car il a le goût le plus sûr qui soit et il est, en matière d'antiquités, un véritable expert : un Rembrandt, un Reynolds, un Gainsborough, des tapisseries de Boucher, une pendule offerte par Louis XIV au pape, etc. Pourtant, Anna, qui n'aime guère Paris, souhaiterait une maison des champs et c'est elle qui va acheter le Marais, sur le conseil de son époux.

À nouveau des fêtes et des chasses mais non plus des fêtes champêtres : de grandes et brillantes réceptions comme celle donnée en l'honneur du grand-duc et de la grande-duchesse Wladimir de Russie et où le Tout-Paris de bon ton se pressa. Mais... « Il y avait là, écrit Andrée de Fouquières, une jeune Américaine, compagne d'enfance de Mme de Castellane et pour qui Boni se montra sévère dans ses *Mémoires*. Intime de la jeune comtesse, il est certain qu'elle contribua par ses "ragots" à décider plus tard son amie à demander le divorce. Elle s'appelait Mrs Black et Boni disait qu'elle avait l'âme aussi noire que son nom... »

Peut-être les « ragots » en question eussent-ils eu moins de succès si Boni avait été plus fidèle. Désespérant de faire d'Anna la compagne idéale telle qu'il la rêvait, il est certain qu'il se laissa aller à de discrètes mais nombreuses aventures et qu'un soir, rentrant au Palais Rose, il y trouva portes closes... plus une assignation en divorce.

Réfugié chez sa mère, dépossédé de tout à l'exception de ses vêtements qu'on ne lui fit pas porter mais jeter laidement sur le trottoir de la rue de Grenelle devant les pieds du portier de sa mère, il se mit courageusement au travail et devint antiquaire.

Or, auprès d'Anna, il n'y avait pas que Mrs Black mais aussi le cousin, tout aussi désargenté d'ailleurs, de Boni : Hélie de Talleyrand-Périgord. En 1908, dix-huit mois après son divorce, Anna Gould l'épousait à Londres. De son premier mariage, elle avait deux fils. De celui-là, elle eut encore deux enfants : un fils, Howard, qui mourut à vingt ans, et une fille, Violette... qui est la troisième dame du Marais.

D'abord comtesse de Pourtalès puis remariée avec M. Gaston Palewski gui fut président du Conseil constitutionnel, ministre d'État du général de Gaulle, ambassadeur de France à Rome et membre de l'Institut, l'un des hommes les plus brillants et les plus en vue de la Ve République, Violette de Talleyrand-Périgord s'est attachée depuis des années à la résurrection complète du Marais redevenu, grâce à elle, une demeure superbe mais vouée cette fois au souvenir du grand Talleyrand. De nombreux souvenirs du plus grand diplomate de tous les temps ont été réunis dans les salons du Marais avec une piété et un respect exemplaires. Mais l'ombre du « Diable boiteux », si puissante qu'elle soit, ne pourra jamais effacer tout à fait le souvenir des dames pour qui et par qui le château du Marais existe et demeure...

HORAIRES D'OUVERTURE DU PARC ET DU MUSÉE

Du 15 mars au 15 novembre	14 h-18 h (les dimanches et jours fériés)

http://www.chateaudumarais.com/

LES MARCHES

La « Sabine »

Dans sa première passion la femme aime son amant.
Dans toutes les autres, ce qu'elle aime c'est l'amour...

Lord BYRON

L'Enlèvement des Sabines, le grand tableau de Louis David, est célèbre. Mais l'est bien moins la superbe femme brune dont les cheveux croulent sur les épaules et qui, la tunique relâchée pour montrer un sein magnifique, semble vouloir enfermer entre ses bras deux bambins qui jouent sans se soucier de ce qui se passe autour d'eux. Cette femme, c'est Adèle de Bellegarde, fille du marquis de Bellegarde et femme du comte de Bellegarde. Elle est aussi la maîtresse du château des Marches, opulente demeure savoyarde dressée en face de la chaîne des Alpes, et célèbre autant pour avoir reçu le roi Henri IV entre le 16 et le 18 août 1600 que pour l'une des plus somptueuses salles des fêtes qui se puissent voir.

Dans sa partie la plus ancienne, le château remonte à 1342, date à laquelle le comte de Savoie Amédée V ordonna sa construction, mais il fut remanié au XVIIIe siècle et c'est de cette époque que date ce qui fait sa gloire : la salle de bal à l'italienne, haute de dix mètres, décorée en trompe l'œil et ceinturée à mi-hauteur par un balcon qui en fait le tour. Une salle de bal parfaitement aristocratique mais appelée pourtant à recevoir des hôtes tout à fait inhabituels.

Mais revenons à notre « Sabine », c'est-à-dire Adèle de Bellegarde.

À seize ans, on la marie à son cousin, le colonel François de Bellegarde alors en garnison à Chambéry. C'est un mariage de convenances destiné à laisser les biens familiaux sous le même nom puisque le père d'Adèle, marquis des Marches, n'a pas de fils. En revanche, il a une seconde fille, Aurore, aussi blonde que sa sœur est brune et d'une beauté peut-être moins éclatante mais aussi certaine. Ajoutons tout de suite qu'Adèle et Aurore sont liées par une profonde tendresse qui ne se démentira jamais et qui les gardera unies tout au long de leur existence.

Vient la Révolution et l'entrée des troupes françaises en Savoie. En 1790, le père des deux jeunes femmes meurt et son gendre emmène toute la famille dans le Piémont. La famille qui s'est augmentée de deux enfants, le petit garçon et la petite fille qu'Adèle a donnés à son mari... Mais, en 1792, Adèle qui n'a pas du tout l'esprit « émigré » et qui craint que ses biens ne lui soient confisqués, décide de rentrer aux Marches. Naturellement, sa sœur Aurore la suit et, laissant les enfants à la garde de leur père, les deux jeunes femmes regagnent Chambéry le 1er décembre 1792.

Tout de suite interrogée par les autorités nouvelles, Adèle déclare ignorer où se trouve son mari. Du reste, il ne l'intéresse pas et leurs idées divergent car elle se sent, elle, tout à fait à l'unisson de la Révolution. Déclaration vivement applaudie et qui vaut à Mme de Bellegarde de récupérer et son château des Marches et son hôtel de la rue de la Croix-d'Or.

Elle est sincère. Toute cette nouveauté, tout ce tumulte qui agite la région, ces beaux mots de Liberté et de Fraternité qui volent partout la grisent et grisent également Aurore qui ne saurait penser autrement que sa sœur. Mais leur enthousiasme atteint un sommet le jour où arrivent à Chambéry les commissaires aux armées délégués par la Convention. À leur tête se trouve l'élégant Hérault de Séchelles, l'un des hommes les plus séduisants du nouveau régime, et son ami Philibert Simond, un prêtre défroqué originaire de Savoie.

Avocat général au parlement de Paris, jadis protégé par la reine Marie-Antoinette et par le maréchal de Contades dont on chuchote qu'il est le fils bâtard, Jean-Marie Hérault de Séchelles a été l'un des premiers, lors de la prise de la Bastille, à hurler avec les loups. Depuis, il n'a cessé de s'élever dans la hiérarchie révolutionnaire, jusqu'à ce nouveau titre qui le charge d'organiser le département du Mont-Blanc. Il ne compte plus ses aventures galantes.

Entre lui et Adèle, c'est tout de suite le coup de foudre tandis que le même phénomène électrique se produit entre Aurore et Simond. On surnommera la jeune femme « la Simonette ». Et, il faut le dire, c'est avec une certaine stupeur que la société chambérienne assiste à l'éclosion de ces amours-là.

L'hôtel de la rue de la Croix-d'Or et surtout le château des Marches vont servir de cadre à toutes les festivités jacobines qu'il plaît aux deux couples d'organiser. On soupe, on danse, on festoie dans la grande salle de bal qui voyait danser jadis robes à grands paniers et perruques poudrées. Les dieux et les déesses qui la décorent doivent trouver que la mode a bien changé ! En effet, Adèle et Aurore « paradaient ceinturées d'écharpes tricolores, une cocarde à la poitrine, la taille serrée dans une carmagnole et coiffées d'un bonnet rouge avec des sabots aux pieds... »

La passion d'Adèle et d'Hérault s'affiche publiquement avec une ardeur choquante pour qui ne connaît pas le curieux credo du jeune homme qui déclarait volontiers sans trop d'illusions sur son devenir :

— Je veux me hâter de vivre. Lorsqu'ils m'arracheront la vie, ils croiront avoir tué un homme de trente ans, j'en aurai quatre-vingts car je veux vivre en un jour dix années. »

Il aime sincèrement Adèle qui le lui rend bien, et lorsqu'il rentre à Paris, sans avoir obtenu de grands succès auprès des Savoyards, il emmène son amie tandis que Simond repart avec Aurore.

À Paris, Hérault de Séchelles habite une belle maison dans l'ancienne rue Basse-du-Rempart et il en fait les honneurs à sa maîtresse avec une joie d'enfant. Sa beauté aura là un cadre digne d'elle. C'est un homme de goût, qui collectionne les beaux livres, et les jolies choses, et les deux jeunes femmes – car Aurore a suivi sa sœur – vont vivre là joyeusement. Et puis Adèle et Aurore mènent la vie exaltante des femmes de tribuns. On se rend à la Convention pour applaudir le bien-aimé quand il prend la parole, on s'enflamme à entendre cette voix de bronze dérouler de nobles périodes et, pour finir, on va voir tomber quelques têtes en criant « Vive la Nation ! » comme tout le monde. Adèle et Aurore poussent même le cynisme jusqu'à déclarer, comme le rapporte André Castelot, que « les exécutions sont beaucoup plus intéressantes lorsqu'on connaît les gens... »

Adèle profite d'ailleurs des circonstances pour se délivrer de son époux qui combat dans les troupes de Sardaigne. Tandis que celui-ci reste inscrit sur la liste des émigrés, elle divorce le 7 octobre 1793.

Trois jours plus tard, elle va acclamer Hérault qui préside à la grande fête de la Nature organisée sur l'emplacement de la Bastille. Le peintre David qui est de leurs amis a dressé là une monumentale statue de femme dont les seins laissent jaillir de l'eau. Hélas, la roche Tarpéienne est toujours aussi voisine du Capitole ! Lorsque l'hiver s'achève, Hérault de Séchelles est arrêté avec son ami Simond. Il est accusé d'avoir libéré des aristocrates à la demande de sa maîtresse. Mais surtout, c'est un ami de Danton et de Camille Desmoulins. Le 5 avril 1794, il marche à la mort avec eux. Il a été désigné pour mourir le premier... À l'instant suprême, du haut de l'échafaud, ses yeux cherchent dans la foule un visage, une main... Soudain, on peut le voir sourire. Il sait qu'elle est là...

Dix jours plus tard, Adèle et Aurore sont arrêtées à leur tour et conduites à Saint-Lazare, mais la chute de Robespierre les sauve et elles vont se réfugier chez Aimée de Coigny qu'elles ont connue en prison.

C'est là qu'Adèle va rencontrer le chanteur Garat qui se fera une joie de la consoler. Il la consolera même au point de lui faire deux enfants. Dont Garat gardera la fille cependant qu'Aurore, Dieu sait pourquoi, adoptera le garçon. Ce qui ne le sépare pas de sa mère, puisque les deux sœurs continuent de vivre ensemble.

À ce moment reparaît le mari. Le colonel de Bellegarde, qui est devenu général autrichien et chambellan de l'empereur, consent à accepter le divorce prononcé en 1793 à la condition qu'Adèle lègue à leurs enfants communs le château des Marches dont, cependant, elle pourra conserver l'usufruit sa vie durant. Mais les deux femmes préféreront s'installer à Chambéry où elles veilleront ensemble à l'éducation du petit Louis.

Peu à peu, elles se sont assagies. En 1814, elles se retrouveront aussi bonnes royalistes qu'elles étaient ardentes républicaines. Elles se sont refait une conduite et une réputation.

Lamartine, qui les connut en 1815, en a gardé un souvenir ébloui : « Elles étaient encore d'une beauté éclatante quoique diverse qui les avait, de bonne heure, exposées à toute l'admiration et aux pièges de l'amour. L'aînée était une figure de Judith par Allori ; grande, forte, brune et passionnée, le portrait de l'enthousiaste révolutionnaire. La cadette, grande et élégante aussi de taille mais blonde, délicate et tendre, semblait une image de la mélancolie méditative. »

C'est Adèle qui meurt la première. Elle s'éteint, le 7 janvier 1830, chez son fils, rue Voltaire à Paris. Louis, l'enfant de Garat, ne lui survivra que sept années. Demeurée seule, Aurore choisit la religion et devint « chanoinesse de l'illustre chapitre royal de Sainte-Anne de Munich ».

Après la mort d'Adèle, le château des Marches fut vendu au comte Costa de Beauregard par Frédéric-Pierre de Bellegarde qui était devenu définitivement autrichien. Mais la demeure qui avait vu les fêtes révolutionnaires devait en définitive retourner à Dieu : en 1882, le domaine passait au chanoine Costa de Beauregard qui, en accord avec sa sœur Alix, religieuse de Saint-Vincent-de-Paul, y installa un orphelinat pour les petites filles.

Depuis 1972, le château est devenu une maison de retraite.

LA MIGNARDE

Les caprices de Pauline

Entre le oui et le non d'une femme
Il n'y a guère place pour une épingle

CERVANTÈS

C'est à peine un château. Tout juste une gentilhommière, une folie comme aimaient à en susciter, dans les lieux les plus charmants, les fermiers généraux, les financiers et les princes. Une maison couleur de miel blond dans l'un de ces jardins odorants dont la Provence a le secret…

On ne sait trop quand elle fut construite sinon dans la seconde moitié du XVIIe siècle. Ni par qui. Le premier propriétaire connu se nommait Gabriel Mignard. Mais rien à voir avec le grand peintre ! Ce Mignard-là était un artiste sans doute mais dans un tout autre registre car il était « confiseur ordinaire de Monseigneur le duc de Villars, gouverneur de Provence. » Un confiseur qui devait avoir du talent car son fils, Sauveur, eut les moyens de transformer ce qui n'était peut-être alors qu'une aimable bastide en la précieuse demeure que l'on peut encore admirer lorsque l'on visite les abords immédiats d'Aix-en-Provence. Sauveur Mignard amena les eaux, agrandit le parc et ordonna de vastes embellissements dont on pense qu'ils furent l'œuvre du grand architecte Claude-Nicolas Ledoux.

Hélas, les bâtiments coûtent cher et Sauveur se ruina pour la Mignarde. Il dut la vendre à un personnage sans couleur, platement nommé Second et qui, pourtant, devait être un homme courageux car il y accueillit, en

1790, Pascalis, l'homme de la Contre-Révolution. Celui-ci quitta la Mignarde pour la prison, puis l'échafaud.

En 1804, Jean-Baptiste Rey, commissaire général des armées impériales, faisait acquisition de la Mignarde qui allait connaître son heure de gloire en servant de cadre aux amours de Pauline Bonaparte, princesse Borghèse, et d'Auguste de Forbin. Et à l'une des rares explosions de fureur de ce mari superbement trompé que fut le prince Camillo Borghèse, son époux.

L'aventure commence dans l'été 1807. La princesse Pauline, la plus jolie femme de son époque, a passé à Rome, dans le palais de son époux, un hiver fort éprouvant au cours duquel la grippe et l'ennui se sont relayés à son chevet. Aussi a-t-elle décidé, les beaux jours revenus, de rentrer en France d'abord et, ensuite, de prendre les eaux de Plombières qui étaient fort à la mode. Elle s'y installe donc au début de l'été en compagnie de Mme de Barral, sa dame d'honneur préférée.

Un après-midi, alors que les deux dames se promènent dans le parc des thermes, elles voient s'approcher d'elles un fort beau jeune homme d'une trentaine d'années, fort élégant et qui, en termes d'une exquise politesse, demande l'autorisation de saluer Son Altesse impériale, tout en précisant qu'il a déjà eu l'honneur de lui être présenté l'hiver précédent. Son nom : Auguste de Forbin, de vieille noblesse provençale, chevalier de Malte mais aussi poète, peintre, romancier, architecte. Il a tant d'allure même que Pauline se demande comment elle a pu ne pas remarquer ce jeune homme au cours de son détestable hiver romain.

La raison de cet étrange aveuglement est tout entière dans la manière de Pauline : elle n'avait alors d'yeux que pour son beau-frère, le prince Aldobrandini. Néanmoins, Forbin a fait tant d'impression que la princesse songe immédiatement à en faire son chambellan. Et comme Mme de Barral s'étonne, faisant observer que Pauline ne le connaît pas assez, celle-ci répond avec une logique dont elle a seule le secret :

— Il est poète et il a les plus belles jambes du monde !

Mme de Barral n'insiste pas. Il est de notoriété quasi publique à Paris que les chambellans de la princesse Borghèse sont à double usage : ils veillent sur la chambre princière de si près qu'ils s'y installent... Invité à se présenter le lendemain chez Son Altesse, Forbin ne trouve dans le salon que deux ou trois personnes entourant Pauline : une Pauline chaudement vêtue d'une ample tunique de mousseline qui ne laisse rien ignorer de ses charmes.

Un peu suffoqué, Forbin n'a qu'à peine le temps de se remettre. Un Noir gigantesque et tout vêtu d'écarlate vient d'entrer. C'est Paul, le serviteur préféré de Pauline et il vient pour le bain... Aussitôt, la princesse se lève, laisse gracieusement tomber sa mousseline, apparaît aux yeux éperdus de son nouveau chambellan dans la tenue exacte de notre mère Ève, puis laisse Paul l'emporter vers sa baignoire qui se trouve dans la pièce voisine.

Une demi-heure plus tard, elle reparaît à nouveau enveloppée de mousseline, reprend place sur sa chaise longue et, tout d'un coup, déclare qu'elle a froid en regardant l'une de ses dames, Mme de Champbeaudoin. Aussitôt, celle-ci dégrafe son corsage, dénude sa poitrine et se couche sur le tapis devant la princesse qui pose aussitôt ses jolis pieds sur les seins rebondis de la dame en expliquant à Forbin, sur le ton de la conversation de salon, qu'elle a pris, jadis, cette agréable habitude dans l'île de Saint-Domingue. Elle ajoute que c'est tout à fait délicieux, ce que son invité veut bien croire.

Suit une séance de pédicure qui offre au jeune homme une vue imprenable sur les jambes de la princesse et qui achève de le persuader d'une chose : c'est que jamais l'été n'a été aussi chaud ! Et c'est dans une sorte d'état second qu'il accepte de revenir le soir même dîner à la villa.

Ce qu'a été cette soirée, Auguste de Forbin est beaucoup trop galant homme pour s'en vanter mais quand, au matin, Mme de Barral entre dans la chambre de sa maîtresse, elle trouve, sans le moindre étonnement, le jeune Provençal installé dans son lit. D'où elle conclut sans peine qu'il était définitivement intronisé chambellan.

Ce furent des amours exubérantes et passionnées. Forbin se retrouvait follement amoureux, et Pauline, fidèle à ses habitudes, était réellement éprise de son « bel Auguste ». Et comme elle éprouvait presque autant de plaisir à étaler ses amants qu'à les séduire, ce furent des amours fort peu discrètes. Avec Pauline, pas de sombreros, pas de manteaux couleur de muraille, pas de portes dérobées ! Le grand soleil, le plein midi et le plus de monde possible ! Elle eût fait l'amour en boutique ou sur la place du marché si la chose eût été possible pour une Altesse impériale.

Néanmoins, le soleil de Plombières lui semblant un peu pâle, elle choisit le Midi, justement pour en trouver un plus ardent. Et Forbin, dépêché en toute hâte, galope jusqu'à Aix dans l'intention de trouver la demeure privilégiée qui abritera ses belles amours. Il trouve la Mignarde, qu'il loue à Jean-Baptiste Rey... le moins cher possible. « On parle aujourd'hui de cent mille francs comme de dix mille, j'ai donc réduit le tout à ce qui m'a paru convenable et raisonnable », écrit Pauline. Car elle aime peu à dépenser autrement que pour sa toilette et sa parure.

Voilà donc la princesse installée pour cinq semaines à la Mignarde avec Auguste de Forbin. Elle est d'autant plus heureuse d'y être qu'elle y trouve la possibilité de fréquenter les eaux de Gréoux. Mais si Forbin s'est imaginé pouvoir enfin filer le parfait amour dans le silence et la solitude à deux, il est vite détrompé : la princesse donne des bals, des soupers, des redoutes, des fêtes en tous genres où elle convie le ban et l'arrière-ban de la région. La douce félicité du chambellan a totalement disparu. Que dire de celle de l'amant !

Le comble est atteint quand apparaît à son tour le mari : le cher Camillo Borghèse, beau garçon, grand cavalier devant l'Éternel mais dont le général Thiebault devait dire un jour : « C'est n'appartenir à personne qu'appartenir au prince Borghèse. » Quoi qu'il en soit, le voilà qui vient et le pauvre amant pense immédiatement qu'il va lui falloir abandonner l'agréable chambre de Pauline pour une mansarde sous les combles.

Or, le souper terminé – un souper pris à six, par extraordinaire –, Pauline se lève, se déclare fatiguée et glisse son bras sous celui de Forbin pour quitter la salle à manger avec lui. Camillo s'étonne. Eh quoi, elle les quitte déjà ? Mon Dieu, oui. Pauline se sent un peu lasse, elle a besoin de dormir. Camillo, qui espérait tout bêtement prendre le café au salon en agréable compagnie, proteste : qu'elle aille se coucher si elle se sent lasse, mais qu'au moins elle laisse Forbin dont elle n'a que faire !

— Que faire ? s'écrie Pauline sincèrement choquée : « Mais, mon ami, vous devriez savoir que je ne peux me passer de lui ni le jour ni... la nuit ! »

Et elle sort, gracieuse, impériale, au milieu du silence que trouble seulement le fracas du superbe biscuit de Sèvres que Borghèse vient, très démocratiquement, d'envoyer s'écraser sur le mur de la salle à manger.

Ce que fut cette nuit-là, ni le préfet Thibeaudeau ni le général Cervoni, qui étaient du souper, ne devaient réussir à l'oublier. Ils la passèrent tout entière en compagnie d'un homme dont la nervosité allait croissant. À six heures du matin, Borghèse, superbement ivre, hurlait des imprécations sous les volets clos de sa femme.

— Dio mio ! Si cette maudite femelle n'était pas la sœur de l'Empereur, je lui infligerais une correction qui ne s'effacerait pas si tôt de son souvenir !

Après quoi, il demanda ses chevaux et quitta cette Mignarde si cruellement inhospitalière pour n'y plus revenir, laissant Pauline endormie, et Forbin, qui n'avait pas fermé l'œil de la nuit lui non plus, au supplice. Il devait d'ailleurs demander à être relevé de ses fonctions l'année suivante, non parce qu'il n'aimait plus mais parce que Pauline avait entrepris de prendre des leçons de chant avec le chef d'orchestre Felix Biangini et qu'elle ne pouvait supporter de prendre ses leçons que dans sa chambre.

Au moment de quitter la Mignarde, Pauline avait pensé faire un cadeau à ses propriétaires. Elle songea d'abord à un beau cachemire mais, s'avisant que c'était peut-être là une dépense excessive, elle choisit finalement d'offrir son buste en plâtre !

En 1858, la propriété devint celle de M. Rigaud, premier président à la cour d'appel d'Aix, député et maire de la ville sous le second Empire. Elle est toujours dans sa famille

La propriété se visite uniquement avec un guide de l'Office de tourisme d'Aix-en-Provence (04 42 16 11 61).

MIRABEAU

Un couple impossible...

De toutes les choses sérieuses, le mariage étant la plus bouffonne...

BEAUMARCHAIS

Solidement assis sur un massif rocheux qui domine la vallée de la Durance, le château de Mirabeau ne manque ni d'allure ni de charme. Ses quatre tours rondes témoignent de son ancienneté mais son clair logis aux élégantes fenêtres Renaissance affirme que la vie peut y être douce. « On y respire le parfum de toutes les plantes qui feutrent ce pauvre terrain », écrit Maurice Barrès qui, dans les débuts du XXe siècle, acheta le château. « L'odeur fraîche des lilas s'y mêlait ce matin à l'odeur chaude des pins... Je réjouis mes regards avec les choses familières que la lumière anime autour de moi : les vieilles tours, la porte cintrée garnie de lierre où se mêlent la vigne et l'acacia aux grappes pendantes... »

On peut donc y être heureux et, en fait, il semblerait qu'une certaine douceur de vivre ait été l'apanage de la plupart des Riqueti qui y ont respiré l'odeur des pins depuis l'an de grâce 1568 où un certain Jean, qui fut premier consul de Marseille, acheta le domaine et, avec lui, le droit de s'appeler Riqueti de Mirabeau... C'était d'ailleurs la maison des champs où l'on venait pour se reposer les yeux et l'esprit des somptuosités de l'hôtel familial à Marseille car, de tout temps, les Mirabeau furent gens de goût, volontiers amis du faste et doués d'une certaine tendance à jeter l'argent par les fenêtres. Une tendance qui allait atteindre son point culminant avec le plus illustre des rejetons de cette antique famille issue de Florence, celui qui la ferait vraiment entrer dans l'Histoire. Mais quel accouchement difficile, plein de bruit et de fureur !...

Dans les années 1770, le château est habité régulièrement par l'une des gloires de la famille : Jean-Elzéar, dit le bailli de Mirabeau, ancien gouverneur de la Guadeloupe, grand croix de l'ordre de Malte, général des galères, un charmant vieux garçon que son frère aîné, le marquis Victor, a en quelque sorte promu au rang de seigneur du château familial pour la simple raison qu'il refuse, en ce qui le concerne, d'y remettre jamais les pieds.

Un personnage, lui aussi, ce marquis Victor ! Après avoir servi le roi fort honorablement durant quelques années, il s'est mis à écrire, s'est tourné, Dieu sait pourquoi, vers les sciences économiques et a rejoint, dans les joies agricoles de la physiocratie – du grec *phusis*, nature, et *kratos*, puissance ! – des esprits éclairés tels que Quesnay et Dupont de Nemours. Et s'il ne se montre plus jamais à Mirabeau, c'est parce qu'il garde un fort mauvais souvenir de ses années de mariage avec la belle mais légère Geneviève de Vassan à laquelle il intenta un retentissant procès qui allait durer quelque vingt années. Depuis, le marquis Victor réside alternativement à Paris et dans son petit château du Bignon, dans le Loiret. Ce qui ne veut pas dire qu'il se désintéresse du château familial, car il s'oppose à ce que son jeune frère y apporte les « modernisations que celui-ci jugeait souhaitables » et dont lui ne veut à aucun prix.

C'est donc l'aimable bailli qui, dans l'année 1774, accueille dans le vieux château un jeune couple en grande détresse financière : le comte Gabriel-Honoré Riqueti de Mirabeau, son neveu, et la jeune femme de celui-ci, née Émilie de Marignane. Plus le bébé qui vient de leur naître...

Gabriel-Honoré, c'est le futur tribun, c'est celui que l'Histoire appellera Mirabeau tout court. Mais pour l'heure présente c'est, à vingt-cinq ans, une force de la nature pétrie de violence, d'arrogance et de débauche qui représente dans le soulier de Monsieur son père, le marquis Victor, un clou fort gênant. Les deux hommes, en effet, se détestent et, si Gabriel-Honoré montre quelque considération pour les idées progressistes de son père, celui-ci n'a que mépris pour celui qu'il surnomme « Monsieur l'Ouragan » ou « le comte de la Bourrasque ». Et, dans l'état où sont les choses, on ne peut pas donner tout à fait tort au marquis. Rien que la façon dont le jeune Mirabeau a obtenu la main de la jeune, charmante... et riche Émilie de Marignane est une sorte de morceau d'anthologie.

Un matin de mai 1772, les pieuses personnes qui se rendaient à la première messe de l'église du Saint-Esprit, à Aix-en-Provence, ont eu la surprise de voir se prélasser à la fenêtre de la chambre d'Émilie un garçon en chemise que toute la ville connaissait d'assez fâcheuse façon, pour ses mœurs dissolues, ses duels et ses dettes de jeu. Or, Émilie, qui dormait du sommeil de l'innocence, ignorait totalement ce qui se passait à sa fenêtre. Gabriel-Honoré s'était, en effet, introduit dans sa chambre alors qu'il faisait encore nuit, à seule fin d'offrir aux gens d'Aix le spectacle gratuit qu'ils venaient de contempler. Puis, quand il fut certain qu'on l'avait suffisamment remarqué, il se retira toujours aussi discrètement, franchit le mur du jardin, sauta sur son cheval et rentra chez lui. Il ne lui restait plus qu'à attendre que le scandale déclenché obligeât le comte de Marignane à lui donner, aux fins de réparation, la main de sa fille. Et la dot qui allait avec.

Il y avait tout de même quelqu'un dont l'avis aurait pu entraver la marche d'un plan aussi audacieux, et c'était la victime : la jeune Émilie elle-même. Les prétendants ne lui manquaient pas et certains lui plaisaient même plus que Mirabeau qui était laid, mais de quelle laideur puissante, léonine, appuyée par une voix de bronze dont les sonorités faisaient fondre les cœurs et les vertus ! Néanmoins, elle se laissa marier sans protester, pas fâchée au fond de se retrouver l'héroïne d'un roman à succès et de l'emporter sur la foule des femmes qui avaient eu des bontés pour le sacripant. En outre, avec un tel partenaire, le plaisir était une affaire sûre et pour cette fille de Provence, c'était une chose qui ne manquait pas de valeur.

On les maria le 23 juin suivant et, pour un beau mariage, ce fut un beau mariage. Huit jours ! huit jours de festins, de chants, de danses... et de bagarres ! La chaleur des petits crus perfides du pays s'en mêlant, on put voir le marié administrer une formidable raclée à un ami de la famille, le capitaine de vaisseau Cresp de Saint-Cézaire, qui représentait son père absent. Cela pour des raisons d'une obscurité parfaite.

Par contre, on sut parfaitement celle qui motiva la première scène de ménage des jeunes époux : durant cette interminable frairie, Gabriel-Honoré jugea bon de conter fleurette à une jolie invitée alors que sa femme pouvait très légitimement espérer qu'il ne s'occuperait que d'elle seule. Ce qui donna un échange de vues mémorable, qui inspira aux assistants une haute idée du vocabulaire du tendre époux comme de la combativité de la douce moitié. Les mauvaises langues prétendirent même que quelques horions avaient été distribués sous l'œil connaisseur des fermiers des environs qui festoyaient dans les dépendances de la maison. Après quoi les belligérants allèrent chercher dans la chambre nuptiale un terrain d'entente moins spectaculaire sinon moins ardent.

Lampions éteints, on alla s'installer à Marseille dans le superbe hôtel que les Mirabeau possédaient rue de Noailles, afin d'y mener la grande vie. Une grande vie qui dura tout juste autant que ce qui restait de la dot d'Émilie, la majeure partie en ayant été dévorée par les dettes les plus criardes du jeune époux... Peu à peu la gêne s'installa, les meubles disparurent l'un après l'autre. Il en fut de même des domestiques et un an ne s'était pas écoulé que Mirabeau empruntait à Émilie ses bijoux pour les mettre en gage. Il fallait bien manger. D'autant que le couple attendait un enfant.

Celui-ci arriva en octobre 1773. Mirabeau éclatait d'orgueil d'avoir un fils et, devant les démonstrations d'amour dont il environna sa femme, tout Marseille put croire que ce ménage-là avait enfin passé le cap des tempêtes et allait naviguer désormais dans des eaux tranquilles. Le jeune Victor ravissait ses parents. Mais les finances n'allaient pas mieux. Elles allèrent même tellement mal qu'il fallut abandonner le bel hôtel et s'en aller demander l'hospitalité de l'oncle Jean-Elzéar au château de Mirabeau...

L'accueil est plein de chaleur. Le bailli aime bien son redoutable neveu et trouve sa nièce charmante. En outre, il adore les enfants... Et les jours pourraient couler paisiblement dans la vieille demeure si « Monsieur l'Ouragan » n'ignorait avec autant de hauteur les petits chemins calmes de l'existence.

Au cours d'une partie de campagne donnée par le bailli, Gabriel-Honoré surprend certains propos tenus par l'un de ses cousins, M. de Villeneuve-Mouans, sur sa propre sœur Mme de Cabris. Villeneuve-Mouans, que la famille surnomme Gras-Fondu, est un gros bonhomme rougeaud d'une soixantaine d'années, libertin et mauvaise langue. Il a tout juste le temps de rire de ses plaisanteries d'un goût douteux : le cousin Mirabeau fond sur lui à la vitesse de l'éclair et, lui arrachant des mains le parasol qui abrite sa tête du soleil, il le lui casse sur le dos, ce qui fait beaucoup rire les dames. Hormis une seule : Émilie, qui s'inquiète. Elle sait bien que Gras-Fondu déteste son époux et qu'il n'aura rien de plus pressé que de courir chez le marquis Victor pour lui conter son aventure. Rien ne dit alors que le père ne demandera pas une nouvelle lettre de cachet contre son fils. Il en a déjà demandé au moins deux...

— Ne me dites pas que vous seriez navrée, ma chère, ricane Mirabeau. Cela vous débarrasserait de moi pendant quelque temps. Et vous avez tant d'amoureux...

La jeune femme est blessée. En effet, on la courtise beaucoup mais, jusqu'à présent, elle n'a pas donné à son époux le droit de l'accuser. Et c'est peut-être à cause de cette injustice qu'elle va écouter bientôt, avec quelque plaisir, les propos galants, puis tendres, puis pressants d'un bel officier des mousquetaires, le chevalier de Gassaud.

Celui-ci est jeune, brave, beau. Il sait parler aux femmes et n'imaginerait même pas que l'on pût s'adresser à l'une d'elles en hurlant à tue-tête ou en la battant comme plâtre. Il apporte à Émilie un contraste si agréable et si reposant avec son tempétueux époux qu'elle l'écoute d'une oreille complaisante et tout doucement se laisse glisser dans ses bras. La campagne autour de Mirabeau a décidément bien du charme !

Malheureusement, emportés par leur amour tout neuf, les amants négligent les plus élémentaires précautions. Ils vont jusqu'à s'écrire, et le sort veut qu'une lettre de Gassaud tombe sous les yeux du mari. C'est le drame ! En dépit du fait qu'il est loin d'être un modèle de fidélité, Gabriel-Honoré refuse de se retrouver dans la peau d'un mari trompé et la pauvre Émilie essuie une effroyable crise de fureur. L'outragé menace de mettre le pays à feu et à sang. Émilie se traîne à ses pieds pour implorer son pardon, mais cela ne suffit pas : il faut que Gassaud vienne lui aussi demander pardon à genoux ! Pas question de se battre en duel ! Ce que veut Mirabeau, c'est humilier son rival.

Naturellement, le chevalier refuse de se plier à ces prétentions mais toute sa famille, hommes et femmes réunis, vient tenter de fléchir le mari furieux. Cela donne une belle scène, intensément dramatique, que Mirabeau apprécie en connaisseur. Tant et si bien qu'il se met à jouer les âmes magnanimes et pardonne enfin, avec des trémolos dans la voix. Pour un peu la scène se terminerait par une bénédiction...

De toute façon, Mirabeau n'a plus le temps d'élaborer une vengeance quelconque. Ses affaires vont mal. Outre ses dettes toujours croissantes, il a désormais Gras-Fondu sur le dos. Comme le craignait Émilie, celui-ci est allé se plaindre au marquis Victor, et ce dernier, outré, s'est hâté de demander une lettre de cachet contre son impossible fils. En un rien de temps, les exempts du roi arrivent à Mirabeau... et voilà l'époux d'Émilie parti pour le château d'If où il n'aura pour distraction que le bruit des vagues, le cri des mouettes et les disputes de la garnison.

N'écoutant que son devoir... et peut-être aussi son envie de connaître Paris, Émilie monte jusqu'à la capitale pour y plaider la cause de son remuant époux. De là, elle se rend au Bignon, chez son beau-père. Contrairement à ce que l'on pourrait penser, tous deux vont s'entendre à merveille. La vie, au Bignon, est très agréable : on danse, on joue la comédie, on reçoit beaucoup de monde. Émilie a même la surprise – mais est-ce bien une surprise ? – de voir arriver le chevalier de Gassaud et de reprendre avec lui le cours de leurs entretiens provençaux. La campagne gâtinaise a elle aussi bien du charme. Et, partie pour quelques semaines, Émilie restera plusieurs années chez son beau-père, pendant que son époux court les prisons de France et les routes d'Europe. Elle se séparera officiellement de lui en 1783. Le petit Victor est mort. Le ménage est définitivement détruit. Jamais, le couple ne reviendra au château de Mirabeau où les cigales cependant continueront de chanter dans la senteur des pins...

Durant l'émigration, Émilie se remariera avec un noble niçois dont elle aura un enfant, mais l'un comme l'autre disparaîtront. Mirabeau aussi avait disparu mais son renom était immense et celle qui avait été sa femme se voulut désormais vouée au culte du grand homme. Elle reprit son nom de marquise de Mirabeau et s'enferma dans un amour posthume auquel elle demeura cette fois fidèle jusque dans la mort. Il lui avait fallu du temps.

Quant au château, incendié et pillé durant la Révolution, il fut racheté par un homme du village qui, la tourmente passée, le rendit à la sœur du tribun, Mme de Cabris, qui le racheta. Il passa ensuite au fils naturel de Mirabeau puis à son petit-fils. Celui-ci le revendit à la comtesse de Martel, arrière-petite-nièce de Monsieur l'Ouragan qui s'était fait une réputation de plume sous le nom de Gyp. C'est elle qui le vendit à Maurice Barrès et il appartient toujours à la famille du grand écrivain...

Le château n'est pas ouvert à la visite.

LE MONT-SAINT-MICHEL

Tiphaine Raguenel, la fée aux étoiles

Est-ce toi qui noues les liens des Pléiades
Ou qui délies les chaînes d'Orion ?
Est-ce toi qui fais sortir les constellations
Et qui conduis la Grande Ourse avec ses [petits ?

Livre de Job

À notre époque où le Mont-Saint-Michel, promu au rang de huitième merveille du monde, voit plusieurs nations unir leurs efforts pour l'arracher au péril des sables, il convient d'évoquer le souvenir étrange et doux de celle qui, chargée des plus hauts honneurs terrestres, n'en vécut pas moins dans la solitude et la retraite une existence où il n'y eut de place que pour l'amour et l'étude des astres : Dame Tiphaine Raguenel, épouse de Bertrand Du Guesclin, connétable de France.

Fille de messire Raguenel, vicomte de La Bellière et d'une demoiselle de Dinan, Tiphaine n'a guère ressemblé aux autres fillettes de son âge. Alors que ses compagnes pensaient surtout à leurs poupées et à leurs atours, elle montrait pour l'étude une singulière prédilection. Dans la haute maison de ses parents, rue de la Croix à Dinan ou dans le manoir paternel de La Bellière-en-Pleudihen, entre Dinan et Saint-Servan, Tiphaine passait des heures entières sur les parchemins et les gros livres manuscrits du chapelain de son père.

Celui-ci était un vieux prêtre, fort versé dans la science des étoiles et, tout naturellement, il enseigna à son élève ce qu'il savait de la ronde des astres et de la vie des mondes universels. Si bien même que bientôt l'enfant en sut plus long que son maître, car un étrange don de double vue s'ajoutait à son très réel savoir. À force de cajoleries, en effet, elle avait réussi à se faire acheter, par son père, d'autres ouvrages plus savants encore et elle étudia ainsi la médecine, les plantes, la nature et même un peu d'alchimie.

À vingt ans, celle que l'on appelait « la plus belle fille de Dinan » était aussi la plus savante. Elle savait lire l'avenir dans les astres, tirer les horoscopes, guérir malades et blessés et elle passait un peu pour sorcière. Mais parce qu'elle était radieusement belle et sage, fort pieuse aussi, qu'elle faisait le bien sans compter et que tout le monde l'adorait, personne n'aurait songé à lui en faire grief. Car, avec leur sens inné du merveilleux, les petites gens de ce pays breton encore hanté par Merlin l'Enchanteur, les korrigans et tous les légers esprits nés du brouillard dans la proche forêt de Brocéliande, avaient trouvé le surnom qui lui convenait : elle était Tiphaine la Fée...

Naturellement, Tiphaine, noble, riche, belle, savante et de famille puissante ne manquait pas de prétendants mais elle les décourageait tous sans même prendre la peine de les écouter. C'est que, depuis bien longtemps, son cœur appartenait au plus étrange garçon que la terre eût jamais porté. Le plus étrange et le plus laid.

Elle avait six ou sept ans quand, dans la grande lice de Rennes, durant l'été de l'an 1338, elle avait vu combattre, le visage caché, et défaire en tournoi les meilleurs champions de Bretagne, un garçon de dix-huit ans qui, le casque ôté, s'était révélé noir de poil, noir de peau avec un bizarre nez retroussé dans un faciès brutal couronné de cheveux hirsutes. C'était son premier tournoi et, du premier coup, il s'était imposé comme le meilleur. Il s'appelait Bertrand Du Guesclin et Tiphaine n'avait pas réussi à l'oublier.

Pendant des années, Tiphaine n'entendit guère parler de Bertrand. La Bretagne, déchirée par la guerre de succession déclarée entre Jean de Montfort et Charles de Blois, vivait des heures noires, et le futur héros, partisan du second, tenait la forêt avec une poignée de compagnons aussi rudes que lui-même, chassant impitoyablement l'Anglais allié de Montfort. Il fallut que le duc de Lancastre vînt mettre le siège devant Rennes, puis devant Dinan pour que Du Guesclin abandonnât sa guérilla forestière pour la guerre tout court, en armure et sous les machines de siège.

Tiphaine, qui venait d'avoir vingt-quatre ans, apprit un jour que son héros personnel avait appelé au jugement de Dieu le comte de Coventry qui avait capturé son frère. La nuit qui précédait le combat, Tiphaine la passa sur ses grimoires. Au matin, elle déclarait avec assurance :

— Messire Bertrand a le bon droit, Messire Bertrand vaincra.

Après la victoire qu'il remporte en effet, Du Guesclin se trouve en face de celle qui a prédit sa victoire, au banquet offert par le gouverneur en l'honneur du vainqueur. Et tout de suite, bien sûr, il s'en éprend : elle est si belle, si lumineuse, cette jeune fille dont on lui dit qu'elle est fée et qu'elle a prédit sa victoire ! Mais il se sait si affreux qu'il n'osera pas le lui dire.

Et les années passent encore. À présent, Du Guesclin chasse l'Anglais pour le Dauphin de France. Sept ans d'embuscades, de nuits sans sommeil, d'écrasantes fatigues. Bertrand a quarante-quatre ans et il n'ose toujours pas s'approcher de Tiphaine dont il sait pourtant qu'elle est toujours demoiselle. Il faudra que le duc Charles lui ordonne expressément d'aller la voir et là il faudra que Tiphaine elle-même lui demande presque sa main pour qu'il comprenne enfin, dans son humilité, qu'une fée l'aime... et qu'il a le droit d'être heureux.

On les maria au printemps de l'an 1364, dans la chapelle de La Bellière où, dans la chambre haute que l'on peut voir encore, ils vécurent la première de leurs rares nuits communes. Deux jours plus tard, Bertrand, capitaine de Pontorson, emmenait Tiphaine dans son logis du Mont-Saint-Michel-au-péril-de-la-mer, comme un avare confie son trésor à la place qu'il sait la plus sûre. C'est là qu'un matin elle lui offrit un parchemin noué d'un ruban bleu en lui demandant de le garder toujours par-devers lui. Et comme il s'étonnait, elle expliqua : c'était là un calendrier où elle avait marqué d'une croix noire les jours où le sort serait contraire à son époux et où il ne devrait pas combattre. Elle savait bien qu'elle ne le garderait pas longtemps, que la guerre n'était pas près de cesser, que le royaume envahi par l'Anglais avait besoin de lui et elle espérait ainsi le protéger autant qu'il était possible.

— Il y aura toujours, quelque part, quelqu'un pour avoir besoin de vous ! lui dit-elle...

Dans les années qui suivirent, bien rares furent les intervalles, entre deux campagnes, où le guerrier et sa belle sorcière purent se retrouver pour apaiser un peu cette grande faim qu'ils avaient l'un de l'autre. Ces jours-là, le haut logis du Mont retrouvait la vie, la joie, le soleil... alors que les autres jours étaient si mornes, si semblables, si ternes ! Servie avec vénération par des servantes qui savaient respecter son silence, Tiphaine coulait d'interminables heures, assise à la fenêtre en face des grèves, un lévrier couché à ses pieds, cherchant le soir l'étoile de son époux.

C'est seule qu'elle reçut les plus grands honneurs. Par la grâce du roi Charles V, elle fut comtesse de Longueville après la bataille de Cocherel, comtesse de Soria, duchesse de Molina et de Trastamare, reine de Grenade même après la bataille de Montiel où Bertrand battit les Anglais et les Espagnols de Pierre le Cruel. Et où il conduisit se perdre et s'anéantir les trop fameuses Grandes Compagnies qui, si longtemps, avaient ravagé le sol de France, pillé la terre de France, martyrisé les paysans de France...

Mais ce fut Bertrand lui-même qui, un soir, déposa aux pieds de Tiphaine la grande épée aux fleurs de lys, l'épée de connétable de France qui faisait de lui le maître tout-puissant des armées du royaume et lui donnait le pas sur les princes du sang.

Quand vinrent les heures sombres, Tiphaine les affronta seule encore. Ce fut elle qui réunit les rançons fabuleuses pour tirer Bertrand et ses compagnons des geôles anglaises quand ils se retrouvèrent prisonniers du Prince Noir, héritier d'Angleterre. Bertrand, en effet, payait pour tous et n'acceptait sa liberté que quand le dernier de ses hommes avait retrouvé la sienne.

Enfin, la maladie la trouva seule, douloureuse mais résignée. Elle savait qu'elle allait mourir, qu'elle ne reverrait jamais, sur cette terre, l'homme qu'elle avait tant aimé, qu'elle aimait toujours plus qu'elle-même. Mais, quand l'heure dernière approcha, Tiphaine, enfin, quitta le Mont. Elle voulut retourner à Dinan, dans la vieille maison de la rue de la Croix où durant tant d'années elle avait veillé, prié, attendu anxieusement l'amour qui lui avait été donné si tard. C'est là, dans le décor familier de son enfance, qu'elle voulait accueillir la dernière messagère, celle dont le message ne se lit pas deux fois.

Elle vint enfin, par un soir gris de l'automne 1371. Jusqu'au bout, le regard de la mourante s'attacha à la fenêtre dont elle avait demandé qu'on la laissât ouverte afin qu'elle pût chercher encore, au ciel sombre, l'étoile qui avait toujours été sa plus fidèle compagne. Puis, doucement, les yeux de Tiphaine se fermèrent pour ne plus se rouvrir à la lumière terrestre.

Le chagrin du connétable fut immense. Interminablement, il se fit lire la dernière lettre que Tiphaine, trop faible pour l'écrire elle-même, avait dictée pour lui. Une lettre qui disait qu'elle allait mourir heureuse parce qu'en lui donnant le seul homme qu'elle ait jamais aimé, le Destin lui avait accordé infiniment plus qu'elle n'avait espéré...

HORAIRES D'OUVERTURE DE L'ABBAYE,
DES MUSÉES ET DE L'ÉGLISE PAROISSIALE

http://www.ot-montsaintmichel.com/index.htm

MONTAIGNE

Les retraits d'un philosophe

Si l'on me presse de dire pourquoi je l'aimais,
je sens que cela ne peut s'exprimer qu'en
[répondant :
« Parce que c'était lui, parce que c'était
[moi ! »...

Michel de MONTAIGNE

Quand Étienne de La Boétie meurt, en 1563, Michel de Montaigne connaît le fond du désespoir. Depuis qu'ils se sont rencontrés, six ans plus tôt, au parlement de Bordeaux où ils se retrouvaient collègues, la plus tendre amitié unissait Montaigne au jeune poète sarladais. Une amitié comme il ne s'en rencontre pas deux dans la vie d'un homme ; une amitié si proche de la passion qu'il est bien difficile de lui donner un autre nom, même si l'on éprouve un peu de gêne en face d'un amour peu conforme aux habitudes.

Que faire lorsque l'on a perdu la moitié de soi-même ? Sinon rentrer chez soi au cœur de la campagne ainsi que font les bêtes qui regagnent leur tanière pour y lécher leurs blessures. Et Montaigne rentre chez lui...

Chez lui, c'est le beau château familial de Saint-Michel-de-Montaigne, non loin de Bergerac. Un château dont il ne reste malheureusement, de nos jours, qu'une grosse tour et quelques bâtiments de communs. Mais la providence a voulu que cette tour soit justement l'âme de la maison, l'endroit entre tous cher et précieux, car cette tour que l'on pourrait dire miraculeusement épargnée renfermait la « librairie » – nous dirions la bibliothèque de Montaigne, l'endroit où il passa la plus grande partie de son existence.

Une existence qui, en cette année 1563, compte tout juste trente années, ce qui n'est pas beaucoup pour être déjà revenu de tout. À Montaigne, Michel retrouve son père Pierre Eyquem de Montaigne qui fut, quelques années plus tôt, maire de Bordeaux. Les Eyquem, d'origine portugaise, se sont enrichis dans le commerce des vins et des poissons salés. La terre avait été achetée par le grand-père Ramon Eyquem mais la seigneurie entra dans la famille avec le père qui, le premier, abandonna le négoce pour vivre en gentilhomme sur son bien. Il avait épousé Antoinette de Louppes, dont les ancêtres furent peut-être Lopez, juifs chassés d'Espagne par l'Inquisition.

Ce sont gens de bien que ces Montaigne. La famille vit doucement, paisiblement, dans l'honneur et l'amour des lettres. Au petit Michel on a dès son jeune âge donné un précepteur allemand, Hostanus, qui lui a appris le latin avant de lui apprendre le français. Non par fantaisie personnelle mais parce qu'on l'en avait prié : « En nourrice et avant le premier dénouement de ma langue, il [mon père] me donna en charge à un Allemand qui depuis est mort fameux médecin en France, du tout ignorant de notre langue et très bien versé en la latine... J'avais plus de six ans avant que j'entendisse non plus de français que de périgourdin ou d'arabesque...

Après ce premier débroussaillage en famille, le jeune Michel s'en alla faire de solides études au collège de Guyenne à Bordeaux, en sortit avec honneur et se retrouva conseiller à la Cour des aides de Périgueux puis, quand celle-ci disparut, au parlement de Bordeaux.

Voyant son fils rentrer avec la mine longue et l'œil mélancolique, Pierre de Montaigne pensa que ce n'était pas là un état qui pût convenir à un garçon de trente ans. Selon son éthique personnelle, le cœur seul pouvait guérir le cœur et puisque Michel avait perdu son ami, il ne lui restait plus qu'à prendre femme. D'ailleurs il avait l'âge et il était grand temps qu'il se souciât de la descendance familiale.

Se marier ? Cela ne le tente guère. En dépit d'une certaine expérience des femmes, ce garçon précocement chauve leur voue une certaine méfiance. En fait il n'est pas vraiment attiré par elles. Néanmoins, comme il l'écrira plus tard : « On se marie autant ou plus pour sa postérité et pour sa famille… » C'est dire qu'il n'oppose pas grande résistance aux projets de son père.

Celle qu'on lui destine d'ailleurs, il la connaît déjà : elle se nomme Françoise de La Chassaigne, d'une bonne famille de robe bordelaise, et Michel l'a déjà rencontrée à Bordeaux. Elle est jeune, belle et riche. Que demander de plus ? En 1565, il l'épouse. Mais si la belle Françoise s'imagine qu'elle va connaître avec ce garçon qui lui plaît assez des nuits enivrantes, il lui faudra rapidement déchanter. D'ailleurs, Montaigne jugera bon de faire part à la postérité de ses idées sur l'amour conjugal :

« Il faut toucher sa femme prudemment et sévèrement de peur qu'en la chatouillant trop lascivement, le plaisir la fasse sortir hors des gonds de la raison… » Triste programme ! En fait, tout ce que Madame de Montaigne aura le droit d'offrir à son époux c'est quatre filles… et une crise de jalousie.

En 1569, peu de temps après la mort de son père qui fit de lui le seigneur incontesté du château et des terres de Montaigne, Michel perdit son frère cadet, garçon aimable et dissipé qui portait l'épée et que l'on nommait le capitaine de Saint-Martin. Ce jeune homme avait une passion, celle du jeu de paume : une balle envoyée un peu rudement et reçue en pleine figure l'envoya de vie à trépas.

On fit l'inventaire de ses biens qui consistaient surtout en bijoux dont il était grand amateur. Or, parmi des bijoux chacun dans la famille connaissait certaine magnifique chaîne d'or dont il aimait à se parer et qui faisait grand effet. Mais, cette chaîne, il fut impossible de la retrouver chez lui.

Après de nombreuses recherches au cours desquelles on fouilla partout, on redécouvrit la fameuse chaîne… dans la cassette de Françoise de Montaigne, sa belle-sœur. Furieux, Michel demanda des explications : il aimerait bien connaître comment un objet si cher à son frère se retrouvait chez sa femme. Celle-ci se défendit énergiquement, se bornant à déclarer que si son mari voulait savoir le fin mot de la question il n'avait qu'à la demander à sa mère.

Or, il se trouvait que belle-mère et belle-fille s'entendaient comme larronnes en foire. Antoinette de Louppes déclara à son aîné que la chaîne était à elle, qu'elle l'avait d'abord prêtée à son cadet mais qu'ensuite elle l'avait prêtée à sa belle-fille : explication quelque peu vaseuse et dont le mari ne crut pas un mot. On alla même en débattre en justice avant que tout rentrât dans l'ordre.

Mais cet épisode qui lui avait donné à penser inspira à Michel de Montaigne un chapitre de ces *Essais* dont il commençait la rédaction. Un chapitre qu'il intitula : « De la cornardise... » et dans lequel on trouve par exemple ceci qui pourrait bien être en forme de consolation :

« Je sais cent honnêtes hommes cocus, honnêtement et peu indécemment. Un galant homme en est plaint, non pas désestimé. Faites que votre vertu étouffe votre malheur, que les gens de bien en maudissent l'occasion, que celui qui vous offense tremble seulement à le penser... » Ou encore : « C'est folie que vouloir s'éclaircir d'un mal auquel il n'y a point de médecine qui ne l'empire. Vous asséchez et mourez à la quête d'une si obscure vérification... »

En effet, le temps du chef-d'œuvre est venu pour l'ancien conseiller au Parlement. Il a pris possession de sa « librairie » dans laquelle, à la date du 28 février 1571, il fait graver ceci : « À l'âge de trente-huit ans, la veille des calendes de mars, anniversaire de sa naissance, Michel de Montaigne, depuis longtemps déjà ennuyé de la servitude de la Cour, du parlement et des charges publiques mais se sentant encore alerte, vient se reposer sur le sein des doctes vierges dans la paix et la sécurité. Il y franchira les jours qui lui restent à vivre. Et, pendant que le destin lui permettra de parfaire cette habitation, il voue ces douces retraites paternelles à sa liberté, à sa tranquillité et à ses loisirs... »

De cette aimable et paisible déclaration d'égoïsme vont naître *Les Essais* qui sont l'un des plus purs chefs-d'œuvre de la littérature française.

Et, en vérité, jusqu'à sa mort survenue en 1592, Michel de Montaigne passera le plus clair de son temps dans sa tour, à écrire et à observer ses contemporains. Bien sûr, il fera quelques voyages. Pour se distraire mais surtout pour soigner une gravelle gênante, le philosophe quitte sa librairie en 1580 pour les eaux de Plombières puis pour celles de Baden. Ensuite il se rend à Constance, visite la Bavière et traverse l'Autriche d'où il passe en Italie où il va séjourner un an à Rome. À Rome il recevra des lettres de « bourgeoisie ».

C'est qu'il est à présent un homme connu. Le roi l'a fait chevalier de l'ordre de Saint-Michel et, quand il rentre en France c'est pour prendre, à la tête de la mairie de Bordeaux, la place qui fut celle de son père. Élu en 1581, il sera réélu jusqu'en 1585 où il ne demandera pas la prolongation de son mandat pour l'excellente raison que la peste sévit dans la grande ville des bords de la Gironde et que l'air est plus sain à Montaigne.

C'est là qu'il meurt en 1592, ne laissant qu'une seule fille survivante de celles que lui a données Françoise. Par celle-ci, le domaine passera aux Ségur puis en diverses mains par voie d'achat. Malheureusement, un incendie détruisit la majeure partie du château en 1885, ne laissant, comme je le disais plus haut, que la tour abritant la librairie, la chambre de l'écrivain et la chapelle. Somme toute, le principal...

Horaires d'ouverture

Février, mars, avril, novembre et décembre	10 h-12 h et 14 h-17 h 30 (du mercredi au dimanche)
Mai, juin, septembre et octobre	10 h-12 h et 14 h-18 h 30 (du mercredi au dimanche)
Juillet et août	10 h-18 h 30

Les visites de la Tour de Montaigne sont guidées.

Fermé le 1er janvier et le 25 décembre.

http://www.chateau-montaigne.com/

MONTGEOFFROY

D'un maréchal de France à une belle chasseresse…

Il n'y a pas de mauvais mariages, il n'y a que de mauvais époux…

RACHILDE

Lorsqu'en 1676 Érasme de Contades achète la seigneurie de Montgeoffroy, en pays angevin, il s'en faut de cent ans, tout juste, pour que s'élève, aux lieu et place du vieux château alors existant, l'admirable demeure, chef-d'œuvre du XVIIIe siècle, que l'on peut contempler en sortant du bourg de Mazé. Jusqu'aux Contades, le domaine, qui avait reçu son nom vers l'an 1209 de Geoffroy de Châteaubriant, était resté dans cette ancienne famille avant de passer, au XVIe siècle, aux La Grandière. Mais, avec son nouveau maître, la seigneurie va, dès l'abord, prendre le ton, les couleurs, les allures et la destination profonde qui seront les siens à travers les siècles : un grand domaine voué au cheval, à la chasse, aux chiens, à la vénerie.

Mais venons-en à cet Érasme de Contades dont le prénom peu courant évoque les grandes lettres et la sagesse. Ou plutôt écoutons M. de Saint-Simon qui l'a beaucoup connu.

« Contades était un gentilhomme d'Anjou qui avait été beau et bien fait, qui avait été fort à la mode en galanteries nombreuses et distinguées, qui s'en mêloit encore, qui par d'excellentes chiennes couchantes que son père et lui donnoient au Roi de temps en temps s'en était fait connaître puis goûter dans le détail de son emploi qui l'approchoit souvent de lui. Il étoit aimé et considéré à la Cour de ce qu'il y avait de meilleur et de plus distingué ; il avoit pris tout le soin possible de l'être aussi du régiment des Gardes, de toute l'infanterie dont il faisoit le détail de l'armée et de ce qui y servoit de plus marqué en naissance, entours et grades, surtout en mérite pour les officiers particuliers. Il avoit peu d'esprit mais tout tourné à la conduite, du sens, du jugement, une modestie qui le tenoit plus qu'à sa place, beaucoup de sagesse et une discrétion qui lui avait dévoué les dames, en sorte que d'amant heureux il était devenu ami de confiance... »

C'est là, en vérité, un admirable éloge si l'on s'en tient au fait que M. le duc de Saint-Simon était, comme l'on sait, la plus mauvaise langue de la cour. Les deux fils d'Érasme, Gaspard et Charles-Érasme, servent avec plus que de l'honneur dans les armées du roi. Le premier sera lieutenant général et grand-croix de Saint-Louis, le second major général de l'armée et commandeur de Saint-Louis. Mais c'est de Gaspard que naît celui qui va porter son nom à la plus haute gloire militaire en devenant, en 1758, maréchal de France après s'être distingué brillamment en Corse.

Après ce couronnement, le maréchal de Contades commande en chef l'armée d'Allemagne durant la terrible guerre de Sept Ans. Il s'y distingue par la prise d'Hulst. Mais, la victoire n'étant pas toujours fidèle, elle fit à Minden un caprice, et le maréchal se vit remplacé par le duc de Broglie. Ce n'était pas et de loin une punition. Peut-être seulement le souci de l'écarter, car il n'était plus jeune, du plus chaud des batailles. En effet, Contades devint aussitôt gouverneur d'Alsace et le resta vingt-cinq ans jusqu'à sa mort survenue à plus de quatre-vingt-dix ans.

C'est en 1773, à près de soixante-dix ans, qu'il entreprend de reconstruire Montgeoffroy qui en a grand besoin. Pour cela il fait appel à un très grand architecte : Barré, dont nous avons déjà rencontré le talent au château du Marais[1]. Et, dans cette belle pierre blanche

1. Voir Le Marais.

d'Anjou qui semble emprisonner le soleil, Barré construit la plus noble demeure qui soit. L'ardoise fine habille ses grands toits. Ensuite, on la meuble… « On », ce n'est pas le maréchal : il n'est pas là souvent puisque le devoir l'appelle en Alsace, et il n'est pas homme à transiger avec son devoir. « On », c'est surtout sa belle-fille, née Julie-Victoire Constantin de La Lorie. C'est elle qui, avec un goût extrême, va choisir les meubles, les boiseries, les tentures que l'on peut toujours admirer. Car, et c'est là l'extrême rareté de Montgeoffroy, il est exactement, sous le ciel du XXe siècle, tel qu'il fut sous celui du XVIIIe. Il ne lui manque ni un meuble ni un bouton de porte. De même ses maîtres demeureront fidèles à la haute tradition de la vénerie, et la sellerie en rotonde habillée de pin de Norvège est un modèle du genre…

Au cours des décennies suivantes, demeure et famille se perpétuent. On n'émigre pas chez les Contades. On maintient, et la belle demeure jamais ne sera séparée de ses maîtres.

En 1836, on célèbre à Montgeoffroy un beau mariage. C'est l'une de ces belles alliances auxquelles on est accoutumé chez les Contades. L'héritier Henri, vingt ans, épouse sa cousine Sophie de Castellane qui n'en a que seize, et le moins que l'on puisse dire est que la mariée est bien belle. De caractère bien formé aussi en dépit de son jeune âge. Écoutons ce qu'en dit Frédéric Soulié :

« De son père, le général-comte de Castellane dont le tempérament fantasque et le fanatisme militaire sont passés à l'état de légende, lui venait une certaine vaillance de caractère, avec ce quelque chose de brusque, de tranchant, de volontaire qui ressemblait à de la décision virile… D'aventure on aurait pu croire que l'épée n'eût pas failli dans sa main. Elle avait de sa mère l'intelligence alerte et cultivée. Car on faisait grande dépense d'esprit chez Mme de Castellane, toute la première généreuse de cette monnaie brillante… »

Les fêtes du mariage sont somptueuses. Illuminations, bals, comédies se succèdent à un tel rythme et avec un tel éclat que la nouvelle marquise de Contades se retrouve du jour au lendemain la reine de l'Anjou.

Les fêtes sont réussies, oui... mais le mariage, lui, l'est moins. Timide en dépit de son nom, de sa fortune et d'un physique agréable, Henri de Contades a des bizarreries. Est-ce qu'il ne lui arrive pas de siffloter dans les salons ? Bien mieux, il adore casser les assiettes. Le bris de porcelaine semble lui procurer une joie intime. À table, il casse volontiers son assiette sous son coude et l'on rapporte même qu'il a acheté un jour dans un marché local quelques douzaines d'assiettes dont il joncha négligemment sa route de retour.

La chose prête à sourire et pourrait n'être qu'enfantillage, mais il semblerait que ce fut plutôt l'indice d'une légère déficience mentale. Quoi qu'il en soit, on laissa bientôt entendre, dans l'entourage du jeune couple, que la « sérénité de l'accord conjugal n'était ni si complète ni si durable qu'on l'avait espéré et que des nuages avaient assombri l'aurore des joies hyménéennes... si tant est qu'elles existèrent jamais ». En effet, Mme de Contades ne faisait pas mystère que son époux ne fut jamais, pour elle, un mari au sens complet du mot. Et leur installation au château ne prêtait guère à un rapprochement puisque le marquis habitait le premier étage et la marquise le rez-de-chaussée. Il n'était pas rare de lui voir monter, à cheval, les marches du perron.

C'est, en effet, une amazone accomplie qui, en chasse, force l'admiration de tous lorsqu'elle suit, le ruban rouge à l'épaule, l'équipage du marquis de Coislin. Mais la chasse n'occupe pas toute sa vie et moins encore sa pensée. Elle rêve de jouer un grand rôle sur la scène politique de l'époque. Et c'est à Paris qu'elle le jouera.

Cependant, son époux échouait, en 1845, dans sa candidature à la députation de Perpignan, vaincu par Arago. Il réussit, peu de temps après, à Murat, en Auvergne mais, poussé par sa femme, il abandonna son mandat de député pour un poste dans la diplomatie. Il partit, seul, pour Constantinople, ce qui fit dire à un plaisant que Mme de Contades avait mis son mari à la Porte...

Celle-ci d'ailleurs a beaucoup à faire car elle s'est attachée au char du prince-président Louis Napoléon dont elle espère bien qu'il ira plus haut. Dans son hôtel parisien, elle reçoit les aides de camp du prince et, à l'Élysée, seconde la princesse Mathilde pour faire les honneurs du palais. Ce que cette dernière n'apprécie pas tellement, car elle se voudrait seule hôtesse dans la maison d'un cousin qu'elle souhaiterait épouser. Et elle apprécie moins encore que Mme de Contades, qui est très écoutée du prince-président, se range résolument dans le camp de la belle Eugénie de Montijo qu'elle va aider de tout son pouvoir à devenir impératrice. Sophie a compris, en effet, que le cœur de Napoléon III se tournait de ce côté et que son amitié valait bien d'encourir quelques inimitiés.

Eugénie n'oubliera jamais ce qu'elle doit à Mme de Contades qui sera l'invitée privilégiée des Tuileries, de Saint-Cloud et de Compiègne.

Bien sûr, elle est trop en vue pour échapper longtemps à la médisance, voire à la calomnie. Il est tentant de prêter des aventures à cette très belle jeune femme brune qui a tant d'élégance et les plus beaux yeux noirs du monde. On lui en prête beaucoup plus qu'il n'y en eut jamais.

En 1858, elle se retrouve veuve, sans peut-être avoir été réellement femme. Mais, cette fois, son cœur vient de parler :

« Le 14 octobre 1859, écrit le maréchal de Castellane dans ses *Mémoires*, j'ai été prendre ma fille de Contades et je l'ai conduite à l'église Saint-Philippe-du-Roule où le mariage a été célébré à deux heures de l'après-midi. Ma fille s'appellera désormais la comtesse de Beaulaincourt-Marles... »

D'une antique famille de l'Artois, M. de Beaulaincourt n'est encore que capitaine dans l'artillerie de la Garde mais il a tout ce qu'une jeune femme peut souhaiter : la beauté du corps et celle de l'âme. C'est, en outre, un parfait gentilhomme. Malheureusement, sa jeune femme ne jouira pas longtemps de son bonheur : nommé attaché militaire à Berlin, le comte, victime d'une chute de cheval au cours de manœuvres de l'armée prussienne, se brisa la colonne vertébrale.

Ce fut, pour sa femme, la fin de toute une existence. Plus de vie de cour, plus de chasses, plus de folies ! Seules restèrent les joies de l'esprit et, pendant de nombreuses années, le salon de Mme de Beaulaincourt attira les plus grandes intelligences de son temps. Sainte-Beuve y retrouvait Mérimée, Lavisse ou Émile Ollivier et la conversation ne chômait pas tandis que l'hôtesse pour occuper ses doigts s'amusait à fabriquer des fleurs artificielles destinées aux nombreuses œuvres dont elle s'occupait. On était bien loin de l'impétueuse chasseresse de Montgeoffroy...

Le beau château, lui, continue de vivre, intact. Au prix de soins incessants, le marquis de Contades et sa famille, à laquelle appartient Mme le Maire de Deauville, Anne d'Ornano, ont réussi à le conserver tel qu'il était au XVIIIe siècle, avec ses boiseries, ses tapisseries, ses tableaux, ses meubles admirables. C'est sans doute l'un des plus jolis témoins du passé que l'on puisse rencontrer sur la terre de France.

HORAIRES D'OUVERTURE

Du 24 mars au 14 juin	10 h-12 h et 14 h-18 h
Du 15 juin au 15 septembre	10 h-18 h
Du 16 septembre au 31 octobre	10 h-12 h et 14 h-18 h
Du 1er au 11 novembre	10 h-12 h et 14 h-18 h (le week-end)

http://www.chateaudemontgeoffroy.com

MONTSÉGUR

La dernière nuit

Faites de lui un homme blessé parce qu'une fois en cette vie il a vu la figure d'un ange...

Paul CLAUDEL

C'est le milieu du mois de mars de l'an 1244 et, sur les hauteurs, le froid se fait encore sentir durement. De lourds nuages, venus des Pyrénées voisines, s'étirent sur les croupes boisées de cette sauvage partie du Razès. Le vent du soir se lève, apportant à l'homme qui se cache les odeurs de viandes cuites venues des cuisines de l'armée royale.

De sa place, sur les pentes du Saint-Barthélemy, Bertrand de Morenci peut voir les tentes coniques des barons du Nord dont l'armée cerne le piton où se dresse le château, solitaire au milieu des nuées. Depuis le temps qu'elles sont là, Morenci a appris à les reconnaître. Ainsi, il sait que la plus haute abrite Hughes des Arcis, sénéchal de Carcassonne qui dirige le siège de Montségur au nom du roi Louis, neuvième du nom. La tente voisine, c'est celle de Pierre Amiel, l'archevêque de Narbonne, légat du pape et qui représente l'Église dans cette dernière phase de la guerre contre l'hérésie cathare ; une guerre affreuse entre enfants du même Dieu, frères du même sang... Et puis les autres, toutes les autres réunies autour des feux de plein vent.

Bien sûr, le camp royal n'a plus très fière allure. Il a souffert, lui aussi, du rude hiver et des neuf mois de siège. Les soies épaisses et les toiles ont déteint, les ferrailles se rouillent. Pourtant, tout cela demeure une réalité redoutable, vivante et active. Tandis que là-haut…

Laissant son regard remonter vers le château en péril, si tragiquement seul sur la montagne qu'il couronne encore fièrement, Bertrand songe qu'en dépit des centaines de personnes qui s'y entassent encore, il est déjà mort. Pourtant, il semblait au-dessus des lois humaines…

Gardé sur trois côtés par des précipices impossibles à remonter, il a pour seul accès une pente raide sur laquelle les troupes royales ont laissé plus d'un cadavre. Seuls quelques initiés savent qu'il existe un chemin secret permettant d'entrer, hors de toute vue, au prix d'une périlleuse grimpée à travers une grotte souterraine et quelques sentiers à chèvres.

Bertrand est né dans ce pays et il n'existe pas de meilleur guide que lui car il en connaît chaque pierre, chaque fourré et chaque fissure. Aussi, huit jours plus tôt, quand est venue la certitude que le château allait être obligé de se rendre, vaincu par la trahison, lui a-t-on confié deux dignitaires cathares et leurs livres sacrés afin qu'il les menât en lieu sûr et que la loi, au moins, demeurât vivante quand tous seraient morts.

Sa mission accomplie, Morenci s'apprête à rentrer au château quand la nuit sera totale. Bien sûr, il aurait pu demeurer là où il a conduit les saints hommes mais il veut être présent quand, demain, sans doute Montségur vivra son dernier matin. Et cela pour une seule raison : aucune force humaine ne l'empêchera de rejoindre la petite Esclarmonde de Perella, fût-ce dans la mort. C'est cela qu'il attend dans l'ombre qui monte…

En fait, la chute de Montségur est le dernier acte d'un drame qui dure depuis quarante ans.

Dans les régions ensoleillées du Midi où la vie est plus douce et plus souriante que dans le Nord, rude et féodal à outrance, l'Église tombée aux mains de prêtres avides et dévoyés a oublié sa mission de sainte fraternité. C'est à cause de cet état de choses qu'une étrange religion d'origine bulgare, inspirée du manichéisme, s'est installée, ancrée et peu à peu étendue.

Des hommes ascétiques et purs, vêtus de noir, ceinturés de chanvre blanc se sont mis à parcourir les campagnes deux par deux. Leur vie était sévère, leurs yeux semblaient toujours regarder au-delà de la terre mais leur parole avait une étrange douceur. Ils disaient que la Terre était l'œuvre du Diable ainsi que toute chair, prison grossière d'âmes immortelles qui seules sont l'œuvre de Dieu. Dès lors, il convenait de détruire la chair maudite par les privations et la mort volontaire, de repousser le mariage et aussi la famille car la mort seule est souhaitable.

À cause du contraste frappant qu'offraient ces vies dépouillées avec celles des moines trop gras, ces étranges prêcheurs rencontrèrent un grand succès. On les révérait à l'égal de saints et l'aristocratie elle-même leur fit accueil. Dans bien des châteaux, ces hommes que l'on appelait les Parfaits ou les Bons Hommes opérèrent de hautes conversions.

En 1208, l'assassinat d'un légat pontifical, Pierre de Castelnau, déchaîna la colère de Rome déjà irritée par la violence des attaques. Après l'échec des prédications du futur saint Dominique, le pape Innocent III, grand homme d'État mais inflexible, appela à la croisade les seigneurs du Nord. Ils se hâtèrent d'accourir, menés par un baron fanatique vêtu d'acier noir dont le cœur, comme le regard, ignorait la pitié. Avec lui, Simon de Montfort traînait la guerre, la torture, la mort et le bûcher...

Sous le fer et le feu, le Languedoc cria de souffrance. Des villes entières furent passées au fil de l'épée. Des centaines d'hommes et de femmes furent jetés aux flammes. Les cathares alors se cachèrent mais ne renoncèrent pas. Cela dura des années. Le pays fut asservi mais l'hérésie demeura, encouragée en sous-main par l'ondoyant comte de Toulouse. Enfin, de combats en sièges, d'assauts en exécutions, il ne resta plus aux cathares que deux châteaux : Montségur et Quéribus, un énorme donjon perdu dans les Corbières.

Dans le premier, quelques centaines de fidèles et de barons occitans dépossédés par les croisés entouraient environ deux cents Parfaits et Parfaites sous l'obédience de l'évêque cathare Bertrand Marty. Et, durant des mois, les assiégeants se sont cassé les dents sur cette citadelle du vertige qui fût demeurée inviolée, en dépit de l'énorme machine de siège que l'on avait réussi à hisser sur la pente jusqu'à une centaine de mètres du château, si un homme du village ne s'était laissé gagner et n'avait montré le sentier caché. Alors, au matin du 1er mars, un cor a retenti sur la vallée : le commandant du château, Raymond de Perella, qui tient Montségur du comte de Foix et assure la défense avec son gendre Pierre-Roger de Mirepoix demandait à parlementer.

Une trêve de quinze jours a été accordée au terme de laquelle le château devra se rendre par capitulation totale. Seuls et en hommage à leur bravoure, les défenseurs militaires et leurs familles auront vies et bagues sauves et même les honneurs de la guerre. Mais les hérétiques reconnus seront livrés aux flammes à moins qu'ils n'acceptent d'abjurer. La nuit qui vient est celle du 14 au 15. La trêve expire le 15 à minuit. À l'aube du 16, les troupes d'Hugues des Arcis entreront dans Montségur...

Il est beaucoup plus de minuit quand Bertrand de Morenci parvient enfin dans la cour du château. Accrochés aux murailles tout autour de la cour, des pots à feu brûlent dans des grilles de fer. Ils éclairent des paquets de hardes qui sont des hommes et des femmes couchés à même le sol. Il y a trop de monde pour la place disponible et il y a beau temps que les légères cabanes, jadis appuyées aux murailles extérieures du château et qui abritaient la communauté cathare, n'existent plus. On dort où on peut et Bertrand connaît bien cette odeur de corps mal lavés qui stagne dans Montségur.

Au rez-de-chaussée du donjon, dans une salle basse dont on a bouché les archères avec des chiffons à cause du froid, une lumière brille, une rumeur de prières se fait entendre et cela aussi est habituel car Bertrand Marty et les Parfaits n'arrêtent guère de prier.

Mais, cette nuit, tous ceux qui ne sont pas de garde sont réunis autour de l'évêque. Au premier rang, il y a Esclarmonde auprès de sa mère Corba et de sa grand-mère Marquesia de Lantar qui est Parfaite confirmée. Et le cœur de Morenci manque un battement quand on lui dit que l'enfant, poussée par sa mère et sa grand-mère – et aussi par l'évêque dont elle est la fille de dilection –, veut recevoir le *Consolamentum*, l'unique sacrement des cathares, la profession de foi irréversible qui met le fidèle au nombre des Parfaits. Si Esclarmonde reçoit la fatale « vêture », ce sera pour elle le bûcher.

Cette idée, Bertrand de Morenci la repousse avec horreur mais surtout il la croit folle. Jamais Raymond de Perella, qui n'est pas cathare et qui, ici, fait seulement son devoir de défenseur, ne permettra que sa dernière fille, sa fille préférée subisse l'affreuse mort. Mais Roger de Mirepoix ôte bientôt ses illusions au jeune homme. Perella est un homme usé, détruit par le chagrin et par la conscience de son impuissance à sauver le château. Le véritable chef de famille à présent c'est la fanatique Corba qui, elle aussi, veut devenir Parfaite et qui entend entraîner sa fille avec elle. L'évêque ne dit-il pas que la jeune fille est l'Agneau, le vase de pureté élu par Dieu ? Ne leur montre-t-il pas les portes du ciel prêtes à s'ouvrir devant elles ? Dans la déchirante bataille, c'est Corba qui va l'emporter, contre vents et marées, sur son époux, sur ses deux autres filles, Philippa et Alpaïs qui, mariées toutes deux et mères, entendent rester en vie et font tous leurs efforts pour arracher leur jeune sœur à la passion fanatique de la mère. Mais rien n'y fait et rien n'y fera.

Navré, Morenci va jusqu'à la porte de la salle pour revoir encore la jeune fille. Elle est bien là et sa robe blanche, sa blondeur tranchent sur les robes noires qui l'entourent, son teint frais sur les visages creusés et jaunis par le jeûne volontaire. Agenouillée, elle lève les mains vers un homme de haute taille au visage maigre, sec comme un cep de vigne dans sa robe de bure. L'évêque cathare est laid mais sa voix a des profondeurs troublantes. Et soudain Bertrand a peur. Le pouvoir de cet homme est immense alors que lui-même n'a seulement jamais osé dire à Esclarmonde qu'il l'aime... Alors, tout à coup, il décide de le lui dire là, tout de suite. Calmement, il pénètre dans la salle basse et s'avance vers le groupe.

Dès qu'il l'aperçoit, Bertrand Marty interroge le jeune homme : ceux qu'il avait mission de guider sont-ils parvenus à bon port ? Oui. Ils sont sains et saufs. Alors pourquoi être revenu ? La réponse ne se fait pas attendre : Morenci est revenu pour Esclarmonde. Il l'aime et n'a pas de plus cher désir que de l'épouser. Il sait bien que sa déclaration publique est un défi mais une lumière a brillé dans les yeux de la jeune fille et elle a esquissé le geste de tendre sa main... Le geste s'est arrêté : l'évêque est là, entre eux et il parle : l'enfant appartient à Dieu et ne saurait plus entendre l'appel de l'amour humain qui est opprobre et souillure.

La colère alors s'empare de Morenci. De quel droit cet homme prétend-il condamner une innocente à un supplice abominable ? Esclarmonde n'a que seize ans ; elle a droit à la vie et sa mère, elle non plus, n'a aucun droit d'entraîner sa fille à sa suite... Durant de longues minutes, Bertrand plaide sa cause mais on ne lui accorde que des regards pleins de pitié et des paroles qui sont toujours les mêmes : le mariage est impur et le bûcher lui-même est préférable : quelques instants de souffrance, mais ensuite une éternité d'amour et de félicité, la gloire du Dieu, l'allégresse du Paradis...

Emporté par la colère, Bertrand, qui ne se possède plus, est sur le point de se jeter sur Marty quand une main se pose sur son épaule. En se retournant, il voit Raymond de Perella auprès de lui ; le regard du vieux chevalier est un abîme de souffrance :

— Laisse ! dit-il, tu ne les convaincras pas. J'ai essayé...

Hagard, Bertrand regarde autour de lui. Il voit les visages fermés, les yeux baissés des Parfaits, le regard fanatique de Corba de Perella, la mère dont le bras à la fois protecteur et possessif entoure les épaules de sa fille. Il voit l'évêque silencieux mais rigide. Il comprend que la partie est perdue ; pour l'instant tout au moins car il refuse de s'avouer vaincu. Il a encore un peu de temps.

Bien des fois, au cours de ce cruel hiver de siège, il a pu causer avec Esclarmonde à l'entrée du souterrain. Une fois encore, après le frugal repas pris en commun, il réussit à l'y entraîner, et là, durant de trop courtes minutes, il plaide la cause de son amour, il supplie cette enfant de l'écouter, de ne pas se laisser sacrifier. Et elle l'écoute, et même elle lui avoue qu'elle l'aime aussi, mais elle proclame que l'amour réel n'est pas de ce monde, qu'il est de l'autre. Si Bertrand l'aime il saura bien venir la rejoindre... En vérité, le sillon tracé dans cette âme par la parole de Bertrand Marty est profond. S'unir dans la mort, voilà le mariage dont rêve cette enfant de seize ans ?

Après tout pourquoi pas ? Et Bertrand s'en va trouver l'évêque pour lui demander de l'admettre au nombre des siens. Ainsi, il pourra suivre dans la mort celle qu'il aime. Mais cela non plus Marty n'est pas disposé à le lui accorder. Pour être admis à la mort glorieuse il ne suffit pas d'aimer, il faut avoir la foi et cette foi Morenci ne la possède pas. D'ailleurs son ouvrage à lui n'est pas achevé. Il reste une mission à lui confier : le trésor des cathares se trouve encore dans le château et ne doit pas tomber aux mains des vainqueurs.

Et l'évêque d'expliquer : trois Parfaits, Amiel Aicart, Hugo et Poitevin, ont été désignés pour le sauver. On va les cacher dans une partie du souterrain où se trouvent les vivres et l'on bouchera l'endroit par lequel ils seront entrés. Puis, après la reddition du château, dans la nuit, Morenci les tirera de leur cachette et à l'aide de cordes, les fera descendre le long des parois du précipice. Ensuite, ils seront conduits dans un lieu choisi à l'avance.

On devine comment le jeune homme reçoit l'ordre qu'on lui donne. Faire évader des Parfaits, des cathares convaincus, alors qu'on lui refuse la vie d'Esclarmonde ? De qui se moque-t-on ? Ce sera donnant donnant : la préservation du trésor contre la vie de la jeune fille !

Cette fois, il est bien près de réussir tant le sauvetage du Trésor a d'importance. Visiblement, Bertrand Marty hésite... Mais il n'aura pas besoin de céder au chantage car c'est Esclarmonde elle-même qui réclame la mort. Cette vie qu'on lui offre, elle n'en veut pas. Elle veut suivre sa mère et sa grand-mère et la voie qu'on lui a tracée. Bien plus, si on lui refuse le *Consolamentum*, elle se laissera mourir de faim comme le font les Parfaits qui veulent quitter ce monde. Quant à Morenci, dont la douleur la touche, il n'aura aucune peine, sa tâche accomplie, à trouver la mort qui leur permettra d'être réunis pour l'éternité...

Et tout cela, l'enfant le demande comme une preuve d'amour !

Que répondre sinon accepter ? Vaincu, le dos rond, la tête basse, il ne reste plus à Morenci qu'à accomplir ce que l'on exige de lui : préparer la fuite de ce trésor, de ces gens qu'à présent il déteste mais dont il sait bien qu'il fera tout pour les sauver.

Quelques heures plus tard, le sacrifice va vers son accomplissement. Les trois Parfaits sont tapis dans le repli du souterrain dont on a provisoirement bouché l'entrée mais Bertrand n'a pas voulu se laisser enfermer avec eux comme on l'y engageait. Il veut boire l'amertume jusqu'au bout.

Debout auprès du vieux Perella dont le visage est inondé de larmes, il regarde s'ouvrir la porte du château, close depuis si longtemps et qui laisse passer à présent les gens du roi. Il voit la longue théorie des cathares descendre péniblement, liés deux à deux et trébuchant sur les pierres du chemin vers le bûcher gigantesque préparé dans le champ qui s'étend sous le château.

Les ribauds de l'armée ont délimité là, à l'aide de pieux, une sorte de champ clos et, dans cet espace, ils ont entassé des rondins, des fagots, des branchages et aussi de la paille pour que le bois encore humide prenne mieux. Puis, ils ont jeté sur le tout de la résine et du soufre. C'est dans cet enfer que l'on va enfermer les quelque deux cents martyrs volontaires qui se sont désignés eux-mêmes au sénéchal et au légat.

Esclarmonde, dont les blonds cheveux croulent sur les épaules illuminant la robe noire qu'elle porte à présent, marche en tête avec Bertrand Marty. Celui-ci chante à pleine voix un psaume que reprend derrière lui la longue file titubante. Ce chant résonne comme un glas au fond du cœur de Morenci qui n'ose même plus regarder le père tant il craint de faire exploser sa douleur encore muette. Leurs visages à tous deux sont de pierre mais on sent que leurs âmes vivent l'agonie.

Bientôt, les condamnés atteignent l'enclos. Les ribauds qui les attendent s'emparent de tous ces malheureux les uns après les autres et les jettent brutalement sur l'entassement des fagots. On referme la palissade, on la bouche puis des torches sont jetées aux quatre coins et d'autres encore et encore d'autres. Le bois humide fume abondamment, provoquant des explosions de toux puis ce sont les flammes qui jaillissent avec les premiers cris de souffrance. Pourtant le chant, lui, n'est pas vaincu et se fait toujours entendre.

À présent, le vieux Raymond de Perella sanglote sans retenue. Derrière lui ses deux autres filles se sont évanouies devant l'horreur du spectacle. Aucune femme n'ose plus regarder ces flammes, écouter ce chant d'instant en instant plus faible.

L'énorme fournaise va brûler jusqu'à la nuit mais le silence peu à peu s'est fait dans son cœur ardent. Le sacrifice est consommé dans une odeur épouvantable qui envahit la montagne et tout le pays environnant. On dit que les soldats gardèrent le silence jusqu'à ce que le brasier ne fût plus que cendres. Le silence et l'immobilité. Chacun de ces hommes semblait avoir conscience qu'il venait de se jouer là un de ces drames inouïs qui marquent non seulement une époque mais toute l'histoire d'un pays.

Au château, en dépit de la douleur, on mit à profit cette espèce de stupeur. Morenci descendit au souterrain et rouvrit la cachette des Parfaits préservés. Dans la nuit, les quatre hommes furent descendus avec leur charge le long de rochers vertigineux à l'aide de cordes sans que l'armée, occupée comme l'on sait, s'aperçût de rien. Le trésor ainsi emporté ne devait jamais être retrouvé. On a pensé par la suite qu'il avait pu être déposé dans les profondes grottes d'Ussat. En fait, s'il n'y avait la certitude du départ clandestin des porteurs, ce trésor pourrait prendre place dans l'immense histoire des mythes. Mais on est sûr qu'il a existé ; reste à savoir de quoi il se composait. De l'or peut-être, mais plus sûrement des objets sacrés et peut-être les secrets les plus précieux des cathares.

Quant à Bertrand de Morenci, survivant malgré lui, il quitta le pays pour n'y plus revenir. Ce fut au fond d'une commanderie du Temple, sous le manteau blanc à croix rouge des moines-soldats, qu'il s'en alla chercher la mort. Mais on dit que, depuis la nuit de Montségur, ses cheveux noirs étaient devenus blancs...

HORAIRES D'OUVERTURE

Février	11 h-16 h
Mars	10 h-17 h
Avril, mai et juin	10 h-18 h
Juillet et août	9 h-19 h
Septembre	10 h-18 h
Octobre	10 h-17 h
Novembre et décembre	11 h-16 h

http://www.montsegur.fr/TempSite/4033.asp?rang=

LA MOTTE-FEUILLY

L'épouse de César Borgia

La solitude désole le cœur et contente l'esprit.

Camille Belguise

On se souvient peut-être, pour l'avoir lu à propos du château de Chinon, de l'arrivée fracassante que fit à la cour de France, le 18 décembre 1498, le seigneur César Borgia, fils du pape Alexandre VI et naguère encore cardinal de la sainte Église. L'or et la pourpre éclataient partout, sur ses gens comme sur ses harnachements, afin que nul n'ignore, chez les bons Tourangeaux, que le fils de Sa Sainteté n'était pas un petit sire et qu'il convenait de le traiter avec les plus grands égards. Du moins, c'est ce que cet étalage de luxe voulait dire mais, en fait, l'ensemble faisait par trop nouveau riche et provoqua plus de sourires amusés, voire scandalisés, que d'admiration réelle...

Néanmoins, à l'arrivée, on se garde bien de montrer la moindre ironie. Pour le roi Louis XII qui vient d'en faire un duc de Valentinois, sans demander aux gens du pays ce qu'ils en pensent, César est un homme qu'il convient de ménager. N'apporte-t-il pas dans ses bagages la bulle papale que le roi de France attend si fébrilement ? La bulle d'annulation de son mariage avec la pauvre Jeanne de France, fille de feu Louis XI, laide, boiteuse et contrefaite, mais si douce ! Cette précieuse bulle grâce à laquelle Louis va pouvoir épouser la femme qu'il aime et qui est en même temps la veuve de son prédécesseur Charles VIII : Anne, duchesse de Bretagne.

Or, cette bulle, César est bien décidé à ne la lâcher qu'une fois payée à sa juste valeur. Il a déjà le duché en question – et même le comté de Die en prime – mais il veut encore autre chose : une femme. Et pas n'importe quelle femme : une princesse de sang royal. Ce sera infiniment moins facile qu'il ne l'imagine. D'autant qu'une indiscrétion apprend au roi que la bulle se trouve bel et bien dans les bagages de César, contrairement à ce que celui-ci laisse entendre. Force est donc au « Valentinois » de remettre le précieux parchemin avant d'avoir reçu l'assurance d'être marié.

Mais, au fond, c'est sans grande importance : Louis XII est un homme de parole. Le temps d'épouser sa Bretonne, et il se met en devoir de marier l'encombrant César. On a d'abord pensé à Carlotta d'Aragon, qui fait partie des demoiselles d'honneur de la nouvelle reine. Certes, son père, Ferdinand de Naples, n'aime pas les Borgia mais, pensant que César, qui est beau et de grande mine, réussira peut-être à séduire la jeune fille, Louis XII les place côte à côte à table.

La tentative ne donne rien du tout. Avec une belle franchise, Carlotta déclare que le seigneur Borgia ne lui plaît pas, qu'elle n'a aucune envie d'attraper sa maladie – il est atteint d'une vérole qui l'oblige parfois à porter un masque – et que, de toute façon, elle ne veut à aucun prix s'exposer au ridicule de s'entendre appeler un jour : « la Cardinale ». C'est la catastrophe, d'autant que César est rancunier. Il prend très mal l'affront, jure que les Napolitains le lui paieront tôt ou tard, et commence à faire ses bagages : il va rentrer chez lui, se plaindre au pape, faire du scandale, et Louis XII pourra enterrer pour toujours ses prétentions sur le duché de Milan.

Affolé, le roi fait donner la garde : on offre à l'offensé de choisir entre deux autres demoiselles de la reine, sa nièce Catherine de Foix et Charlotte d'Albret, sœur du roi de Navarre et nièce d'Alain d'Albret, duc de Guyenne. Le choix est vite fait : Charlotte est d'une rayonnante beauté. Ce sera donc elle. Ne dit-on pas qu'elle est « la plus belle fille de France » ?

Mais si César se déclare d'accord, la future belle-famille l'est moins. On joue les marchands de tapis. Le roi de

Navarre promet une dot de 120 000 écus d'or – dont il ne paiera d'ailleurs jamais le moindre denier ! Alain d'Albret ouvre alors sa bourse pour 30 000 écus, mais demande à examiner le bref de sécularisation d'un homme qui, autrefois, a reçu le chapeau de cardinal. Le temps passe, et César s'énerve...

On finit tout de même par tomber d'accord et l'on établit une convention au terme de laquelle César Borgia est déclaré : « très honnête et bon personnage, sage et discret... » Un chef-d'œuvre d'hypocrisie qui permet de préparer le mariage. Au grand chagrin de la fiancée...

Elle n'est pas du tout ravie de devenir duchesse de Valentinois, la jolie Charlotte. Même pas séduite. Outre qu'il est un « ancien prêtre », César perd beaucoup de sa splendeur quand son mal se manifeste et lui couvre le visage de pustules qui l'obligent à se promener masqué. C'est très romantique, un masque brodé d'or... à condition de ne pas savoir ce qu'il y a au-dessous... Enfin, aux yeux de la princesse navarraise, le duc de Valentinois n'est qu'un bâtard et, pour elle, un mulet, même couvert de pierreries, ne sera jamais qu'un mulet. Et elle ne se prive pas de le dire...

Mais quoi ? Lorsque arrive l'autorisation paternelle et fraternelle, il faut bien se résigner à obéir. En fait, la victoire sur Charlotte n'a pas été obtenue par les hommes de sa famille mais par une femme, par cette même Jeanne de France dont la bulle d'annulation apportée par César a brisé la vie. Portant désormais le titre dérisoire de duchesse de Berry et retirée à Bourges, au couvent de l'Annonciade qu'elle a fondé, celle qui sera un jour canonisée par Pie XII sous le vocable de sainte Jeanne de France a toujours eu sur Charlotte une profonde influence. La jeune fille admire et vénère la douce princesse et déteste d'autant ceux qui l'ont réduite à cette vie de moniale. C'est auprès d'elle qu'elle est venue chercher refuge quand la reine Anne lui a fait savoir que le Borgia demandait – exigeait serait plus proche de la vérité – sa main. Et Jeanne de France qui n'est que dignité, pardon et obéissance aux lois de Dieu, a longuement, doucement, chapitré la rebelle. Il faut qu'elle obéisse aux ordres des siens, aux ordres du roi. Aucune princesse ne saurait échapper à cet austère devoir. Charlotte a l'âme trop haute pour ne pas se soumettre comme Jeanne elle-même s'est soumise...

Et Charlotte s'incline. Elle obéira puisque celle qu'elle considère comme la seule vraie reine de France le lui ordonne. Elle épousera César qui lui fait horreur. Jeanne, en cadeau de noces, lui offrira le petit château de La Motte-Feuilly afin qu'elle ait au moins un refuge bien à elle si l'avenir tournait au noir.

Le 12 mai 1499, le mariage a lieu au château de Blois, dans la chapelle neuve. Charlotte en robe brodée d'or est éblouissante et César lui-même est très beau dans un pourpoint d'écarlate tissé d'argent avec une profusion de diamants. Celui qui attache la plume blanche de son toquet est gros comme un œuf de pigeon... Puis, la fête terminée, Charlotte reste seule, dans la chambre nuptiale, avec celui qui est désormais son époux.

Comment Charlotte a-t-elle vécu cette nuit de noces ? En vérité, on n'en sait rien, si ce n'est par l'insolent bulletin de victoire que César, dès le lendemain, fait parvenir à son Saint-Père le pape. Brutalement, le Valentinois écrit qu'il a « couru huit postes. »

S'est-il vanté ? On peut se demander comment il est parvenu à imposer une telle performance à une fille qui ne l'aime pas. Mais une autre version circule, rapportée par Henri Estienne. Selon cette version, César « ayant demandé à un apothicaire des pilules pour festoyer sa dame, on lui en bailla de laxatives, tellement que, toute la nuit, il ne cessa d'aller au retrait, comme les dames en firent le rapport au matin... »

Quoi qu'il en soit, dès le lendemain, le nouveau couple, emportant un fabuleux déménagement, va s'installer à La Motte-Feuilly. La vieille porterie et les hautes tours qui arborent encore de nos jours les hourds de bois du Moyen Âge ont vu, un soir, le duc et la duchesse de Valentinois apparaître à leur horizon... Ils vont y vivre ensemble quelques semaines seulement – de quelle existence ? –, jusqu'à ce matin de septembre où César monte à cheval pour s'en aller rejoindre le roi Louis XII partant pour l'Italie où il veut conquérir le duché de Milan, où César veut se tailler un royaume...

Il n'y parviendra pas. Tout au plus soumettra-t-il quelques États, mais la mort d'Alexandre VI remettra tout en question et fera tomber ce colosse aux pieds d'argile qu'était son fils.

Après la mort du pape, César écrit à Charlotte pour lui ordonner de le rejoindre avec l'enfant, une fille, qu'elle a eue de lui. Charlotte ne refuse pas mais temporise, demande des délais, gagne du temps et, ce faisant, agit sagement. César, en effet, doit à présent faire face à ses ennemis. Réfugié à Naples, il songe à se mettre au service des Rois catholiques d'Espagne. Mais là non plus on ne l'aime guère. Arrêté par trahison, il est conduit, en Espagne, au château de Medina del Campo où Isabelle la Catholique vient de mourir. Il s'en évadera et gagnera la Navarre où il mettra son épée au service de son beau-frère. C'est en attaquant Viana, une petite bourgade proche de Logronno, qu'il trouvera finalement une mort sans gloire le 11 mars 1507.

Dès qu'elle sut son époux prisonnier, Charlotte se considéra comme veuve et s'enferma à La Motte-Feuilly dont elle ne sortait guère que pour visiter à Bourges sa chère princesse. Elle y mena une vie de sainteté et de charité jusqu'à ce jour de 1514 où elle mourut, à trente-deux ans, confiant sa petite Louise à la mère de François Ier.

Louise, « petite, laide, le nez mal fait, une marque au front l'enlaidissant encore », se mariera tout de même deux fois, d'abord avec un La Trémoille qui se fera tuer à Pavie puis avec Philippe de Bourbon, seigneur de Busset.

Quant à Charlotte, elle repose dans la petite église, si petite, qui compose, avec le château voisin, une oasis de paix. Une oasis verte où retentissent souvent les rires et les cris de joie d'une bande d'enfants car La Motte-Feuilly, cédée par sa dernière propriétaire, abrite à présent un centre pour enfants malentendants ainsi que l'aurait voulu sans doute celle qui, durant quelques années, y expia dans la prière le poids du nom d'un époux que, peut-être, elle a aimé sans vouloir l'admettre, d'un époux qui s'appelait César Borgia.

NANGIS

Les heures roses de la princesse de Lamballe

Il n'y a rien qui soit plus menaçant que le bonheur.

Maurice MAETERLINCK

Tout commence à quelques lieues du village de Nangis alors que la longue file de carrosses aux peintures délavées, mordues par la neige et couvertes de boue, vient de relayer à Montereau. Malgré le froid qui règne en ce matin du 30 janvier 1767 poudré de givre mais miraculeusement ensoleillé, il y a là une foule de gens en habits de fête ; des gens qui crient, chantent, applaudissent et s'écrasent pour mieux voir. On se hausse sur la pointe du pied, on tend le cou, on escalade même un peu son voisin pour apercevoir, par-dessus les tricornes des gardes, ce visage de jeune princesse venue d'au-delà des Alpes et dont on dit qu'elle est éblouissante.

Et on la voit car, en dépit du gel, les vitres de la plus grande des voitures viennent de se baisser, laissant paraître une main menue gantée de chevreau blanc et un visage blond encapuchonné de velours bleu ourlé de zibeline, un sourire charmant et de grands yeux du même bleu que le capuchon. Dans la foule quelqu'un crie :

— Sainte Vierge ! Qu'elle est jolie !

La nouvelle venue sourit gentiment. Et c'est vrai qu'elle est ravissante cette petite Marie-Thérèse de Savoie-Carignan, nièce du roi Charles-Emmanuel III de Piémont, qui s'en vient en France pour y devenir princesse de Lamballe : dix-sept ans, blonde, nacrée, lumineuse comme l'un des glaciers de son pays sous l'aurore, elle a épousé par procuration, quinze jours plus tôt, le prince Louis-Alexandre de Bourbon-Penthièvre, prince de Lamballe, fils du duc de Penthièvre, lui-même petit-fils du roi Louis XIV et de Madame de Montespan. Lamballe n'a guère que deux ans de plus que sa fiancée et celle-ci ne l'a jamais vu... qu'en peinture et l'on sait ce que valent les peintres de cour ! À présent elle arrive vers lui ayant franchi des lieues et des lieues de campagne ou de montagnes enneigées par l'hiver avec au cœur les souhaits de toutes les jeunes filles à l'aube du mariage : être aimée, aimer... et être heureuse.

À première vue, il n'y a guère d'empêchements.

— Il ne me déplaît pas plus qu'un autre, a-t-elle déclaré devant la miniature qu'on lui présentait. Comment juger, en effet, d'un être figé dans une pose de convention avec une tenue de gala et un sourire de commande ? Le prince n'avait pas l'air mal, c'était à peu près tout ce que l'on en pouvait dire.

En dépit de sa jeunesse, le voyage a fatigué Marie-Thérèse et elle doit se forcer un peu pour répondre aux vivats mais l'accueil est si chaleureux, si sympathique. Il ne peut être question de décevoir. Soudain on entend crier par-dessus les têtes :

— Place ! Place au page de Monseigneur le prince de Lamballe ! Allons ! Que l'on fasse place !

La foule s'ouvre, livre passage à un jeune cavalier qui accourt sur un cheval aussi blanc que le bouquet qu'il brandit. C'est un jeune homme blond lui aussi, grand et mince, pas très beau sans doute mais son sourire est charmant. Il saute à terre à quelques pas du carrosse et vient, en pliant le genou, tendre ses fleurs à la nouvelle princesse. Puis il débite un petit discours : son maître l'envoie pour offrir la bienvenue à sa noble fiancée et la prier de vouloir bien se hâter car il est dans une grande impatience.

Du coup, Marie-Thérèse est impatiente elle aussi de rencontrer un époux si galant et elle fait monter le page auprès d'elle pour qu'il puisse mieux contenter sa curiosité. Le chemin n'est plus bien long jusqu'à Nangis où doit avoir lieu le mariage réel mais il sera encore plus court en bavardant.

Le jeune messager ne se fait pas prier. Confiant son cheval à un garde-française, il escalade lestement le lourd véhicule et vient baiser avec beaucoup de respect la petite main qu'on lui tend. Puis, à la demande de la princesse, on se remet en marche. Mais les chevaux n'ont pas même pris le galop que, installé parmi les fourrures qui enveloppent la fiancée et sa gouvernante, le page est déjà occupé à décrire Versailles et Paris pour la nouvelle venue.

Au château de Nangis, près de Provins, le duc de Penthièvre attend sa future belle-fille. La petite ville déborde de monde ; captivée qu'elle est par la conversation de son page, Marie-Thérèse s'en aperçoit à peine. Néanmoins, il faut bien se rendre à l'évidence : on est arrivés !

Instantanément, les carrosses sont pris d'assaut. On s'empresse autour de la fiancée princière et, dans la bousculade qui s'ensuit naturellement, le page disparaît. Marie-Thérèse, qui s'aperçoit qu'elle a oublié de lui demander son nom, le cherche en vain. D'ailleurs, elle doit remettre ses recherches à plus tard : il est temps pour elle de venir baiser la main de son beau-père.

Or, à sa grande surprise, quand le duc de Penthièvre s'avance au-devant de la jeune fille, le page est à son côté. Mais un page qui n'a plus du tout l'air d'un page : un somptueux costume de satin blanc brodé d'or l'habille et son regard n'est plus celui d'un serviteur. L'aimable aventure s'achève dans un éclat de rire et les fêtes qui vont précéder le mariage du lendemain peuvent commencer. Nangis s'illumine pour sa jeune princesse et chacun y est heureux d'avoir vu commencer ainsi, comme un conte de fées, cette union de deux princes. En général, ce genre de cérémonie ressemble assez peu à des romans roses... Et chacun d'imaginer pour la suite une douce lune de miel et beaucoup de beaux enfants.

Les gens de Nangis, heureusement pour eux, ne verront pas la suite du conte car, après quelques jours le jeune couple rejoint Versailles où le roi attend, lui aussi, la nouvelle Mme de Lamballe. Marie-Thérèse y recevra l'accueil qui lui est dû et s'avouera éblouie par l'éclat du palais, l'élégance de la cour... mais elle regrettera toujours Nangis et les heures de bonheur qu'il lui a réservées. En effet, deux mois plus tard – deux mois ! – la jeune épousée écrit à sa mère, Christine de Hesse :

« Pourquoi faut-il que Monseigneur de Lamballe ait réuni tous les moyens de plaisir, qu'il ait échauffé mon cœur de tous les feux de l'amour qu'il me témoignait pour avoir changé tout à coup ? Mille pressentiments douloureux m'accablent. Oh, ma mère, daignez prendre part à mes chagrins et je les sentirai moins vivement... »

La lettre est datée du 15 mars 1767 et, déjà, Marie-Thérèse a perdu l'amour, fort fragile il est vrai, de son époux. Elle ne retrouvera jamais le bonheur de Nangis mais vivra, dans d'autres châteaux, son abandon, son veuvage puis sa vie d'amie de Marie-Antoinette jusqu'à la tragédie finale.

Mais, avant de voir s'épanouir ce trop court bonheur, Nangis qui n'est plus, et de loin, ce qu'il était, n'en était pas à sa première illustration. Gardien d'une petite ville fort ancienne, le château avait appartenu à la puissante famille de Brichanteau en faveur de qui Nangis avait été érigée en marquisat, en 1612, pour Antoine de Brichanteau. Famille de militaires s'il en fut comme il s'en trouve beaucoup dans ces régions qui regardent vers l'est, celle des marquis de Nangis trouve son plus célèbre personnage dans Louis de Brichanteau-Nangis, fort bien en cour auprès de Louis XIV, « favori des dames » qui, d'ailleurs, s'illustra brillamment à la bataille de Malplaquet, exploit qui lui valut d'être un jour maréchal de France mais ne réussit pas à lui attirer l'affection de Saint-Simon. L'acerbe mémorialiste le haïssait tout bonnement et en donne le portrait qui suit et que lui seul peut tracer :

« Nangis, que nous voyons aujourd'hui un fort plat maréchal de France, était alors la fleur des pois. Un visage gracieux sans rien de rare, bien fait sans rien de merveilleux, élevé dans l'intrigue et dans la galanterie par la maréchale de Rochefort, sa grand-mère, et Mme de Blansac, sa mère, qui y étaient maîtresses passées. Produit tout jeune par elles dans le grand monde dont elles étaient une espèce de centre, il n'avait d'esprit que celui de plaire aux dames, de parler leur langage et de s'assurer les plus désirables par une discrétion qui n'était pas de son âge et qui n'était plus de son siècle. Personne que lui n'était alors plus à la mode ; il avait eu un régiment tout enfant ; il avait montré de la volonté, de l'application et une valeur brillante à la guerre que les dames avaient fort relevée et qui suffisait à son âge. Il était fort de la cour de Monseigneur le duc de Bourgogne et, à peu près de son âge, il en était fort bien traité. Ce prince, passionnément amoureux de son épouse – comme toute la cour d'ailleurs ! – n'était pas fait comme Nangis mais la princesse répondait si parfaitement à ses empressements qu'il est mort sans soupçonner jamais qu'elle eût eu des regards pour un autre que pour lui. Il en tomba pourtant sur Nangis et bientôt ils redoublèrent. Nangis n'en fut pas ingrat mais il craignit la foudre... »

Ce petit chef-d'œuvre de méchanceté géniale définit un homme mieux que l'on ne saurait le faire. Saint-Simon consacra de nombreuses pages à cette espèce de bête noire, à ses amours, à ce qu'il appelle ses platitudes, toutefois, nous ne saurions le suivre aussi loin.

Après lui, Nangis devint la propriété du marquis de La Guerche, infiniment moins pittoresque mais en faveur de qui fut confirmé, en 1749, le marquisat.

Réduit à deux tours anciennes et à son aile gauche datant du XVIe siècle, le château de Nangis, après avoir vu se troubler le joli visage de la princesse de Lamballe, continue à voir rougir les joues des jeunes filles à l'heure du mariage : il est devenu la mairie de la ville.

RAMBOUILLET

Des chasseurs et une Précieuse

Est-ce que les hommes sont maîtres de cet instinct qui les pousse vers la chasse ?

Maurice GENEVOIX

En cette fin du mois de mars 1547, le roi François Ier semblait se fuir lui-même autant que ses chagrins. La mort, à courte distance, de sa fille préférée Madeleine, la jeune reine d'Écosse, puis de son fils Charles, disparu deux ans plus tôt, était venue à bout de ce géant qui semblait indestructible. Si le roi conservait au royaume son attention et ses soins, sa volonté comme ses forces allaient déclinant tandis que sa douleur, loin de s'apaiser, semblait grandir encore. Alors, il demandait à la chasse un moment d'oubli, à la fatigue apportée par les longues heures de cheval un sommeil qui ne voulait plus de lui. Il errait d'un château à l'autre. La cour se contentait de suivre.

En mars, donc, le roi chasse dans sa forêt de Rambouillet quand il est pris d'un malaise qui tout de suite apparaît grave. Alors, c'est à son capitaine des gardes, Jacques d'Angennes, qui est aussi un peu son favori, que François Ier demande asile.

Le vieux château féodal de Rambouillet appartient en effet à la famille d'Angennes depuis qu'en l'an 1384 Regnault du même nom le reçut de Guillaume Bernier. Tous ceux de la famille, au cours des siècles, ont toujours été de fidèles serviteurs. Chez eux le roi sera chez lui...

Il va le leur prouver en décidant que Rambouillet aura l'honneur de recevoir son dernier soupir. Il sait qu'il est perdu. Il se prépare calmement, dignement, comme il se doit quand on est le Roi-Très-Chrétien, à recevoir l'ange noir. Le 31 mars, il prend congé de son fils Henri qui, dans quelques heures, sera Henri II, de sa fille Marguerite. Mais il s'affaiblit. On l'entend murmurer :

— *In manus tuas commendo spiritum meum*[1]... Puis il dit encore : « Jésus ! Jésus !... » Ce seront ses dernières paroles. Il expire entre une et deux heures du matin et quittera Rambouillet pour Saint-Denis où l'attendent ses fils.

Les d'Angennes, eux, demeurent. Jacques, le capitaine des Gardes, y meurt en 1562 après avoir reçu le jeune roi Charles IX qui, lui, repartira bien vivant. Mais c'est au petit-fils de Jacques, titré marquis de Rambouillet, qu'il appartiendra de faire entrer le nom et le château dans le grand monde des lettres. Ou plutôt, à la femme de celuici.

En 1600, à Rome, Charles d'Angennes épouse Catherine de Vivonne qui n'a que douze ans mais qui en paraît bien plus tant son esprit est orné. Fille de Guilia Savelli, une princesse romaine, la jeune Catherine, qui donnera sept enfants à son époux, va devenir l'une des reines de Paris et, surtout, la reine des Précieuses dont elle lance la mode.

Dans son magnifique hôtel de la rue Saint-Thomas-du-Louvre, la marquise de Rambouillet se plaît à devenir le centre d'une société élégante et raffinée. Mais, de santé délicate, elle imagine de recevoir couchée sur son lit (on disait alors « dans sa ruelle »), au centre d'une certaine Chambre Bleue vite célèbre. C'est, pour elle, une sorte de tour d'ivoire où elle s'est créée un cadre luxueux. Ce ne sont que cabinets marquetés ou émaillés, précieuses porcelaines de Chine, figurines d'albâtre ou de lapis-lazuli, fauteuils et tabourets couverts de brocarts précieux et frangés d'or fin sur lesquels vient s'asseoir ce que Saint-

1. « En tes mains, Seigneur, je remets mon esprit. »

Simon appellerait « la fleur des pois » : les Condé, Conti, Bassompierre, Liancourt, Schomberg, Guéméné. Tout l'armorial de France qui parfois, lorsque « Arthénice » (c'est son nom de Précieuse) consent à respirer un peu d'air, se transporte en chœur sous les ombrages de Rambouillet. Par la suite, les beaux esprits se joignent à l'aristocratie : Malherbe, Racan, les deux Scudéry, frère et sœur, aussi laids l'un que l'autre mais aussi pétillants d'esprit, le poète Scarron, la belle Paulet que l'on surnomme la Lionne et tout ce que Paris, enfin, compte de bien-disant.

Dans les jardins de Rambouillet, la marquise et ses filles donnent, aux beaux jours, des fêtes mythologiques fort courues. Il y a, d'ailleurs, dans la famille quelqu'un qui apprécie le domaine plus que tous les autres : c'est le duc de Montausier, l'époux de Julie, la fille aînée, la fameuse Julie d'Angennes pour laquelle ce bon militaire a dû s'escrimer à trousser un poème fort long et fort alambiqué, *La Guirlande de Julie*, avant d'être admis à épouser la belle... après quelque quatorze ans de cour ! Et Montausier, qui servit de modèle à Molière pour *Le Misanthrope*, va avoir l'idée de creuser le canal qui se trouve devant le château, une idée qu'il n'aura pas le temps d'exécuter et que réalisera Fleuriau d'Armenonville, nouveau propriétaire de Rambouillet après les d'Angennes. C'est lui d'ailleurs qui sera le véritable créateur du parc. Il fait creuser les canaux et le « Rondeau ».

Hélas, il n'a pas le temps d'en profiter. Six ans plus tard, Louis XIV lui demande de céder Rambouillet à son fils légitimé, le comte de Toulouse, le plus jeune des enfants que lui a donnés la marquise de Montespan. On ne résiste pas à Louis XIV. Armenonville vend le château avec quelques regrets.

À peine installé, le nouveau propriétaire décide que la construction n'est pas de son goût et jette à peu près tout par terre ne gardant que la grosse tour ronde où mourut François Ier... peut-être par respect pour sa mémoire. Louis XIV y séjourne (les travaux sont terminés en deux ans) en octobre 1712, juin 1713 et juin 1714.

C'est assez peu mais le jeune Louis XV y fera, lui, d'assez nombreux séjours. Il aime la maison où l'accueillent Toulouse et son épouse, née Marie-Victoire de Noailles. Il s'y sent un peu en vacances et il y revient encore après son mariage avec la jeune Polonaise qu'est Marie Leczinska. Rambouillet sera pour lui une sorte de symbole de l'amour conjugal, car, dans les débuts, il aime sa femme et se comporte en excellent mari.

Hélas, la princesse du Nord était une frileuse. Son lit présentait un tel amoncellement d'oreillers, de courtepointes et de couvertures que le jeune époux en sortait « étouffé et tout en sueur ». Du coup, il commença, dit André Castelot, « à trouver du charme aux femmes dont le décolleté profond démontrait qu'elles n'étaient guère frileuses. L'une d'elles, la jolie Mme de Mailly, sut l'émouvoir plus qu'une autre et Rambouillet, temple de l'amour conjugal, perdit sa couronne en servant de cadre à la première infidélité de Louis XV... en attendant de voir mourir le comte de Toulouse.

Après sa mort, Marie-Victoire n'y séjourne plus. Le château lui rappelle trop de moments agréables. C'est au tour de son fils, le duc de Penthièvre, de prendre possession de la demeure qui est, à peu de chose près, ce qu'elle est encore de nos jours. Et elle trouve là un maître selon son cœur. Grand amiral de France et gouverneur de Bretagne, le duc est sans doute l'homme le plus riche du royaume, mais sa fortune il en use largement pour soulager de nombreuses misères. Avec infiniment plus d'orgueil que sa couronne ducale, il porte son titre de « prince des pauvres ». La mort de sa femme, une Este-Modène, le laissera inconsolable. D'autant que, de ses sept enfants, il ne lui en reste qu'un : le prince de Lamballe, et sa sœur, Louise-Adélaïde.

En revanche, il retrouve une fille dans cette jolie Marie-Thérèse qui a épousé son fils au château de Nangis et qui vient chercher auprès de lui l'oubli et le réconfort quand, après quelques semaines de mariage, elle se voit délaissée pour des filles d'opéra. Rambouillet verra souvent passer la silhouette légère et mélancolique de la jeune femme, bientôt veuve. C'est que la débauche laisse de vilaines traces dans la santé du jeune prince. Atteint d'une maladie vénérienne que l'on essaie d'endiguer en lui administrant jusqu'à sept livres de mercure par jour, le prince décline. C'est à Louveciennes qu'il meurt le 8 mai 1768 dans d'affreuses souffrances, laissant une veuve de dix-neuf ans désespérée...

On connaît la suite : devenue l'amie de Marie-Antoinette puis surintendante de sa Maison, la princesse de Lamballe se verra supplantée par Mme de Polignac et se retirera de la cour mais reviendra réclamer son poste quand les mauvais jours seront là. Sa fidélité lui vaudra d'être abominablement massacrée à la prison de la Force et sa tête portée sur une pique jusque sous les fenêtres du Temple afin que la reine puisse la voir...

Il y avait bien longtemps alors qu'elle n'avait revu les grands arbres de Rambouillet. Marie-Antoinette d'ailleurs ne s'y plaisait guère. Seul Louis XVI y vint souvent chasser.

Napoléon fait du château une résidence impériale où il se rendra plusieurs fois, soit pour des chasses, soit pour y trouver un peu de calme après la déchirure du divorce avec Joséphine. Mais les heures sombres viennent vite : le 29 mars 1814, Marie-Louise et le roi de Rome, fuyant Paris que les Alliés envahissent, arrivent à Rambouillet. Joseph Bonaparte les rejoint le 30 avec les ministres ; pourtant, contrairement au vœu de l'Empereur, la mère et l'enfant partiront bientôt pour l'Autriche d'où ils ne reviendront pas.

Le retour des Bourbons ramène les chasses ; néanmoins, le 31 juillet 1830, le château reçoit Charles X en route pour l'exil. Il faudra attendre le second Empire pour que Rambouillet redevienne domaine de souverain mais Napoléon III lui préférera Compiègne. Après 1870, le château est loué, durant treize ans, au duc de La Tremoille cependant que les présidents de la République commencent à prendre l'habitude d'y venir chasser.

C'est, en 1896, le président Félix Faure qui fait réaménager le château pour en faire la résidence d'été des présidents de la République. Gaston Doumergue, Albert Lebrun et Vincent Auriol y feront de fréquents séjours, ainsi d'ailleurs que le président Coty qui aime à y venir en famille. Mais le général de Gaulle, lui, préférera rendre à Rambouillet un rôle de prestige en y accueillant chefs d'État et Premiers ministres au cours de réceptions ou même de fêtes. Après lui, Georges Pompidou n'en fera guère usage, quant au président Giscard d'Estaing, grand chasseur, il appréciera le château à sa juste valeur, lui rendant en quelque sorte sa destination première...

Depuis la fin de l'année 2009, le château ne fait plus partie des résidences présidentielles.

HORAIRES D'OUVERTURE DU CHÂTEAU, DE LA LAITERIE DE LA REINE ET DE LA CHAUMIÈRE AUX COQUILLAGES

Du 1er avril au 30 septembre	visites à 10 h, 11 h, 14 h, 15 h, 16 h et 17 h
Du 1er octobre au 31 mars	visites à 10 h, 11 h, 14 h, 15 h et 16 h

Fermé le mardi, le 1er janvier, le 1er mai, les 1er et 11 novembre et le 25 décembre.

http://chateau-rambouillet.monuments-nationaux.fr/

ROCHECOTTE

La duchesse de Dino et la révolution de Juillet

Une belle femme qui a les qualités d'un honnête homme est ce qu'il y a au monde d'un commerce plus délicieux.

LA BRUYÈRE

L'étrange Noël que l'on passe à Rochecotte en cette année 1829 alors que les lois rétrogrades de Charles X commencent à exaspérer le peuple de France ! On y prépare une naissance qui n'a que fort peu de choses à voir avec celle de l'Enfant-Dieu parce qu'il s'agit de celle d'un journal.

Un journal en pleine campagne tourangelle ? Eh oui ! Paris n'est déjà plus vivable pour les libéraux qui souhaitent faire entendre leur pensée afin d'emmener une fois encore le peuple à l'assaut d'un pouvoir insupportable. Partout la police officielle ou secrète est infiltrée. Partout elle menace au nom des droits imprescriptibles de la légitimité. Revenus au pouvoir après Waterloo dans les fourgons de l'étranger, les Bourbons entendent retrouver, avec l'aide d'une Église omniprésente, un pouvoir à la Louis XIV. D'où les réunions qui se tiennent dans ce joli château tourangeau.

« Vous ne connaissez pas Rochecotte ? Sans quoi vous ne diriez pas pourquoi Rochecotte ? » écrira plus tard le prince de Talleyrand, hôte principal et perpétuel de cette demeure commencée sous Louis XVI et achevée sous la

Restauration. « Figurez-vous qu'en ce moment, j'ai sous les yeux un véritable jardin arrosé par une grande rivière et entouré de coteaux boisés où, grâce aux abris du nord, le printemps se montre trois semaines plus tôt qu'à Paris et où maintenant tout est verdure et fleurs. Il y a d'ailleurs une chose qui me fait préférer Rochecotte à tout autre lieu c'est que j'y suis non seulement avec Mme de Dino mais chez elle, ce qui est pour moi une douceur de plus. »

Certes, au temps de Noël, il ne saurait être question de verdure ni de fleurs en dehors de celles qui encombrent les serres, mais le principal y est puisque, en dépit du mauvais temps, Mme de Dino est là. En fait, la lettre « à un ami » traduit, non sans pudeur, le profond amour d'un homme de quatre-vingts ans pour une femme de quarante ans sa cadette et, qui plus est, sa nièce. Par alliance, il est vrai. Un amour né, vingt ans plus tôt, sur les bords du Danube alors que s'ouvrait à Vienne le fameux Congrès de la Paix qui, en 1814 et alors que Napoléon réfléchissait à l'île d'Elbe, devait refaire une Europe conforme aux goûts de la Sainte-Alliance anglo-russo-prusso-autrichienne.

La France de Louis XVIII, le roi podagre qui avait attendu si longtemps un trône trop convoité, choisissait alors pour son ambassadeur auprès du Congrès le plus fameux diplomate du temps – et peut-être de tous les temps ! – Charles-Maurice de Talleyrand-Périgord, ex-évêque d'Autun, ex-révolutionnaire repenti, ex-ministre des Affaires étrangères de Napoléon Ier, prince de Bénévent par sa grâce, et finalement prince de Talleyrand par celle de Louis XVIII. En résumé, le seul homme capable de tirer la France de l'ornière impossible où elle se débattait...

De son côté, Talleyrand, marié à une femme non moins impossible, fit alors choix, pour l'aider à faire les honneurs du palais Kaunitz à Vienne, de sa jeune nièce, ou plus exactement de la femme de son neveu : la comtesse Edmond de Périgord, née princesse Dorothée de Courlande.

En vérité, l'histoire des relations entre l'oncle et la nièce est une drôle d'histoire car, jusqu'à leur départ commun pour Vienne, elle a été celle d'une solide aversion ; de la part de la jeune femme tout au moins. En effet, fille du duc Pierre Ier de Courlande et pourvue de grands biens, en Prusse comme en Russie, la jeune Dorothée, qui avait alors quinze ans, s'était vue mariée, par force et par ordre du tsar Alexandre Ier qui avait des obligations envers M. de Talleyrand, au neveu de celui-ci. Le caractère entier de la jeune fille avait alors fort mal supporté cette contrainte. D'autant qu'elle ne pouvait même pas compter sur l'appui naturel de sa mère, veuve du duc Pierre, car celle-ci se trouvait être la maîtresse du même Talleyrand ; et une maîtresse singulièrement dévouée.

Livrée à ses propres forces, Dorothée ne s'était pas rendue sans combat. Alors éprise du prince Adam Czartorisky, le héros de l'indépendance polonaise, elle se considérait comme sa fiancée. Le mariage avec Périgord représentait donc pour elle l'écroulement de ses rêves et de ses espoirs et elle avait cru mourir de rage et de chagrin tout à la fois. D'instinct, bien sûr, elle avait détesté de tout son cœur ceux qui se trouvaient être les bénéficiaires involontaires de cette union.

Pourtant, le futur époux n'avait rien de répugnant. Outre qu'il portait l'un des plus beaux noms de France, Edmond de Périgord, brillant officier de hussards, était jeune, beau, élégant, de belle prestance et fort distingué. Évidemment, c'était aussi un aimable viveur, coureur de jupons assidu et qui se préoccupait davantage de la splendeur de ses uniformes que du bonheur d'une jeune épouse à laquelle il ne trouvait aucun charme.

Il est vrai qu'à quinze ans, Dorothée n'était pas très jolie. Maigre et dégingandée, noire comme un pruneau, le teint jaune, elle était sauvée de la franche laideur par d'énormes yeux noirs, si grands, si larges et si lumineux qu'ils lui dévoraient la moitié du visage. Avec cela un caractère aussi raide que l'échine et un orgueil d'altesse impériale. Néanmoins, esclave du devoir familial, Edmond de Périgord fit consciencieusement à sa femme les deux garçons que l'on espérait de sa bonne volonté. Après quoi il retourna joyeusement à ses champs de bataille et à ses amours fugitives...

Cet éloignement soulagea beaucoup sa femme qui n'avait jamais pu s'habituer véritablement à lui. Mais ses sentiments envers Talleyrand avaient curieusement évolué avec le temps. À vivre continuellement auprès du prince dans ses résidences parisiennes ou au château de Valençay, Dorothée avait appris à apprécier ce grand seigneur froid, caustique et pourtant étrangement humain, raffiné et hautain, bon et insolent, pourvu d'un esprit d'enfer – on le surnommait le Diable boiteux – et surtout extraordinairement séduisant en dépit d'une jambe trop courte due à un accident de jeunesse[1]. Une étonnante clarté de vues politiques, un sens étonnant de la diplomatie avaient achevé de séduire une jeune femme intelligente qui avait reçu jadis, de l'abbé Piattoli, une éducation hors de pair. Aussi, quand vint le temps de partir pour les bords du Danube, Mme de Périgord était-elle follement amoureuse de son oncle.

Pour lui plaire, elle mit alors au service de sa diplomatie toutes ses relations de princesse européenne. Elle travailla avec lui, reçut avec lui rois et empereurs, séduisit, charma, offrit – elle, princesse allemande – la plus séduisante image de la France qui se pût voir. Car deux maternités avaient fait du petit pruneau agressif une ravissante jeune femme sachant s'habiller avec une suprême élégance. Talleyrand ne put résister à tant de charme ni à tant de passion : le Congrès ne s'était pas encore séparé qu'il était devenu l'amant de Dorothée. Il l'était resté...

Les services rendus à l'Europe par l'un comme par l'autre valurent à Dorothée le joli titre napolitain de duchesse de Dino. C'est sous ce nom que l'Histoire la connaît.

Mais revenons à nos conspirateurs de Noël. Il y a alors à Rochecotte, outre Talleyrand et la duchesse, Adolphe Thiers et son inséparable Mignet que l'on a surnommés Les Frères Provençaux par allusion à un célèbre restaurant du Palais-Royal, le baron Louis qui a été ministre des Finances de Napoléon et de Louis XVIII, enfin Armand

1. Voir Chalais.

Carrel, le brillant journaliste qui a combattu en Espagne dans les rangs des insurgés. Tous ces gens ont fait leur Bible de certain article paru au mois d'août précédent :

« Quelle attitude doivent garder les écrivains auxquels est confié le dépôt des libertés publiques ? Si la loi fondamentale du pays est menacée, si elle est violée, ils se lèveront pour dire au peuple que le contrat est rompu. Les premiers, ils opposeront une résistance, signal terrible d'un incendie qu'ils auront allumé. »

La meilleure arme du combat politique étant un journal, c'était donc à la fondation d'un journal que l'on s'occupait à Rochecotte. Discrètement bien sûr car, même en Touraine, on ne se trouvait pas vraiment à l'abri d'une police particulièrement active.

Après bien des hésitations et des controverses, on choisit le nom. Ce sera *Le National,* un titre qui dit bien ce qu'il veut dire. Quant au contenu, il mêlera des opinions monarchistes mais résolument antidynastiques et un grand classicisme littéraire pour éviter d'effaroucher le lecteur.

On racla les fonds de tiroir pour trouver l'argent, on travailla ferme et, le 3 janvier 1830, le premier numéro du *National* vit le jour. Lui aussi fit du bon travail : le 14 juillet suivant, la révolution de Juillet à laquelle il avait vigoureusement travaillé éclatait.

La duchesse de Dino conserva Rochecotte encore quelques années. Depuis, le château a été vendu à Mmes Pasquier qui en ont fait un hôtel de luxe réputé.

ROCHEFORT-EN-NOVALAISE

Mandrin !

L'aigle à travers l'espace
Est moins libre que nous.
Gens du Roy, gare à vous !
Voici Mandrin qui passe...

Chanson des Mandrins

Avec ses pierres d'un gris rose, son grand toit brun et sa tour carrée, c'est plus une grosse maison qu'un véritable château. Rien de féodal ici, sinon le souvenir. Pas même cette tour que les grands sapins noirs toisent avec quelque orgueil. Par contre, beaucoup de charme et, pour qui est sensible aux drames de l'Histoire, une certaine émotion se dégage. Là s'est achevée une légende...

Bien que Rochefort ne soit qu'à quatre lieues de Chambéry et pas beaucoup plus loin de Grenoble, il ne se situe pas en France lorsque Louis XV règne mais dans un fief relevant du roi de Piémont-Sardaigne. On y est savoyard et rien d'autre, mais plus que tous les autres peut-être, en cette année 1754, le sévère M. de Piolenc, président au parlement du Dauphiné, qui en est le propriétaire. La frontière étant toute proche, il y vit comme beaucoup d'autres familles, un pied en France, un autre en « Sardaigne »...

Par une nuit de printemps claire et belle, une dizaine de cavaliers s'approchent du château, mettent pied à terre... et se font ouvrir par un valet apeuré en menaçant de faire sauter la porte.

— Je ne vous veux aucun mal, dit le chef, un grand garçon roux, de belle mine et de belle allure portant habit gris de fer et tricorne galonné. C'est à votre maître que j'en ai. Je suis Mandrin !

Mandrin ! Depuis six mois le nom de cet homme court le pays et déjà sa légende commence, parce qu'il est celui qui a juré aux fermiers généraux et à leurs serviteurs une guerre inexpiable. Mandrin le contrebandier !...

Ce n'est pourtant pas par goût du banditisme qu'il s'est lancé dans l'aventure. Rien ne prédisposait ce beau garçon de vingt-six ans, fils d'un maquignon de Saint-Étienne-de-Saint-Geoirs, à devenir un hors-la-loi. De tout temps, la famille a été honorablement connue et possédait une certaine aisance mais les taxes, les impôts exigés avec une rigueur extrême par les hommes des Fermes ont peu à peu fait fondre les écus et rogné les terres. Un marché de mulets passé avec les Fermes et dans lequel Louis Mandrin, l'aîné des six enfants, a perdu tout ce qui lui restait, en a fait un mécontent. L'arrestation de son frère Pierre, dénoncé comme faux-monnayeur par Moret, un brigadier des Fermes, condamné puis pendu à Grenoble un jour de l'été 1752, en a fait un révolté.

Jurant sur la mémoire de son frère d'exercer une exemplaire vengeance, Louis a pris la montagne comme d'autres le maquis. Dans une grotte des Échelles, il a rejoint la bande de Bélissart, un vieux truand coriace qu'il a séduit par son courage, sa volonté et cette soif de vengeance qui l'anime. Peu à peu Bélissart lui a passé le commandement, gagné par les projets du jeune homme. Ce que veut Mandrin, c'est se procurer des marchandises, faire de la contrebande, battre les Fermes sur leur propre terrain et les faire trembler. Et, en très peu de temps, il réussit. Très vite, les « Mandrins » deviennent célèbres. C'est une forte troupe de trois ou quatre cents hommes bien armés, bien disciplinés, entièrement dévoués à leur jeune chef.

Quand ils entrent dans un village avec leurs mulets chargés de tabac, d'horlogerie, de tissus d'indienne ou de mousseline, de denrées alimentaires et aussi de bijoux, le tout acheté hors frontière, on leur fait fête car les prix qu'ils pratiquent sont sans comparaison possible avec ceux des fermiers généraux. Nobles et villageois se précipitent sur ces marchés improvisés...

Tout en menant ses affaires, Mandrin n'oublie pas sa vengeance. À Saint-Étienne-de-Saint-Geoirs, son village, il a, en plein jour, abattu de sa main Sigismond Moret, le dénonciateur de son frère Pierre, d'une balle dans la tête. Mais il lui reste encore quelqu'un à tuer, et ce quelqu'un c'est le président de Piolenc, l'homme dont la sentence a passé le nœud au cou de Pierre. Et c'est pour cela que, cette nuit, il a forcé la porte du château de Rochefort-en-Novalaise. Il vient abattre le magistrat.

Pistolet au poing, il monte à l'étage mais devant lui soudain se dresse une jeune fille blonde dont l'apparition le surprend. Elle ne paraît pas avoir peur de lui et c'est avec courage qu'elle lui barre le passage. Elle se nomme Jeanne de Piolenc, le président est son père et elle s'opposera de toutes ses forces à ce que l'on parvienne jusqu'à lui. D'ailleurs il est malade...

— Il le sera encore plus tout à l'heure ! dit Mandrin qui écarte la jeune fille et s'engouffre dans la chambre...

Il s'attend à trouver le magistrat suant de peur sous ses couvertures mais il n'en est rien. Le vieillard qu'il a devant lui ne tremble pas. Il sait que Mandrin vient pour le tuer, mais il ne lui donnera pas le plaisir de le voir faiblir. Bien plus : il revendique hautement la sentence qu'il a rendue. La justice est la justice, et lui, Piolenc, l'a toujours rendue sans faiblir. Si Mandrin veut sa vie, qu'il la prenne mais lui ne fera rien pour se défendre...

Cette attitude courageuse désarme Mandrin. Piolenc n'est pas un lâche et lui-même n'est pas un assassin. Avec un beau salut à l'adresse de la jeune fille qui, du seuil, le regarde avec étonnement, il quitte la chambre, redescend. Il va sortir du château à l'instant où y entre un jeune homme qui met l'épée à la main en reconnaissant la silhouette déjà célèbre du chef de bande. Mais Mandrin a souri :

— Je ne tue pas les malades... ni les honnêtes gens ! dit-il. En condamnant mon frère, votre père n'a obéi qu'à sa conscience. Je peux comprendre et pardonner...

L'autre le regarde, surpris, déjà séduit. Ce sera le début d'une belle amitié qui va unir le jeune Piolenc de Thoury et le chef contrebandier. Et quand, un mois après la visite de Mandrin, le président s'éteint, son fils ouvrira largement à son nouvel ami les portes de Rochefort qui, par sa situation en pays savoyard, peut être un refuge utile.

Jeanne, elle, n'apprécie pas cette amitié. Elle s'obstine à traiter Mandrin en bandit et refuse de le voir. Peut-être parce qu'il lui plaît trop, à elle aussi. Pour éviter de le rencontrer, elle vit, la plupart du temps, dans sa maison de Grenoble...

Cependant, la popularité du chef de bande ne cesse de croître. Il devient une sorte de héros national et Voltaire écrit : « Il y a trois mois, Mandrin n'était qu'un voleur, c'est à présent un conquérant. Il fait contribuer les villes de France et donne à ses soldats une paie plus forte que le roi n'en donne aux siens. Les peuples sont pour lui parce qu'ils sont las du repos et des Fermiers Généraux. Ce brigandage peut devenir illustre... »

Cela n'ira pas jusque-là. À Versailles, on trouve que les choses vont trop loin. Le contrôleur général Moreau de Séchelles fait envoyer aux frontières de Savoie un corps de soldats d'élite : les volontaires du colonel de La Morlière. On y ajoute le régiment des chasseurs de Fischer, 150 dragons de Bauffremont, 120 cavaliers d'Harcourt, 50 cavaliers de Fumel, 60 de Moutiers et un corps de dragons venant de Saint-Étienne. Plus la totalité des gabelous et des gens des Fermes : presque une mobilisation générale !...

Pourtant, tout cela ne servirait à rien tant on aime Mandrin si un traître, un certain Marsin, se disant hongrois, ne s'était glissé dans la troupe des contrebandiers. C'est en réalité un espion des Fermes.

Au début du mois de mai 1755, cet homme fait savoir que Mandrin séjourne au château de Rochefort, en l'absence de son ami Piolenc. Et, dans la nuit du 10, cinq cents hommes de La Morlière aux ordres du capitaine d'Iturbide-Larre franchissent la frontière de Savoie et investissent, en faisant le moins de bruit possible, le château. L'opération réussit. À trois heures du matin, Mandrin, maîtrisé par dix hommes, se voit réduit à l'impuissance. Une heure plus tard on le ramène en France et on le dirige sur Valence où siège le tribunal des Fermes et où l'attend le plus cruel, le plus implacable des magistrats : Levet de Malaval.

Selon Voltaire, les fléaux de l'humanité, à cette époque, étaient la peste, la gravelle, les écrouelles, l'Inquisition... et la Chambre de Valence. Mandrin est perdu...

Néanmoins, dès que l'affaire est sue, elle fait un bruit énorme. Il y a eu violation de frontière et la Sardaigne réagit violemment. Le roi Charles-Emmanuel envoie un ambassadeur à Versailles pour protester hautement, cependant que lui-même se charge de dire sa façon de penser à l'ambassadeur français à Turin : il exige même que Mandrin, pris chez lui, soit remis entre ses mains.

On est à deux doigts de l'incident diplomatique grave et, tandis que les diplomates discutent, Levet de Malaval reçoit l'ordre de faire vite. En un rien de temps, le procès est expédié et Mandrin condamné à périr sur la roue.

Chose étrange, une fois la sentence rendue, Malaval montre quelque douceur. Dans la cellule où il est enchaîné et gardé à vue, Mandrin peut recevoir des cadeaux, des vivres, des visites et il accepte le tout avec sa bonne humeur légendaire. On dit que, la nuit précédant son exécution, une silhouette féminine étroitement enveloppée d'une mante noire s'est glissée dans le cachot. C'est Jeanne de Piolenc venue, à l'heure suprême, voir celui dont son frère lui a dit qu'il pensait trop à elle.

Que se sont-ils dit, la jeune noble et le contrebandier ? Peut-on vivre en quelques minutes une éternité d'amour ?

Le lendemain, sur la place des Clercs à Valence, Mandrin montera à l'échafaud avec un courage exemplaire. Il demande un verre d'eau de la Côte mais oblige le prêtre qui l'assiste, le père Gasparini qui sanglote à fendre l'âme, à en boire aussi :

— Vous en avez plus besoin que moi...

Après quoi, dans le silence pesant d'une foule consternée, il relève lui-même les manches de sa chemise, les jambes de sa culotte et s'étend sur la croix où l'on va lui rompre les membres, avec un calme qui fait frémir le public :

— Enfants ! crie-t-il, prenez exemple sur moi...

Le bourreau lève sa barre de fer tandis que le père Gasparini s'évanouit. On emporte hors de la place une jeune fille aux cheveux blonds qui vient de glisser à terre, sans connaissance. Une jeune fille qui, dit-on, s'enfermera le lendemain dans le plus austère des couvents de Grenoble

Le château est privé et n'est pas ouvert à la visite.

LA ROCHEPOT

Un combat légendaire

Beau chevalier qui partez pour la guerre
Qu'allez-vous faire
Si loin d'ici ?

Alfred de MUSSET

Depuis la construction de l'autoroute du Sud, les voyageurs de Paris, en route vers la Provence, ont cessé de découvrir, au détour d'un virage, un admirable château aux murs clairs coiffés d'une étonnante tapisserie en tuiles vernissées, ces fameuses tuiles bourguignonnes qui habillent si fastueusement les toits des Hospices de Beaune voisins. Perché sur un éperon chevelu d'arbres verts, au carrefour des routes de Paris à Lyon et de Moulins à Bâle, ce château arrachait au plus indifférent un regard attentif car il est une superbe évocation des temps révolus de la grande chevalerie.

Jusqu'en 1408, il s'est appelé La Roche-Nolay à cause du bourg qui dort à ses pieds. Il avait alors appartenu successivement à la maison de Thil puis à celle de Beaujeu et enfin à celle de Savoie avant qu'un combattant de la plus folle des croisades en fît l'acquisition. Cet homme s'appelait Regnier Pot. Le château devint La Rochepot et l'est resté.

Vers la fin de l'année 1395, un cri d'alarme a franchi la moitié de l'Europe pour atteindre Dijon et même aussi Paris : Sigismond, roi de Hongrie, appelle au secours car son royaume, bastion avancé de la Chrétienté, est menacé par les Turcs. Le nouveau sultan, Bayezid, surnommé Ildérim, « l'éclair », ce qui est tout un programme, entend rester fidèle à son surnom. Depuis qu'il est monté au trône, il a déjà soumis la Serbie. Confortablement installé sur la rive méridionale du Danube, il menace sérieusement Sigismond.

L'appel rencontre des échos : le roi Charles VI d'abord, qui par extraordinaire n'est pas en période de folie, son connétable Philippe d'Artois et son maréchal de France Jean le Maingre de Boucicaut qui est un ami personnel de Sigismond. Là-dessus, le pape s'en mêle, donne sa bénédiction et la jeunesse chevaleresque de l'époque s'enflamme. Au point que le duc de Bourgogne, Philippe le Hardi, oncle de Charles VI, qui exerce la régence durant ses « absences », pense qu'il y a là matière à exalter sa maison et à occuper son bouillant héritier, Jean que l'on a surnommé sans Peur pour magnifier un courage proche de la sauvagerie et un fichu caractère. C'est, à vingt-trois ans, une sorte de terreur. Les Turcs vont lui procurer de l'ouvrage et cela lui fera le plus grand bien.

Autour du prince, bien sûr, on rassemble les meilleures lances. Parmi elles des Bourguignons de fraîche date : Guillaume de La Tremoille, son fils Pierre et son cousin Regnier Pot, tous originaires du Berry.

Rassemblée à Paris, la croisade prend le départ le 6 avril 1396 puis gagne Dijon où l'on festoie à la santé des Bourguignons. Enfin, on prend joyeusement le chemin de la Hongrie avec des équipages qui sont d'une fête beaucoup plus que d'une guerre si l'on considère que les tentes du jeune Jean sans Peur sont de satin vert et qu'un peuple de valets y évolue. L'armée se compose de 2 000 chevaliers et de leur suite, ce qui fait à peu près 10 000 hommes. Et durant quatre mois toute cette belle jeunesse va s'en donner à cœur joie de festoyer, trousser les filles et se défier en beuveries homériques. On traîne en route. On estime qu'on a tout le temps. Comment les Turcs, ces pauvres sauvages, ne prendraient-ils pas peur en apprenant l'approche d'une armée si belle, si forte, si noble qui se déplace pour le seul plaisir de leur tirer les oreilles ?

Pour sa part, Regnier Pot trouve que l'on perd du temps. Ce qui l'intéresse, c'est la bataille. Il est venu, non pour aller dormir chaque soir sous une table princière mais pour se créer une réputation et tailler l'ennemi en pièces. Il faut dire qu'aux armes c'est un vrai champion, d'une adresse redoutable. En fait, marié depuis peu, il aime sa jeune femme et déteste la débauche. C'est peut-être le seul, dans cette folle troupe, pour lequel le mot croisade signifie quelque chose.

Lorsque l'armée arrive enfin à Bude, Sigismond est un peu affolé. Ses libérateurs n'ont pas l'air de comprendre la situation : Bayezid est un ennemi formidable, terrifiant. Pas un petit chef de bande quelconque. On écoute le roi avec un intérêt poli : tant mieux si les Turcs sont braves ; la gloire n'en sera que plus grande. Et sans permettre au roi de Hongrie de plus longues explications, la bande de jeunes braves s'accorde tout juste quelques jours pour se remettre en jambes puis fonce droit en direction des Portes de Fer, entraînant à sa suite Sigismond, un peu désorienté.

Quelques faits d'armes isolés accroissent l'enthousiasme mais quand on rencontre Bayezid en personne devant Nicopolis, c'est le désastre : encerclés par des nuées de cavaliers turcs bien disciplinés, les combattants de la gloire romantique tombent comme des mouches. Quatre cents chevaliers restent sur le terrain, le reste se retrouve prisonnier, Jean sans Peur en tête.

Malheureusement, s'il y a beaucoup de morts chez les Français, il y en a encore plus chez les Turcs et Bayezid entre en fureur. Alors, gardant seulement sous les chaînes vingt-huit jeunes seigneurs, il fait massacrer tous les autres sous leurs yeux. Un bain de sang, une horreur sans nom que les rescapés contemplent à genoux. Ensuite on les conduit dans la citadelle de Brousse où ils devront attendre l'arrivée des fabuleuses rançons exigées. Seul Boucicaut est envoyé pour quêter à travers la Chrétienté.

Regnier Pot se désespère. Sa famille n'est pas riche et ne pourra payer. Alors il demande audience à Bayezid et, froidement, le prie de le faire exécuter. Et comme le sultan allègue qu'il représente de l'or pour lui, Regnier répond qu'il préfère mourir plutôt que de réduire les siens à la misère. Un pareil courage intéresse le sultan qui lui propose, puisqu'il ne peut retourner chez lui, d'entrer à son service et même d'épouser l'une de ses sœurs... Mais, chevalier du Christ, Regnier ne le reniera pas. Il préfère mourir.

— Dans ces conditions, dit Bayezid, tu mourras et tu mourras même les armes à la main...

— Alors, je te bénirai...

Mais quel combat ? Armé de sa seule épée, Regnier Pot devra affronter un lion gigantesque et particulièrement féroce, un vrai monstre qui a déjà tué nombre de combattants. Il faut bien se plier à cette fantaisie royale mais Regnier ne l'apprécie guère. Le soir venu, il fait une longue prière et se couche, s'endort. Il rêve même : une jeune dame très belle et très lumineuse lui apparaît et lui dit uniquement deux mots : « Frappe bas... »

Le lendemain, le combat a lieu. L'animal est vraiment fabuleux mais Regnier se souvient du conseil reçu :

— À la belle tant elle vault ! s'écrie-t-il en se ruant sur son ennemi dont il tranche d'un seul coup d'épée les deux pattes. Après quoi il l'achève tranquillement :

— Tu es libre, lui dit Bayezid, mais je te regretterai...

Quelques mois plus tard, Regnier Pot retrouvait sa Bourgogne, sa jeune femme et la grande faveur que le combat lui avait value. Une grande carrière s'ouvrait devant lui et il lui fallait un grand château : ce fut la Roche-Nolay. C'est là qu'il s'éteignit en 1438 chargé d'honneurs, après avoir été grand chambellan de Bourgogne, ambassadeur en Hongrie et l'un des premiers chevaliers de la Toison d'or. Le cri de guerre « À la belle tant elle vault » était devenu sa devise.

Après lui, le grand homme de la lignée fut son petit-fils Philippe Pot dont l'admirable tombeau est aujourd'hui au Louvre. Filleul du duc Philippe le Bon et successivement chambellan, Grand Maître d'hôtel, sénéchal et chevalier de la Toison d'or, Philippe Pot, à qui le Ciel avait accordé une éloquence rare – on l'appelait Bouche de Cicéron –, fut chargé par son maître d'importantes missions diplomatiques.

En 1450, il obtient la neutralité de Charles VII quand le duc Philippe doit faire face à une violente révolte de Gand et de Bruges qui le met en danger. C'est lui, aussi, qui négocie les trois mariages successifs du jeune comte de Charolais que l'on appelle déjà le Téméraire, avec Catherine de Valois qui meurt avant la noce, Isabelle de Bourbon qui sera le seul amour du prince et, enfin, Marguerite d'York, épousée par politique.

Mais le règne du Téméraire est éphémère. Après sa mort survenue sous Nancy en 1477, Philippe Pot, laissant Marie de Bourgogne épouser l'empereur d'Allemagne Maximilien, choisit la France. Louis XI lui en sera reconnaissant : Pot devient sénéchal de Bourgogne et gouverneur du Dauphin qui sera plus tard Charles VIII.

Maximilien lui a repris la Toison d'or mais l'ordre est étranger à présent et Louis XI le remplace par celui de Saint-Michel, plus ancien et plus noble encore. À sa mort, c'est à Philippe Pot qu'il confie ses enfants. Le jeune roi est justement trop jeune. La régente, c'est sa sœur, Anne de Beaujeu, la « moins folle femme de France car de sages il n'en est pas ». Mais, si sage qu'elle soit, Madame Anne n'en a pas moins besoin d'un bras solide et d'un conseiller qui l'est encore plus.

À sa mort, en 1493, Philippe Pot laisse son château à son frère Guyot, dont les enfants en héritèrent par la suite, ce qui par le mariage d'Anne Pot fait entrer La Roche dans la famille de Montmorency. Les Sully l'acquirent en 1551 et le gardèrent jusqu'en 1640. Il passa ensuite à Charles d'Angennes puis au cardinal de Retz qui, criblé de dettes, le vendit.

La Révolution fit au château un mal affreux et il fut laissé dans l'abandon jusqu'à la date de 1893 où la veuve d'un président de la République, Mme Sadi Carnot, l'achetait et l'offrait à son fils qui consacra sa vie à la résurrection de cette superbe demeure près de laquelle avait vu le jour, à Nolay, son illustre ancêtre Lazare Carnot. Depuis, La Rochepot est demeurée entre les mains pieuses et attentives de la famille Carnot.

Horaires d'ouverture

Avril, mai et juin	10 h-17 h 30
Juillet et août	10 h-17 h 30
Septembre	10 h-17 h 30
Octobre	10 h-11 h 30 et 14 h-16 h 30

Fermé le mardi.

http://www.larochepot.com/

LA ROUËRIE

L'homme du roi

Mon unique espérance est dans mon désespoir.
RACINE

Non loin de l'important nœud routier d'Antrain, le château de La Rouërie étire sa longue façade claire dont les lignes sévères s'allègent et se parent d'un fronton triangulaire. Un vaste parc planté d'essences rares venues du bout du monde lui sert d'écrin et la noble image qu'il offre ne parle que de paix, de vie facile et de sérénité. En fait, de tout ce que n'a jamais connu ni voulu connaître l'homme qui a fait de ce château ce qu'il est, et qui en a dessiné le parc tel qu'il nous est resté.

Il se nommait Armand-Charles Tuffin, marquis de La Rouërie, et sa vie tout entière ne fut qu'une incessante galopade, une folle aventure vécue au service de son propre enthousiasme, de sa propre générosité et de ses emballements. Au service aussi d'un roi auquel, le temps du malheur venu, il voulut dévouer sa vie.

En 1767, La Rouërie a dix-sept ans. Il est enseigne-drapeau du régiment des gardes-françaises et il a pour mentor, à Paris, un sien oncle : M. de La Belinaye, gentilhomme breton comme lui-même mais beaucoup plus âgé comme il se doit pour un oncle. Ce qui, d'ailleurs, n'exclut pas les folies !... C'est ainsi qu'à cette époque M. de La Belinaye est fort épris d'une actrice jeune et jolie, Mlle Beaumesnil, qui fait d'ailleurs tourner bien d'autres têtes que la sienne. Entre autres celle de notre jeune marquis, lequel s'amourache follement de la jeune femme sans se douter un seul instant du tendre intérêt que lui porte son oncle... Amoureux au point de lui faire une cour pressante et même de lui offrir le mariage.

Il faut dire que la Beaumesnil eut alors une conduite pleine de dignité : elle repoussa son soupirant avec beaucoup de fermeté. Armand, pour sa part, ne vit là que les manifestations bien naturelles d'une pudeur attaquée et décida de prendre la place de force, persuadé que l'on n'attendait que cela.

C'est ainsi qu'une belle nuit il se dirige, escorté de deux couvreurs portant une échelle, vers le domicile de sa belle, escalade la façade et entre bonnement par la fenêtre. Heureusement, l'actrice est seule et cela permet à l'imprudent de tomber à ses genoux pour une déclaration plus qu'enflammée : il ne sortira pas que son amour ne soit payé de retour !

Affolée, la jeune femme a juste le temps de le faire sortir par la porte mais, déjà, La Belinaye est arrivé à son tour. Il est en train de discuter avec les deux couvreurs. Explication. Drame. Colère du vieux monsieur, qui se croit trompé et rompt avec sa maîtresse. Le lendemain même il rentrait en Bretagne tandis que son neveu allait, de son côté, s'enfermer à La Trappe pour tenter d'oublier son malheureux amour.

Le hasard veut qu'un jour l'oncle passe aux environs du monastère, reconnaisse son neveu et apprenne de lui qu'il en est réduit à cette extrémité par la résistance inexplicable d'une fille d'Opéra. Quelle fille d'Opéra ? Mais la Beaumesnil voyons !... Dès lors, l'oncle et le neveu rentrent à Paris où tout s'arrange. La Beaumesnil retrouve son protecteur... et imaginera le moyen de faire savoir à monsieur son neveu qu'il ne lui est pas tout à fait indifférent... Rassuré sur ce point, La Rouërie se livre à toutes sortes de folies, contracte des dettes, se bat en duel, se voit refuser la main d'une jeune fille, blesse grièvement le comte de Bourbon-Busset puis, pour échapper au châtiment, donne sa démission et s'enfuit. À Genève d'abord puis en Amérique où il vient, bon premier et bien avant La Fayette, mettre son épée au service des Insurgents.

Il y mène, magnifiquement, une extraordinaire guerre de partisans qui lui assure chez ses frères d'armes une grande célébrité. On connaît, là-bas, le colonel Armand tout autant et même plus que La Fayette, et il est grand dommage que cette gloire ne l'ait pas suivi en France. Peut-être parce qu'il eut le tort de rentrer trop tard, bien après tout le monde et quand toutes les récompenses étaient distribuées. Il ne rapporta que la médaille de Cincinnatus, des dettes et un ami, le major Chafner, qui vint tranquillement s'installer avec lui en Bretagne.

Retour mélancolique dans le château de La Rouërie qui a été reconstruit vers 1730 sur les restes d'un vieux manoir et qui aurait grand besoin de réparations. Mais que faire sans argent… sinon se marier ? Et, justement, à une petite lieue et demie de chez notre marquis, il y a la plus belle et la plus riche héritière qui soit : Louise-Caroline, fille du défunt marquis de Saint-Brice, protégée de la reine Marie-Antoinette qui souhaitait lui faire épouser le chevalier de Parny. Mais La Rouërie ne manque pas de charme et, après quelques hésitations de la part de la mère, le mariage est célébré le 22 décembre 1785, au château de Saint-Brice, les témoins du marié étant son ami Chafner et sa cousine Thérèse de Moëlien dont nous aurons l'occasion de reparler. Une tendre affection unit en effet les deux cousins : Thérèse est très belle, avec la plus opulente et la plus soyeuse chevelure châtain clair qui se puisse voir. On ne sait trop jusqu'où alla, par la suite, cette tendresse, mais il semble bien que Mlle de Moëlien, au demeurant la plus noble des créatures, aima toujours son cousin et n'aima jamais que lui…

Le mariage n'aura pas le temps d'être heureux. Trois mois après, la jeune marquise, dont la santé n'a jamais été bonne, est prise d'une maladie de langueur. Pour la soigner, on appelle un jeune médecin du bourg de Bazouges-la-Pérouse, nommé Chévetel et fils d'un médecin de grande réputation. Chévetel, dont il faut bien retenir le nom, est un jeune homme séduisant, élégant et plein d'esprit. La Rouërie s'engoue de lui au point d'en faire un ami. Il l'installe au château et même il accepte avec reconnaissance qu'ayant préconisé pour la malade une cure à Cauterets, il l'y accompagne. Hélas, le voyage achève d'épuiser la jeune femme qui s'éteint le 18 juillet 1786, après six mois de mariage. Chévetel reviendra apprendre la nouvelle à un La Rouërie accablé de chagrin.

Mais les premiers frémissements de la Révolution se font sentir en Bretagne. Avec onze autres gentilshommes, La Rouërie « monte » à Versailles pour présenter au roi des remontrances sur les libertés de la province. Plus pour la forme que pour autre chose, on leur offre un court séjour à la Bastille. Après cela, le marquis rentre chez lui où l'attendent Thérèse et Chafner. Chévetel, lui, s'installe à Paris où le marquis lui a procuré un poste de médecin chez le comte de Provence, frère de Louis XVI.

Quand la Révolution éclate enfin, La Rouërie ne s'en soucie pas vraiment. Il fait reconstruire son château, redessiner son parc où l'on plante les quatre tulipiers qu'il a rapportés d'Amérique et qui existent toujours. Mais quand est promulguée la constitution civile du clergé, le marquis sent se réveiller ses sentiments de chrétien et de royaliste. Et il accepte de devenir le chef d'une association de gentilshommes qui s'est constituée chez le comte de Noyant, près de Dol.

Cette association souhaite recevoir l'investiture d'un prince et La Rouërie se rend à Coblence où le comte d'Artois a émigré. Au retour, il s'arrête à Paris pour y voir son ami Chévetel auquel, sans méfiance, il raconte tout ce qui vient de se passer. Hélas, le médecin est devenu un familier de Marat, de Danton, et de Camille Desmoulins, un révolutionnaire enragé. Mais il se gardera bien de le dire et va dès lors jouer dans la vie de cet homme qui lui a donné son amitié un rôle abominable.

Revenu en Bretagne, La Rouërie organise sa troupe avec l'aide de Thérèse. Les adhésions sont nombreuses et un émissaire permanent, Georges de Fontevieux, assure la liaison avec Coblence, sans jamais oublier de passer chez Chévetel pour le tenir au courant. Tout ce remue-ménage autour du château finit par le rendre suspect. Pour éviter une perquisition, le marquis gagne la campagne autour de Fougères où habite Thérèse de Moëlien. C'est là qu'il rencontre l'ancien faux saunier Jean Cottereau, dit Jean

Chouan, qu'il va galvaniser et entraîner avec lui dans la lutte pour le roi.

Le soulèvement en Bretagne doit éclater quand arrivera la nouvelle de la prise de Châlons par les Prussiens. Chévetel, qui le sait, va raconter à Danton ce qui se prépare et celui-ci fera le nécessaire pour que les Prussiens reculent. On a parlé de tractations secrètes entre Danton et le duc de Brunswick.

La conspiration bretonne attendra longtemps un signal qui ne viendra jamais. Pourtant, à présent, la Chouannerie, la guerre des chemins creux, est lancée. Elle ne s'arrêtera plus.

Pour mieux perdre ceux qui avaient si grande confiance en lui, l'indigne Chévetel vient s'installer au château de La Fosse-Ingant, chez les Désilles, amis chers de La Rouërie et qui, bien entendu appartiennent à la conjuration. Le traître a amené avec lui l'une de ses âmes damnées, un certain Lalligand-Morillon, ancien faux-monnayeur qu'il laisse cependant par prudence à Saint-Servan, après avoir mis au point avec lui certaine opération de grande envergure...

Chez les Désilles, Chévetel est traité à ce point comme un frère qu'on lui confie une mission auprès du comte d'Artois, mission dont, bien entendu, Danton ne perdra rien.

Ce que souhaite Chévetel, à présent, c'est prendre La Rouërie, mais le marquis est devenu insaisissable. Il se déplace sans cesse pour ne pas compromettre ceux qui l'hébergent ; cependant, le traître ne désespère pas de le voir venir, un soir, à La Fosse-Ingant. Il n'y viendra jamais.

Le 12 janvier 1793, c'est au manoir de La Guyomarais, près de Saint-Denoual, que La Rouërie vient demander asile. Il est déjà malade et le mal ne fera que s'aggraver. On tentera, quand la tête de Louis XVI tombera, le 21 janvier, de le lui cacher mais il l'apprend tout de même. Une fièvre cérébrale se déclare alors, sous le choc, et emporte le marquis de La Rouërie dans la nuit du 29 au 30 janvier... On l'enterre à quelque distance du manoir, et Thérèse n'apprendra sa mort que plusieurs jours plus tard.

L'œuvre infernale de Chévetel l'a manqué, mais va tout de même s'accomplir. Ce sera l'histoire du château de La Fosse-Ingant qui suit celle-ci...

Le château est privé et n'est pas ouvert à la visite.

ET… LA FOSSE-INGANT

La fin d'une tragédie

Le sang n'est pas une bonne rosée.
Nulle moisson ne vient sur la grève arrosée.

Victor HUGO

Typiques de la région de Saint-Malo, les malouinières sont de grandes et belles demeures de plaisance construites au temps de la course, pour l'agrément des riches armateurs et des corsaires venus au repos. La Fosse-Ingant est l'une de ces demeures et fut bâtie jadis pour la famille de Nermont auprès du village de Saint-Coulomb, entre Cancale et Saint-Malo. Elle élève auprès de l'étang de Sainte-Suzanne son grand toit et ses hautes cheminées de pierre, au-delà d'une vaste pelouse et de grands arbres.

C'est une maison faite pour le bonheur paisible d'une famille, pour le repos d'un marin après des années de mer. Pourtant, ce qu'elle évoque toujours par-delà le temps, c'est le drame qui atteignit si durement la Chouannerie bretonne, et cela parce que, dans les débuts de l'année 1793 qui vit la mort du roi Louis XVI, son toit confiant, son hospitalité chaleureuse accueillaient un traître, l'immonde docteur Chévetel que le marquis de La Rouërie avait si longtemps considéré comme un ami. Mais cet ami-là n'eut jamais d'autre but que d'abattre l'insurrection bretonne et de s'emparer de l'homme qui en était le chef. Pour cela, on le payait grassement.

En cette fin du mois de janvier 1793, La Rouërie est mort, dans la nuit du 29 au 30, au château de La Guyomarais, en Saint-Denoual, à une dizaine de lieues de Dinard. Pendant la maladie du marquis, le château a déjà subi une perquisition qui a obligé à le cacher. Les soldats peuvent revenir et il importe à présent de faire disparaître le cadavre qui ne peut recevoir une sépulture normale. On l'enterre dans le parc de La Guyomarais, auprès d'un grand houx panaché.

Mais, derrière lui, La Rouërie laisse des papiers importants qui contiennent toute l'organisation de la conjuration ainsi que les noms de ceux qui y participent. M. de La Guyomarais décide alors d'envoyer Pierre, le fidèle domestique du marquis, à La Fosse-Ingant pour rendre compte de ce qui s'est passé à Marc Désilles de Cambernon, le propriétaire du manoir qui est aussi le trésorier de l'association contre-révolutionnaire. En même temps, Pierre emportera les papiers et les remettra à M. Désilles. C'est la simple logique et La Guyomarais n'imagine pas un seul instant qu'il va déchaîner le drame sur sa propre demeure comme sur celle de ses amis.

Marc Désilles, dont il a déjà été fait mention à propos de La Rouërie, habite La Fosse-Ingant depuis 1770, lorsqu'il en a hérité de son grand-père Joseph Trublet de Nermont. Il y vit avec sa femme, née Jeanne Picot de Clorivière. Il en a eu quatre enfants : Jeanne, mariée à M. Dufresne de Virel ; Angélique, mariée à M. de La Fonchais ; Marie-Thérèse, qui a épousé M. d'Allerac ; enfin, un fils André, tué à Nancy au cours d'une révolte de son régiment... Ce sont tous des gens d'honneur, des gens de bien et aucun d'eux n'imaginerait que cet aimable docteur Chévetel en qui ils voient un ami fidèle, un ami que l'on reçoit toujours avec plaisir, n'a d'autre ambition que de les envoyer tous à l'échafaud.

Devant les Désilles et Chévetel, Pierre raconte la mort de son maître et son inhumation tragique – le corps a été saupoudré de chaux pour accélérer la décomposition. Il ajoute que le secret de la tombe sera bien gardé, si toutefois le jardinier qui a aidé à l'ensevelir ne s'adonne pas trop à la boisson... Chévetel écoute bien sûr de toutes ses oreilles. Certes, La Rouërie est mort, mais si l'on peut faire parler ce jardinier on trouvera sa tombe, ce qui compromettra définitivement tous ceux de La Guyomarais.

À La Fosse-Ingant, le traître continue à jouer son rôle d'ami attentif, de bon compagnon de combat. C'est même lui qui conseille d'enfouir dans le jardin, protégés par un bocal de verre jaune, les papiers que Pierre a apportés. Ensuite, sous un prétexte quelconque, il se rend à Saint-Servan pour y retrouver son compère Lalligand-Morillon, l'envoyé de la Convention. Il lui conseille de se rendre à La Guyomarais et d'y faire boire le jardinier Perrin. Le corps de La Rouërie découvert, Lalligand n'aura plus qu'à arrêter tout le monde. Cela fait, il pourra venir à La Fosse-Ingant où, bien sûr, il n'aura aucune peine à découvrir les fameux papiers qui permettront le démantèlement total du réseau.

Arrivé à Lamballe, le 24 février au soir, Lalligand-Morillon se constitue une troupe solide composée de gendarmes et de gardes nationaux, puis s'en vient à La Guyomarais où il pénètre le lendemain. Toute la journée, toute la nuit suivante, les habitants du manoir sont interrogés par cet homme qui n'a pas grand-chose d'humain. En même temps, on fait boire tant et plus le malheureux jardinier qui, naturellement, finit par livrer le secret de la tombe.

Mme de La Guyomarais est interrogée plus longuement encore que son mari. A-t-elle vu le marquis de La Rouërie ? Lui a-t-elle donné asile ? Les réponses tiennent en un seul mot, toujours le même : c'est non... Mais soudain, quelque chose est jeté par la fenêtre et vient rouler aux pieds mêmes de la pauvre femme. C'est une grosse boule noire, ignoble et nauséabonde : la tête du marquis de La Rouërie à demi putréfiée... La preuve est faite et, au soir du 28 février, Lalligand ramène à Lamballe ses prisonniers enchaînés... C'est à présent le tour de La Fosse-Ingant.

Le 2 mars, Lalligand-Morillon, qui, craignant un mouvement de foule en leur faveur, a jugé plus prudent d'expédier ses prisonniers à Rennes, est de retour à Saint-Servan, dans l'auberge du Pélican où il écrit au ministre la lettre suivante, qui accable Chévetel : « Me voici de retour à Saint-Servan. J'attends Chévetel pour porter le coup de la mort au parti aristocrate. Depuis cinq jours, je veille, je cours, je fais arrêter, je fais des procédures, des saisies. Ma conduite sera celle de l'homme qu'il faut à la république. Patience ! Adieu, je meurs de sommeil et je vais prendre un peu de repos en attendant Chévetel. » Après sa signature, il ajoute : « Il n'y a rien à reprocher à Chévetel. Il a bien été... »

Cela peut laisser supposer qu'en haut lieu on avait peut-être quelques doutes touchant la fidélité révolutionnaire du médecin, mais il va s'employer activement à les lever. Il ne tarde pas à rejoindre son compère Lalligand, et lui donne ses dernières instructions.

Cette même nuit, à La Fosse-Ingant, une main est venue frapper à une fenêtre et une voix a annoncé : « Les révolutionnaires vont venir perquisitionner. Le détachement va quitter Saint-Malo... » Tout de suite, bien sûr, c'est l'angoisse. Les filles de Marc Désilles qui sont toutes trois au manoir, ainsi que leur oncle Picot de Limoëlan, supplient leur père de s'enfuir. C'est lui le plus compromis puisqu'il est le trésorier de l'association. Il faut qu'il gagne le large. Les papiers sont bien cachés et, dans ces conditions, les femmes n'ont rien à craindre.

C'est une douce illusion, mais Désilles finit par se laisser convaincre. Il quitte sa demeure, gagne la côte et s'embarque à Rothéneuf en direction de Jersey. Il y mourra désespéré, le 23 août 1794. Quand Chévetel revient de Saint-Servan, il apprend, non sans regrets, la fuite de Désilles mais, au fond, ce n'en est qu'un de perdu. On aura tous les autres.

Au matin, Lalligand se présente en compagnie du juge de paix de Cancale et d'une centaine de gardes nationaux. Tout de suite, c'est la perquisition, les interrogatoires – Chévetel qui joue son rôle supérieurement n'est pas épargné. Puis on commence à fouiller le parc. Morceau par morceau, en prenant bien soin de commencer assez loin de l'endroit où l'on sait que se trouve le bocal. Mais enfin on le trouve, et les habitants de La Fosse-Ingant comprennent qu'ils sont perdus. On les arrête tous, y compris Chévetel qui, naturellement, sera relâché presque aussitôt à l'insu de ses « amis ». Il pourra même revenir dans cette maison où il a porté le malheur... pour y faire main basse sur l'argenterie.

Les prisonniers allèrent rejoindre à Rennes, dans la Tour-le-Bat, ceux de La Guyomarais plus quelques autres, comme le frère de Mme de La Guyomarais, arrêté sans preuves mais pour faire bonne mesure. Une autre captive allait venir les retrouver... Thérèse de Moëlien, la belle cousine, l'égérie du marquis de La Rouërie, compromise naturellement dans la conspiration royaliste, avait rejoint sa maison de Fougères. Mais certains bruits affirmaient que Marc Désilles lui aurait remis, dès avant les perquisitions, le reliquat des fonds de l'association, soit mille écus d'or. Des écus sur lesquels Lalligand-Morillon espérait bien se payer de ses peines. Aussi se réservait-il de visiter lui-même la jeune femme, mais un fonctionnaire trop zélé l'a gagné de vitesse et, le 25 mars, Thérèse de Moëlien, arrêtée, rejoignait ses amis à Rennes.

Le 12 avril on transfère les prisonniers à Paris : ils sont vingt-cinq à présent et il convient de faire bénéficier les Parisiens d'un si beau coup de filet. Leur voyage, un calvaire, durera jusqu'au 20. Ceux de La Guyomarais et de La Fosse-Ingant seront incarcérés à l'Abbaye. Naturellement, leur procès, mené par Fouquier-Tinville, se termine par une série de condamnations à mort.

Une fille des Désilles, Mme de La Fonchais, aurait pu sauver sa vie car elle ne figurait sur les papiers que comme intermédiaire. Mais, comme son avocat, Tronson du Coudray, l'engageait à révéler le nom de la personne qu'elle avait représentée en lui conseillant de songer à ses enfants, la courageuse femme répondit : « Celle-là aussi est mère... »

Quant à Thérèse de Moëlien, elle refusa de laisser couper, pour mourir, ses magnifiques cheveux, et les rassembla soigneusement au-dessus de sa tête. Chateaubriand a écrit à son sujet : « Je n'avais encore vu la beauté qu'au milieu de ma famille ; je restai confondu en l'apercevant sur le visage d'une femme étrangère... »

L'infâme Chévetel réussit à se faire oublier avec Thermidor et se fit dès lors le plat valet de tous les régimes. Il parvint même à devenir maire d'Orly mais, pourri de vices, n'en mourut pas moins dans une noire misère.

La Fosse-Ingant, après être passée dans la famille de La Villéon, appartient à présent à l'un des membres de la famille de Dieuleveult.

Le château est privé et n'est pas ouvert à la visite.

SAINT-FARGEAU

Au plaisir de la Grande Mademoiselle

Être belle et aimée, ce n'est être que femme. Être laide et savoir se faire aimer c'est être princesse.

BARBEY d'AUREVILLY

« Nous arrivâmes à Saint-Fargeau à 2 heures de nuit. Il fallut mettre pied à terre, le pont étant rompu. J'entrai dans une vieille maison où il n'y avait ni portes ni fenêtres et de l'herbe jusqu'aux genoux dans la cour ; j'en eus une grande horreur... »

La scène se passe en 1652. Celle qui écrit ces lignes désabusées est alors une grande fille de vingt-cinq ans, blonde, pas vraiment laide mais de style énergique. Épanouie au demeurant en attendant d'être grosse, la bouche charnue et l'œil bleu. Son désenchantement présent vient de ce qu'elle n'a pas l'habitude d'un logis de cette sorte car elle est sans doute la femme la plus riche de France.

Son nom ? Anne-Marie-Louise d'Orléans, duchesse de Montpensier, princesse de Dombes et dame d'une foule d'autres terres ; tout cela réuni en un titre très court qu'elle seule a le droit de porter en France : « Mademoiselle » ! Ajoutons pour faire bonne mesure qu'elle est cousine du roi Louis XIV et que c'est à lui qu'elle doit de faire connaissance présentement avec les vicissitudes de l'exil.

Pour quelle raison le roi a-t-il ainsi exilé sa cousine ? S'étant laissé emporter au vent fou de la Fronde pour faire plaisir à son cousin Condé, Mademoiselle n'a rien trouvé de mieux que faire donner les canons de la Bastille contre les armées du roi. D'où un léger mécontentement royal vite transformé en exil à Saint-Fargeau. À Saint-Fargeau où Mademoiselle n'a jamais mis les pieds, d'où la désagréable surprise :

« L'on me mena à une vilaine chambre où il y avait un poteau au milieu. La peur, l'horreur et le chagrin me saisirent au point que je me mis à pleurer. Je me trouvais bien malheureuse, étant hors de cour, de n'avoir pas une plus belle demeure que celle-là et de songer que c'était le plus beau de tous mes châteaux, n'ayant pas de maison bâtie... » Cette nuit pénible donne au moins à la petite-fille d'Henri IV l'occasion de jeter sur sa vie passée un coup d'œil aussi amer que rétrospectif.

Il faut dire que si de son grand ancêtre elle tient un cœur excellent, un caractère hardi et un superbe nez bourbonien, elle tient de ses autres ancêtres une grande naïveté touchant les réalités de la vie et un orgueil tellement prodigieux qu'il devait finir par en devenir assez comique. En outre, l'esprit farci de romans, Mademoiselle s'évertue à attendre le héros couronné qui saura mériter sa main par des exploits sans pareils. On lui a tellement répété depuis la mort de sa mère, survenue quand elle avait sept jours, qu'elle est l'une des plus grandes princesses du monde et que bien peu de mortels sont dignes de prétendre à sa main !

C'est un peu vrai et les candidats à cette main n'ont pas manqué. Le premier a été le comte de Soissons, grand maître de France et gouverneur du Dauphiné, amant de surcroît de la duchesse de Montbazon qui avait mis le mariage en train et qui jurait à la naïve princesse que Soissons était fou d'elle. En fait, il n'était fou que de sa fabuleuse fortune et pas fâché au fond de jouer un tour au père de Mademoiselle, Gaston d'Orléans, frère de Louis XIII avec lequel il avait jadis conspiré. Le combat de la Marfée mit fin à l'idylle pour l'excellente raison que le beau Soissons y resta les bras en croix.

Mademoiselle le pleura convenablement sans plus. La reine mère Anne d'Autriche ne venait-elle pas de lui dire, en lui montrant le futur Louis XIV de trois ans, que ce serait un jour son petit mari ? Reine de France ! Que pouvait-elle rêver de mieux ? Rien sans doute, encore qu'un fiancé de trois ans n'eût rien d'enchanteur. D'ailleurs Anne d'Autriche revenait sur son idée : « Après tout il est trop jeune. Tu épouseras mon frère ! »

La proposition avait sa valeur. L'infant Ferdinand, alors âgé de trente-deux ans, était de belle mine et régnait, pour le roi son frère, sur les Pays-Bas. Évidemment, il était aussi cardinal mais n'ayant pas reçu les ordres, celui que l'on appelait le cardinal-infant pouvait parfaitement se marier. Hélas, la pauvre Mademoiselle eut tout juste le temps de sourire à cette proposition : le 9 novembre de cette année 1641, le cardinal-infant mourait à Bruxelles d'une fièvre tierce.

« J'en fus très fâchée parce que c'était l'établissement du monde le plus agréable pour moi à cause de la beauté du pays, de sa proximité à celui-ci et par la manière d'y vivre qui n'est pas éloignée de celle de France. » Et sur cette oraison funèbre en forme de dépliant touristique, Mademoiselle oublia le prince espagnol.

Elle revient pourtant sur l'Espagne trois ans plus tard. Pourquoi n'épouserait-elle pas le roi Philippe IV en personne ? Pourquoi ? Mais parce que le cardinal Mazarin, qui savait compter comme personne, n'avait aucune envie de voir la fabuleuse dot passer aux mains de l'Espagnol détesté. Le Roi Très Catholique reçut une fin... de non-recevoir.

Mademoiselle, qui, elle, détestait ledit Mazarin, enragea et ne devait pas lui pardonner de sitôt. Mais le prince de Galles, futur Charles II, arriva juste à point pour lui changer les idées. Cet autre petit-fils d'Henri IV n'était pas laid bien qu'il ne sût pas un mot de français. La cour qu'il fit se révéla regrettablement muette et d'ailleurs on ne pouvait guère espérer à l'époque qu'il retrouverait jamais sa couronne. Et puis, « j'avais alors dans l'esprit d'épouser l'Empereur et la pensée de l'empire occupait si fort mon esprit que je ne regardais plus le prince de Galles que comme un objet de pitié... ». Dangereuse attitude : l'Empereur se maria ailleurs... et le prince de Galles devint roi d'Angleterre. Ne voyant rien de mieux, Mademoiselle pensa alors à Dieu... juste le temps d'apprendre que l'Empereur était à nouveau veuf, d'où regain d'espoir.

Vite éteint, l'Empereur se remarie peu après. Mademoiselle songe alors à son cousin Condé dont la femme est malade. La folie des canons de la Bastille sera une manière comme une autre de faire savoir au prince qu'on ne l'oublie pas. D'ailleurs, peu de temps avant, à Orléans où elle est allée jouer les Jeanne d'Arc, Mademoiselle a pris goût à la guerre. Une guerre qui décidément ne lui réussit pas.

Sa longue nuit terminée, Mademoiselle décide d'aller coucher chez le bailli de Saint-Fargeau « nouvellement marié ». Puis, comme l'exil risque de se perpétuer, elle entreprend courageusement de remettre son château en état. Autrement dit de reconstruire.

Le château en a bien besoin. Fondé en 990 par l'évêque Héribert, frère naturel d'Hugues Capet, il a appartenu à Guillaume de Bar puis au marquis de Montferrat qui le vendra à Jacques Cœur dont la fortune est immense. Hélas, le Grand Argentier de France va vers sa perte. Ses ennemis sont multiples et premier d'entre eux apparaît Antoine de Chabannes, comte de Dammartin, ancien chef d'écorcheurs. Après le procès, Chabannes se fait donner Saint-Fargeau mais il a le tort de combattre Louis XI et celui ci lui reprend le château pour le rendre au fils de Jacques Cœur... qu'il le repassera au fils de Chabannes contre un confortable dédommagement. On dit que Jacques Cœur eut le temps de construire la plus grosse des tours.

Des Chabannes, Saint-Fargeau glissera aux Bourbons par les femmes et c'est par sa mère que Mademoiselle en deviendra l'heureuse propriétaire.

Heureuse ? Sans doute, car elle va lui donner l'aspect qu'on lui voit aujourd'hui. Les travaux qui durèrent jusqu'en 1657 furent exécutés d'après des plans de Le Vau. Mademoiselle put recevoir son père, Turenne, Condé et Mme de Sévigné. Elle eut encore l'occasion de faire à Saint-Fargeau un séjour forcé quand en 1662, ayant refusé d'épouser le roi du Portugal, Louis XIV la renvoya en exil. En fait, le Portugais était impuissant et Mademoiselle avait raison.

Mais le temps venait de sa grande passion pour le petit Lauzun à qui elle faisait de fastueux cadeaux. Saint-Fargeau fut sans doute le plus somptueux.

Lauzun conservera le château jusqu'en 1714, date à laquelle il le vendra au financier Antoine Crozat qui ne le gardera qu'un an. C'est à présent l'entrée en scène des Le Peletier des Forts, une grande famille parlementaire bientôt titrée du comté de Saint-Fargeau.

Le grand homme de la famille, c'est, à la veille de la Révolution, Louis-Michel Le Peletier de Saint-Fargeau, président à mortier au parlement de Paris, comte de Saint-Fargeau qui, néanmoins, n'hésite pas à embrasser la cause révolutionnaire et, conventionnel, à voter la mort de Louis XVI. Cela ne lui porte pas chance. Quelques jours plus tard, le 29 janvier, il est assassiné dans le sous-sol d'un café de la galerie de Valois au Palais-Royal par un ancien garde du corps du nom de Pâris. En consolation, il aura de somptueuses funérailles et s'en ira reposer, en toute simplicité, au Panthéon.

Après les Le Peletier, voici les Boisgelin, puis les Anisson du Perron, enfin les d'Ormesson. Pour Jean d'Ormesson, de l'Académie française, Saint-Fargeau c'est la maison des anciennes vacances. Il lui a conservé une vraie tendresse qui s'exprime pleinement dans son superbe roman *Au plaisir de Dieu*, tourné par la télévision et que l'on repassera certainement encore plusieurs fois... pour le plaisir de tous !

L'œuvre a été salvatrice pour le château qui tombait en ruine. Séduits par sa beauté, les frères Guyot l'ont acheté et se sont courageusement mis à l'ouvrage, ne fût-ce que pour refaire les kilomètres de toiture. Pour parachever leur ouvrage, ils ont monté un grand spectacle avec la collaboration de tous les habitants du village : 800 personnes...

Grâce à eux, et jusqu'à la fin de l'été – mais sûrement aussi chaque année –, les ombres de Saint-Fargeau reprendront vie et, pour quelques instants, la Grande Mademoiselle redevient une réalité contemporaine. C'est un spectacle qu'il faut voir... et Saint-Fargeau n'est pas si loin..

Horaires d'ouverture

Du 20 mars au 11 novembre	10 h-12 h et 14 h-18 h
Juillet et août	10 h-12 h et 14 h-19 h

Un spectacle historique se déroule en juillet et août, les vendredis et samedis à 22 h (durée : 1 h 30).

http://www.chateau-de-st-fargeau.com/

SAINT-GERMAIN-EN-LAYE

Les rois aux champs

> *Que pouvez-vous bien trouver à faire à la campagne ?*
> *Tout. Excepté le temps de le faire.*
>
> R. KIPLING

Le Château-Vieux

« Trouvant le lieu plaisant, le roi fit abattre le vieil bastiment de Charles V sans toucher néanmoins au fondement sur lequel il fait redresser le tout sans rien déranger dudit fondement ainsi qu'on peut le cognaistre par la cour, d'une assez sauvage quadrature... » Ainsi, en 1539, date à laquelle François Ier décide de faire reconstruire Saint-Germain-en-Laye, le bon Du Cerceau explique à sa manière imagée que le roi s'est décidé à se donner, près de Paris mais assez loin de ses miasmes pénibles, une sorte de château des champs pour y passer les premiers beaux jours. De la vieille demeure féodale, on ne gardera que le donjon et la Sainte-Chapelle, laquelle est d'ailleurs bien antérieure à Charles V puisque, comme toutes ses pareilles, elle a été construite par Saint Louis.

François Ier n'invente rien. Presque tous les rois sont venus admirer, depuis les hauteurs de Saint-Germain, l'admirable panorama de la vallée de la Seine. Cela commença avec les Capétiens sans exception puis avec les Valois. Seul Louis XI bouda le vieux château, se contentant de l'offrir à son médecin Coictier. Pas pour longtemps d'ailleurs : le roi ayant quitté ce monde, la Régente, Anne de Beaujeu, se hâta de récupérer un château qui n'avait rien à faire en dehors du domaine royal.

En fait, ni Charles VIII ni Louis XII ne s'en soucient beaucoup. Ni même François Ier dans les premières années du règne : tous n'ont d'yeux et de soins que pour les châteaux des bords de Loire. Pourtant, après sa captivité espagnole, le roi-chevalier se reprend d'amitié pour les environs de Paris. Fumées et gloire d'Italie se sont dissipées. C'est de Paris qu'il convient de régner. Saint-Germain en est bien proche et Saint-Germain va devenir digne de ses autres demeures. C'est là que, le 5 août 1530, il épouse la sœur de Charles Quint, Éléonore d'Autriche. C'est là qu'il vivra la plupart des années difficiles de son règne. En 1543, le château, œuvre de Pierre Chambiges et de Guillaume Guillain, est à peu près achevé.

Il brille dans sa nouveauté quand il se voit témoin du dernier duel judiciaire de l'Histoire.

Vers la fin du règne de François Ier, la lutte est chaude entre sa favorite, Anne de Pisseleu, duchesse d'Étampes, et celle du Dauphin : Diane de Poitiers. Les deux femmes déplacent beaucoup d'air et s'exècrent. Or, Mme d'Étampes a marié sa sœur Louise à Guy Chabot, comte de Jarnac, dont l'élégance se remarque à la cour.

Un jour, le futur Henri II demande au jeune homme comment il peut faire de telles dépenses vestimentaires et Jarnac, le plus simplement du monde, lui répond que sa belle-mère est envers lui d'une grande générosité. Il n'en faut pas plus pour que le Dauphin claironne partout que Jarnac est l'amant de sa belle-mère... Outré, celui-ci clame à son tour que l'insulteur est un « méchant, un malheureux et un lâche ». C'est le duel obligatoire.

Seulement, le Dauphin ne peut pas se battre avec un simple particulier. On lui cherche donc un champion. Et quel champion : François de Vivonne, seigneur de la Châtaigneraie, un bretteur redoutable, une force de la nature alors que Jarnac n'a ni les mêmes dimensions ni la même science. Le malheureux va, à coup sûr, se faire couper la gorge. Le roi alors intervient en interdisant le duel. Jarnac est sauvé, si l'honneur du prince ne l'est guère.

Voire ! Le 31 mars 1547, François Ier meurt. On prend tout juste le temps de l'enterrer et le nouveau roi Henri II réclame réparation : le duel va avoir lieu pour faire plaisir à Madame Diane qui souhaite écraser définitivement son ancienne rivale. Jarnac est perdu… si personne ne s'en mêle. Mais voilà justement que quelqu'un s'en mêle fort discrètement : la reine Catherine de Médicis qui déteste naturellement la maîtresse de son mari. Avec elle de nombreux Florentins sont venus en France et, notamment, un fameux maître d'armes : Caize. C'est à lui qu'elle confie le malheureux Jarnac.

Le 10 juillet, le combat a lieu à l'issue d'une journée où le roi, grand amateur de romans de chevalerie, s'est efforcé de restituer les fastes du Moyen Âge.

Le duel ne dure pas longtemps. Après quelques passes où il s'efforce d'éviter le corps à corps dont il ne sortirait pas vivant, Jarnac se baisse brusquement et, d'un coup de dague, tranche le jarret de son ennemi qui s'écroule. Un pied sur sa poitrine dans la meilleure tradition, Jarnac le somme de se rendre. L'autre refuse. Alors, Jarnac qui n'a plus qu'un geste à faire pour occire la Châtaigneraie, offre sa vie au roi et lui redemande son honneur. Blanc de rage, Henri II reste muet. Ce que voyant le connétable de Montmorency l'adjure et le supplie de se conduire en roi. Enfin, après de trop longues minutes, Henri II parle : « Vous avez combattu en César et parlé en Aristote. » Joie dans le camp Jarnac ! Mais silence dans celui de la Châtaigneraie à qui Henri ne pardonne pas sa défaite. Inconsolable d'avoir à ce point déplu, le malheureux arrache ses pansements et laisse couler son sang jusqu'à la mort…

L'année suivante, Saint-Germain est en fête : la jeune Marie Stuart, qui n'est encore qu'une toute petite fille, arrive au château. C'est là qu'elle va vivre dix ans. Deux ans plus tard, Catherine de Médicis y accouche du futur Charles IX. En 1552, c'est la future reine Margot qui y vient au monde. Enfin, en 1555, c'est le mariage de la sœur du roi Marguerite avec Philippe-Emmanuel de Savoie. Ce mariage en l'honneur duquel aura lieu, aux Tournelles de Paris, le fatal combat où Henri II perdra la vie.

Un grand événement en 1563 : Charles IX, par l'édit de Saint-Germain, décide que, dorénavant, l'année commencera le 1er janvier.

Nouvel édit, en 1570, celui de pacification avec les protestants.

Il faut attendre Henri IV pour retrouver l'ère des bâtisseurs. Le Vert-Galant fait mettre de nouvelles vitres au Château-Vieux et construit le Château-Neuf dont nous parlerons plus loin. En attendant, père de famille dans l'âme, Henri IV fait élever à Saint-Germain tous ses enfants, légitimes ou non, ce qui a le don de rendre Marie de Médicis enragée. Après la mort du roi, elle se hâtera de faire le ménage et d'installer sa progéniture au Luxembourg.

Le 5 septembre 1638, les cloches sonnent à toute volée : le futur Louis XIV vient d'ouvrir l'œil pour la première fois. Deux ans plus tard, le 21 septembre 1640, c'est son frère, Philippe, qui fait son apparition. Tout ce monde sera baptisé dans la chapelle où, à la mort de Louis XIII, son héritier sera proclamé roi. Le siècle de Louis XIV commence et jusqu'à ce que Versailles sorte de terre et entraîne le roi et sa cour dans ses murs prestigieux, c'est à Saint-Germain que vont se dérouler tous les événements du règne.

Cela commence d'ailleurs par les heures noires. La Fronde fait rage. Une première fois, en septembre 1648, Anne d'Autriche viendra chercher refuge avec son fils mais devra en repartir à la prière des échevins de Paris. En revanche, dans la nuit du 5 ou 6 janvier 1649, c'est un nouvel asile que mère et fils viendront y chercher après avoir fui Paris. Hélas, quand on y arrive, le château est loin d'être prêt : « Sans lits, sans officiers, sans meubles, raconte Mme de Motteville, sans linge et sans rien de tout ce qui était nécessaire au service des personnes royales et de toutes les autres qui les avaient suivies. La reine étant arrivée coucha dans un petit lit que le cardinal Mazarin avait fait sortir de Paris quelques jours auparavant à cette intention. Il avait de même pourvu à la nécessité du roi et il se trouva aussi deux autres petits lits de camp dont l'un servit à Monsieur et dont l'autre demeura pour lui.

Mme la duchesse d'Orléans coucha une nuit sur la paille et Mademoiselle aussi. Tous ceux qui avaient suivi la cour eurent la même destinée et la paille, en peu d'heures, devint si chère à Saint-Germain qu'on ne pouvait pas en trouver pour de l'argent... »

Se souvenant de cette période inconfortable, Louis XIV, majeur, donnera mission à Le Vau et à Le Nôtre de remettre en état château et jardins. La cour y fera de fréquents séjours.

Certains de ces séjours royaux verront le triomphe de Mme de Montespan et de sa fameuse robe « d'or rebrodé d'un certain or », les fureurs de son mari exaspéré qui promène entre cours et jardins son chapeau orné d'une immense paire de cornes empruntées à un cerf. D'autres regarderont venir au château quelques-uns des plus sinistres parmi les protagonistes de la fameuse affaire des Poisons, avec en tête la Voisin, devineresse, organisatrice de messes noires et tueuse d'enfants. Il est vrai qu'en contrepartie Molière viendra, à plusieurs reprises, faire applaudir son génie et sa troupe.

Mais les gloires du vieux château s'achèvent. Le 21 avril 1682, c'est le départ définitif de la cour. Versailles est prêt. Versailles attend son maître... Saint-Germain, rendu au silence, deviendra seulement l'asile du roi d'Angleterre Jacques II et de sa famille, chassés par les princes de Hanovre et par le peuple anglais qui ne veut plus de souverains catholiques. Alors, plus de fêtes à Saint-Germain : des messes ! Plus de jolies femmes : des moines ! Mais cela n'a qu'un temps : le 16 septembre 1701, Jacques II meurt d'un cancer.

C'est bien la fin à présent pour le Château-Vieux qui ne peut espérer lutter contre Versailles à l'éclat sans pareil. Saint-Germain est éteint. La Révolution en fera une prison pour suspects, Napoléon une école de cavalerie et l'invasion qui suit l'Empire une caserne pour les Anglais. Ce qui est bien le sort le plus triste qui puisse échoir à un château royal.

On devine dans quel état le vieux palais se retrouve après cette sorte d'avatar et il faudra attendre de longues années avant que quiconque s'avise enfin de lui donner quelques soins.

Chose étrange, ce sera à l'occasion de la visite d'une Anglaise. Quand la reine Victoria annonce sa venue en 1858, on se décide enfin à faire le ménage et à donner quelques coups de pinceau. En invitée qui connaît ses devoirs, la reine montre grand intérêt à cette excursion et c'est même à cette occasion que l'empereur Napoléon III, homme érudit épris d'archéologie, a une idée : il décide de vouer le château à un musée d'antiquités celtiques et gallo-romaines. Un musée que les années écoulées ont rendu proprement admirable et où l'on se doit d'aller se pencher sur les superbes collections qu'il renferme.

Mais on ne saurait quitter Saint-Germain-en-Laye sans jeter un regard sur l'histoire de ce second château qui complétait si bien le premier et que l'on appelait :

Le Château-Neuf

En fait c'est Henri II qui a eu l'idée de faire construire, sur le rebord même du plateau de Saint-Germain, entre le Château-Vieux et la Seine, une demeure nouvelle, plus aérée, plus champêtre et donc plus agréable encore. Ce devait être une « maison de théâtre et de baigneries ». Entendez par là que l'on devait y installer des étuves et une sorte de piscine. Philibert Delorme en établit les plans et commença même la construction mais les guerres de Religion en se réveillant firent abandonner le projet. Il fallut attendre Henri IV pour qu'il fût repris.

Le roi est à peine entré à Paris, un mois plus tôt, qu'il décide des travaux mais seul le corps central est entrepris. On confie la réalisation à Louis Metezeau et à Guillaume Marchant. Par la suite, deux ailes terminées par des pavillons viendront encadrer le corps central. Le tout posé sur six étages de terrasses que l'on creusera de grottes à l'italienne avec jeux d'eau et personnages animés. En même temps, naturellement, les jardins sont tracés. Ils seront l'œuvre de Claude Mollet. Mais toutes ces italienneries ont surtout pour but de plaire à la reine Marie de

Médicis qui ne cesse de pleurer ceux de son palais Pitti. Néanmoins, le ministre Sully décide le roi à leur trouver une utilité : dans le parterre nord, on plante des mûriers afin d'introduire en France l'élevage du ver à soie.

Achevé en 1603, le Château-Neuf plaît beaucoup à Marie de Médicis qui y séjourne plus volontiers qu'au Château-Vieux. Un jour, elle dit à Bassompierre :

— Je me plais ici et, quand j'y suis, j'ai un pied à Saint-Germain et l'autre à Paris.

— En ce cas, répond le maréchal, avec plus de galanterie que de délicatesse, j'aimerais être à Nanterre...

C'est là que les enfants royaux seront élevés jusqu'à ce que, veuve d'Henri IV, Marie fasse construire le palais du Luxembourg. Elle leur rend souvent visite, s'y rendant à cheval l'été et en litière l'hiver. Pourtant, dès 1610, date de l'assassinat d'Henri IV, le Château-Neuf construit trop hâtivement commence à donner de la bande. Cela choque le jeune Louis XIII : « Quand le gel viendra il tombera tout », soupire-t-il. Une fois en possession du pouvoir, il se hâtera d'y faire exécuter des travaux car, en fait, il aime beaucoup Saint-Germain où la forêt est si proche, cette forêt dont, en chasseur enragé qu'il est, il tire des joies à nulle autre pareilles.

Gloire sans précédent : c'est au Château-Neuf que Louis XIV vient au monde : « Le cinquième jour de septembre mil six cent trente huict, naquit dans le chasteau neuf de Saint-Germain-en-Laye, Monseigneur le Dauphin, fils premier né de très Chrestien et puissant monarque Louis treiszième de ce nom, roy de France et de Navarre et de très religieuse et Illustre princesse Anne d'Autriche sa très chaste et chère Espouse... »

Cinq ans plus tard, Louis XIII est aux portes de la mort et ne quitte plus Saint-Germain. « Il prenait, écrit Barron, un plaisir étrange à regarder longuement, comme une aiguille piquée sur l'horizon, la haute flèche du clocher de Saint-Denis, lugubre mémento, doigt silencieux levé vers l'avenir. »

C'est cette même flèche qui, un jour, fera fuir son successeur vers les grâces de Versailles. En attendant, le 20 avril 1643, le roi est déjà très mal. Il sait qu'il va mourir et dicte la composition du Conseil de Régence puis ordonne que l'on baptise le Dauphin qui est seulement ondoyé. La cérémonie a lieu le lendemain. Écoutons, à présent, le grand historien Philippe Erlanger : « Le Dauphin, encore vêtu de sa robe d'argent, vint saluer Sa Majesté. Le roi pencha hors du lit son corps martyr : — Comment avez-vous nom ? demanda-t-il. L'enfant répondit : — Louis XIV, mon père... — Pas encore, dit le roi avec un sourire, mais ce sera bientôt. »

Le 14 mai suivant, le roi meurt au Château-Neuf dans les bras de saint Vincent de Paul. Sa famille va déserter le château, laissant la place à sa sœur Henriette, reine d'Angleterre et veuve du malheureux Charles Ier décapité par l'ordre de Cromwell.

Il faudra attendre 1660 pour que Louis XIV revienne à Saint-Germain qu'il veut présenter à sa jeune épouse. Mais il délaissera assez vite le Château-Neuf pour revenir au Château-Vieux qui est beaucoup plus vaste...

C'est tout de même le Château-Neuf qui sera le théâtre d'une des plus amusantes escapades amoureuses de Louis XIV. Durant l'été de 1662, l'attention royale avait été attirée par Mlle de La Mothe-Houdancourt, l'une des filles d'honneur de la reine Marie-Thérèse. Or, le gracieux bataillon avait un gardien fort sévère : Mme de Navailles qui n'entendait pas plaisanterie en ce qui touchait l'honneur des filles confiées à ses soins. D'où l'impossibilité pour Sa Majesté de rejoindre sa belle, faute de pouvoir franchir les portes. C'est ainsi qu'une belle nuit, le Roi-Soleil escalada tout bonnement les toits de son château pour s'en aller rejoindre par la fenêtre la dame de ses pensées.

Naturellement, Mme de Navailles apprit la chose et entreprit de renforcer sa garde : « L'été que l'on fut à Saint-Germain, raconte la Grande Mademoiselle, Mme de Navailles voulut faire mettre des grilles à la chambre des filles de la reine parce qu'elles logeaient en haut et que les gouttières sont larges. On disait que le roi allait tous les soirs parler à La Mothe-Houdancourt. Les grilles étaient donc prêtes à être posées ; on les avait portées dans un passage le soir, auprès de la chambre des filles pour les poser le lendemain. Il est vrai qu'on les trouva le lendemain au matin dans la cour. Il avait fallu quarante ou cinquante suisses pour les porter là-haut. Le roi en rit avec Mme de Navailles pendant le dîner et disait : — Ce sont les esprits car la porte était fermée et les gardes n'ont vu entrer personne... »

Le Château-Neuf fut délaissé en même temps que le Château-Vieux. Le roi Jacques II y logeait ses officiers et ses gens.

En 1777, le Château-Neuf faillit être sauvé mais n'en tomba que dans une plus grande misère. Louis XVI venait d'en faire cadeau à son jeune frère, le comte d'Artois, en y ajoutant une belle somme pour les travaux. Artois se lança avec enthousiasme dans la confection de plans et commença à faire démolir le château : il voulait une immense demeure afin d'avoir une sorte de Versailles à lui tout seul. En même temps, il fit boucher les grottes, remblayer les terrasses et bientôt n'eut plus d'argent. Louis XVI, toujours aussi bon, lui rendit quatre millions, avec lesquels on fit faire de nouveaux plans et dont une grande partie servit aux plaisirs onéreux d'un des princes les plus dissipés de l'Histoire.

Les quatre millions fondirent comme le reste et, pour finir, Artois se désintéressa complètement d'une demeure qu'il n'avait fait que démolir en partie.

La Révolution acheva son œuvre néfaste. Les jardins avaient disparu ; on lotit ce qui en restait. Quant à ce qui subsistait du château et de ses dépendances, on les vendit aux enchères publiques. Aux environs de 1830, divers particuliers possédaient ces vestiges dont le plus intéressant, le Pavillon Henri IV, a continué de vivre l'Histoire pour son compte personnel.

Au moment de la naissance de Louis XIV, le pavillon servait de chapelle et c'est là que fut ondoyé « le plus grand roi du monde ». Mais, sous la Restauration, un bâtiment fut accolé à l'ancien oratoire et, depuis 1846, l'ensemble est devenu un hôtel. Il était alors placé sous la houlette du maître queux Colinet dont les « côtelettes à la béarnaise » (Henri IV obligé) faisaient courir tout Paris. Singulièrement les écrivains et les artistes. Ainsi,

Musset, Gérard de Nerval, George Sand, Rachel, Frédérik Lemaître, Émile Zola, Alphonse Daudet et Victor Hugo vinrent goûter à la fois l'excellente cuisine et quelques instants de détente dans le vestige d'un palais royal. Mieux encore, Alexandre Dumas, encouragé peut-être par le fantôme d'Anne-d'Autriche, y écrivit *Les Trois Mousquetaires* et aussi *Monte-Cristo*. C'est de là qu'il partit pour une promenade au cours de laquelle il découvrit le site où il allait construire sa propre maison.

Plus tard, ce fut le tour d'Offenbach de faire séjour au Pavillon Henri IV. Il y composa *La Fille du Tambour Major*. On y vit aussi Gounod, Massenet et Sarah Bernhardt. Il est vrai que, pendant la guerre de 1870, on y avait vu un état-major allemand, celui du général von Moltke. Il fallait l'écho de la musique et des vers pour faire oublier les bruits de bottes.

Une note triste : M. Thiers y mourut d'apoplexie : hommage bien involontaire rendu à la cuisine maison.

D'autres hôtes illustres sont venus : Clemenceau, le sultan du Maroc Mohammed V... Repris par de nouveaux propriétaires, l'hôtel, qui s'est refait une jeunesse, continue sa glorieuse destinée...

HORAIRES D'OUVERTURE DU CHÂTEAU ET DU MUSÉE D'ARCHÉOLOGIE NATIONALE

Tous les jours, sauf le mardi, de 10 h à 17 h 15.

http://www.musee-archeologienationale.fr/

SAINT-ULRICH

Des ombres désolées…

Ah ! des bas-fonds de la vallée
Qu'oppresse la froide brume,
Si je pouvais jamais sortir,
Quelle joie pour mon cœur !…

Friedrich von SCHILLER

Trois châteaux, trois forteresses médiévales en ruine, abandonnées depuis le XVIe siècle, dominent la charmante cité de Ribeauvillé doucement étendue entre des coteaux qui donnent les vins les plus dorés de la généreuse terre d'Alsace. Ils se nomment Saint-Ulrich, Haut-Ribeau-pierre et le Guirsberg, mais tous trois sont de même mouvance et les deux derniers sont vassaux du premier.

Chef de nom et d'armes, le Saint-Ulrich, qui jadis fut Ribeaupierre tout court, dresse sur un éperon granitique qu'il épouse sa masse imposante et belle qui témoigne, par-delà le temps, de la grandeur et du faste de la vie seigneuriale au Moyen Âge.

Il apparaît dans les textes dès 1038, date à laquelle un seigneur alsacien nommé Reinbaud possède là une demeure qu'il nomme Reinbeaupierre puis Ribeaupierre, qui sera le nom de ses descendants. Cette première maison s'éteint un siècle plus tard environ et le château qui grandit avec le temps passe aux évêques de Bâle puis aux empereurs allemands que séduit cette fière forteresse dominant le plus beau paysage boisé du monde. Mais les évêques le reprennent ; l'un d'eux en fait présent à un seigneur nommé Eguenolf d'Urslingen, de bonne maison souabe, qui prendra à son tour le nom de Ribeaupierre pour lui et ses descendants.

C'est le XIIIe siècle qui est le grand siècle de « Ribeaupierre ». C'est l'époque où l'on érige le Haut-Ribeau-pierre et le Guirsberg pour achever la défense des vallées. C'est l'époque aussi où Ribeaupierre change de nom. Seul des trois châteaux, il possède une chapelle dédiée à Saint-Ulrich. Il en portera désormais le vocable. Et il va connaître sa période la plus glorieuse, mais aussi la plus mouvementée. Anselme II de Ribeaupierre ayant refusé de partager ses biens avec son frère et ses neveux fils d'un autre frère décédé, le souverain allemand Rodolphe de Habsbourg qui, six ans plus tôt, avait été reçu fastueusement au château, voulut l'y contraindre et vint mettre le siège devant Saint-Ulrich. Mais le château était imprenable. Rodolphe dut renoncer. Six ans plus tard, son successeur, décidé à venir à bout d'Anselme, vint à son tour mettre le siège, mais devant Colmar que le baron défendait. Fait prisonnier, Anselme dut en passer par où le voulait son vainqueur, mais ses descendants réussirent à reconstituer la grande châtellenie ainsi partagée.

C'est aussi au XIIIe siècle que l'on rencontre le premier des fantômes qui hantent les châteaux de Ribeauvillé. La légende dit qu'à cette époque Saint-Ulrich et Guirsberg étaient habités par deux frères, Georges et Conrad, que la plus tendre affection unissait et qui, chaque jour, se rejoignaient pour chasser, courir les bois et festoyer quand ils ne prenaient pas part ensemble à un tournoi ou ne s'en allaient pas guerroyer.

Par jeu, ils avaient décidé que, chaque matin, le premier levé d'entre eux tirerait l'autre de son sommeil au moyen d'une flèche lancée dans le volet de bois de sa chambre. Un matin, c'est le jeune Conrad qui s'éveille le premier. Heureux de précéder son aîné, il court à sa fenêtre, prend son arc et tire une flèche magistrale en direction du Saint-Ulrich... à l'instant même où Georges ouvre son volet. La flèche l'atteint en pleine poitrine et il s'écroule avec un cri...

Épouvanté, Conrad se rue hors du Guirsberg, dévale le profond ravin qui sépare les deux châteaux, remonte vers Saint-Ulrich et arrive pour constater que son frère bien-aimé a cessé de vivre et gît, dans son sang, devant la fenêtre ouverte sur la beauté d'un matin d'été... On dit qu'alors le jeune homme, désespéré, s'enfuit à travers bois et qu'on ne le revit plus dans le pays. Mais on dit aussi que parfois, par les nuits les plus sombres, le fantôme de Conrad apparaît sur le Guirsberg, descend dans le ravin, remonte vers le château aîné et, parvenu dans ce qui fut la chambre de Georges, s'évanouit en poussant un grand cri tandis que se déchaîne au loin la meute d'une chasse infernale...

Au XVe siècle, ce sera au tour de Saint-Ulrich de susciter une ombre désolée : celle d'une femme qui mourut là et à qui, pour ses péchés, le repos éternel a été refusé. Mais, cette fois, l'histoire est bien réelle...

En l'année 1487 vivent à Guebwiller le chevalier Guillaume de Hungerstein et sa femme, née Cunégonde de Gieslberg. Le moins que l'on puisse dire est que ce n'est pas un ménage assorti. Cunégonde est jeune, très belle, tandis que Guillaume est déjà vieux et sans grand charme. Par contre il est fort riche et ce sont de ces choses que l'on apprécie lorsque l'on aime à paraître dans de belles toilettes. Et Cunégonde ne s'est pas privée. Durant les premières années de son mariage elle a, comme l'on dit, mené la grande vie. Elle l'a fait mener aussi à son père et à son frère qui, assez impécunieux, ne voyaient aucun inconvénient à vivre sur le dos d'un gendre et beau-frère, selon eux, trop heureux d'avoir une femme aussi belle que Cunégonde.

Mais il y a un terme à l'aveuglement et même à l'amour. Dans les premiers mois de l'année 1487, Hungerstein a décidé de fermer les cordons de sa bourse et de couper les vivres à ces rapaces. Outrée, Cunégonde décide alors de se débarrasser d'un mari devenu par trop incommode. Pour ce faire, elle gagne à sa cause deux valets robustes auxquels elle promet une belle somme s'ils la servent bien.

Un soir, les deux hommes pénètrent dans la chambre de Guillaume, s'emparent de lui et, sous la menace, l'obligent à écrire à sa femme une lettre dans laquelle il déclare que, pour l'absolution de ses péchés, il s'est résolu à accomplir le pèlerinage de Terre sainte et qu'il confie sa douce Cunégonde à ses amis. À peine a-t-il signé que la douce Cunégonde en question fait son entrée, tenant en main une corde au moyen de laquelle les valets étranglent le malheureux Guillaume qu'ils vont enterrer ensuite dans la forêt voisine.

Là-dessus Cunégonde joue les épouses abandonnées, réclame son mari à tous les échos... mais distribue ses vêtements aux deux valets qui semblent avoir pris, dans la maison, un pied qui paraît à certains peu naturel.

Le suzerain d'Hungerstein, c'est Guillaume Ier de Ribeaupierre, landvogt de la Haute-Alsace. Des bruits viennent jusqu'à lui, et il décide de les vérifier. L'un des valets est arrêté, soumis à un interrogatoire tel qu'on les pratiquait à cette époque et raconte toute l'histoire. Lui et son complice seront exécutés.

Cunégonde, elle aussi, a été arrêtée, jugée et condamnée à la noyade. Mais sa beauté lui a conquis un riche seigneur suisse, dont l'histoire malheureusement n'a pas retenu le nom. Décidé à la sauver, cet homme compta douze florins d'or au bourreau. Et, avant de jeter la jeune femme à l'eau, celui-ci attache à sa barque la corde qui lie Cunégonde puis, quand elle a disparu dans le flot, il la ramène discrètement de l'autre côté du bateau, hors de la vue des assistants, la conduit à l'autre rive (cela se passe dans le Rhin) où son sauveur l'attend pour l'emmener en Suisse.

Elle n'y restera que trois années. Guillaume de Ribeaupierre a eu vent de l'histoire et a demandé son extradition. La belle Cunégonde sera ramenée, pieds et poings liés. On l'enferme dans la grande tour carrée qui domine le château de Saint-Ulrich.

Au bout de plusieurs années – on est à présent en 1507 – la meurtrière, toujours belle, réussit à gagner l'un de ses geôliers qui tente de la faire évader de nuit au moyen d'une échelle. Vaine tentative : Cunégonde ne quittera pas Saint-Ulrich où elle finira par mourir désespérée quelque vingt années plus tard.

Elle reparaîtrait, par les nuits d'orage, sous l'aspect d'une grande femme en longs voiles noirs qui erre dans les ruines et demeure de longues minutes sur la haute tour, regardant l'immense paysage dont elle demeure prisonnière...

Mais toutes les légendes qui tournent autour de Saint-Ulrich ne sont pas dramatiques. Ainsi celle du fifre, qui a donné naissance à une tradition, est tout à fait charmante. Voici donc l'histoire telle que la raconte, d'après Variot, l'historien André Findeli :

« C'était le jour de la Saint-Jean d'été. Un pauvre homme entouré de sa femme et de ses enfants tout en pleurs se lamentait au bord de la route. Vint à passer le sire de Ribeaupierre :

— Pourquoi pleures-tu, mon brave homme ?

— Parce que j'ai cassé mon fifre qui était notre seul gagne-pain...

« Alors, le sire sortit une bourse pleine d'écus, la jeta à l'homme en lui disant :

— Je n'aime pas qu'on pleure sur mes terres. Achète un autre fifre et viens donc me voir là-haut un jour. Tu feras danser la jeunesse.

« Quelques mois plus tard, on vint lui dire qu'un immense et très étrange cortège s'acheminait vers le château : des joueurs de fifres qui sifflent une marche guerrière, des tapeurs de tambours dignes des plus belles troupes, des joueurs de trompettes, des chanteurs de romances et des montreurs de bêtes accompagnés d'ours qui montaient vers le château. Et des chiens qui marchaient sur les pattes de derrière, pour se faire remarquer, et des singes habillés en magistrats, et des chevaux pomponnés comme de jolies dames avec des rubans multicolores passés dans la crinière et des perroquets qui parlent comme père et mère et combien d'autres curiosités aimables encore.

« L'un des ménétriers s'avança porteur d'une couronne et d'un fifre :

— Seigneur de Ribeaupierre, tu m'as aidé quand j'avais perdu mon seul bien. Ce que tu as fait pour un seul, tous viennent t'en remercier. Désormais tu es notre roi...

« Et c'est de ce jour que les sires de Ribeaupierre ont été nommés roi des Fifres et des Ménétriers. Et tous les ans les ménétriers reviennent donner une aubade à celui dont ils sont officiellement les vassaux. La Fête des Ménétriers, ou Pfifferdaj, est aujourd'hui encore la fête officielle de la ville de Ribeauvillé... »

Ajoutons qu'après nombre d'alliances illustres, les Ribeaupierre sont, par les femmes, à l'origine des rois de Bavière.

Quant à Saint-Ulrich, une Association, créée en 1972 avec l'appui de la municipalité pour la défense des trois châteaux, consacre son temps et ses forces à leur donner les soins de conservation et de reconstruction que nécessitent leur grand âge et leur beauté réelle afin que, dans les temps à venir, les trois châteaux de Ribeauvillé continuent à porter témoignage de l'art des temps anciens.

SASSENAGE

Le grand amour du prince Djem

Lorsque les jours sont longs en mai
Doux m'est le chant d'oiseaux de loin
Puis, quand me suis parti de là
Me souvient d'un amour de loin.

Jaufre RUDEL

Un jour de l'automne 1482, le vieux château de Sassenage – il n'en reste que quelques vestiges – est le témoin d'un spectacle peu habituel en pays chrétien. Une brillante cavalcade vient d'en franchir l'enceinte, entourant un jeune homme de vingt-trois ans et de noble allure dont le souvenir va s'implanter en Dauphiné et y demeurer vivace durant des années. Un poète du pays tracera même, en vers libres, le portrait de cet hôte hors du commun :

Vêtu de lin, Djem se tient droit en selle
Souriant et pensif.
Ses longs yeux bleus où luit son étoile
Enfièvrent son visage au teint mauresque ;
Son turban empanaché de diamants amoncelle
Sur sa tête un jeu d'ombres et de blancheurs.

C'est en effet un prince et il se nomme Djem. En pays franc, on en fera Zizim, Dieu sait pourquoi ! Il est le second fils du sultan Mehmet II, le conquérant qui anéantit Byzance et fit de Constantinople la capitale de la puissance turque. Et l'on peut se demander, avec quelque raison, ce que vient faire, dans la France de Louis XI le Très Chrétien, le fils d'un sultan infidèle.

En fait, il y cherche refuge parce qu'il craint la colère de son frère : Bayezid II, l'actuel sultan dont il pense qu'il ne mettra jamais assez de distance entre sa colère et lui-même.

Tout a commencé à la mort du Conquérant. Djem a contesté l'accession de son frère au trône. Bien plus, excité par un parti contestataire comme il s'en trouve toujours lors des changements de règne, il a pris les armes contre Bayezid. Cela ne lui a pas réussi : il a été battu par trois fois. Pensant alors qu'aucun refuge, en Turquie, ne serait assez sûr pour le sauver d'une fraternelle vengeance, Djem s'est enfui à bord d'une galère et a fait voile vers l'île de Rhodes où il a demandé l'asile à Pierre d'Aubusson, grand maître des Chevaliers de Saint-Jean-de-Jérusalem. Cet asile-là lui semblait suffisamment sûr car Mehmet II lui-même n'avait pu venir à bout de l'île et de ses moines-soldats.

Généreusement Pierre d'Aubusson, l'un des plus grands maîtres de l'Ordre qui a donné naissance par la suite à celui des chevaliers de Malte, a accordé l'asile en rappelant à Djem que sa mère avait été une princesse serbe, donc chrétienne. Une princesse d'une grande beauté jadis jetée au harem où elle avait pris le nom de Zoul-khadr. Et Djem put s'installer avec sa suite dans l'un des palais de l'île.

Pour y vivre d'ailleurs dans l'inquiétude. Rhodes n'est pas éloignée de la côte turque et le fugitif craignait non un coup de main difficile à réaliser dans une île-forteresse si bien gardée, mais l'infiltration d'un assassin à gages. De son côté, Bayezid n'était pas plus rassuré : que les chevaliers de Rhodes décidassent de mettre leur puissance au service du rebelle et la sienne propre, encore si peu stable, risquerait de se trouver en grand danger. Il entreprit donc des pourparlers avec Pierre d'Aubusson et lui fit la proposition suivante : lui, Bayezid, verserait chaque année à l'Ordre la somme fabuleuse de quarante mille ducats d'or pour l'entretien de Djem, mais à la condition unique et formelle que les chevaliers s'engageraient à « veiller » sur lui attentivement et à ne jamais le laisser regagner l'Empire ottoman.

Le marché était parfait pour tout le monde... sauf pour Djem qui n'y croyait pas. L'arrivée même des premiers quarante mille ducats ne réussit pas à le calmer. Il pensait en effet qu'il s'agissait là d'un leurre et que Bayezid ne serait pas assez fou pour dépenser chaque année pareille somme. Tôt ou tard, il trouverait moyen de supprimer un frère aussi onéreux. En foi de quoi Djem s'en alla trouver Pierre d'Aubusson pour le prier de l'envoyer en France, dans l'un des châteaux qu'y possédait l'Ordre. Là seulement il serait pleinement rassuré.

Un peu vexé car son hôte semblait faire peu de cas de sa protection, le grand maître en référa au roi Louis XI sans l'autorisation duquel il était impossible d'introduire un infidèle en terre de France. Trop fin politique pour refuser pareil otage, le roi de France accepta et le départ de Djem fut décidé.

Étant de famille limousine, Pierre d'Aubusson fit choix de la petite ville de Bourganeuf qui était solide, bien défendue mais ne comportait aucune installation digne d'un si grand prince. Il ordonna donc la construction d'un château et, en attendant, il fut décidé que Djem, après son débarquement, s'installerait en Dauphiné, dans un autre château de l'Ordre : Rochechinard.

C'était une demeure féodale plutôt rébarbative mais le prince l'emplit de son faste oriental, de ses faucons, de ses chevaux, de ses robes de soie et de ses fabuleux joyaux. Et bientôt il ne fut plus question, dans toute la région, que de l'hôte fabuleux des chevaliers de Saint-Jean. On disait qu'il chantait d'étranges romances composées par lui-même, qu'il était aussi doux poète que fin cavalier et la noblesse dauphinoise accourut comme au spectacle.

Le baron de Sassenage vint l'un des premiers. Appartenant à cette haute lignée des Bérenger qui disputaient aux Lusignan la fée Mélusine comme ancêtre et qui avaient donné au cours des âges des comtes de Forez et même de Lyon, le baron pouvait, à juste titre, se considérer comme un grand personnage. D'autant qu'une vingtaine d'années auparavant sa tante Marguerite de Sassenage avait réussi un exploit peu ordinaire en devenant la maîtresse de Louis XI quand il n'était encore que Dauphin et en lui donnant trois filles. Lesquelles trois filles étaient à présent mariées dans les meilleures maisons.

C'est dire que le baron était bien en cour. Aussi, séduit par la bonne grâce de Djem, se met-il tout de suite à son service pour tenter de lui obtenir ce qu'il souhaite par-dessus tout : une entrevue avec le roi Louis XI. En attendant, il l'invite à séjourner quelque temps chez lui, dans son beau domaine de Sassenage.

L'invitation enchante le prince mais son bonheur ne connaît plus de bornes quand, à son arrivée au château, il rencontre une jeune fille qu'il ne pourra plus oublier. Elle se nomme Hélène-Philippine et elle est la fille aînée du baron. Elle a quinze ans, « un visage demi-ovale, une petite bouche, des yeux bien fendus, noirs et remplis d'esprit, une physionomie heureuse et un caractère surprenant », telle est celle qui, pour toujours, va enchaîner le cœur du prince turc.

Djem se met à aimer Hélène comme on attrape une congestion : d'un seul coup. Et il n'en guérira pas. Durant tout le temps de son séjour à Sassenage, pendant chasses, fêtes et festins, les yeux bleus de Djem cherchent Hélène. Et celle-ci le trouve charmant. Et comme le prince ne songe même pas à cacher l'amour qu'il éprouve, elle en est flattée. Elle l'écoute, durant des heures, parler de son pays, de toutes ces merveilles qu'il aimerait tant partager avec elle. Elle le console aussi quand il apprend que le roi de France ne le recevra pas. Louis XI est aux portes de la mort, en effet, et ne se soucie pas de compromettre le salut de son âme en recevant un infidèle...

Mais les jours enchantés tiraient à leur fin. Le grand prieur d'Auvergne venait de faire savoir que les logis de Bourganeuf étaient prêts... Alors, au moment du départ, Djem osa avouer clairement son amour, supplier Hélène de le suivre, de se faire musulmane pour devenir princesse. Emporté par la passion, il lui offrit même d'abjurer l'islam, de devenir chrétien comme elle et de vivre comme tout un chacun au pays de France... mais avec elle ! C'est alors qu'elle lui fit connaître qu'elle ne l'aimait pas, qu'elle voyait seulement en lui un ami et que, d'ailleurs, elle était fiancée : le coup fut rude.

Djem quitta Sassenage et le Dauphiné pour un sévère château limousin où il allait tisser de longs jours d'ennui. Il n'était plus qu'un jouet sur l'échiquier politique de l'Europe, un jouet que réclama le pape Innocent VIII. Et Djem alla à Rome. Un jouet que réclama ensuite le roi Charles VIII. Et Djem voulut aller vers lui mais César Borgia se chargea alors de mettre fin à l'existence du plus romantique des princes turcs... qui périt tristement assassiné.

Du château qu'a connu Djem, il ne reste guère qu'un pan de mur. La famille de Bérenger de Sassenage qui, au cours des siècles, devait se maintenir dans ce site admirable, au pied des premiers contreforts du Vercors, s'ouvrit aux grâces de la Renaissance puis au style classique. Sous Louis XIV, entre 1661 et 1665, fut construit le château actuel, témoin de la fortune d'une famille qui, si elle entretenait magnifiquement ses biens, n'en passait pas moins le plus clair de son temps à Versailles, comme il se devait pour qui voulait s'attirer les grâces royales.

Il en fut de même sous Louis XV. Mais c'est à l'occasion du mariage de Raymond de Bérenger, chevalier d'honneur de la Dauphine, avec sa cousine Françoise de Sassenage que le roi fit don aux jeunes époux d'un admirable mobilier qui est demeuré l'ornement des salons.

Il fallut attendre jusqu'à nos jours pour que le château quitte enfin la famille de Bérenger de Sassenage. À sa mort, survenue voici quelques années, la dernière marquise de Bérenger en a fait don à la Fondation de France dont Sassenage est désormais la propriété.

Horaires d'ouverture des visites

Du 1er mai au 30 juin	14 h-17 h (le dimanche uniquement)
Du 1er juillet au 31 août	14 h-18 h (fermé le samedi)
Du 1er septembre au 31 octobre	14 h-17 h (le dimanche uniquement)

http://www.chateau-de-sassenage.com/

SÉVERAC

Le sang de Gloriande

Oh, gardez-vous mon seigneur de la jalousie
C'est le monstre aux yeux gris qui se moque
De la viande dont il se nourrit.

W. SHAKESPEARE

Aux dimensions des ruines que l'on peut encore contempler, on devine que ce château fut immense, à la fois puissant et fastueux, qu'il dut régner sur l'ensemble de cette région du Rouergue par tout le poids de sa grandeur et de sa richesse. Démantelé et réduit à être la proie des vents qui le parcourent en tous sens et en toute liberté, rapetissé à quelques pans de murs, il n'en demeure pas moins présent, toujours aussi altier, lourde couronne posée sur la colline où s'étage le bourg.

Il fut jadis, naturellement, une très médiévale forteresse et c'est Louis d'Arpajon, marquis de Séverac, qui au XVIIe siècle saura, en le rebâtissant, en faire une vaste et magnifique demeure. Une de ces demeures sur lesquelles toute femme peut souhaiter régner... et régner sans partage. Or, de trop de splendeur peut naître parfois le drame le plus affreux.

Les belles-mères qui aiment leurs belles-filles ont, de tout temps, été d'une espèce rare. La marquise douairière de Séverac, née Jacqueline de Castelnau de Clermont-Lodève, ne faisait pas exception à la règle.

Depuis que son fils, treize ans plus tôt – le 1er février 1622 –, a épousé la belle Gloriande de Lauzières, fille de

Pons de Lauzières, marquis de Thémines et maréchal de France, la douairière hait sa bru, d'une haine patiente, implacable, soigneusement cultivée sous une apparence bonasse et doucereuse. La patience d'une grosse chatte qui sait bien que la souris un peu folle viendra quelque jour dans ses griffes !

Pourtant, le mariage n'a pas été un coup de tête ni même un coup de passion. Depuis sa naissance, Gloriande a été promise à Louis d'Arpajon, marquis de Séverac. En noblesse, ancienneté et fortune, les deux familles se valent avec peut-être une petite prééminence aux Arpajon qui descendent des comtes de Rodez.

Tant que la fiancée n'a été qu'une enfant, la marquise n'a rien eu contre ce mariage. Mais en grandissant, Gloriande est devenue fort belle, fort coquette aussi, aimant la fierté, la jeunesse, les fêtes et la toilette encore plus que tout le reste. Toutes choses aussi choquantes qu'irritantes pour l'austère calviniste qu'est la douairière. Et le soir où, peu après le mariage, les premiers échos d'un bal retentissent sous les nobles voûtes, quand les accents joyeux des violons éveillent les grandes salles endormies, la vieille marquise se jure qu'elle verra un jour le cortège funèbre de celle dont l'attitude la bafoue et l'offense.

Mais elle n'est pas assez sotte ni assez folle pour passer aussitôt à l'action. Louis est fort épris de sa jeune et charmante épouse – elle a dix-sept ans de moins que lui –, de tant de jeunesse et de grâce. Même des propos simplement perfides ne provoqueraient aucune réaction chez lui sinon peut-être l'une de ces colères froides, muettes et retenues que la mère n'aime pas voir se tourner contre elle et qu'elle a appris à redouter. Louis ne supporte pas que l'on critique Gloriande mais il en est très jaloux, et c'est cette corde-là que la douairière entend bien faire vibrer quand l'occasion s'en présentera.

Les premières années se sont passées sans que rien vînt entamer la position de la jeune marquise. Son époux vit beaucoup sur ses terres mais lorsqu'il lui arrive de se rendre à Paris où il a des amis – entre autres le fameux Cyrano de Bergerac –, quand le roi Louis XIII l'appelle à la cour, il emmène toujours Gloriande.

Mais la guerre de Trente Ans fait rage et, bientôt, le cardinal de Richelieu trouve maintes occupations pour le marquis dont le grand rêve est de devenir maréchal de France comme son beau-père. C'est ainsi qu'en 1630 Séverac se rend en Italie avec le maréchal de La Force, puis en Allemagne en 1631 et 1632, enfin en Lorraine en 1634.

Pendant ce temps, Gloriande demeure à Séverac où d'ailleurs la vie n'est pas triste pour autant. La jeune femme aime trop la vie pour se contenter d'un tête-à-tête avec sa belle-mère et elle attire chez elle toute la noblesse de la région, qui ne se fait pas prier. Parmi ceux qui fréquentent Séverac le plus assidûment, il y a un jeune seigneur des environs, Jean de Laissac...

Un mot sur la famille avant de poursuivre. Depuis son mariage, la jeune femme a donné quatre enfants, quatre fils à son époux. L'aîné n'a pas vécu et la jeune marquise a eu quelque peine à se remettre de couches difficiles. C'est dire qu'une assez longue période s'est écoulée quand naît le second fils, Jean-Louis, le 3 juillet 1632. Il y a alors une année que Jean de Laissac fréquente le château de Séverac.

Naturellement, l'assiduité du jeune homme n'a pas échappé à la douairière mais elle est trop fine pour en rien marquer. Elle attend patiemment d'en savoir plus long et de voir se confirmer ses soupçons. Il eût été suprêmement maladroit de donner l'alerte aux amoureux avec des reproches ou même de simples allusions. Et la vieille marquise se contente d'introduire auprès de sa belle-fille une femme, Catherine Evesque, l'épouse du viguier de Séverac, Barthélemy Evesque.

Cette femme, forte et laide mais d'aspect paisible et doux, a toute la confiance de la vieille dame comme son mari a toute celle du marquis. Quant à Gloriande, comme toutes les têtes un peu folles, elle est d'un abord facile. Elle accueille volontiers Catherine Evesque auprès d'elle et en fait même sa confidente. Sauf tout de même pour les choses du cœur dont, connaissant son mari et sa belle-mère, elle comprend très bien qu'il vaut mieux les garder secrètes.

Malgré tous ses efforts, la femme du viguier ne peut apprendre si ses soupçons sont fondés et s'il existe entre la jeune marquise et Jean de Laissac un peu plus que de la coquetterie. Jusqu'à une nuit fatale où, cachée dans une galerie, près de la porte de Gloriande, elle l'a entendue prononcer des mots d'amour, des mots d'amour passionnés où revenait sans cesse le nom de Jean...

Ce soir-là, on a reçu au château. On a fait collation, joué aux petits jeux. Jean de Laissac était des plus brillants. Est-il resté, en se cachant, tandis que les autres repartaient ? Ou bien Gloriande n'a-t-elle fait que rêver tout haut ? Prévenue aussitôt, la douairière s'est rendue chez sa belle-fille sous un prétexte mais, bien sûr, elle n'a trouvé personne. Néanmoins, pour elle, la cause est enten due et quand le marquis reviendra, elle le préviendra.. D'autant qu'elle a réussi à se procurer quelques vers galants écrits par Laissac et volés par Catherine Evesque.

Si les colères du marquis sont redoutables, il s'entend comme personne à les dissimuler. Sans sourciller, il écoute le double rapport de sa mère et de Catherine Evesque mais ne change pas d'attitude envers sa femme. Quelques jours plus tard, Jean de Laissac est trouvé mort sur le chemin de son château, tué sans doute par un de ces malandrins qui se cachent dans les profondes gorges du Tarn. Il a d'ailleurs été détroussé.

Si elle a du chagrin, Gloriande s'applique à le cacher. Et c'est d'un front serein qu'elle accepte le pèlerinage à Notre-Dame-de-Ceignac que lui propose son époux pour remercier la Vierge de son bon retour au château.

On se dirige bien vers le fameux sanctuaire mais, à quelque distance, la litière qui porte Gloriande s'engage dans un petit sentier forestier et s'enfonce, s'enfonce sous le couvert des bois. La jeune femme commence à s'inquiéter. Qu'est-ce que cela veut dire ? Soudain on débouche dans une clairière où une douzaine de soldats attendent, l'arme au pied. Il y a là aussi Barthélemy Evesque et un homme vêtu de noir qui est un médecin.

Cette fois Gloriande a peur. D'autant que son époux tourne vers elle un visage glacé, un visage de juge et d'accusateur. Il déclare que, pour elle, c'est la fin du voyage car elle a trahi le mariage et cela depuis des années, bien avant la naissance de son second fils. Dans sa fureur, Séverac va jusqu'à proclamer que ses enfants ne sont que des bâtards.

Vainement, Gloriande tentera de se défendre. Elle est condamnée. Mais sa mort paraîtra naturelle... Saisie par des soldats, la jeune femme est maintenue immobile tandis que le chirurgien lui ouvre les veines. La terre va boire la plus grande partie de son sang. On lui en laissera tout juste assez pour revenir, couchée dans sa litière, mourir au château. Et la douairière, satisfaite, pourra suivre le cortège funèbre de celle qu'elle a tuée.

Plus tard, une guerre s'ensuivra entre Séverac et son fils. Jean-Louis a appris, par l'un des soldats au lit de mort, ce qu'a été le sort de sa mère. Dans la nuit du 19 février 1660, le jeune homme s'emparera de la ville et du château. Tous ceux qui ont participé à la mort de Gloriande seront passés au fil de l'épée. La maison de Barthélemy Evesque sera brûlée, le viguier et sa femme fouettés à mort.

Fou de rage, le marquis obtiendra du roi des troupes pour chasser son fils du château mais le jeune homme fuira avant d'être pris, gagnera Paris où il se mariera. La mort de Jean-Louis achèvera seule la vendetta entre le père et le fils renié. Renié d'ailleurs comme ses deux autres frères. C'est à la fille, née de son troisième mariage – il a épousé, après Gloriande, Marie-Élisabeth de Simiane de Moncha, puis Catherine-Henriette d'Harcourt de Beuvron –, que le terrible seigneur légua ses biens et surtout le château qu'il avait fait redécorer somptueusement par l'artiste florentin Sebastiano Gargiolo.

Un château où il mourut dans les affres d'une atroce agonie. On dit qu'il ne cessait de repousser l'ombre d'une femme vêtue de blanc dont les poignets laissaient couler deux ruisseaux de sang... une ombre qui, à certaines époques, erre encore dans les ruines de Séverac.

TALCY

Des poètes et des belles

C'était pour m'enseigner qu'il faut dès la jeu-
[nesse
Comme d'un usufruit prendre son passe-
[temps
Que pas à pas nous suit l'importune vieillesse
Et qu'Amour et les fleurs ne durent qu'un
[printemps.

Pierre DE RONSARD

Quand, en 1545, Ronsard vient à Talcy pour la première fois, le château n'est vieux que de vingt-huit ans. C'est en effet vers 1516 que Bernard Salviati, un cousin de la reine Catherine de Médicis et Florentin comme elle, a acheté ce domaine où s'écroulait tranquillement un antique château féodal. Peu désireux de ressusciter des gloires anciennes, Salviati a construit alors, à la place de la ruine, un grand château à la nouvelle mode où la floraison de la Renaissance se mêlait agréablement au charme des pierres blanches et à l'élégante mesure de l'art tourangeau. Toujours selon la mode, il a ordonné un brin de sévérité pour la façade mais une grâce extrême pour la partie tournée vers le jardin.

Tel est donc Talcy en 1545 : une demeure exquise où il fait bon vivre et où les fleurs poussent toutes seules. Mais la plus belle d'entre elles est incontestablement la fille du maître, Cassandre, qui, cet été-là, atteint ses seize ans et vient de conquérir le cœur de Ronsard.

C'est à Blois, distant de quelques lieues, qu'ils se sont rencontrés au cours d'une fête donnée en l'honneur du roi

François Ier qui a choisi d'y résider quelques jours en compagnie du Dauphin Henri et de son épouse Catherine de Médicis. C'est Catherine qui a mandé les Salviati afin de présenter Cassandre, sa jeune cousine, à la cour. C'est Catherine encore qui présente à la jeune fille un grand garçon de vingt ans, mince et blond avec un visage agréable pourvu d'un grand nez, de beaux yeux clairs et d'une bouche à la fois sensible et spirituelle. Un jeune visage sans gaieté, car Pierre de Ronsard est devenu sourd à la suite d'une longue maladie et n'entend guère que la musique.

Justement Cassandre chante comme un ange et Ronsard l'a écoutée avec ravissement. Il l'a regardée aussi avec plaisir car elle est charmante. Catherine s'en est rendu compte et, quand elle a présenté les jeunes gens l'un à l'autre, elle l'a fait avec beaucoup de gentillesse : « Soyez bonne pour lui, dit-elle à Cassandre, car il est poète et les dieux sont ses amis. Mais, jaloux, ils lui ont refusé d'entendre les voix hésitantes des pauvres humains. Seule la musique franchit aisément son oreille et vous l'avez charmé… »

Pendant les deux jours qui suivirent, Pierre et Cassandre ne se sont guère quittés. Ils ont fait au jardin de longues promenades et d'encore plus longues stations sous certain berceau de roses dont le souvenir ne s'effacera plus pour le poète.

Quand vient l'instant de la séparation, Cassandre, naturellement, invite son amoureux à Talcy et il y accourt aussitôt que la bienséance le permet. La maison l'enchante et plus encore la jeune fille dont il aimerait bien demander la main. Hélas, s'il est de bonne naissance – aussi bonne sans doute que les Salviati qui comptent deux ou trois cardinaux et un gonfalonier de l'Église –, il est loin d'être aussi riche Et pour le financier qu'est Bernard Salviati, la fortune est une chose qui compte. Le Florentin ne verrait pas d'un bon œil sa belle Cassandre quitter Talcy pour le manoir – pas très éloigné d'ailleurs – de la Possonière qui constitue le seul bien terrestre du jeune homme. Alors Ronsard viendra deux ou trois fois contempler Cassandre, puis Salviati s'arrange pour lui faire comprendre que sa présence n'est pas tellement souhaitée. D'ailleurs la famille part pour Paris.

Ronsard comprend et, le cœur navré, il quitte Cassandre dont les yeux sont mouillés de larmes pour regagner le château des Pins, près du Mans, où se trouve son ami Antoine de Baïf. Là, le grand humaniste Daurat l'attend pour planter les premières fondations de la Pléiade. Mais la pensée de Cassandre ne quitte pas Ronsard. Quand il n'étudie pas, il pense à elle. En souvenir du bosquet de Blois il écrit :

Mignonne, allons voir si la rose
Qui, ce matin, avait déclose
Sa robe de pourpre au soleil
À point perdu, cette vesprée,
Les plis de sa robe pourprée
Et son teint au vostre pareil.

Une année passe sans nouvelles. Et puis un soir, alors que le poète vient de terminer une difficile traduction de Tite-Live, il reçoit l'affreuse nouvelle : Cassandre vient d'épouser Jean de Peigné, l'un de ses cousins à lui, qui n'a guère d'intérêt mais qui est riche.

Quand Ronsard reverra Cassandre, sept ans plus tard, elle ne sera plus qu'une châtelaine sans importance. Lui sera devenu « Prince des Poètes »... et il aimera ailleurs.

Bernard Salviati ayant un fils, Jean, Cassandre eut une nièce qui s'appelait Diane mais qui était aussi blonde qu'elle-même était brune. Diane avait seize ans quand, se promenant à cheval aux environs de Talcy, elle rencontra un curieux garçon de dix-huit ans. Long et maigre, il errait au bord d'un étang, une canne à la main, ressemblant assez à un immense échassier. Mais un échassier en mauvais état...

La jeune fille sut tout de suite qui il était car on en parlait beaucoup dans les environs. On disait surtout qu'il était mourant et, un instant, Diane se demanda s'il s'agissait d'un vivant ou d'un fantôme. En fait, c'était une sorte de revenant car, depuis l'âge de onze ans, Agrippa d'Aubigné était plongé jusqu'au cou dans l'effroyable guerre de Religion qui déchirait alors la France.

Fils de Jean d'Aubigné, seigneur de Brie en Saintonge et bailli de Pons, Agrippa était protestant et, tout enfant, il avait dû jurer devant les cadavres des pendus d'Amboise qu'il resterait toujours fidèle à la religion réformée et lui consacrerait ses forces. En foi de quoi, à quinze ans, il rejoignait les troupes de Condé et de Coligny avec l'ardeur d'un garçon qui pense que la guerre est son élément naturel. Et il la fit avec ardeur, avec fureur, féroce au point que le récit de ses exploits pouvait faire pâlir même un vieux routier.

Pour son ami d'enfance Henri de Navarre, le futur Henri IV, il se battit à Jarnac, à Roche-Abeilles, à Pons et, finalement, contracta une si grave maladie qu'on le renvoya chez lui pour y expirer en paix. Il choisit le domaine des Landes-Guinemer, situé dans le Blésois et qu'il tenait de sa mère Catherine de l'Estang. Il aimait, en effet, cette maison solitaire, gardée par des étangs et par le silence.

Intriguée par la rencontre, Diane questionne Agrippa : on le dit mourant et pourtant le voilà debout ? Est-ce un miracle ? Nullement mais ce grand garçon, roux comme une carotte, est doué d'une constitution nettement au-dessus de la moyenne. Il déclare qu'il va mieux, que bientôt il sera complètement rétabli. Diane alors l'invite à Talcy.

Agrippa hésite. Il sait que Jean Salviati y mène grand train et que même, en 1562, il y a reçu la reine Catherine venue tenter de trouver un accommodement avec les chefs huguenots. Il sait aussi qu'à Talcy on est bons catholiques.

Pourtant il viendra et reviendra. Jean Salviati ne ressemble pas à son père. La fortune n'est pas pour lui primordiale et il s'entend à jauger un homme. Dans celui-là, il décèle une qualité humaine plus haute que celle du guerrier : la poésie. De fait, Agrippa compose bientôt pour Diane un recueil de poésie, *Le Printemps...* qu'il jettera plus tard au feu dans un mouvement de colère. Et, pour le moment, Diane accueille avec faveur l'hommage d'Agrippa et, quand celui-ci se trouve en état de rejoindre, à Paris, Henri de Navarre qui va épouser Marguerite de Valois, il peut se considérer comme le fiancé de Diane.

Hélas, toujours aussi turbulent, il blesse au cours d'un duel un officier du roi qui tentait de l'arrêter et il doit s'enfuir. On est le 21 août. Trois jours plus tard, c'est la Saint-Barthélemy. Agrippa y échappe mais la guerre se rallume, plus cruelle que jamais.

À Talcy – car il n'ose plus rentrer aux Landes-Guinemer –, Salviati le reçoit avec générosité et un certain courage. Le temps de soupirer quelques jours auprès de Diane et Agrippa repart... pour revenir peu après gravement blessé. Mais il a la vie chevillée au corps et la chance est avec lui. Ambroise Paré, le grand chirurgien, est au château lui aussi. Il trépane Agrippa sur une table de la cuisine. Les soins de Diane font le reste. Mais hélas, ces soins ne sont plus dictés que par la compassion car Diane aime ailleurs à présent : le jeune baron de Limeuil...

La situation est délicate. Salviati aimerait qu'Agrippa rende sa parole à Diane mais n'ose le lui demander. Le dénouement viendra de Bernard Salviati, son frère, chevalier de Malte. Pour rendre service à la famille, le chevalier joue les provocateurs, exige la rupture des fiançailles à moins que d'Aubigné n'abjure. Ce qu'il ne fera jamais...

C'en est fini. Agrippa d'Aubigné s'en va rejoindre Henri de Navarre. Quelques années plus tard, en Poitou, il épousera Suzanne de Lezay dont il s'est épris sincèrement et qui fera de lui l'aïeul de Mme de Maintenon. Mais il n'oubliera jamais Talcy où, un jour, est venue la fille de Cassandre mariée à Guillaume de Musset, ancêtre d'un autre poète, Alfred de Musset. Il y a, décidément, des lieux où l'esprit souffle plus qu'ailleurs...

Talcy, hélas, n'appartient pas à l'art poétique mais plus prosaïquement à l'État...

HORAIRES D'OUVERTURE

Du 2 mai au 4 septembre	9 h 30-12 h 30 et 14 h-18 h
Du 5 septembre au 30 avril	10 h-12 h 30 et 14 h-17 h

Fermé le 1er janvier, le 1er mai, le 25 décembre et les mardis du 1er octobre au 31 mars.

Le parc est labellisé « Jardin remarquable ».

http://talcy.monuments-nationaux.fr/

TARASCON

Le bon roi René ou l'art de vivre

Tant s'éjouissent en leur chanter
Que deux à deux vont les buissons hanter..

René D'ANJOU

Il est tellement mêlé aux légendes de Provence que l'on en vient parfois à douter de sa réalité. Il pourrait être sorti tout vivant d'un conte d'Alphonse Daudet comme la mule du pape ou le curé de Cucugnan... Pourtant il a été bien réel : un vrai roi couvert de couronnes, bien plus d'ailleurs que de royaumes. Et ces couronnes elles aussi évoquent des contes, des légendes. Oyez plutôt ! « René, par la grâce de Dieu, roi de Jérusalem, de Sicile, d'Aragon, de Valence et de Majorque, de Sardaigne et de Corse, duc d'Anjou, de Lorraine et de Bar, comte de Provence, de Barcelone, de Piémont, de Forcalquier et marquis de Pont-à-Mousson. » Qui peut rêver plus belle carte de visite ? En réalité, quand il sera sur la fin de sa vie, René d'Anjou ne gardera que son duché d'Anjou, la Provence et des droits bien réels sur le royaume de Naples.

En dépit de tous ces titres, ce n'est pas un grand roi. Encore qu'il ait toujours rêvé de gloire et de grandes actions, qu'il se soit toujours voulu la fleur de la chevalerie, il faut bien admettre que ce ne fut, en vérité, sur le plan politique, qu'agitation parfois puérile et échecs.

Par son mariage avec Isabelle de Lorraine, il reçoit le double duché de Lorraine et de Bar mais, à peine investi, alors que son intérêt est de se concilier son plus puissant voisin Philippe le Bon, duc de Bourgogne, il se brouille avec lui, se fait battre à la bataille de Bulgnéville et se retrouve en prison dijonnaise. Durant cinq mortelles années, René reste enfermé dans la tour carrée du palais des ducs de Bourgogne, à Dijon, qui, en mémoire de lui, porte toujours le nom de tour de Bar. Pour sortir de là, il lui faudra payer une énorme rançon : quatre cent mille écus d'or. Une somme difficile à trouver.

Sur ces entrefaites, son frère aîné, le duc d'Anjou, Louis III, est mort lui laissant toutes les possessions énumérées plus haut et qui vont l'aider à s'acquitter plus ou moins. Redevenu libre, René prend possession de son duché d'Anjou puis descend en Provence où il s'occupe peu de bâtiments. On est en 1437 et René songe surtout à préparer son expédition pour reconquérir le royaume de Naples-Sicile, jadis légué par la fameuse reine Jeanne à sa maison.

Hélas, les Aragonais qui tiennent le pays sont gens peu faciles à manier. Bien que René, de par sa mère Yolande d'Aragon – la fameuse reine Yolande qui tiendra la France à bout de bras pendant les heures les plus noires de la guerre de Cent Ans –, porte le titre de roi d'Aragon, ceux de Naples considèrent la chose comme nulle et non avenue. Après de vagues succès, René, battu à plates coutures, devra réembarquer sans trop de gloire et ne reviendra plus jamais. C'est son fils Jean de Calabre, un grand guerrier celui-là, qui tentera plus tard l'aventure.

Donc, ce n'est pas un conquérant. Mais quel brave homme de roi ! Il aime tout ce qui donne du prix, tout ce qui fait le charme de la vie : la musique, la poésie – c'est un poète qui ne manque pas de talent –, la peinture – c'est aussi un peintre sachant manier le pinceau –, les grands spectacles et il s'entendra comme personne à préparer fêtes et beaux tournois. Mais surtout, il aime les oiseaux, les plantes et les fleurs.

« Il prenait récréation et modeste plaisir comme planter et enter arbres, édifier tonnelle, pavillons, vergers, faire bêcher et parfondir fossés, viviers et piscines pour nourrir poissons et les voir ébattre en eau claire, avoir oiseaux de diverses manières, en buissons et arbrisseaux pour, en leurs chants se délecter... » Mieux encore : « D'estranges pays fit apporter en France paons blancs, perdrix rouges, connils blancs noirs et rouges, fleurs et œillets de Provence, roses de Provins et muscadets... »

Veut-on un exemple de sa main ? Voilà ce qu'il écrit, de son château d'Aix (qui n'existe plus) à l'un de ses serviteurs d'Angers : « Donnez ordre que notre jardin soit bien fait et aussi que notre petit jardin soit le mieux et le plus gentement fait que faire se pourra, en quoi vous nous ferez grand plaisir... »

Car ce gentil prince est le plus aimable et le plus courtois qui soit. Mais voyons-le à présent dans ce beau château provençal de Tarascon dont les tours blanches se baignent dans un bras du Rhône et qui garde de lui, à travers le temps, un si touchant souvenir.

C'est en l'an 1400 que son père, Louis II d'Anjou, a entrepris la reconstruction du château qui en vérité en avait grand besoin. L'édifice ainsi reconstruit remplaçait d'autres bâtiments qui avaient connu d'assez mauvaises fortunes : ruinés par les Sarrasins, reconstruits par les rois d'Arles, laissés un peu à l'abandon puis retapés en 1233, embellis et agrandis par Charles d'Anjou.

En 1368, le château tenait encore debout car il réussit à tenir tête à Bertrand Du Guesclin qui n'en vint à bout que parce qu'un amateur de paix à tout prix lui en ouvrit la porte. Mais les assauts n'arrangent rien et quand Louis II d'Anjou décide de s'occuper de lui, Tarascon est un peu à bout de souffle.

Les travaux ont été bien menés et l'ensemble a belle allure mais il y a encore à faire quand René s'installe pour deux ans en 1447. Le moins que l'on puisse dire est qu'il emploie bien son temps : reprend les travaux, embellit le château, y donne de grandes fêtes comme le fameux *Pas d'Armes de la Bergère* dont l'héroïne était une « gente pastourelle sous un arbre gardant ses brebiettes ».

Il y reçoit aussi son cousin Charles d'Orléans, le grand poète, de retour de ses quelque vingt-trois ans de geôle anglaise. Une grande amitié et surtout une grande affinité de goûts lient les deux hommes. Là encore ce sont fêtes et tournois... La vie est belle et douce... Et René s'attarderait volontiers en Provence mais, au nord, les choses vont mal : les hostilités ont repris entre la France et l'Angleterre, cette Angleterre dont la fille de René, Marguerite d'Anjou, est reine et où va bientôt éclater la guerre des Deux-Roses.

René, vassal de Charles VII pour diverses possessions, n'hésite pas et, laissant à Saumur sa femme Isabelle qui ne se sent pas bien, il rejoint le roi de France à Louviers...

Cette Isabelle, René l'aime tendrement. Elle a ce cœur viril et fort qu'il ne possède pas tout à fait. Pendant qu'il était retenu en geôle bourguignonne, c'est elle qui a maintenu de ses seules mains les fiefs dispersés si difficiles à diriger ; c'est elle encore qui a tout fait pour réunir la fabuleuse rançon.

Après avoir participé avec Charles VII aux campagnes qui libèrent la Normandie d'abord puis l'Aquitaine, René rentre à Angers pour soigner sa femme. Mais Isabelle est usée et, le 28 février 1453, elle expire, laissant son époux désespéré. Un désespoir qui ne va pas durer longtemps. Le roi est encore jeune et ses amis souhaitent qu'il se remarie. On lui cherche une épouse :

« Lors, en la maison de Laval, très noble et ancienne maison... y avait une très belle fille nommée Jeanne, vertueuse et sage et bien conditionnée et en bon âge d'être mise en mariage. Semble bien aux barons d'Anjou que Dieu la leur avait adressée pour leur prince afin qu'ils n'eussent pas la peine d'aller en chercher plus loin... »

René, qui revenait de Provence, voit Jeanne, s'en éprend et l'épouse. Elle a vingt et un ans, il en a plus du double et il n'est pas très beau, néanmoins le ménage sera le meilleur qui soit. Un ménage qui durant des années fait la navette entre Angers et Tarascon, et ce jusqu'en 1471...

L'année est cruelle pour René. Son fils Jean de Calabre est mort, sa fille Marguerite est prisonnière en Angleterre. Il est las et ne se sent plus le courage d'errer continuellement sur les grands chemins. Alors, il dit à sa ville d'Angers un adieu définitif et, avec Jeanne de Laval, sa chère épouse, il gagne enfin la Provence pour n'en plus bouger.

À Tarascon, on le reçoit avec enthousiasme. Il a donné à la ville tant de joie, ne fût-ce que ces fêtes instituées pour commémorer la légende de la Tarasque, ce monstre fabuleux que sainte Marthe aurait mené se noyer au Rhône, fêtes qu'il présidait en personne !

En 1474, il a d'ailleurs fondé l'ordre des chevaliers de la Tarasque, comme il avait fondé jadis l'ordre du Croissant car il aimait que la chevalerie et ses joutes fussent à l'honneur. Mais la mort n'est plus loin. Elle est là qui guette et, le 10 juillet 1480, malgré des prières de toute la Provence, le bon roi René rend son âme à Dieu et s'en va vers le paradis des poètes en murmurant peut-être les vers du *Cœur d'amour épris*, ce long poème qu'il avait jadis écrit et si joliment fait enluminer :

À vous tous, cœurs gentils et gracieux
Qui conquérir voulez pour valoir mieux
Du Dieu d'amour et de vos dames aussi
Douce grâce et heureuse mercy,
N'ayez en vous changement de pensées
Pour délaisser vos premières amours ;
Soyez loyaux, sans varier toujours
Pitié par vous ne sera pas lassée.

HORAIRES D'OUVERTURE

Du 1er avril au 31 août	9 h-19 h
Du 1er septembre au 31 mars	10 h 30-17 h

Fermé le lundi, le 1er janvier, le 1er mai, le 11 novembre et le 25 décembre.

TRÉVAREZ

La trahison de Louise du Grego

Et plus ou moins la femme est toujours Dalila.

Alfred de VIGNY

Les murs sont de granit rose. Les toits et les poivrières sont d'ardoise bleue. Les rhododendrons, les azalées, les camélias et les hortensias poussent à qui mieux mieux dans les jardins ainsi que les arbres aux essences différentes qui sont la gloire de la ferme expérimentale voisine. Il n'a pas deux siècles, ce château, car il a été reconstruit vers le milieu du XIXe siècle et il reste assez peu de chose des anciens bâtiments. Pourtant, ces murs qui ne l'ont jamais vue gardent extraordinairement présente – on dit que son fantôme y revient parfois – l'ombre de la femme qui, par amour pour le général Hoche, trahit les siens d'abominable façon car elle fut l'une des causes d'un affreux massacre. Sinon la principale.

Est-ce pour tenter d'effacer la trace criminelle que James de Kerjégu a reconstruit presque entièrement Trévarez alors que ses parents s'étaient contentés de chasser les cendres de la coupable hors de la chapelle et de les envoyer reposer au cimetière de Saint-Goazec ? Peut-être mais peut-être aussi tout simplement parce que le château en avait besoin…

L'ancienne demeure pourtant ne manquait pas de charme. Les chroniqueurs assurent qu'elle possédait tout ce qui pouvait garantir un séjour agréable : de beaux jardins, une volière, un vivier pour les saumons, une boulangerie, un four à pain, un pressoir, une immense cuisine, un « pavillon pour les carrosses » et même une bibliothèque. C'était la demeure – l'une des demeures plutôt – du marquis du Grego et de sa famille, lequel marquis la tenait de sa mère, une La Bédoyère, descendante elle-même de la famille de Kernezre dont l'un des membres avait failli laisser sa tête, sous Louis XIV, dans la fameuse conspiration de Pontcallec.

Riche de terres et riche de biens, le marquis n'avait qu'une fille, Louise-Exupère-Charlotte, son unique héritière, mariée à seize ans au vicomte de Pontbellanger dont elle avait un fils. Mais eût-elle été moins riche que Louise eût sans doute trouvé à se marier sans trop de difficulté car sa beauté laissait peu d'hommes indifférents. On dit qu'elle avait les yeux les plus grands et les plus beaux qui se puissent voir, un teint de fleur, des lèvres faites pour le baiser et un corps fait pour l'amour.

A-t-elle aimé son mari ? Sans doute, dans les premiers temps car, seulement âgé de quelques années de plus qu'elle, Pontbellanger n'était ni laid ni disgracié. Mais une chose est certaine ! quand vient la Révolution, Louise refuse farouchement de suivre son seigneur et maître en émigration. D'ailleurs, il n'a pas besoin d'elle : il entend bien combattre et part en compagnie de son beau-père.

À Trévarez restent seulement Louise, sa mère et son fils, le petit Charles. La mère de la jeune femme pense qu'il est plus sage de demeurer sur place, ne fût-ce que pour éviter autant que possible la saisie des biens familiaux.

Louise, elle, ne voit pas si loin. Les débuts du soulèvement vendéen et de la Chouannerie la trouvent enthousiaste et elle n'a pas la moindre intention de rester au château à faire de la tapisserie. En 1793, au moment où éclate le plus fort de l'insurrection, elle est à Maulevrier avec le général Stofflet. C'est un ancien garde-chasse, peut-être, mais c'est un héros et Louise se découvre une passion pour les héros.

Le désastreux passage de la Loire lui ouvre les yeux. Les Blancs refluent, les Bleus avancent. Si elle est prise avec les premiers, elle risque gros. D'autant que la présence de sa mère n'a pas suffi à empêcher la saisie des biens familiaux. Alors, elle abandonne le camp blanc et se rend à Nantes pour y faire en quelque sorte sa soumission.

Elle a trop de charme et d'habileté pour ne pas savoir se faire entendre. D'autant qu'elle paie volontiers de sa personne. Pourtant peut-être ne serait-elle jamais allée jusqu'à la trahison formelle si le Destin n'avait mis sur sa route un jeune général républicain en qui elle allait trouver le protecteur puissant dont elle avait le plus grand besoin... et le seul amour de sa vie : Lazare Hoche.

Quand il vient en Bretagne, en septembre 1794, pour réorganiser l'armée, les affaires de Louise ne vont pas bien. Qu'elle se comporte comme elle veut, elle n'en est pas moins l'épouse d'un homme qui combat ouvertement parmi les troupes royalistes. Elle est menacée, aussi l'arrivée de Hoche lui semble-t-elle une sorte de don du Ciel.

D'abord c'est un homme fort séduisant : vingt-six ans, de l'allure, du charme, un charme qui fait bien des victimes. Au nombre desquelles Mme de Beauharnais qu'il a connue en prison. En outre, il a l'auréole de la gloire. Bientôt, Louise devient la maîtresse du beau général. Ce sont des amours mouvementées qu'abritent les toits de Trévarez. Hoche ayant installé son quartier général à Lesneven, il s'est organisé une écurie de chevaux toujours prêts à l'emporter chez sa belle et, chaque nuit ou presque, il court à Trévarez, y passe quelques heures et revient.

Aime-t-il Louise ? À sa façon, sans doute. Surtout, elle lui est de plus en plus utile et c'est avec quelque cynisme qu'il exploite la passion qu'elle lui voue. Il a écrit une lettre qui ne laisse guère planer le doute :

« Grâce à elle, les royalistes n'ont pas fait un mouvement ou noué une intrigue que je n'en aie été instruit sur-le-champ. »

Car, à présent, la malheureuse est prête à tout pour le garder. C'est alors qu'arrive l'événement qui va peser si lourdement sur la mémoire de la jeune femme : les émigrés d'Angleterre ont décidé un vaste débarquement sur les côtes bretonnes afin de reprendre l'avantage et de balayer la Convention expirante. Une escadre aux ordres du commodore Waren doit débarquer, outre les princes français, une armée forte de plusieurs milliers d'hommes auxquels doivent se joindre les chouans de Georges Cadoudal qui bat le golfe du Morbihan.

Le 27 juin 1795, le commodore Waren débarque à Quiberon la Ire division de l'armée royale. Prévenu, Hoche est venu s'installer au hameau de Sainte-Barbe dont il a délogé Cadoudal et barre toute la presqu'île de Quiberon. Le chef chouan a alors une idée ; former un corps expéditionnaire que l'on embarquera et qui gagnera la presqu'île de Rhuys d'où l'on tournera le golfe pour venir prendre Hoche à revers.

Ce corps expéditionnaire est confié à un jeune chef plein d'audace ; le marquis de Tinténiac... dans l'état-major duquel se trouve Pontbellanger. Ses hommes portent des habits rouges pour faire croire à un débarquement anglais.

Louise connaît bien Tinténiac : c'est son cousin et il l'a toujours admirée. Bientôt, la jeune femme se trouve informée de ce qui se prépare. Hoche aussi et, quand Tinténiac débarque, toute une suite de fausses nouvelles, d'ordres falsifiés envoient le marquis au château de Coëtlogon... dans les Côtes-du-Nord. Là on trouve bel accueil de la part d'une réunion de jolies femmes parmi lesquelles se trouve Louise. Furieux, Cadoudal refuse d'entrer au château et campe dans la forêt, mais Tinténiac se laisse tenter. On organise un bal et, dans la nuit, les Bleus investissent le château... Dont Louise a disparu.

Pendant ce temps les émigrés de Quiberon sont tombés aux mains de Hoche qui a promis la vie sauve aux prisonniers. Mais ses ordres, dont on dira qu'ils ont été mal compris, ne sont pas suivis. Conduits à la chartreuse d'Auray, les malheureux sont fusillés – même les blessés – jusqu'au dernier. Leurs corps reposent toujours dans une chapelle de la chartreuse.

Cependant, Louise est retournée à Trévarez pour y retrouver Hoche. Mais le général se détache d'elle à présent. Peut-être lui fait-elle un peu horreur et, quand il part pour l'expédition d'Irlande, c'est avec quelque soulagement qu'il la quitte. Comme par hasard, il s'est rappelé à point nommé qu'il avait une jeune et charmante épouse.

Son départ laisse Louise désemparée. Elle en souffre mais aussi, elle a peur. La terre bretonne pourrait bien devenir brûlante pour elle qui n'a plus de protecteur. Il lui en faut un autre.

Un jour de 1797, plus ravissante que jamais, elle se rend à Quimper sous le prétexte d'obtenir des nouvelles de Hoche, alors à l'armée de Sambre-et-Meuse. C'est là qu'elle rencontre un ami de Hoche, le colonel Bonté qu'elle n'a aucune peine à séduire. En octobre 1797, peu de temps après la mort de Hoche qu'elle pleurera moins qu'elle ne l'aurait cru, Louise devient Mme Bonté, en attendant de devenir, par la grâce de Napoléon, la baronne Bonté – Pontbellanger a, en effet, eu la bonne idée de se faire tuer à Merdreac. Le couple vient cacher son bonheur à Trévarez.

Sans rancune, Louis XVIII nommera Bonté inspecteur d'infanterie puis commandant de la subdivision militaire de Chartres où l'on résidera trois ans. Mais c'est à Trévarez que, le 17 janvier 1726, s'éteindra l'inquiétante fille du marquis du Grego... Bonté se remariera, Trévarez passera du fils au petit-fils de Louise qui le vendra à la famille de Kerjégu, lequel y créera plus tard la ferme-école.

En 1940, le château qui appartient alors au marquis de la Ferronays abritera des œuvres d'art et des archives venant du nord de la France. Malheureusement pour lui, il servira de repos aux sous-mariniers allemands – et même japonais en 1943 –, ce qui lui vaudra d'être bombardé par la R.A.F. qui en détruira une partie.

Grâce au Conseil général du Finistère, Trévarez est aujourd'hui ouvert au public qui vient contempler ses fleurs et rêver peut-être à l'ombre de Louise du Grego.

Horaires d'ouverture

Mars	14 h-17 h 30 (mercredi, samedi et dimanche)
Du 1er avril au 30 juin	13 h-18 h 30
Juillet et août	10 h-18 h 30
Du 1er septembre au 14 octobre	13 h-18 h 30
Du 15 octobre au 23 novembre	14 h-17 h 30 (mercredi, samedi et dimanche)

Le parc est labellisé « Jardin remarquable ».

http://www.cdp29.fr/trevarez-ledomaineenbref.html

USSÉ

Une victime de Chateaubriand : la duchesse de Duras

Les honnêtes femmes sont inconsolables des fautes qu'elles n'ont pas commises.

Sacha GUITRY

Dominant de ses pierres blanches la large vallée où se rejoignent l'Indre et la Loire, le château d'Ussé ressemble si fort à une demeure de conte de fées que Charles Perrault l'a pris jadis pour modèle du manoir enchanté de *La Belle au bois dormant*.

Avec ses lignes médiévales et ses poivrières bleues, il pourrait sortir du *Roman de la Rose* mais la Renaissance a ouvert ses murailles claires pour laisser pénétrer la lumière. Ce faisant, elle a touché de sa grâce les logis qui dominent la terrasse. Si bien qu'Ussé paraît sortir tout droit de quelque légende. Tout comme celui qui en commença la construction.

Compagnon de Jeanne d'Arc, Jean de Bueil est l'image même du paladin pour légende héroïque. Ses exploits marquent toute cette période finale de la guerre de Cent Ans qui vit la libération du territoire. Cela ne l'empêcha pas, étant d'esprit éclairé, d'écrire un énorme traité pour l'éducation des jeunes nobles, *Le Jouvencel*, qui fut un best-seller de l'époque et que l'on vénère dans les anciennes familles à l'égal d'une sorte de bible militaire.

Son fils, Antoine, qui épousa l'une des filles de Charles VII et d'Agnès Sorel, poursuivit la construction d'Ussé et, après lui, Jacques d'Espinay à qui Antoine de Bueil vendit le château en 1485. Ce chambellan de Louis XI apporta sa belle part à l'édification mais ce fut son fils Charles qui acheva ce château si propre à faire rêver un conteur.

Après tant d'hommes, Ussé passe en mains féminines[1]. Suzanne de Bourbon, comtesse d'Harcourt et d'Aumale y règne, puis la marquise d'Elbeuf et la duchesse de Nemours, enfin la fille du grand Vauban qui avait eu pour éducatrice la champêtre Mme Deshoulières, auteur à succès de « bergeries » dans le ton de l'époque. Mme Deshoulières fit quelques séjours à Ussé où il semble qu'inspirée par le paysage elle y ait conçu quelques-uns de ses romans pastoraux.

Il est, incontestablement, de par le monde, des lieux où souffle l'esprit. Ussé semble être de ceux-là puisque, de Jean de Bueil à Mme Deshoulières en passant par Charles Perrault qui y vint, voilà déjà trois écrivains accrochés aux murs du château. Le XIXe siècle va en accrocher deux autres dont l'un d'ailleurs est un géant des lettres puisqu'il s'agit de Chateaubriand, mais l'autre, si son talent n'approche pas de celui du grand homme, connut tout de même un grand succès avec deux romans – *Ourika* et *Édouard* qui sont sans doute les premières œuvres antiracistes parues en France et même ailleurs. Le plus étonnant est qu'ils furent l'œuvre d'une très grande dame, la duchesse de Duras, femme de cœur et grande amie de Chateaubriand qui réussit d'ailleurs à faire de sa vie une sorte d'enfer. Et cela pour une raison bien simple : Mme de Duras aimait Chateaubriand qui ne l'aimait pas mais qui se servit d'elle sans la moindre vergogne et cela durant des années. Mais prenons les choses à leur début.

Rentré d'émigration en 1807, le duc de Duras, qui allait être Premier Gentilhomme de la Chambre des rois Louis XVIII et Charles X après l'avoir été de leur malheureux frère le roi Louis XVI, achète le château d'Ussé et s'y installe avec la ferme intention d'en sortir le moins possible. C'est un homme qui pense avoir eu son large content d'aventures et qui apprécie surtout la paix de la campagne tourangelle, sans parler de la riche bibliothèque de son nouveau château.

Sa femme, elle, vient volontiers à Ussé mais en hiver préfère Paris où elle tient salon littéraire. Elle est d'ailleurs rentrée d'émigration bien avant son mari puisque son retour se situe après le 18 Brumaire. Mais il en était de ce couple comme de beaucoup d'autres tels qu'il s'en créait, pour affinité de familles ou de fortunes, sous les lambris de Versailles, et tels qu'il s'en créait encore au temps de l'émigration.

Née Claire de Kersaint et fille de l'amiral du même nom qui, après avoir servi loyalement la République, en fut payé comme tant d'autres par une montée finale à l'échafaud, Mme de Duras n'était pas une beauté bien que l'on ne trouvât aucune irrégularité dans son visage. Elle était bonne, généreuse, intelligente et cultivée mais il lui manquait ce petit rien, ce charme qui pousse les hommes à dire et à faire des folies.

C'est en 1809, au château de Méréville, près d'Étampes, que Mme de Duras rencontre Chateaubriand et, tout de suite, elle s'enthousiasme :

« J'ai entendu parler de ce beau pays [c'est de l'Espagne qu'il s'agit] d'une manière à donner le regret de n'y avoir point été. C'était par M. de Chateaubriand. Je ne sais si nous avons parlé ensemble de cet homme extraordinaire qui unit à un si beau génie la simplicité d'un enfant... on voit qu'il n'apprécie que les qualités de l'âme. »

Grave erreur de jugement ! Justement, l'Enchanteur est pour l'heure du dernier bien avec la ravissante maîtresse de Méréville, Nathalie de Noailles, duchesse de Mouchy, mais Mme de Duras ne s'en aperçoit pas tout de suite. Éblouie par le grand homme, immédiatement amoureuse de lui, elle ne cache guère ses sentiments.

« Elle se jeta à la tête et au cœur de Chateaubriand, écrit Jean d'Ormesson, et essaya de l'éblouir. Comme la plupart des écrivains, même quand ils se refusent à l'avouer, il se méfiait des femmes un peu trop intelligentes, voyant peut-être en elles des rivales en puissance ou des créatures plus capables que les autres de résister à sa séduction. »

Autre erreur, mais cette fois du côté de l'écrivain ! Non seulement Mme de Duras ne résiste pas à sa séduction mais elle prend feu avec une ardeur qui, tout de suite, effraie Chateaubriand. Il va jouer, alors, avec elle, un jeu cruel.

Il sait bien qu'elle l'aime et qu'elle ne désire qu'une chose, c'est d'être payée de retour mais, comme elle ne lui plaît pas physiquement, il affecte de croire à un entraînement d'esprit, à l'une de ces affections éthérées comme seuls savent en éprouver les grands esprits. Les passions de chair ne sont pas le fait d'une femme aussi intelligente. Ce qui lui convient, c'est une tendre amitié, une douce communion du cœur. Et la pauvre Claire de se voir tout à coup affublée d'un titre de « sœur » qu'elle n'ose pas refuser mais qui ne la satisfait guère.

Une sœur avec laquelle le grand homme ira jusqu'aux confidences amoureuses : « Mme de Mouchy sait que je l'aime, que rien ne peut me détacher d'elle. Sûre ainsi de moi, Mme de Mouchy ne me défend ni de vous voir, ni de vous écrire, ni même d'aller à Ussé avec ou sans elle. Si elle me le commandait, sans doute elle serait aussitôt obéie comme je vous l'ai dit cent fois. Vous ne le trouvez pas mauvais. Vous m'en estimez davantage. »

Quelle femme amoureuse recevrait sans frémir de rage pareille prose ? Pourtant, Mme de Duras accepte. Elle aime tant qu'elle est prête à tout pour garder la petite place que l'homme aimé lui fait dans sa vie, l'homme dont elle ne désespère pas encore d'être un jour aimée comme elle le souhaite.

Passe le temps, passe l'Empire, reviennent les Bourbons ! Au temps de la Restauration, la position du duc de Duras devient superbe. Premier Gentilhomme de la Chambre, il a l'oreille du roi et peut obtenir n'importe quelle faveur. Chateaubriand, qui le sait bien, va, dès ce jour, harceler littéralement la malheureuse Claire pour parvenir à la grande carrière politico-diplomatique dont il rêve.

Bien sûr, Mme de Duras ne sait rien lui refuser et, en 1822, elle réussit à le faire envoyer au Congrès de Vérone... non sans s'être fait rappeler à l'ordre nombre de fois : « Vous avez mis huit jours, écrit aigrement le grand homme, à parler à Villèle sur une demande de la plus grande importance »... Plus tard ce sera l'ambassade de France à Londres, puis celle de Rome et même le ministère des Affaires étrangères où, il faut bien le dire, Chateaubriand ne fera pas d'étincelles. Mais avec quelle facilité n'oublie-t-il pas le rôle prépondérant de celle qu'il appelle toujours sa sœur mais qu'il traite comme il n'aurait osé le faire de Lucile, la vraie sœur : « Je ne suis pas sans quelque vanité d'avoir fait moi-même ma destinée, écrit-il sans rire, je ne l'ai due qu'à ce que je portais au-dedans de moi... Ce n'est, en vérité, valable que pour le génie littéraire, et cela devrait suffire. »

Mais l'ange tutélaire allait bientôt s'éloigner. Malade, souffrant cruellement, Mme de Duras s'est retirée à Nice. C'est là qu'elle meurt, le 1er janvier 1828, en soupirant : « Je ne le reverrai plus ici-bas... » Elle allait laisser un grand vide dans l'existence de l'homme qui l'avait tant fait souffrir, et cela pour une simple question d'apparence.

« Mme de Duras n'avait jamais été jolie, écrit la duchesse de Maillé, et elle en avait beaucoup souffert. Je n'oublierai jamais avec quelle amertume elle me dit un jour, en parlant d'âge : "On n'a jamais été jeune lorsqu'on n'a jamais été jolie". » Ce fut le triste ouvrage de Chateaubriand que de lui faire trop sentir cette insignifiante infériorité. À sa mort, c'est son petit-neveu le duc de Blacas qui hérite du château qui est toujours dans la famille.

Horaires d'ouverture

Du 12 février au 31 mars	10 h-18 h
Du 1er avril au 31 août	10 h-19 h
Du 1er septembre au 11 novembre	10 h-18 h

http://www.chateaudusse.fr/

VALENÇAY

L'étrange infant Ferdinand, prisonnier modèle

Recevoir chez vous trois illustres personnages pour les amuser est tout à fait dans le caractère de la nation et dans celui de votre rang.

NAPOLÉON À TALLEYRAND

Le 9 mai 1808, à Bayonne, l'empereur Napoléon Ier écrit la lettre suivante à son ministre des Affaires étrangères, M. de Talleyrand :

« Le prince des Asturies, l'infant Don Antonio son oncle, l'infant Don Carlos son frère, partent mercredi d'ici, restent vendredi et samedi à Bordeaux et seront mardi à Valençay. Soyez-y rendu lundi au soir... Je désire que ces princes soient traités sans éclat extérieur mais honnêtement et avec intérêt et que vous fassiez tout ce qui sera possible pour les amuser. Si vous avez un théâtre à Valençay et que vous fassiez venir quelques comédiens, il n'y aura pas de mal. Vous pourriez faire venir Mme de Talleyrand avec quatre ou cinq femmes. Si le prince des Asturies s'attachait à quelque jolie femme cela n'aurait aucun inconvénient puisqu'on aurait un moyen de plus de le surveiller. »

La désinvolture de la lettre pourrait laisser supposer que l'Empereur est lui-même le propriétaire de Valençay. En fait il n'en est rien. La superbe demeure appartient au seul Talleyrand, et l'on imagine sans peine quelle figure il fait en recevant l'insolent message qui le ravale au rang de geôlier sans même parler du rôle étrange que Napoléon se permet d'assigner si dédaigneusement à sa femme. Mais, en réalité, depuis que, cinq ans plus tôt, l'Empereur lui a fait acheter Valençay, poussant même la complaisance jusqu'à aider au financement de l'achat, le prince de Bénévent s'attend à quelque chose de ce genre. Ce qui veut dire qu'il connaît son maître beaucoup mieux que celui-ci ne se connaît lui-même car, à l'origine, l'intention de Napoléon était toute différente.

« Un jour que l'Empereur s'était informé avec soin de la vie que le duc de Choiseul avait menée à Chanteloup avant son exil, frappé du grand état de ce ministre et de la splendeur qui en rejaillissait au-dehors sur le roi et le pays, il voulut que son ministre des Affaires étrangères pût réunir dans un beau château tous les étrangers de distinction », écrit la duchesse de Dino qui fut la nièce et le grand amour tardif de Talleyrand. Comme on le voit, il y a une marge énorme entre rassembler pour des fêtes des hôtes divers et en enfermer quelques-uns sous bonne garde. Mais Napoléon avait payé en partie le château et, conclut la duchesse, « il estima dès lors qu'il pouvait disposer de Valençay sans l'agrément du propriétaire ».

Talleyrand est trop grand diplomate pour se vexer de l'offensante fantaisie du maître. Il trempe à son tour sa plume dans l'encre et répond :

« Je répondrai par tous mes soins à la confiance dont elle [Sa Majesté] m'honore. Les princes auront tous les plaisirs que peut permettre la saison qui est ingrate. Je leur donnerai la messe tous les jours, un parc pour se promener, une forêt très bien percée, des chevaux, des repas multipliés et de la musique. Il n'y a point de théâtre et d'ailleurs il serait plus que difficile de trouver des acteurs. Il y aura d'ailleurs assez de jeunesse pour que les princes puissent danser si cela les amuse.

Nulle trace d'amertume dans ces quelques lignes. Pourtant Talleyrand est déjà attaché à cet admirable domaine qu'on l'a obligé à prendre. Peut-être parce qu'il correspond parfaitement à son goût profond du luxe et de la grandeur. On sent, en effet, que ce château a été bâti pour un très grand seigneur et même pour un prince de l'Église, ce qui ne peut déplaire à l'ancien évêque d'Autun. En effet, celui qui, en 1540, construit Valençay sur les restes d'un château ayant appartenu aux ducs de Bourgogne puis à la famille de Châlon-Tonnerre, c'est Jacques d'Étampes, gouverneur de Blois, puis son petit-fils, chevalier de Malte, évêque et enfin cardinal, qui y met la dernière main pour recevoir dignement le pape Urbain VIII. Les souvenirs qui s'attachent au château sont donc tout à fait dignes de retenir l'attention des fils d'un Roi Très Catholique.

Pendant que leur père, le roi déchu Charles IV, et leur mère Maria-Luisa que Napoléon vient de spolier allègrement au bénéfice de son frère Joseph se dirigent vers Compiègne qui leur a été assigné comme résidence, les infants prennent le chemin de Valençay où ils font leur entrée le 19 mai. Talleyrand et sa famille, bien sûr, les y accueillent : « Les princes étaient jeunes, écrit leur hôte forcé, et sur eux, autour d'eux, dans leurs vêtements, dans leurs voitures, dans leurs livrées, tout offrait l'image des siècles écoulés. Le carrosse d'où je les vis descendre pourrait être pris pour une voiture de Philippe V. Cet air d'ancienneté, en rappelant leur grandeur, ajoutait encore à l'intérêt de leur position. »

Talleyrand, en effet, est encore trop imprégné des grandeurs de l'Ancien Régime, du ton de Versailles et du sentiment de ce que l'on doit à la majesté déchue pour ne pas sentir s'éveiller son respect en face de ces jeunes vestiges d'une des plus vieilles monarchies du monde. Et il va les entourer de tous les égards, de toutes les attentions que Napoléon leur avait refusés. Surtout pour le prince des Asturies.

Une étiquette de cour règne à Valençay mais de cour française, ce qui est tout de même moins rude que l'Escurial. Ainsi personne ne peut se présenter devant le prince autrement qu'en habit. Mais, en dehors des heures réglées à la mode espagnole : messe, repos, promenades et prières en commun, le tout entrecoupé de repas plantureux, les princes connaissent une liberté comme jusqu'à présent ils n'en ont guère connu. Ainsi, le plaisir de se promener ensemble « sans une autorisation écrite du roi. Être seuls, sortir à volonté dans les jardins ou dans le parc... La chasse, l'équitation, la danse constituaient aussi pour eux des amusements nouveaux ». Chacun à Valençay s'ingéniait à plaire à ces jeunes hommes dont on plaignait le malheur, même si l'on ne débordait pas de sympathie pour eux.

Le prince des Asturies, Ferdinand, n'attirait guère. Ce prince « moitié moine moitié sauvage », suivant l'expression de la duchesse de Dino qui l'a connu à Valençay, était rien moins qu'attirant : fourbe, cruel et veule, il n'avait même pas la grâce ou la beauté pour se rattraper. Il suffit pour s'en convaincre de se référer aux portraits de Goya. Il ressemblait à la fois à sa mère et à son père qui n'étaient réussis ni l'un ni l'autre... Plus aimables étaient son oncle, Don Antonio, et surtout son jeune frère, Don Carlos, et ceux-ci apprécièrent à leur juste valeur les fêtes que Talleyrand donna en leur honneur. La suite des princes comprenait encore deux personnages importants : le chanoine Escoïquiz et le duc de San Carlos.

Surtout le duc de San Carlos dont la chronique du temps rapporte qu'une tendre aventure le lia à Mme de Talleyrand. La chronique et aussi les rapports quotidiens de police que Fouché déposait chaque jour sur le bureau de l'Empereur. En effet, détestant cordialement Talleyrand, le ministre avait littéralement truffé Valençay d'agents à sa solde.

Et c'est ainsi qu'un beau jour, dans le cabinet de Napoléon, Talleyrand eut la surprise d'entendre l'Empereur lui jeter brusquement : « Pourquoi ne m'avez-vous pas dit que le duc de San Carlos était l'amant de votre femme ?
— Sire, répondit le prince, je ne pensais pas que cela pût intéresser la gloire de Votre Majesté. »

L'idylle n'en fut pas moins interrompue par le retour à Paris de la princesse. Apparemment, Napoléon ne tolérait que les intrigues amoureuses qu'il avait lui-même ordonnées... Cependant, la présence à Valençay des descendants de Philippe entretenait chez certains aristocrates français une effervescence, surtout chez les antibonapartistes. On rêvait d'arracher les infants à leur prison dorée pour les ramener triomphalement en Espagne. C'est ainsi qu'au château presque voisin de Selles-sur-Cher, un complot se monta dont les têtes étaient le marquis de Bartillat et les Saint-Aignan. Ce fut du dévouement dépensé en pure perte : les princes ne voulaient pas être sauvés et les conspirateurs se retrouvèrent à Vincennes sous bonne garde.

Non seulement Don Ferdinand refusait toutes les offres d'évasion qui lui étaient faites mais il allait jusqu'à les dénoncer lui-même au colonel Henri, gendarme d'élite à qui Napoléon avait confié la sécurité de ses prisonniers. Et l'on put assister à cette situation quasi burlesque : tandis que le peuple espagnol se battait farouchement contre les armées de Napoléon, le prince héritier d'un trône que l'on brûlait d'offrir se cramponnait imperturbablement à sa captivité.

Jamais on ne vit prisonnier se montrer plus tendre envers son geôlier. Ferdinand allumait des lampions dans le parc au jour de la Saint-Napoléon – il mit même le feu à une allée qui flamba d'un bout à l'autre – Ferdinand n'hésitait pas à écrire à l'Empereur pour le féliciter quand il remportait une victoire sur l'Espagne et lui donnait du « cher cousin » avec un enthousiasme qui finit par gêner Napoléon.

Mais enfin il n'est si bonne chose qui ne prenne fin. Le 11 décembre 1813, le traité de Valençay garantissait le retrait des troupes françaises. Les infants allaient rentrer chez eux et Ferdinand allait régner sous le nom de Ferdinand VII.

Ce fut sans doute le règne le plus abominable de l'histoire d'Espagne, tant le nouveau roi montra de cruauté et de caprices tyranniques. Mais, au fond de ses palais retrouvés, Ferdinand gardait une incroyable nostalgie de son séjour chez Talleyrand. Il institua l'ordre de Valençay pour ceux qui l'y avaient suivi, donna à un régiment de sa garde le nom de Valençay et même en baptisa une frégate. Finalement, en 1819, il fit parvenir à Talleyrand le grand portrait de lui que l'on peut encore contempler au château de ses regrets.

En 1817, le roi Louis XVIII érigea le domaine en duché, titre qui fut transmis au petit-neveu du prince mais celui-ci s'était réservé la jouissance du château jusqu'à sa mort. Il y fit de fréquents et longs séjours en compagnie de la duchesse de Dino qui a laissé du château et du village une charmante description.

Passé dans la descendance des ducs de Valençay, le château appartient aujourd'hui à l'État.

HORAIRES D'OUVERTURE

Du 17 mars au 30 avril	10 h 30-18 h
Mai	10 h-18 h
Juin	9 h 30-18 h 30
Juillet et août	9 h 30-19 h
Septembre	10 h-18 h
Du 1er octobre au 11 novembre	10 h 30-17 h 30

En juillet et août est donné un grand spectacle nocturne.

http://www.chateau-valencay.fr/

VAURENARD

L'étrange baron de Richemont était-il Louis XVII ?

La plus belle chose que nous puissions éprouver,
c'est le côté mystérieux de la vie...

A. EINSTEIN

Simple rendez-vous de chasse agrandi au XVIIe siècle, remanié au XVIIIe, le château de Vaurenard appartenait, en 1833, à une grande dame aimable mais solitaire, la comtesse d'Apchier de Vaire, née de Corteille de Vaurenard. Veuve depuis quelques années et mal remise du décès d'un époux aimé, Mme d'Apchier vivait en recluse, ne recevant guère que des gens d'Église dans cette grande demeure claire, faite cependant pour abriter une nombreuse famille. Mais la châtelaine, qui s'occupait surtout d'œuvres de charité, n'avait plus beaucoup de goût à la vie.

C'est alors que tout change avec la visite d'un vieux missionnaire de ses amis qui vient lui porter une incroyable nouvelle : il sait, lui, ce qu'est devenu le fils de Louis XVI et de Marie-Antoinette. Il lui a parlé et il connaît son adresse...

Mme d'Apchier a toujours voué à la famille royale un véritable culte. Dans le grand salon de Vaurenard, il y a trois portraits voilés de noir : le roi, la reine et le Dauphin. Et si, un temps, elle a servi, aux Tuileries, la duchesse d'Angoulême, la comtesse a toujours éprouvé une certaine méfiance envers Louis XVIII, puis envers Charles X et leur entourage. Et cela pour une bonne raison : elle reste persuadée que Louis XVII s'est évadé du Temple, qu'il vit quelque part et que les derniers rois Bourbons n'ont été que des usurpateurs. Que dire de Louis-Philippe, le fils du régicide Philippe d'Orléans, qui s'est installé à leur place ! Aussi reçoit-elle les propos du vieux missionnaire comme une manne providentielle. Et puisque le « Roi » vit à Paris, eh bien, elle va partir pour Paris et donne des ordres en conséquence. À cinquante-trois ans, Mme d'Apchier va enfin revivre ! Et avec quelle joie !

C'est, en effet, essentiellement une femme d'action. Durant la Révolution et l'Empire elle a pris part à toutes, ou presque toutes les conspirations royalistes de la région lyonnaise. Elle a beaucoup donné car elle est fort riche, mais sans obtenir jamais le moindre résultat. Cette fois, elle est presque certaine de son fait, car elle y voit une réponse du Ciel à ses incessantes prières. Et c'est le cœur battant qu'elle pénètre dans la très modeste maison de la rue de Fleurus qu'on lui a indiquée...

Quand la porte s'ouvre, Mme d'Apchier se trouve en présence d'un homme d'environ quarante-cinq ans, mince et élancé, blond aux yeux bleus qui ressemble au roi Charles X et accentue cette ressemblance par une coiffure similaire. Mais déjà, la comtesse est persuadée d'avoir en face d'elle celui avec lequel, jadis, elle a joué dans les jardins de Trianon et, spontanément, elle s'agenouille devant lui. Il la relève avec gentillesse, la fait asseoir et commence à évoquer pour elle les souvenirs d'un passé commun. Bien des scènes d'autrefois revivent ainsi à la voix de cet inconnu qui dit avoir choisi de s'appeler le baron de Richemont pour éviter de nouvelles persécutions de la police. Et Mme d'Apchier se sent infiniment heureuse tout à coup. Elle a atteint son rêve.

Mais naturellement, elle brûle de savoir ce qui s'est passé depuis le temps affreux où le jeune prince vivait au Temple sous la férule du cordonnier Simon... Alors Richemont raconte... Une histoire, il faut le dire, proprement effarante, mais la comtesse est bien placée pour savoir que, des aventures incroyables, la Révolution en a suscité quelques-unes. Néanmoins, celle-ci est tout de même un peu forte...

En janvier 1794, au moment où le ménage Simon quitte ses fonctions d'éducateur du Dauphin, la femme Simon fait sortir l'enfant du Temple dans un panier de linge tandis que l'on introduit à sa place un enfant scrofuleux et muet nommé Jean-Marie Hervagault, lequel mourra le 8 juin 1795. Pendant ce temps, le petit roi – il l'est depuis la mort de Louis XVI – est conduit chez Joséphine de Beauharnais puis, de là, en Vendée, au camp de Charette, par MM. de Frotté et d'Ojardias. Il n'y reste pas longtemps car Charette le fait conduire au château d'Angry, chez la comtesse de Turpin-Crissé où il aura pour compagnon de jeux un jeune paysan nommé Mathurin Bruneau.

Assez long séjour à Angry puis embarquement pour la Hollande afin de rejoindre à Steinstadt le prince de Condé. Celui-ci, afin de mettre le jeune roi à l'abri des entreprises de son oncle qui se fait appeler Louis XVIII, l'envoie à Rome chez ses grand-tantes, Mmes Adelaïde et Victoire, filles de Louis XV. Mais celles-ci ne savent trop qu'en faire. On confie l'enfant à un abbé, à Milan. De là il se rend chez la duchesse d'Orléans à Barcelone puis chez le régent de Portugal qui le fait réembarquer pour la France. Il semble que tous ceux qui ont reçu le « précieux dépôt » n'ont rien eu de plus pressé que de s'en débarrasser...

Une tempête jette le fugitif sur la côte normande et, dès lors, il va vivre, seul et sans ressources, une vie errante sous le nom d'Hervagault. Il tâte de plusieurs prisons, à Vire, à Châlons, à Reims et à Bicêtre. Libéré il rend visite, aux incurables, à la femme Simon qui le reconnaît formellement et pleure en l'appelant son petit prince.

Mêlé à la conspiration de Cadoudal, il s'enfuit, s'engage dans l'armée, déserte, refait un séjour en prison, s'évade, se retrouve à Civitavecchia puis au château Saint-Ange, à Rome, d'où il réussira à s'embarquer pour le Brésil ; là, il est l'hôte de l'empereur Jean VI et vit quelques années paisibles occupées de lecture et d'études. De retour en France en 1815, il se fait reconnaître par le duc de Berry, par la duchesse douairière d'Orléans et par le prince de

Condé qui lui remettent des papiers attestant sa haute origine. Mais, afin qu'ils soient à l'abri, il confie ces papiers à un ancien magistrat de Rodez, Fualdès, qui est égorgé peu après et dévalisé...

C'est à cette époque que Richemont rencontre la duchesse d'Angoulême mais celle-ci le repousse avec horreur en disant : « Vous êtes la cause de bien des malheurs. Jamais mes bras ne s'ouvriront pour recevoir l'ennemi de notre famille... » D'aucuns ont voulu voir là une allusion à la déclaration contre la reine arrachée jadis par Simon à un enfant terrifié...

Et l'odyssée se poursuit. En Corse, puis en Italie où Louis XVIII obtient son arrestation et où il partage la geôle du grand poète Silvio Pellico. Retour en France, autre prison et, finalement, avec le départ des Bourbons, la fin des malheurs, le droit de vivre libre mais pauvre grâce à l'aide d'une poignée de fidèles. Une poignée à laquelle se joint immédiatement Mme d'Apchier car, en quittant le « Roi », elle emporte la promesse qu'il viendra la rejoindre à Vaurenard où elle retourne en hâte « pour en faire une résidence aussi royale que possible et où il commandera en maître... »

Pendant vingt ans, Richemont va être l'hôte quasi perpétuel de Vaurenard. Il fera quelques escapades, à Rome ou à Lyon, mais toujours il revient vers cette maison qui est devenue « sa » maison. Il y a ses appartements, son service particulier, il prend ses repas dans sa propre salle à manger, sauf lorsqu'il y a dîner d'apparat pour recevoir les fidèles. Mme d'Apchier, qui a instauré à Vaurenard une étiquette très versaillaise, ne se permettrait pas d'approcher le prince sans avoir auparavant demandé audience. Et ses jardiniers, aussi bien dans les parterres que dans les serres, font pousser en toute saison les lys destinés à l'appartement du « Roi » que l'on n'appelle jamais autrement que Monseigneur...

Naturellement, la famille de la comtesse s'émeut de ces folies et envoie un émissaire, qui est fort mal reçu :

— Si vous avez peur de perdre mon héritage, dit Mme d'Apchier, c'est chose faite et je vous prie de ne plus vous présenter, pas plus que vos mandants, chez moi.

Elle n'a jamais été si heureuse. Sa vie est transformée. Finies les noires robes de deuil ! La comtesse porte du violet « scabieuse », du gris, du blanc, du mauve, des teintes douces qui conviennent à son âge et à son teint. Elle entoure son hôte de toutes sortes d'attentions et ne s'offusque même pas lorsqu'il se rend à Lyon en une escapade galante :

« La vie retirée que nous menons pèse à sa verte maturité, écrit-elle. Il est le petit-fils d'Henri IV et de Louis XV. Il a dans les veines le sang généreux des Bourbons... »

Elle ne cesse de lui recruter des partisans et lui ne cesse d'écrire à travers l'Europe et d'entreprendre des démarches destinées à le faire reconnaître comme l'authentique fils de Louis XVI. Ensemble, ils partiront pour Naples où le pape a promis de recevoir le baron de Richemont. Mais celui-ci fait trop de bruit autour de cette audience que finalement le Saint-Siège ne lui accordera pas.

Déçu, il lance alors une assignation contre « sa sœur » devant le tribunal de la Seine, ce qui ne lui fera aucun bien auprès de ses partisans. Mais la mort de la duchesse d'Angoulême vient mettre un point final à ses illusions. La seule femme qui aurait pu le reconnaître officiellement n'est plus. Dès lors la partie est définitivement perdue pour lui, et il le sait.

Les derniers mois sont pénibles. Richemont n'est plus qu'un homme brisé, en dépit des soins pieux dont l'entoure son hôtesse. Il souffre des jambes et sa langue s'embarrasse. Il meurt dans sa chambre embaumée par des brassées de lys, le 10 août 1853.

Mme d'Apchier fera graver sur sa tombe « Louis-Charles de France, fils de Louis XVI et de Marie-Antoinette, né à Versailles le 17 mars 1785, mort à Gleizé le 10 août 1853. » Malheureusement, le tribunal de Villefranche, en 1859, se prononcera contre les prétentions du pauvre Richemont et une autre épitaphe sera gravée sur le revers de la dalle que l'on retournera contre un mur du cimetière : « Nul ne dira sur ma tombe : pauvre Louis, que tu es à plaindre ! Priez pour lui ! » La tombe est toujours visible au cimetière de Gleizé, le village dont dépend le château de Vaurenard.

Demeurée seule et n'ayant pas d'enfants, Mme d'Apchier songea à léguer son château au cardinal de Bonald, archevêque de Lyon, pour qu'il en fît une résidence d'été et, dans ce but, elle fit élever une chapelle en 1848. Mais elle finit tout de même par faire de son neveu son héritier, M. Maurice de Longevialle, dont les descendants sont demeurés propriétaires de cette belle demeure hantée par une énigme.

HORAIRES D'OUVERTURE

Le château se visite du 1er mai au 30 novembre, uniquement sur rendez-vous au 04 74 66 01 78.

VERTEUIL

Les grands La Rochefoucauld

Il faut de plus grandes vertus pour supporter la bonne fortune que la mauvaise...

LA ROCHEFOUCAULD

D'aucuns me reprocheront peut-être d'avoir choisi Verteuil plutôt que le château de La Rochefoucauld, chef d'armes et de nom de cette grande famille française. Il est certain que Verteuil est un peu moins beau que son cousin qui, dans sa majeure partie, représente un pur chef-d'œuvre de la Renaissance. Il est plus militaire aussi avec son haut donjon et ses sept tours rondes, mais il n'en possède pas moins une beauté bien à lui qui frappait déjà Froissart lorsqu'il parlait de ce « moult fort château sur les marches du Dauphiné et de la Sainctonge ». Son histoire, en tout cas, m'est apparue plus passionnante. Peut-être parce que ces antiques murailles ont abrité l'exil, les méditations et les désenchantements du redoutable mémorialiste que fut François VI de La Rochefoucauld, un homme dont la vie ressemble à un roman d'aventures.

Et puis, il faut le dire, le célèbre François n'est pas le seul personnage digne d'intérêt qui ait hanté Verteuil. Et, de sa fondation au XIe siècle par ces La Rochefoucauld dont il est la seconde seigneurie jusqu'à nos jours où la remarquable société des Vieilles maisons françaises y fut fondée, l'histoire de Verteuil, étroitement mêlée à l'histoire de France, vaut d'être contée.

Dans ses parties les plus anciennes, le château est l'œuvre de Guy II de La Rochefoucauld et, dès l'an 1060, il est mentionné dans les biens de la famille. Il est possible qu'il ait succédé à un édifice antérieur et que Verteuil, sous son tout premier visage, ait eu à faire face aux invasions normandes. Quoi qu'il en soit, c'est en 1135 qu'il subit son premier siège connu par les soins du comte d'Angoulême, qui d'ailleurs ne parvint pas à en venir à bout.

Une légende – mais est-ce tellement une *légende* ? – veut que le roi Louis VII et la reine Aliénor (qui descendait d'un La Rochefoucauld) aient fait visite à Verteuil en 1187, inaugurant ainsi une longue suite de visites royales. Bien que celle de Philippe VI en 1332 ait été homologuée comme ayant ouvert la série.

Le roi, dit-on, trouve chez son grand vassal bon gîte et bonne table. Il en gardera le meilleur souvenir mais plus encore de l'exacte fidélité qu'on lui montrera dès les débuts de l'interminable guerre de Cent Ans. Une guerre qui ne va pas sans perturber gravement les seigneurs de Verteuil. En 1360, le désastreux traité de Brétigny cède le château au roi d'Angleterre. Le château qui ne veut rien en savoir.

Le connétable anglais Jean Chandos écrit alors à Aimery de La Rochefoucauld pour l'inciter à plus de coopération. Aimery, de son côté écrit au roi – c'est à présent Jean le Bon – pour lui représenter « les grandes dépenses qu'il avait faites pour conserver le pays en son obéissance », ajoutant qu'« il avait fait mention de ces choses parce qu'il voyait qu'en raison du traité de Brétigny le roi le met du tout en dehors de son obéissance ce qui lui fait plus mal que pertes et dommages qu'il n'ait encore soutenus »...

Mais les traités sont les traités, Verteuil est obligé de se rendre aux Anglais. Encore est-ce pour éviter au frère du capitaine qui en commande la garnison d'être décapité par l'ennemi qui le retient prisonnier.

Durant la guerre de Cent Ans, le château connaît bien des avatars, changeant de garnison plus souvent qu'il ne le voudrait jusqu'à ce que le roi Charles VII, enfin décidé à « bouter l'Anglais hors de France », vienne lui-même mettre le siège devant ses grandes murailles où sont réfugiés Guyot de La Rochefoucauld et quelque deux cents hommes. Grâce aux frères Bureau, le roi possède à présent la meilleure artillerie d'Europe et Verteuil va l'apprendre à ses dépens. Les défenses du château sont démolies. Comment les reconstruire alors sans déplaire au vainqueur ? Guyot, qui est né malin, s'en tire superbement : il obtient permission, sous couleur de restituer un abri aux gens du village, de reconstruire un grand mur et deux tours à distance des anciennes fortifications qu'à leur abri on va réparer. Résultat, Verteuil est plus puissant que jamais.

C'est le même Guyot qui, en mariant sa fille Marguerite à son cousin Jean, fera rentrer Verteuil dans la branche aînée. Ce Jean, qui sera chambellan de Charles VII et de Louis XI, professe une grande dévotion pour saint François d'Assise. C'est dans cet esprit qu'il lui voue sa maison et désormais, tous les aînés La Rochefoucauld se prénommeront François... Cela marque le début des grandes illustrations : le parrain du premier La Rochefoucauld à porter le nom sanctifié n'est autre que le roi François Ier qui, un an après son couronnement (en 1516), vint à Verteuil où l'on devine comment il fut accueilli. Douze ans plus tard, il fera de son filleul le comte de La Rochefoucauld...

Le comte avait épousé en 1518 une dame de grande valeur : Antoinette de Polignac, femme de haute vertu, résolument tournée vers les lettres et les arts. N'ayant guère quitté Verteuil, cette noble dame y réunit une vaste et précieuse bibliothèque. C'est elle encore qui fit édifier, dans l'église, une admirable *Mise au tombeau* en terre cuite, à huit personnages dans lesquels on peut reconnaître le comte François II sous l'aspect de Joseph d'Arimathie et sa belle-fille, Sylvie Pic de La Mirandole, morte à seize ans de ses couches, sous ceux de la Vierge Marie.

En 1539, la comtesse Antoinette reçoit à Verteuil l'empereur Charles Quint qui, pour perpétuer le souvenir de sa visite, plante dans le parc un arbre qui existe toujours, puis déclare « n'estre jamais entré en maison qui mieux sentist sa grande vertu, honnesteté et seigneurie ».

Après la mort de la charmante Sylvie qu'avait chantée du Bellay, François III se remarie. Il épouse Charlotte de Roye, la belle-sœur du prince de Condé, femme d'une grande beauté et de grand caractère qui le transforme bientôt en protestant bon teint... et la plus grande partie du village avec lui par la même occasion.

Cette appartenance à la nouvelle religion, jointe aux liens étroits que la famille garde avec le catholicisme – le roi Henri II est venu à Verteuil avec son fils Charles et sa fille Elisabeth qui va devenir reine d'Espagne –, vaut au château d'être le théâtre d'une importante entrevue entre le roi de Navarre et le prince de Condé d'une part, le légat du pape d'autre part, dans le but d'éviter une reprise des guerres de Religion. Six ans après, il est vrai, c'est le 6e synode de l'Église réformée qui s'y tient, puis une grosse concentration de troupes destinées à La Rochelle. Résultat, en 1569, c'est le futur Henri III qui vient à Verteuil... mais avec une troupe d'occupation.

Quand il se rend à Paris pour y épouser Marguerite de Valois, le jeune roi de Navarre, futur Henri IV, accompagné de sa mère Jeanne d'Albret, s'arrête quelques jours avec la suite catholico-protestante qui l'accompagne. C'est là que se place une curieuse anecdote.

Dans la cour du château, on joue à la paume. Deux dames : Anne de Courcelles et sa tante Jeanne de Benaye, suivent le jeu, accoudées à une fenêtre ouverte. Or, à l'étage au-dessous, invisibles parce que assis de part et d'autre de leur fenêtre sur des sièges de pierre, deux hommes discutent. Ce sont le maréchal de Biron et le cardinal d'Armagnac, légat du pape. Et que disent-ils ? Ils envisagent simplement les divers moyens de se débarrasser des protestants... Bien sûr, les deux dames se hâtent d'avertir La Rochefoucauld de ce qui se trame sous son propre toit mais, au nom des lois sacrées de l'hospitalité, celui-ci refuse de les entendre.

Au soir de la Saint-Barthélemy, il n'écoute pas davantage le roi Charles IX qui l'aime bien et voudrait le garder auprès de lui :

— Foucauld, ne t'en va pas, nous balivernerons le reste de la nuit.

— Cela ne se peut, répond le comte, car il faut dormir et se coucher.

— Adieu donc, mon petit maître, murmure tristement le roi.

Quelques heures plus tard, le comte qui est couché voit une bande armée entrer dans sa chambre. Croyant à une farce un peu lourde du roi, il dit en riant : « Ménagez-moi, messires ! »... et meurt percé de coups. Même chez les catholiques, on reprochera au roi de n'avoir pas agi plus énergiquement pour sauver son ami.

Son fils, François IV, échappera au massacre et sera ramené au château par un serviteur, Mergey, qui deviendra par la suite agent secret de Catherine de Médicis. Celle-ci, en 1578, s'arrête à Verteuil avec sa fille Marguerite. Ce Mergey sera d'un puissant secours pour le rapprochement des La Rochefoucauld et de la couronne, un rapprochement qui se fera quand Henri IV aura recueilli ladite couronne.

François IV sera le fidèle compagnon de ce roi qu'il connaît depuis l'enfance et se fera tuer pour lui au combat de Saint-Yrieix, le 15 mars 1591. Mais son fils, François V, ne se convertira au catholicisme qu'en 1610, lors du couronnement de Marie de Médicis qui aura lieu, comme par hasard, deux jours avant l'assassinat d'Henri IV. François sera nommé gouverneur du Poitou et duc en 1622. Il avait épousé Gabrielle du Plessis-Liancourt, dont le père eut le double et singulier honneur de se trouver dans la chambre d'Henri III au moment de son assassinat par Jacques Clément et dans le carrosse d'Henri IV lorsque le couteau de Ravaillac frappa. Il est le père de notre mémorialiste.

Ajoutons qu'il s'est beaucoup occupé des jardins de Verteuil et des arbres pour lesquels il s'était pris d'une vraie passion. Il devait, en effet, passer de nombreuses années dans son château pour avoir déplu à Louis XIII en lui amenant, lors du siège de La Rochelle, une troupe de mille cinq cents gentilshommes et en précisant qu'ils étaient tous ses parents. Le roi jugea alors qu'il préférait un gouverneur du Poitou moins puissant, et M. de La Rochefoucauld s'en alla planter ses arbres.

Par ses *Mémoires* et ses *Maximes*, François VI acquiert une renommée qui, elle, a franchi les âges. Mais, avant de lui rendre l'hommage qu'il mérite, il convient d'en offrir un à la femme étonnante que fut sa grand-mère : Antoinette de Pons, d'abord comtesse de La Roche-Guyon puis marquise de Liancourt.

Après la bataille d'Ivry, Mme de La Roche-Guyon accueille chez elle le roi Henri IV. Elle est peut-être alors la plus belle veuve de France et de Navarre, et le roi, fidèle à sa réputation de Vert-Galant, flambe comme un paquet d'étoupe. Il est même si fort épris qu'en échange de sa reddition il offre à la comtesse une promesse de mariage signée de son sang. Nous dirions qu'il s'agit là d'un « truc » dont Henri IV usa et abusa pour parvenir à ses fins et qui ne lui réussit pas, nous l'avons vu, quand il l'employa avec Henriette d'Entragues. Avec Antoinette de Pons, il n'obtient aucun succès mais il lui faudra une petite leçon pour s'en apercevoir.

Installé donc au château de la dame, il est mené par elle, en grande cérémonie, à son appartement. Et là, il s'enquiert ingénument de la distance qui existe entre sa chambre et celle de son hôtesse. Calmement, celle-ci lui répond : ce n'est pas très loin. Enchanté, notre galant commence à penser que cette nuit pourrait être des plus agréables. Il songe à quelques préparatifs quand il entend du bruit dans la cour. Et constate alors que c'est la belle Antoinette qui s'en va tranquillement passer la nuit chez une amie dans un château du voisinage.

Henri IV a trop d'esprit pour ne pas comprendre et quand, en 1600, il épouse Marie de Médicis, il déclare à la jeune femme que « puisqu'elle est véritablement dame d'honneur, elle le sera de sa femme... ». Ajoutons que ce n'est là, somme toute, qu'une récompense largement méritée car, au temps des guerres pour la reconquête du royaume, Antoinette de Pons avait vendu ses diamants pour équiper des troupes. Femme véritablement universelle, la grand-mère de François VI, qui viendra à Verteuil avec le roi Louis XIII et les reines en 1617, a protégé Bernard Palissy, armé des vaisseaux pour Champlain, ce qui lui valut de se retrouver dame d'une partie du Canada. Finalement, elle recommanda à Marie de Médicis certain jeune évêque de Luçon dont elle aimait les sermons et qui s'appelait Richelieu. Circonstance dont son petit-fils ne lui saura aucun gré.

Marié à quinze ans à Andrée de Vivonne, fille du grand fauconnier de France qui lui donnera huit enfants, La Rochefoucauld n'en mène pas moins une vie galante fort active, mais s'arrange tout de même pour que ses aventures ne portent point ombrage à une épouse qu'il estime faute de lui porter une grande passion. L'amour, dans ses jeunes années, c'est... à la reine Anne d'Autriche qu'il le voue. Et cela ne lui réussit pas. Croyant son idole malmenée par le cardinal de Richelieu, il se laisse entraîner par la duchesse de Chevreuse dans un complot destiné à enlever la reine pour la conduire à Bruxelles. Bien entendu, comme toutes les entreprises insensées de Mme de Chevreuse, celle-là échoue. François frise l'échafaud et doit s'estimer satisfait d'un confortable exil à Verteuil.

« Les marques d'estime que je recevais des personnes à qui j'étais le plus attaché et une certaine approbation que le monde donne assez facilement aux malheureux quand leur conduite n'est pas honteuse me firent supporter avec quelque douceur un exil de deux ou trois années. J'étais jeune, la santé du Roi et celle du Cardinal s'affaiblissaient et je devais tout attendre d'un changement. J'étais heureux dans ma famille ; j'avais à souhaits tous les plaisirs de la campagne ; les provinces voisines étaient remplies d'exilés et le rapport de nos fortunes et de nos espérances rendait notre commerce agréable... »

Une visiteuse d'importance durant ces années paisibles : la turbulente duchesse de Chevreuse, alors en fuite vers l'Espagne et à qui notre La Rochefoucauld prête un carrosse.

Malheureusement pour lui, le changement de règne ne va pas dans le sens de ses espérances. Certes, le roi Louis XIII est mort et le cardinal de Richelieu aussi mais, à présent, il y a le cardinal Mazarin qui non seulement n'est pas grand seigneur comme l'autre, mais est étranger par-dessus le marché. Le bruit de ses relations intimes avec Anne d'Autriche fait le reste et, d'emblée, La Rochefoucauld se met à détester « il signor Mazarino ». Une femme va l'entraîner au cœur ardent de la Fronde.

Elle se nomme Anne-Geneviève de Bourbon-Condé, duchesse de Longueville, et elle est la sœur du Grand Condé. Notre François, qui n'est que prince de Marcillac parce que Monsieur son père est encore vivant, la rencontre à Paris, à la fin de l'année 1647, rue Saint-Louis (actuelle rue de Turenne), chez la duchesse de Bouillon. Elle est éblouissante : grande, mince, avec de grands yeux d'un rare bleu-vert et une masse de cheveux soyeux d'un ravissant blond argenté. Par une étrange rencontre, la robe qu'elle porte, toute de velours noir brodée d'or, semble faite exprès pour s'accorder avec le costume de François qui porte rarement d'autres couleurs. Il voit là un signe du destin.

C'est le coup de foudre et, dès le lendemain, M. de Miossens, qui est le galant en titre de la belle duchesse, s'entend demander quel jour et à quelle heure il lui conviendrait de se couper discrètement et galamment la gorge avec le prince de Marcillac. La rencontre a lieu dans un jardin du Marais. Miossens est blessé et, tandis qu'on le panse, il entend son adversaire lui déclarer qu'il en recevra tout autant chaque fois qu'il s'approchera de Mme de Longueville à moins de trois pas. L'autre, bien sûr, déclare qu'il aimerait mieux mourir (c'est le futur maréchal d'Albret) mais une syncope l'empêche d'en dire davantage et, tandis qu'on l'emporte, le vainqueur s'en va tout droit chez la belle Anne-Geneviève. Qui le reçoit assez mal. De quoi se mêle-t-il ? Personne n'a jamais osé lui dicter le choix de ses amis. Mais là, François tombe à genoux et se lance dans une déclaration d'amour tellement passionnée qu'on lui pardonne bien vite et même qu'on se laisse singulièrement attendrir, surtout quand Marcillac se déclare l'homme lige de la duchesse, prêt à la seconder en toutes choses contre le Mazarin.

Ce furent, sur fond de Fronde, des amours ardentes, fiévreuses, pour lesquelles une guerre représentait le cadre idéal, permettant toutes les folies. Des amours qui portèrent leur fruit et, le 28 janvier 1649, Mme de Longueville accouche d'un petit garçon... en pleine salle du Conseil de l'Hôtel de Ville de Paris, en face d'une foule d'échevins effarés et de dames de la Halle enthousiastes. C'est l'instant du triomphe, il sera sans lendemain. Bientôt, il faudra fuir devant les troupes royales. François escortera sa maîtresse jusqu'aux portes de la Normandie où elle entend se réfugier[1] mais la quittera là pour s'en aller allumer la guerre en Poitou...

On se battra encore dans Paris et, le 19 février 1652, au combat de la porte Saint-Antoine, François reçoit une mousquetade qui le blesse gravement au visage et lui inspire le distique suivant qu'il envoie à sa duchesse :

Faisant la guerre au Roi j'ai perdu les deux yeux,
Mais, pour un tel objet, je l'aurais faite aux dieux...

Vers galants que La Rochefoucauld corrigera lorsqu'il aura perdu ses illusions sur la conduite de la volage :

Pour un cœur inconstant qu'enfin je connais mieux
J'ai fait la guerre au Roi, j'en ai perdu les yeux...

Cependant, la révolte de François VI a été dommageable pour le château, que le maréchal de La Meilleraye a assiégé et démoli en partie en 1650. Ce qui ne l'empêchera pas de recevoir encore d'illustres hôtes. La Rochefoucauld y vivra son second exil jusqu'en 1662, année où il publie les *Maximes*. C'est néanmoins à Paris qu'il meurt en 1680, et Mme de Sévigné d'écrire à sa fille : « Ce pauvre Monsieur de La Rochefoucauld est sur le chemin de Verteuil bien tristement. » Sa veuve, elle, aura passé toute sa vie au château avec ses enfants. Elle y meurt en 1670.

Son fils aîné, François VII, sera grand veneur et grand maître de la Garde-Robe et son petit-fils, François VIII, épousera à Verteuil la fille du ministre Louvois. Un beau

1. Voir Dieppe.

mariage en vérité que commente Mme de Sévigné : « Que vous dire ? Magnificences, illuminations, toute la France ! » Toutefois, le jeune marié, ayant écrit quelques lettres fort insolentes sur Louis XIV, Mme de Maintenon... et Louvois, se retrouve bientôt en exil à Verteuil, pour deux ans.

Au XVIIIe siècle, le château fut presque abandonné de ses maîtres qui occupaient à la cour de grandes charges et, durant la Révolution, il subit de graves dommages. Une partie des bâtiments fut brûlée, avec quelques-uns des portraits de famille... C'est dans la première moitié du XIXe siècle que le bâtiment sera restauré.

Sous le règne de Napoléon III, Verteuil passe de nouveau à un cadet de la famille, Hyppolite, qui sera ambassadeur à Florence et en Allemagne et s'efforcera de rassembler les meubles et objets dispersés durant la tourmente. Son fils, le comte Aimery, continuera son œuvre et connaîtra lui aussi une sorte de célébrité littéraire : lui et son épouse, Henriette de Mailly-Nesle, seront immortalisés par Proust sous les noms de prince et princesse de Guermantes...

Depuis, Verteuil est devenu chef de file, nous pourrions dire chef d'ordre, comme pour un ordre de chevalerie, de l'Association des Vieilles maisons françaises, fondée par la marquise de Amodio, née Anne de La Rochefoucauld, qui a tant fait pour la préservation du patrimoine national, et qui a laissé derrière elle tant de regrets.

VILLARCEAUX

Un amour de Ninon de Lenclos

Les femmes s'attachent aux hommes par les faveurs qu'elles accordent. Les hommes en guérissent par les mêmes faveurs.

LA BRUYÈRE

À qui le considère aujourd'hui, le domaine de Villarceaux offre deux châteaux et non un seul. Celui qui attire d'abord le regard est une élégante demeure du XVIIIe siècle entourée de jardins à la française qui trône sur la colline. Mais celui-là n'a guère d'histoire. Peut-être parce que Charles du Tillet de La Bussière, qui le fit construire entre 1755 et 1759, était simplement un parfait gentilhomme, un excellent homme surtout, si aimable et généreux que sa famille, son château et lui-même n'eurent même pas à souffrir de la Révolution.

Le château qui nous intéresse, c'est l'autre, le vieux manoir qui ressemble un peu à une dépendance : une vigoureuse construction dont les tourelles d'angles, les grâces vaguement paysannes n'en prennent pas moins un charme infini en se mirant dans l'eau calme d'un étang à nénuphars.

Bien entendu, en 1652, lui seul existe. Son propriétaire Louis de Mornay, marquis de Villarceaux et capitaine de la meute de chiens courants du roi Louis XIV, est sans doute l'un des hommes les plus séduisants de Paris. Si séduisant même qu'il n'a pratiquement jamais rencontré de cruelles. Toutes les dames en raffolent et le lui montrent. Mais un soir, chez le poète Scarron, il rencontre la reine sans couronne de Paris : la belle, la spirituelle, l'éclatante, la divine Anne de Lenclos, plus connue sous le doux prénom de Ninon. C'est-à-dire la femme du monde qui s'entend le mieux à rendre les hommes à moitié fous, sinon tout à fait. C'est le coup de foudre pour le beau marquis.

Dès le lendemain de la rencontre, Villarceaux se précipite rue des Tournelles, chez Ninon, pour y entamer une cour aussi pressante que passionnée. Il ne doute pas un seul instant d'arriver rapidement à ses fins. Or, à sa grande surprise, car les amants de la belle sont presque aussi nombreux que les étoiles du ciel, cette cour si ardente se révèle totalement inopérante. Ninon accueille Villarceaux avec sa grâce inimitable, lui sourit mais se contente de rire quand il se lance dans une tirade enflammée.

Vexé puis inquiet, le marquis se pique au jeu. Pourquoi diable Mlle de Lenclos lui fait-elle attendre si longtemps des faveurs qu'elle accorde par ailleurs avec tant de simplicité ? En bon chasseur, l'amoureux décide de prendre l'affût et, pour ce faire, loue une maison située juste en face de celle de la bien-aimée. Avec l'arrière-pensée de mettre la main sur un éventuel rival et de l'entraîner ensuite dans un endroit discret pour y discuter, l'épée à la main, des préférences de Ninon. Mais les premiers jours de surveillance se révèlent sans intérêt...

Ce soir-là, après la visite quotidienne qu'il a rendue au fameux « Cabinet Jaune » de Ninon, Villarceaux est rentré chez lui de fort méchante humeur. Il y avait, comme d'habitude, un monde fou chez la jeune femme et, toujours comme d'habitude, elle a refusé de laisser son amoureux revenir après le départ des autres.

Revenu dans sa chambre d'où il a une vue parfaite sur les fenêtres de Ninon, le marquis a d'abord pensé se mettre au lit pour en finir plus vite avec une nuit aussi peu intéressante que les précédentes. Mais ne dort pas qui veut et, incapable de tenir plus de cinq minutes dans son lit, il se relève. Jamais il ne s'est senti aussi énervé.

Le front collé au carreau, il guette le départ du dernier carrosse, se promettant de retourner se coucher dès qu'il verra s'éteindre les lumières de sa voisine. Hélas, quatre heures plus tard, ces lumières brillent toujours. Une idée vient alors à Villarceaux : tout à l'heure, Ninon lui a confié qu'elle avait grand besoin de repos. Se pourrait-il qu'elle fût malade ? Et, tout de suite, l'imagination du marquis lui montre la jeune femme étendue dans son grand lit et recevant les soins aussi affolés qu'incompétents d'une soubrette stupide. L'image est intolérable. Alors Villarceaux sonne ses gens et envoie aux nouvelles. Il faut s'assurer sur-le-champ que Mlle de Lenclos n'a besoin d'aucun secours.

Un valet aux yeux gros de sommeil part comme un trait d'arbalète et revient aussi vite : Mlle de Lenclos se porte à merveille et remercie vivement M. le Marquis de sa sollicitude...

Resté seul, le pauvre amoureux reprend sa faction. Les maudites lumières brillent toujours. Si joyeuses même qu'il leur trouve bientôt un petit air d'insolence et de défi. Et, tout doucement, Villarceaux entreprend de se mettre en colère. Est-ce que, par hasard, Ninon se moquerait de lui ? Une nouvelle fois son imagination entre en jeu : Ninon est toujours couchée dans son grand lit mais elle n'y est plus seule. Et l'évocation est même si nette que le marquis croit bien l'entendre rire. De lui, bien entendu !

Décidé à en avoir le cœur net, emporté par la colère et sans même regarder ce qu'il fait, le bouillant garçon s'élance, étend la main vers la table sur laquelle il a laissé son chapeau, trouve quelque chose, s'en saisit... et enfonce vigoureusement sur sa tête une grande aiguière d'argent qui l'engloutit jusqu'aux sourcils.

Fou de colère, crachant comme un chat furieux, Villarceaux sonne derechef son valet pour qu'il vienne le débarrasser de ce couvre-chef inattendu ; tâche dont le malheureux s'acquitte en faisant d'héroïques efforts pour ne pas éclater de rire. Enfin libre, le marquis change de costume, prend son chapeau en faisant quelque attention et court se pendre à la cloche de Ninon jusqu'à ce qu'un portier tout effaré vienne lui ouvrir en demandant s'il y a le feu.

Quelques instants plus tard, il est introduit dans le cher Cabinet Jaune où Ninon, l'œil glacial, le reçoit assise dans un grand fauteuil. Le moins que l'on puisse dire est que l'entrevue manque de tendresse. Refusant d'expliquer pourquoi elle juge bon de laisser ses chandelles brûler toute la nuit, Ninon fait entendre à son amoureux un langage sévère : ni sa maison ni elle-même ne sont de celles que l'on prend d'assaut et Villarceaux a beau plaider l'ardeur de son amour, il n'en est pas moins fort sèchement prié de sortir avec défense de jamais revenir.

En quittant Ninon, le malheureux a cent ans. Le lendemain il brûle de fièvre. On doit appeler les médecins et, quelques heures plus tard, le bruit court chez les Précieuses du Marais que le beau Villarceaux se meurt à cause de Ninon.

L'intéressée n'en croit d'abord pas un mot, puis s'inquiète un peu car, en fait, elle est loin d'être indifférente au charme de son soupirant mais elle craint beaucoup de tomber amoureuse elle aussi. Ce qui veut dire qu'elle l'est déjà...

Aussi, quand son amie Françoise Scarron vient lui dire que le marquis est bien réellement malade, a-t-elle une réaction aussi charmante que féminine : s'armant d'une paire de ciseaux, elle coupe ses magnifiques cheveux blonds, en fait un paquet et ordonne que l'on porte le tout au malade avec le mot suivant : « Guérissez ! Je vous aime ! »

Villarceaux se garde bien de désobéir et se dirige à grands pas vers la convalescence tandis que toutes les élégantes de Paris se hâtent de copier la nouvelle coiffure « à la Ninon » qui, instantanément, fait fureur.

Quelques semaines plus tard, les deux amoureux quittent Paris et s'en vont cacher leur bonheur derrière les vieux murs de Villarceaux. Et là, ils entament une existence toute d'amour et de simplicité. Heureuse, Ninon joue à la châtelaine, se passe de fards, vit au grand air, court les champs et les bois à cheval en compagnie de son amant et se déclare la femme la plus heureuse du monde : la fleur de serre se veut désormais fleur des champs.

Cela durera trois ans. Trois ans ! Une éternité pour une femme dont les plus longues amours n'ont jamais excédé trois semaines ! Paris qu'elle a tant aimé, Paris n'existe plus pour elle. Seulement Paris, lui, n'oublie pas Ninon. Un beau matin, la jeune femme reçoit un quatrain dû à la plume de l'un de ses anciens amis, Saint-Évremond :

Chère Philis qu'êtes-vous devenue ?
Cet enchanteur qui vous a retenue
Depuis trois ans par un charme nouveau
Vous retient-il encore en quelque vieux château ?

Ce n'est qu'un petit quatrain mais il rompt le charme. Ninon soudain a envie de retrouver sa jolie maison de la rue des Tournelles, son Cabinet Jaune, ses amis. Comment a-t-elle pu se passer de tout cela pendant si longtemps ?

De son côté, Villarceaux pense qu'il est peut-être temps pour lui de revenir s'occuper des chiens de Sa Majesté. C'est la fin du roman. Quelques jours plus tard, Ninon retrouve son cher Paris qui lui réserve un accueil enthousiaste et, un mois environ après son retour, elle oublie Villarceaux et ses amours campagnardes dans les bras de M. de Gourville, cependant que l'abandonné, point trop triste, s'en va confier ses états d'âme à la belle et brune Mme Scarron.

Devenue sa maîtresse, la future marquise de Maintenon viendra à son tour, durant quelques étés, dans le manoir au bord de l'étang, même quand Villarceaux se fut enfin marié. Ce qui fit scandale. Du coup, le couple émigra en Normandie, au château de Montchevreuil, chez un cousin de Villarceaux.

De son mariage, le marquis eut un fils unique. Soldat de valeur, d'ailleurs protégé par Mme de Maintenon devenue l'épouse morganatique de Louis XIV, le jeune Villarceaux devait se faire tuer à la bataille de Fleurus.

N'ayant plus d'héritier direct à qui léguer son domaine, le marquis de Villarceaux le laissa à son neveu, Charles du Tillet, fils du marquis de La Bussière, lequel eut le bon esprit de ne point toucher au château qui avait abrité les amours de Ninon.

HORAIRES D'OUVERTURE

Du 15 avril au 1er juin	14 h-17 h (mercredi, samedi, dimanche et jours fériés)
Juin, juillet, août	14 h-17 h (fermé le lundi)
Du 1er septembre au 15 octobre	14 h-17 h (mercredi, samedi, dimanche et jours fériés)

Le parc est labellisé « Jardin remarquable ».

http://www.iledefrance.fr/villarceaux

VILLENEUVE-SOUS-DAMMARTIN

« *Margot la Rigoleuse* »

Un après-midi du mois d'août 1864, alors qu'en compagnie de quelques personnes de leur suite l'empereur Napoléon III et l'impératrice Eugénie font une promenade dans le Parc thermal de Vichy avec toute la simplicité de véritables curistes, un joyeux épagneul surgit soudain de la petite foule discrète qui se forme toujours sur le passage des souverains. Il se jette sur l'Empereur en donnant tous les signes d'un plaisir sans mélange, d'une exubérante amitié, en ignorant superbement les appels et les efforts d'une jeune femme blonde, visiblement fort gênée et qui s'efforce de le rappeler à elle. Le chien ne veut rien entendre : il vient de retrouver une vieille connaissance et entend le faire savoir à tout le monde.

Malheureusement, dans ce monde, il y a l'Impératrice.

Elle a lâché le bras de son époux et considère tour à tour le chien, la femme blonde et Napoléon III qui est devenu tout rouge et ne sait comment se défendre des assauts de l'épagneul.

— Ah ! dit-elle seulement. Je vois...

Puis, se tournant vers sa dame d'honneur, la princesse d'Essling, elle la prie de lui offrir son bras pour rentrer sur l'heure à la villa impériale, laissant l'Empereur se sortir de cette affaire comme il l'entendra. Ce qu'il fait le plus simplement du monde en rendant le trop affectueux animal à leur maîtresse commune et en reprenant sa promenade comme si de rien n'était.

Car la jolie femme blonde que tous regardent n'est autre que la toute dernière conquête de Sa Majesté, une charmante créature débordante de vitalité, un rien vulgaire, et qui abrite sous le nom élégant de Marguerite Bellanger le patronyme nettement moins chic de Julie Lebeuf. Surnommée naguère encore Julie La Vache par ses petites sœurs en galanterie, elle est devenue Margot la Rigoleuse par la grâce d'un de ses amants : le duc de Gramont-Caderousse.

Cette aimable Angevine née quelque vingt ans plus tôt au village de Villebernier, près de Saumur, a débuté dans la vie comme apprentie couturière à la ville voisine, jusqu'à ce qu'un riche négociant – ils sont toujours riches ! – la tire de la couture et l'emmène à Nantes où elle va faire la connaissance d'une certaine Adèle de Stainville, qui, au demeurant, n'est ni Adèle ni Stainville mais une sorte de sommité dans la galanterie nantaise. Cette aimable femme explique à la jeune Julie qu'avec sa tournure elle n'a rien à faire dans la couture sinon en porter les robes. Elle l'initie à son futur métier, la débarrasse de son nom impossible et, jugeant ses qualités exceptionnelles, l'envoie à Paris, la seule ville où il est possible de se faire un nom.

Comme toutes ses pareilles, « Marguerite » commence par chercher du côté des théâtres, trouve un engagement aux Délassements-Comiques, une petite salle de la rue de la Tour-d'Auvergne, mais n'y effectue qu'un passage météorique : elle n'a aucune mémoire et encore moins de talent. Dès le premier soir, elle reste en panne au milieu d'une réplique, cherche son texte, ne le retrouve pas et, comme le public commence à l'emboîter, elle remplace la phrase défaillante par un mot court, énergique et bien français. Tollé ! On baisse le rideau et la carrière théâtrale de Marguerite s'arrête là. Elle la remplace par une très fructueuse chasse à l'homme qui va la conduire au pinacle de la galanterie parisienne.

Elle vient tout juste d'y parvenir quand le destin met Napoléon III sur son chemin. On est au printemps de 1863 et l'Empereur est à Saint-Cloud où il aime faire chaque jour une promenade en solitaire, soit à cheval, soit en conduisant lui-même son attelage avec la seule assistance d'un groom aussi muet et immobile qu'une statue.

Cet après-midi-là, le temps menace et écourte la promenade. Il menace si bien qu'un gros nuage noir éclate bientôt dans un bruit d'Apocalypse en même temps que s'ouvrent, sur le parc, toutes les vannes du ciel. C'est à ce moment que l'Empereur aperçoit une jeune femme élégamment vêtue de taffetas écossais, coiffée d'un chapeau assorti sommé d'un absurde panache d'autruche qui, sous l'averse, donne d'évidents signes de fatigue.

N'écoutant que son bon cœur, le souverain fait décrire une courbe à sa voiture, l'amène auprès de la naufragée qui, en dépit de sa situation tragique, esquisse une révérence. Elle en est au plus profond quand un plaid, lancé d'une main sûre, lui arrive dessus et l'engloutit à la manière d'une toile de tente cependant qu'elle entend crier :

— Tenez, madame ! Attrapez cela et couvrez-vous !

Quand Marguerite réussit à s'en dépêtrer, la voiture impériale, qui n'est pas couverte, s'est éloignée à bonne allure... Le lendemain, la rescapée se présente au palais, la fameuse couverture bien pliée sur le bras, et demande à parler à l'Empereur qui ne fait aucune difficulté pour la recevoir.

— J'ai eu beaucoup de mal à la faire sécher, sire, dit Marguerite en souriant. Hier, il tombait des hallebardes !

Amusé par cette jolie femme délurée, Napoléon III bavarde un moment avec elle... puis décide de la revoir.

Leur première rencontre un peu intime sera une réussite. L'Empereur, qui vient d'en finir avec l'éblouissante mais peu récréative comtesse de Castiglione, éprouve un grand besoin de distractions, Margot la Rigoleuse tombe à pic. Elle va être installée dans une jolie maison de la rue des Vignes à Passy puis, quand vient le moment du départ pour Vichy où, depuis deux ans, Napoléon III a ses habitudes, celui-ci décide que son amie viendra, elle aussi, et il charge son confident, Mocquard, de lui trouver un logis. On sait à présent ce qu'il advint de ce séjour.

Quand il rentre à la villa impériale, le mari fautif trouve une épouse outragée en train de faire ses bagages. Naturellement, il s'efforce de l'amener à renoncer à un projet aussi définitif mais rien n'y fait : après avoir régalé son époux d'une scène de ménage dans le goût espagnol et telle que le malheureux n'en a jamais essuyé encore, même au temps houleux de la Castiglione, Eugénie quitte Vichy le soir même, laissant le coupable assez déconfit... mais nullement repentant. Il tient à sa Margot qui lui « fiche la paix » et sait si bien l'amuser après l'amour. Et quand, enfin, il regagne Paris, Marguerite va prendre peu à peu les allures d'une favorite. Sa maison de Passy se change en une belle propriété à Montretout et elle est comblée de tout ce qu'une jolie femme peut désirer.

Malheureusement, un soir d'été, en revenant de chez sa maîtresse, l'Empereur est pris d'une inquiétante syncope. Sa cure à Vichy – cette fois Marguerite n'est pas venue – lui a fait moins de bien et il se fatigue vite. Dès le lendemain, l'Impératrice convoque l'indispensable Mocquard et lui ordonne de l'emmener chez Marguerite.

— C'est vous, ajoute-t-elle, qui avez conduit l'Empereur au lit de cette fille, vous pouvez bien me conduire à sa maison.

Bon gré mal gré il faut s'exécuter car Eugénie a sa figure des mauvais jours. Plus mort que vif, le secrétaire impérial prend place dans la voiture de sa souveraine et, quelques minutes plus tard, il lui offre la main pour descendre devant la maison de Montretout.

L'Impératrice y entre en coup de vent et sans se faire annoncer pénètre dans un petit salon où la jeune femme est en train de lire, étendue sur un canapé :

— Mademoiselle, dit-elle sans autre préambule, vous tuez l'Empereur. Si vous avez quelque attachement pour lui, vous renoncerez à le voir dès aujourd'hui.

Ayant dit, Eugénie regagne son palais de Saint-Cloud, encore toute frémissante de la contrainte qu'elle s'est imposée en ne traitant pas cette gourgandine comme elle eût aimé le faire. Mais, évidemment, la bataille n'est pas terminée. Il s'ensuit, dans le couple impérial, une sorte d'escalade dans la scène de ménage qui perce les murs des palais et fait la joie des caricaturistes. Alors l'Impératrice décide d'aller faire, seule, une cure thermale dans le duché de Schwalbach. Inquiet, tout de même, son époux va l'y rechercher. On se réconcilie mais, chez Eugénie, c'est seulement du bout des lèvres.

— Depuis qu'il s'est abaissé à cette crapule je ne peux plus le supporter, confie-t-elle à la comtesse Walewska.

Peu de temps après, la crapule en question met au monde un petit garçon qui vaut à sa mère le château de Villeneuve-sous-Dammartin, belle demeure Louis XIII que l'on remanie pour la circonstance. Mais le grand amour s'arrête là et c'est un cadeau d'adieux. L'Empereur vient en effet d'apprendre que son épouse a eu un entretien avec le premier président de la cour d'appel, Devienne, qui est habilité à connaître des possibilités d'un divorce. Un luxe qu'un empereur ne peut se permettre.

Il convoque alors Devienne de son côté et le charge d'obtenir de Margot qu'elle déclare par écrit que son enfant n'est pas le fils de l'Empereur. Le premier président gagne Villebernier où, sur les conseils de son complice, Marguerite Bellanger s'est retirée chez ses parents. Elle l'y reçoit avec tous les honneurs dus à son rang, promet tout ce que l'on voudra et, d'abord, de rendre visite au haut magistrat dans un cadre plus convenable que la ferme paternelle, c'est-à-dire à Saumur. Un rien solennelle, même, elle reconduit son visiteur à sa voiture en déclarant haut et fort ·

— Bonne route, monsieur le premier président, et à ce soir sans faute !

Puis, tandis que celui-ci remonte en voiture, un peu embarrassé de son personnage, elle ajoute tout bas :

— Tu sais, mon vieux, tu vas me payer à souper...

Souper ou pas, Devienne obtient ce qu'il est venu chercher : deux lettres dont l'une lui est adressée et l'autre doit aller à l'Empereur, dans laquelle Margot demande à son amant pardon de l'avoir trompé. Ce qui est tout de même un comble.

Tout s'achève là. L'alerte a été trop chaude. Philosophe, la belle Angevine passe à d'autres amours. Elle s'est installée dans un bel hôtel de l'avenue de Wagram où l'on dit qu'après 1870 elle reçut intimement Gambetta.

Au tribun succède un militaire, le colonel Lenfumé de Lignières que Marguerite suit dans ses différentes garnisons, à Saint-Cyr et à Tours. Cela dure quelques années... jusqu'à la lassitude. La jeune femme pense alors qu'il est temps pour elle de faire une fin. Elle est riche. Elle voudrait être respectable et, pour cela, elle épouse sans trop réfléchir un hobereau prussien, le baron von Kulbach avec lequel il lui paraît bientôt impossible de s'entendre et qu'elle finit par quitter pour se retirer avec son fils dans son domaine de Villeneuve-sous-Dammartin.

Elle va y vivre paisiblement auprès de son enfant qui, d'ailleurs, y mourra, prenant plaisir à cultiver ses roses et s'intéressant aux moutons. Hélas, si elle est baronne, l'ex-Margot la Rigoleuse n'est pas grande dame et elle ne sait pas s'y prendre avec ses domestiques... Trop familière, elle leur laisse prendre de détestables habitudes et elle est aussi mal servie que possible. Une servante renvoyée fait le vide autour d'elle et, la nuit où la mort s'approche, alors qu'un orage secoue les arbres du parc, Marguerite est seule, sans personne à appeler à l'aide.

C'est ainsi que, dans la nuit du 23 décembre 1886, l'ancienne maîtresse de Napoléon III mourut dans les souffrances d'une crise de péritonite aiguë... On la retrouva morte au matin... C'était la veille de Noël...

Le château est privé et n'est pas ouvert à la visite.

LES CHÂTEAUX
LEUR SITUATION GÉOGRAPHIQUE

Le Luxembourg, Paris
Ancy-le-Franc, Yonne
Anet, Eure-et-Loir
Anjony, commune de Tournemire, Cantal
Ansouis, Vaucluse
Avauges, commune de Saint-Romain-de-Popey, Rhône
La Bastie d'Urfé, commune de Saint-Étienne-de-Molard, Loire
Les Baux-de-Provence, Bouches-du-Rhône
Beaugency, Loir-et-Cher
Belvoir, Doubs
Bidache, Pyrénées-Atlantiques
Biron, Dordogne
Blandy-les-Tours, Seine-et-Marne
Blois, Loir-et-Cher
Bourbon-l'Archambault, Allier
Bourigaille, commune de Fayence, Var
Brouage, Charente-Maritime
Chalais, Charente
Chambéry, Savoie
Chantilly, Oise
Châteauneuf-en-Auxois, Côte-d'Or
Châteauroux, Indre
Chaumont-sur-Loire, Loir-et-Cher
Chenonceau, Indre-et-Loire
Cirey, Haute-Marne
Le Clos de Vougeot, Côte-d'Or
Cœuvres, Aisne
Cognac, Charente
Combourg, Ille-et-Vilaine
Dieppe, Seine-Maritime
Écouen, Val-d'Oise
Étampes, Essonne
Étiolles, Essonne
Ferrières, Seine-et-Marne
Fontainebleau, Seine-et-Marne

Fontevraud, Maine-et-Loire
Frucourt, Somme
La Grange-Bléneau, 2 km au sud de Rozay-en-Brie, Seine-et-Marne
Hauterive, Tarn
Joux, commune de Cluse et Mijoux, Doubs
Kerjean, Finistère-Nord
Langeais, Indre-et-Loire
Lauzun, Lot-et-Garonne
Luynes, Indre-et-Loire
Maintenon, Eure-et-Loir
La Malmaison, à Rueil-Malmaison, Hauts-de-Seine
Le Marais, commune du Val-Saint-Germain, Essonne
Les Marches, Savoie
La Mignarde, à Aix-en-Provence, Bouches-du-Rhône
Mirabeau, Vaucluse
Le Mont-Saint-Michel, Manche
Montaigne, commune de Saint-Michel-de-Montaigne, Dordogne
Montgeoffroy, commune de Mazé, Maine-et-Loire
Montségur, Ariège
La Motte-Feuilly, Indre
Nangis, Seine-et-Marne
Rambouillet, Yvelines
Rochecotte, commune de Saint-Patrice, Indre-et-Loire
Rochefort-en-Novalaise, Savoie
La Rochepot, Côte-d'Or
La Rouërie, commune de Saint-Ouen-de-la-Rouërie, Ille-et-Vilaine
La Fosse-Ingant, commune de Saint-Coulomb, Ille-et-Vilaine
Saint-Fargeau, Yonne
Saint-Germain-en-Laye, Yvelines
Saint-Ulrich, commune de Ribeauvillé, Haut-Rhin
Sassenage, Isère
Séverac-le-Château, Aveyron
Talcy, Loir-et-Cher
Tarascon, Bouches-du-Rhône
Trévarez, commune de Saint-Goazec, Finistère
Ussé, à Rigny-Ussé, Indre-et-Loire
Valençay, Indre
Vaurenard, commune de Gleizé, Rhône
Verteuil, Charente
Villarceaux, à Chaussy, Val-d'Oise
Villeneuve-sous-Dammartin, Seine-et-Marne

Villarceaux
Ecouen
Villeneuve-sous-Dammartin
St-Germain en Laye
Ferrières
Bagatelle
Rambouillet
Le Luxembourg
Etiolles
Le Marais
Blandy-les-Tours
Manche
Frucourt
Dieppe
Chantilly
Paris
La Grange-Bléneau
Cœuvres
Nangis
Anet
Maintenon
Mont-St-Michel
Kerjean
Combourg
La Fosse-Ingant
Trévarez
La Rouërie
Étampes
Fontainebleau
Talcy
Blois
Beaugency
Montgeoffroy
Langeais
Chaumont
Saint-Fargeau
Rochecotte
Luynes
Chenonceau
Ancy-le-Franc
Châteauneuf en Auxois
Saint-Ulrich
Cirey
Belvoir
Joux
Fontevrault
Ussé
Valençay
Châteauroux
La Rochepot
Le Clos Vougeot
Avauges
La Motte-Feuilly
Bourbon-l'Archambaud
Vaurenard
Les Marches
Océan Atlantique
Brouage
Cognac
Verteuil
Chalais
Chambery
Sassenage
Rochefort en Novalaise
Montaigne
Anjony
La Bastie d'Urfé
Biron
Sévérac-le-Château
Lauzun
Ansouis
Borrigaille
Tarascon
Mirabeau
Les Baux-de-Provence
La Mignarde
Hauterive
Bidache
Montségur
Mer Méditerranée

Table

DU MÊME AUTEUR

CHEZ PERRIN

Le Sang des Koenigsmark :
1. Aurore, 2006.
2. Fils de l'Aurore, 2007.

Le Temps des poisons :
1. On a tué la Reine !, 2008.
2. La Chambre du Roi, 2009.

Dans le lit des rois, Nuits de noces, 2010.

Dans le lit des reines, Les amants, 2011.

CHEZ PLON

Dans le lit des rois, 1983.

Dans le lit des reines, 1984.

Les Loups de Lauzargues :
1. Jean de la nuit, 1985.
2. Hortense au point du jour, 1985.
3. Felicia au soleil couchant, 1987.

Le Roman des châteaux de France :
1. 1986.
2. 1986.
3. 1987.

La Florentine :
1. Fiora et le Magnifique, 1988.
2. Fiora et le Téméraire, 1989.
3. Fiora et le pape, 1989.
4. Fiora et le roi de France, 1990.

Le Boiteux de Varsovie :
1. L'Étoile bleue, 1994.
2. La Rose d'York, 1995.
3. L'Opale de Sissi, 1996.
4. Le Rubis de Jeanne la Folle, 1996.

Secret d'État :
1. La Chambre de la Reine, 1997.
2. Le Roi des Halles, 1998.
3. Le Prisonnier masqué, 1998.

Les Émeraudes du prophète, 1999.

Le Jeu de l'amour et de la mort :
1. Un homme pour le Roi, 1999.
2. La Messe rouge, 2000.
3. La Comtesse des tenèbres, 2001.

La Perle de l'Empereur, 2001.

Les Chevaliers :
1. Thibaut ou la Croix perdue, 2002.
2. Renaud ou la Malédiction, 2003.
3. Olivier ou les Trésors templiers, 2003.

Les Joyaux de la sorcière, 2004.

Marie des intrigues, 2004.

Marie des passions, 2005.

Les Larmes de Marie-Antoinette, 2006.

Le Collier sacré de Montezuma, 2007.

L'Anneau d'Atlantide, 2009.

Le Bal des poignards :
1. La Dague au lys rouge, 2010.
2. Le Couteau de Ravaillac, 2010.

La Chimère d'or des Borgia, 2011.

La Collection Kledermann, 2012.

AUX ÉDITIONS JULLIARD

Les Dames du Méditerranée-Express :
1. La Jeune Mariée, 1990.
2. La Fière Américaine, 1991.
3. La Princesse mandchoue, 1991.

Les Treize Vents :
1. Le Voyageur, 1992.
2. Le Réfugié, 1993.
3. L'Intrus, 1993.
4. L'Exilé, 1994.

AUX ÉDITIONS CHRISTIAN DE BARTILLAT

Cent ans de vie de château, 1992.

Un aussi long chemin, 1995.

De deux roses l'une, 1997.

Reines tragiques, 1998.

Tragédies impériales, 2000.

Elles ont aimé, 2001.

Des maris pas comme les autres, 2004.

Suite italienne, 2005.

Les Chemins de l'Aventure, 2006.

Les Reines du Faubourg, 2006.

Cet ouvrage a été imprimé par
CPI Firmin Didot à Mesnil-sur-l'Estrée
pour le compte des Éditions Perrin
11, rue de Grenelle
Paris 7e
en avril 2012

Composition et mise en page

NORD COMPO
multimédia

Imprimé en France
Dépôt légal : mai 2012
N° d'édition : 2815 – N° d'impression : 110996